基于数字孪生的复杂产品智能装配车间质量预测、控制理论与方法

庄存波 王 月 杜小东 著

电子工业出版社
Publishing House of Electronics Industry
北京·BEIJING

内 容 简 介

本书以阵列天线等复杂产品离散装配车间为主要研究对象，针对质量控制和效率提升难题，探讨提出基于数字孪生的智能装配车间质量预测、控制理论与方法，构建复杂产品数字孪生装配车间质量预测与控制体系框架，详细阐述多维度多尺度智能装配车间数字孪生高保真模型构建、实时数据驱动的数字孪生智能装配车间运行状态同步建模、阵列天线装配高置信仿真、阵列天线装配性能高精准预测、阵列天线装配过程的精准控制与执行等各项关键技术。通过构建阵列天线智能装配车间数字孪生平台，达到大幅提升复杂产品装配质量和效率的目的，从而为复杂产品智能装配车间的质量预测与控制提供一个可行的解决方案，而且有望实现从传统事后的车间运行分析与决策模式向事前/事中的智能车间"同步映射+在线预测+精准调控"运行分析和决策模式的转变。

未经许可，不得以任何方式复制或抄袭本书之部分或全部内容。
版权所有，侵权必究。

图书在版编目（CIP）数据

基于数字孪生的复杂产品智能装配车间质量预测、控制理论与方法 / 庄存波，王月，杜小东著. —北京：电子工业出版社，2024.1
ISBN 978-7-121-47307-4

Ⅰ. ①基… Ⅱ. ①庄… ②王… ③杜… Ⅲ. ①数字技术－应用－制造工业－车间管理 Ⅳ. ①F407.406.6

中国国家版本馆 CIP 数据核字（2024）第 039573 号

责任编辑：张佳虹
印　　刷：天津千鹤文化传播有限公司
装　　订：天津千鹤文化传播有限公司
出版发行：电子工业出版社
　　　　　北京市海淀区万寿路 173 信箱　邮编 100036
开　　本：787×1 092　1/16　印张：16　字数：384 千字
版　　次：2024 年 1 月第 1 版
印　　次：2024 年 1 月第 1 次印刷
定　　价：98.00 元

凡所购买电子工业出版社图书有缺损问题，请向购买书店调换。若书店售缺，请与本社发行部联系，联系及邮购电话：（010）88254888，88258888。
质量投诉请发邮件至 zlts@phei.com.cn，盗版侵权举报请发邮件至 dbqq@phei.com.cn。
本书咨询联系方式：（010）88254493；zhangjh@phei.com.cn。

前　言

复杂产品是指客户需求复杂、产品组成复杂、产品技术复杂、制造过程复杂、项目管理复杂的一类产品，如航天器、导弹、飞机、武器装备等。复杂产品的装配属于产品研发、生产工作的后端，是保证复杂产品质量可靠性和交付任务的最重要环节之一。因此，如何实现复杂产品装配车间智能管控，从而提高装配质量和效率，具有重要的工程意义。

作为电子行业具有代表性的复杂产品之一，高精密一体化阵列天线（以下简称"阵列天线"）是国家重点型号预警探测系统的关键组成部分，其作用相当于人的眼睛。阵列天线组件多、结构复杂、质量一致性要求高，传统的以经验参数为主的"盲插、盲装、盲调"装调方式，无法对复杂装配过程机电强耦合影响因素进行动态科学控制，导致阵列天线需要多次的反复装调后才能合格。

作为智能制造的使能技术之一，数字孪生技术为实现信息物理系统（Cyber-Physical Systems，CPS）的虚实融合提供了一条清晰的思路、方法和实施路径。数字孪生技术最主要的特点是能够充分利用与物理空间并行的虚拟空间，从而拓展人类认识、探索和控制生产要素与生产流程的空间。通过引入数字孪生、机理建模等技术，形成基于数字孪生的智能装配车间，实现可视、可测、可控的阵列天线等复杂产品动态装调，满足新一代重点型号研发和国家重大工程的战略要求。

本书以阵列天线等复杂产品离散装配车间为主要研究对象，针对质量控制和效率提升难题，探讨并提出基于数字孪生的复杂产品智能装配车间质量预测、控制理论与方法，构建基于数字孪生的复杂产品智能装配车间质量管控体系，详细阐述多维度多尺度智能装配车间数字孪生高保真模型构建、实时数据驱动的数字孪生智能装配车间运行状态同步建模、阵列天线装配高置信仿真、阵列天线装配性能高精准预测、阵列天线装配过程精准控制与执行等关键技术，通过建立虚实融合的复杂产品智能装配车间，达到大幅提升复杂产品装配质量和效率的目的，从而为复杂产品智能装配车间的质量预测与控制提供一个可行的解决方案，而且有望实现从传统事后的车间运行分析与决策模式向事前、事中的智能车间"同步映射+在线预测+精准调控"模式的转变。

本书的章节安排如下：

第 1 章对数字孪生的概念、发展历程、关键特性、应用流程等进行了概述，并对基于数字孪生的复杂产品智能装配车间质量管控体系进行了阐述；第 2 章主要论述了多维度多尺度智能装配车间数字孪生高保真模型构建；第 3 章详细阐述了实时数据驱动的数字孪生智能装配车间运行状态同步建模；第 4 章以阵列天线为应用对象，详细阐述了基于数字孪生的阵列天线装配高置信仿真；第 5 章详细阐述了阵列天线装配性能高精准预测；第 6 章详细阐述了阵列天线装配过程的精准控制与执行；第 7 章通过具体的应用案例对所提方法的有效性进行了验证和说明。

本书第 1 章至第 3 章由庄存波、杜小东和张雷负责编写，第 4 章由马竹樵、肖慧、徐立和郭学鹏负责编写，第 5 章由柳林燕、童一飞和郭学鹏负责编写，第 6 章由王长瑞和王月负责编写，第 7 章由王月和史建成负责编写，全书由庄存波和张雷负责统稿。

目 录

第1章 数字孪生概述 ··· 1
1.1 数字孪生的概念 ··· 6
1.2 数字孪生体的发展历程 ·· 6
1.3 数字孪生体的关键特征 ·· 12
1.4 数字孪生体与信息物理系统 ·· 13
1.5 数字孪生体的应用流程 ·· 14
1.6 基于数字孪生的复杂产品智能装配车间质量管控体系 ················ 14
参考文献 ··· 16

第2章 多维度多尺度智能装配车间数字孪生高保真模型构建 ············· 18
2.1 基于数据关联模型的多空间尺度建模 ···································· 19
2.2 基于数字孪生虚体的多维度建模 ·· 20
2.3 具体实现技术 ·· 22
    2.3.1 面向要素尺度的车间生产要素建模 ······························· 22
    2.3.2 面向单元尺度的工艺过程数字孪生建模 ························· 25
    2.3.3 面向车间尺度的数字孪生建模 ···································· 28

第3章 实时数据驱动的数字孪生智能装配车间运行状态同步建模 ······· 35
3.1 数字孪生装配车间多源数据感知与融合方法 ··························· 35
    3.1.1 多源传感数据的采集 ·· 36
    3.1.2 多源传感数据的传输 ·· 37
    3.1.3 多源传感数据的融合 ·· 39
    3.1.4 以数据为中心的多源传感数据融合方法 ························· 42
3.2 数字孪生车间多源异构装配过程数据管理 ······························ 46
    3.2.1 基于工作流的装配过程数据组织 ································· 46
    3.2.2 逆向流程下的复杂产品装配数据版本管理 ······················ 48
    3.2.3 基于数字孪生的产品装配数据层次化管理与追溯 ············· 50
3.3 基于数字孪生的智能装配车间动态实时可视化监控 ·················· 51

第4章 阵列天线装配高置信仿真 ··· 55
4.1 基于阵列天线工艺流程的装配过程有限元仿真 ························ 55
    4.1.1 阵列天线装配工艺流程复杂性 ···································· 55

4.1.2 阵列天线装配工艺流程分析·············56
4.1.3 中层板完成装配后应力及形变情况仿真·············57
4.1.4 中层板与底层板完成连接后应力及形变情况仿真·············57
4.1.5 顶层板完成装配后应力及形变情况仿真·············58
4.1.6 整体装配完成后应力及形变情况仿真·············59
4.2 基于有限元模型的降阶预测技术方案·············59
4.2.1 模型降阶总体结构·············60
4.2.2 有限元全阶模型分析及 POD-Galerkin 降阶模型·············61
4.3 阵列天线装联工艺可靠性及建模研究·············64
4.3.1 阵列天线产品调研及风险识别·············65
4.3.2 阵列天线高密度集成互联工艺的可靠性试验评价技术及平台搭建·············68
4.3.3 基于失效物理的阵列天线跨尺度建模·············80
4.3.4 温度循环载荷对阵列天线焊点可靠性的影响·············81
4.4 阵列天线装配过程机电磁智能仿真技术·············84
4.4.1 电磁辐射智能仿真技术研究·············84
4.4.2 电磁传输智能仿真技术路线·············99
本章小结·············108
参考文献·············109

第 5 章 阵列天线装配性能高精准预测·············113
5.1 阵列天线装配机械性能高精准预测·············113
5.1.1 基于数字孪生-云-边融合的阵列天线装配机械性能在线预测方法·············113
5.1.2 阵列天线装配机械性能预测的可视化方法·············122
5.2 阵列天线装配电磁性能高精准预测·············137
5.2.1 基于高斯过程回归的阵列天线装配电磁性能预测方法·············137
5.2.2 阵列天线装配电磁性能预测的可视化方法·············141
5.3 阵列天线装配综合性能高精准预测·············145
5.3.1 基于随机森林的特征指标选择·············145
5.3.2 基于高斯混合模型的装配质量品级决策·············150
5.3.3 实例分析·············155
本章小结·············165
参考文献·············166

第 6 章 阵列天线装配过程的精准控制与执行·············168
6.1 装配过程路径规划技术·············168
6.1.1 零件上料路径规划·············168
6.1.2 三轴滑台运动轨迹控制·············173

目　录

   6.1.3　螺钉拧紧顺序规划 ·· 177
  6.2　装配过程精准控制理论及方法 ·· 179
   6.2.1　基于数字孪生模型的在线精准控制 ····························· 179
   6.2.2　复杂产品装配领域的精准控制方法 ····························· 183
  6.3　装配过程自适应控制系统 ·· 183
   6.3.1　自适应装配控制技术方案制定 ··································· 185
   6.3.2　自适应装配系统集成设计 ··· 189
   6.3.3　自适应装配系统集成控制 ··· 194
   6.3.4　自适应装配系统制造及调试 ······································ 195
 参考文献 ··· 195

第7章　应用案例 ··· 197
  7.1　阵列天线智能装配工艺流程 ··· 197
  7.2　阵列天线智能装配车间数字孪生系统软件集成架构 ············ 200
   7.2.1　阵列天线智能装配车间数字孪生系统微服务划分技术 ··· 201
   7.2.2　基于Spring Cloud的阵列天线智能装配车间数字孪生系统集成 ·············· 203
   7.2.3　基于私有云与Docker技术的阵列天线智能装配车间数字孪生系统微服务
      部署方法 ··· 204
  7.3　数字孪生平台及阵列天线智装配车间全局可视化监控模块 ···· 207
   7.3.1　下发控制指令 ··· 207
   7.3.2　环境数据监控 ··· 208
   7.3.3　运行状况及库存监控 ··· 208
   7.3.4　装配过程性能预测参数可视化监控 ····························· 209
  7.4　阵列天线智能装配车间运行预测与决策模块 ······················ 209
   7.4.1　装配性能预测 ··· 209
   7.4.2　电磁性能预测 ··· 215
   7.4.3　焊点可靠性预测 ·· 221
   7.4.4　综合性能预测 ··· 227
   7.4.5　预测辅助 ·· 244

第 1 章

数字孪生概述

当前,以物联网、云计算、大数据、人工智能等新一代信息技术为代表的数字浪潮席卷全球,物理世界和与之对应的数字世界(也称"赛博世界""虚拟世界")两大体系平行发展、相互作用、共同成长。数字世界为了服务物理世界而存在,物理世界因数字世界而变得高效有序。在这种背景下,数字孪生(Digital Twin,DT)技术应运而生,不仅在航天、航空、电子、船舶、兵器等国防领域获得了广泛的应用,而且在汽车、电力、铁路运输、城市管理、石油天然气等民用领域也引起了极大的关注。

2011 年,美国空军研究实验室开发了数字孪生软件 AFGROW(Air Force Grow),并将其应用于 F-35 战机的研制及全生命周期的结构健康监测,F-35 战机的数字孪生体如图 1.1 所示。

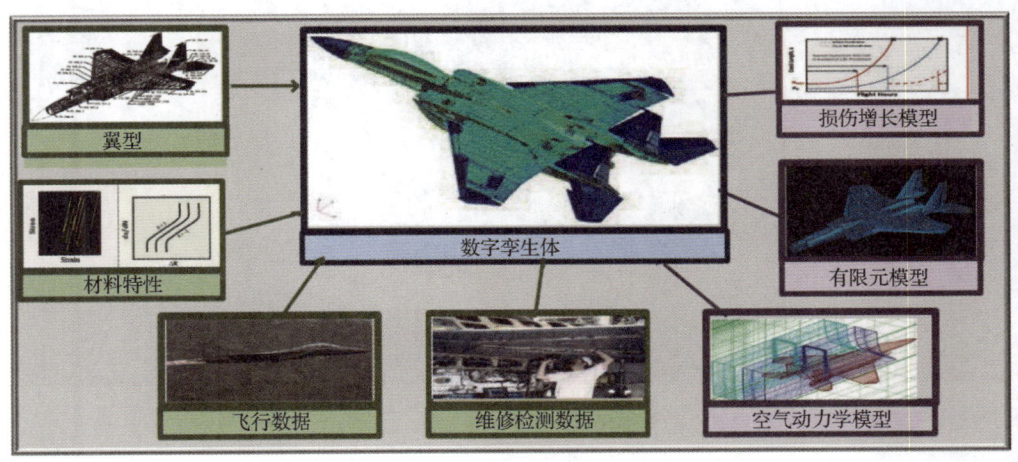

图 1.1　F-35 战机的数字孪生体

2014 年,欧洲宇航防务集团将数字孪生技术应用于 ARIANE 5 重型火箭全生命周期的设计与发射模拟,ARIANE 5 重型火箭的数字孪生体如图 1.2 所示。

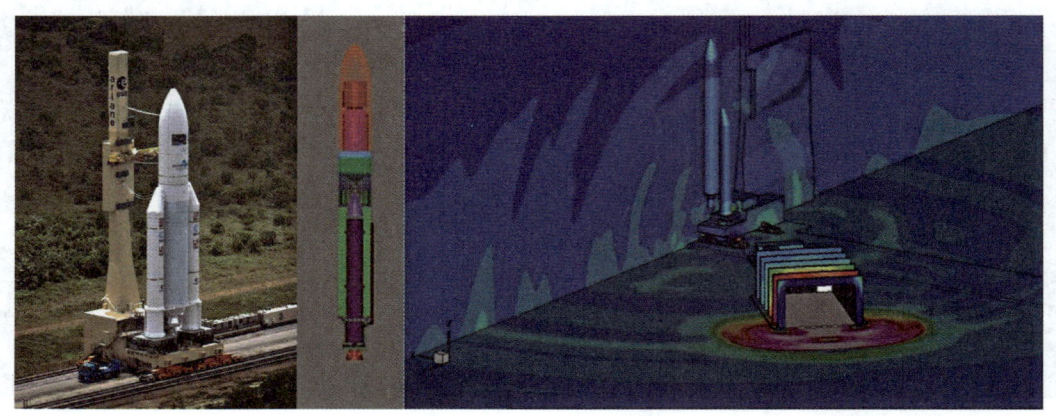

图 1.2 ARIANE 5 重型火箭的数字孪生体

哈尔滨工程大学成功研制了我国首艘数字孪生智能科研试验船"海豚 1",该船装备了我国第一套船舶数字孪生系统,首次建立了船舶数字建模、模型迭代进化、虚实实时交互、在线离线共生、船岸镜像等船舶数字孪生技术体系,实现船舶自主航行和远程操控,"海豚 1"数字孪生智能科研试验船如图 1.3 所示。

图 1.3 "海豚 1"数字孪生智能科研试验船

此外,美国波音公司的波音 777 客机也是利用数字孪生技术开发设计的。其整个研发过程涉及 300 多万个零部件,没有使用任何图纸模型,完全依靠数字仿真来推演,然后直接进行量产。据报道,这项技术帮助波音公司减少 50%的返工量,有效缩短了 40%的研发周期。洛克希德·马丁公司创建了"数字线"的工作模式,采用数字纽带技术，通过采集实体空间的多源异构动态数据，建立了与现实世界中的物理实体完全对应的数字孪生模型，在虚拟环境中进行仿真、分析和预测实物产品在现实环境中的演进过程和状态。此项技术获得了 2016 年美国国防制造技术金奖，且被列为 2018 年顶尖技术之首。此外，法国空客集团也已经在其多个工厂部署数字孪生，在 A380 客机、A400M 运输机的部件装配对接中，可建模并检测数万平方米的空间和数千个对象，通过实时在线检测，将理论模型与实测物理模型数据相关联，实现了基于物理特性实测过程中的制造工艺优化，空客集团 A400M 运输机部装生产线的数字孪生体如图 1.4 所示。

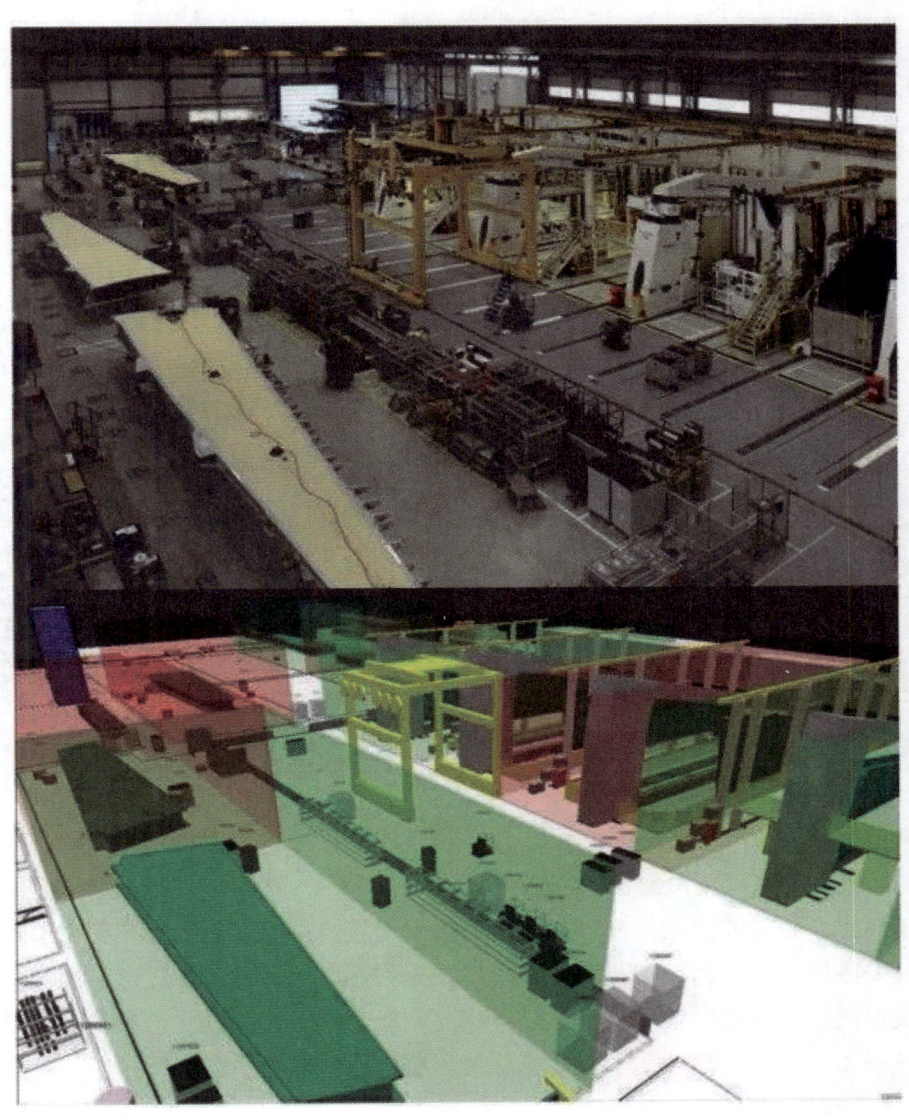

图 1.4　空客集团 A400 运输机部装生产线的数字孪生体

保时捷推出了汽车"底盘孪生"技术,通过该技术保时捷可以随时获取有关汽车特定组件的数据,以实现在出现维修问题前进行预测,保时捷跑车的数字孪生如图 1.5 所示。

图 1.5　保时捷跑车的数字孪生

美国通用电气(GE)公司开发了 Predix 数字孪生平台并应用于迪拜水电局 970MW 电站 L1 发电机组,能够实现对燃气轮机运行状态和性能的实时评估和优化,燃气轮机的数字孪生如图 1.6 所示。

图 1.6　燃气轮机的数字孪生

新加坡打造了"虚拟新加坡"(Virtual Singapore)新平台,方便政府、企业和学者利用该平台查询建筑物内部设施,还可以用于城市规划、运行管理和灾害预警。我国雄安新区坚持实体城市与数字城市同步规划、同步建设,搭建起智慧城市的基础框架。通过构建实体城市与数字城市相互映射、协同交互的复杂系统,能够将城市系统的"隐秩序"显性化,更好地尊重和顺应城市发展的自组织规律,雄安新区数字孪生城市如图 1.7 所示。

第1章 数字孪生概述

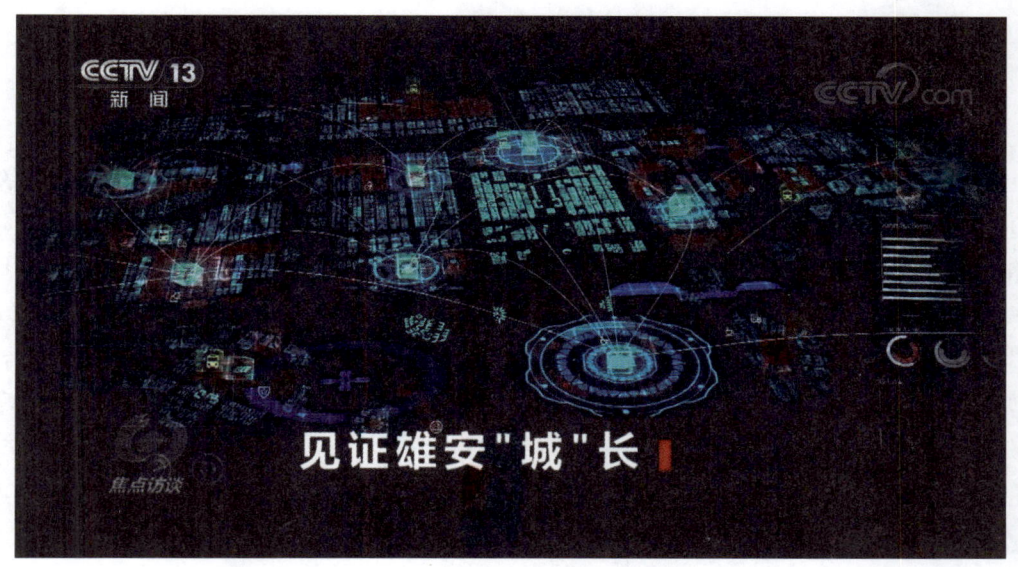

图1.7 雄安新区数字孪生城市

中国石油将数字孪生技术融入油气产业链的产品、服务和流程中，启动并实施智能油气田等试点建设，"勘探开发梦想云"平台可实现 60 余年勘探开发数据的共享应用，数字化、智能化支撑并推动主营业务发展见到新成效，华北油田采油一厂输油作业区数字孪生平台如图 1.8 所示。

图1.8 华北油田采油一厂输油作业区数字孪生平台

1.1 数字孪生的概念

数字孪生是指利用数字技术对物理实体对象的特征、行为、形成过程和性能等进行描述和建模的过程和方法。数字孪生体是指与现实世界中的物理实体完全对应和一致的虚拟模型，可实时模拟自身在现实环境中的行为和性能，也称为数字孪生模型。一些学者也将数字孪生体翻译为数字镜像、数字双胞胎、数字映射等。可以说，数字孪生是技术、过程、方法和理念，数字孪生体是对象、模型和数据。数字孪生技术不仅可利用人类已有理论和知识建立虚拟模型，而且可利用虚拟模型的仿真技术探讨和预测未知世界，发现和寻找更好的方法和途径，不断激发人类的创新思维、不断追求优化和进步。因此，数字孪生技术为当前制造业的创新和发展提供了一种新的理念和工具。

未来，在虚拟空间将存在一个与物理空间中的物理实体对象完全一样的数字孪生体。例如，物理城市（实体城市）在虚拟空间有对应的城市数字孪生体，物理企业在虚拟空间有对应的企业数字孪生体，物理工厂在虚拟空间有对应的工厂数字孪生体，物理车间在虚拟空间有对应的车间数字孪生体，物理生产线在虚拟空间有对应的生产线数字孪生体，物理工艺过程在虚拟空间有对应的工艺过程数字孪生体，物理设备在虚拟空间有对应的设备数字孪生体等。

1.2 数字孪生体的发展历程

数字孪生体的发展主要经历了技术准备期、萌芽期、潜伏期、快速成长与扩张期 4 个阶段，如图 1.9 所示。

1. 技术准备期：物理孪生体

数字孪生体的概念在制造领域的使用，最早可追溯到美国国家航空航天局（National Aeronautics and Space Administration，NASA）的阿波罗项目。在该项目中，NASA 需要制造两个完全相同的空间飞行器，留在地球上的飞行器被称为数字孪生体，可用来反映（或镜像）正在执行任务的空间飞行器的状态/状况。在飞行准备期间，数字孪生体的空间飞行器被广泛应用于训练；在任务执行期间，留在地球上的数字孪生体被用于仿真实验，并尽可能精确地反映和预测正在执行任务的空间飞行器的状态，从而辅助太空轨道上的航天员在紧急情况下做出最正确的决策。从这个角度可以看出，数字孪生体实际上是通过仿真，反映真实运行情况的样机或模型。

数字孪生体具有 3 个显著特点：数字孪生体与其所要反映的对象在外表（指产品的几何形状和尺寸）、内容（指产品的结构组成、材料属性及其宏微观物理特性）和性质（指产品的功能和性能）上基本相同；允许通过仿真等方式来镜像/反映真实的运行情况/状态；主要运用在航天器的运行、维护环节。需要指出的是，此时的数字孪生体还是实物。

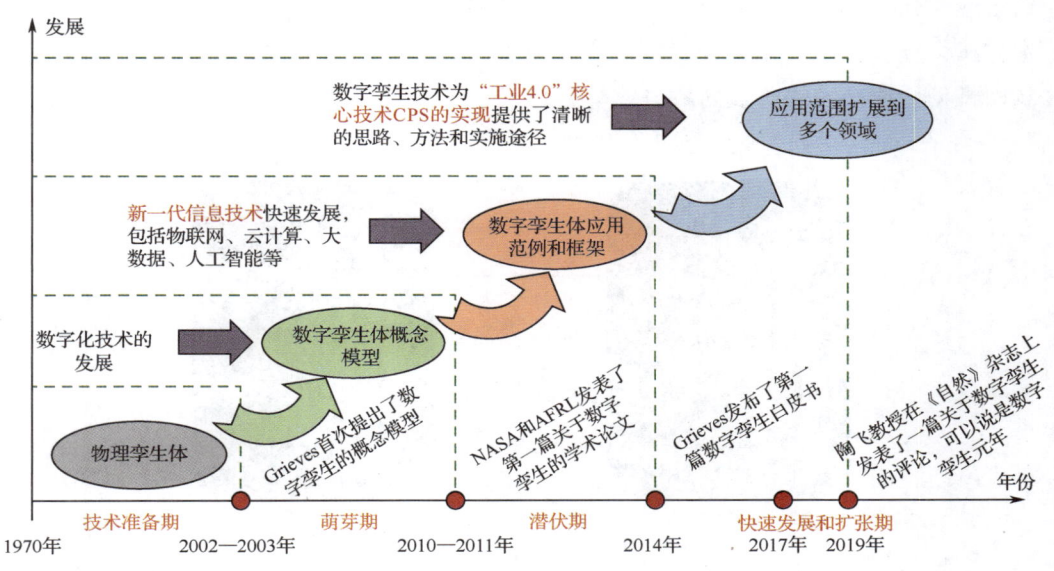

图 1.9　数字孪生的发展历程

2. 萌芽期：数字孪生体概念模型

随着数字化制造技术的快速发展，一批以 CAD、CAE、CAM、CAPP、MRP、PDM、MES、PLM 等为代表的计算机辅助技术和信息管理系统出现了，如何充分利用信息技术和数字空间已成为实现产品研发创新、提高产品研发生产效率和质量的重要手段。在这个背景下，2003 年，迈克尔·格里夫斯（Michael Grieves）在美国密歇根大学的《产品全生命周期管理》课程上提出了"与物理产品等价的虚拟数字化表达"的概念，并给出了定义：一个或一组特定装置的数字复制品，能够抽象地表达真实装置并以此为基础进行真实条件或模拟条件下的测试。该概念源于能更清晰地表达装置的信息和数据的期望，希望能够将所有的信息放在一起进行更高层次的分析。同时，Grieves 给出了数字孪生体的概念模型，如图 1.10 所示。其中包括 3 个主要部分，分别是现实空间的实体产品、虚拟空间的虚拟产品，以及物理空间和虚拟空间之间数据和信息双向交互的接口。

虽然这个概念在当时并没有称为数字孪生体，而是在 2003—2005 年被称为"镜像的空间模型"（Mirrored Spaced Model），在 2006—2010 年被称为"信息镜像模型"（Information Mirroring Model）。但是该概念模型形象、直观地体现了虚实融合、以虚控实的理念，且具备数字孪生体应用的所有组成要素，即物理空间、虚拟空间及两者之间的关联或接口，因此可以被认为是数字孪生的雏形。2011 年，Michael Grieves 教授在《几乎完美：通过 PLM 驱动创新和精益产品》一书中引用了其合作者 John Vickers 描述该概念模型的名词——数字孪生体，并一直沿用至今。可以说，数字孪生体概念模型的提出是源于对物理产品全生命周期数据的表达、管理与应用需求，从而推动企业产品的研发创新与效率提升。

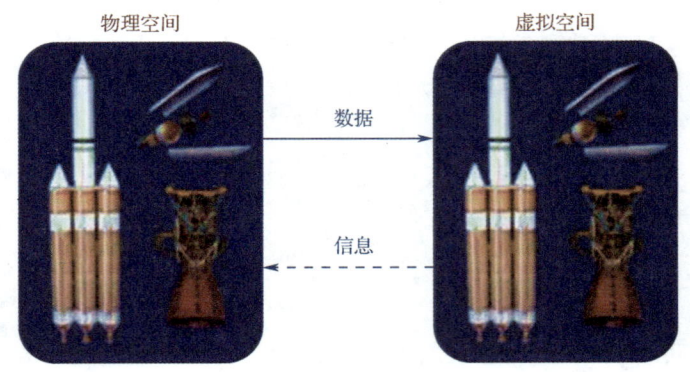

图 1.10 数字孪生体概念模型

数字孪生体概念模型（见图 1.10）从以下几个方面极大地拓展了阿波罗项目中的"孪生体"。

（1）将孪生体数字化，采用数字化的表达方式建立一个与产品物理实体在外表、内容和性质一样的虚拟产品。

（2）引入虚拟空间，建立虚拟空间和物理空间的关联，彼此之间可以进行数据和信息的交互。

（3）形象、直观地体现了虚实融合，以虚控实的理念。

（4）对该概念进行扩展和延伸，除了产品，针对工厂、车间、生产线、工艺过程、制造资源（工位、设备、人员、物料等），在虚拟空间都可以建立相对应的数字孪生体。

但是，该概念模型在 2003 年提出时并没有引起国内外学者的重视，主要是因为：

（1）当时在生产过程中收集产品相关信息的技术手段有限，大多是采用人工方式和基于纸质文件，尤其是难以实现实时数据的在线采集。

（2）物理产品的数字化描述尚不成熟，相关的软/硬件条件难以支持在虚拟空间中精确定义和完整描述物理产品的属性和行为。

（3）移动通信技术尚不够成熟，虚实之间数据和信息实时传输的可靠性难以保证。

（4）当时的计算机性能和算法难以实现对大数据的高效处理和分析。

3. 潜伏期：数字孪生体应用范例

2011 年之后，随着物联网、云计算、大数据和人工智能等新一代信息技术的快速发展，数字孪生体迎来了新的发展契机。2011 年，数字孪生体由美国空军研究实验室（Air Force Research Laboratory，AFRL）提出并得到了进一步发展，目的是解决未来复杂服役环境下的飞行器维护问题及寿命预测问题。他们计划在 2025 年交付一个新型号的空间飞行器，以及与该物理产品相对应的"As-Built"（设计定稿）数字化模型，即数字孪生体，其在两个方面具有超写实性：包含所有的几何数据，如加工时的误差；包含所有的材料数据，如材料微观结构数据。2012 年，AFRL 提出了"机体数字孪生体"的概念，即机体数字孪生体作为正在制造和维护的机体的超写实模型，是可以对机体是否满足任务条件进行模拟和判断的，是由许多子模型组成的集成模型。机体数字孪生体的组成元素如图 1.11 所示。

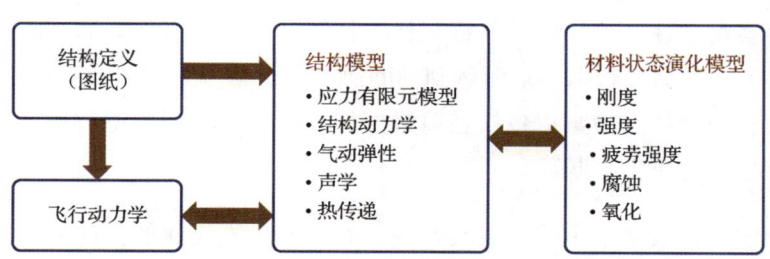

图 1.11 机体数字孪生体的组成元素

机体数字孪生体是单个机身在整个产品生命周期的一致性模型和计算模型，与制造和维护飞行器所用的材料、制造规范及流程相关联。机体数字孪生体也是飞行器数字孪生体的子模型。其中，飞行器数字孪生体是一个包含电子系统模型、飞行控制系统模型、推进系统模型和其他子系统模型的集成模型。此时，数字孪生体从概念模型阶段进入初步的规划与实施阶段，对其内涵、性质的描述和研究也更加深入，具体表现在以下 5 个方面。

（1）突出了数字孪生体的层次性和集成性，如飞行器数字孪生体、机体数字孪生体、机体结构模型、材料状态演化模型等，有利于数字孪生体"从点到面"逐步地实施及最终实现。

（2）突出了数字孪生体的超写实性，包括几何模型、物理模型、材料演化模型等。

（3）突出了数字孪生体的广泛性，即包括整个产品全生命周期，从设计阶段延伸至后续的产品制造阶段和产品服务阶段。

（4）突出了数字孪生体在产品全生命周期的一致性，体现了单一数据源的思想。

（5）突出了数字孪生体的可计算性，即可以通过仿真分析等手段实时反映和预测对应物理实体的运行状态。

可以说，数字孪生体是各类表征物理产品特性的模型融合体。

2012 年，面对未来飞行器轻质量、高负载及极端环境下长时间服役的需求，NASA 和 AFRL 合作并共同提出了未来飞行器的数字孪生体范例。他们针对飞行器、飞行系统或运载火箭等，将数字孪生体定义为"一个面向飞行器或系统的、集成的多物理、多尺度、概率仿真模型，它利用当前最好的可用物理模型、更新的传感器数据和历史数据等来反映与该模型对应的飞行实体的状态"。同年，NASA 发布的"建模、仿真、信息技术和处理"路线图中，数字孪生体正式进入公众视野。该定义可以认为是 AFRL 和 NASA 对其之前研究成果的一个阶段性总结，着重突出了数字孪生体的集成性、多物理性、多尺度性、概率性等特征，主要功能是能够实时反映和预测与其对应的飞行产品的状态，从而达到辅助决策（延续了早期阿波罗项目"孪生体"的功能）的目的，使用的数据包括当前最好的产品可用物理模型数据、更新的传感器数据及产品组的历史数据等。

通过上述分析数字孪生体的定义发现，数字孪生不仅需要描述物理实体的几何物理模型，而且应包括实时数据和历史大数据，以及基于大数据分析的监控、模拟和预测模型。可以说，数字孪生体是物理产品全生命周期所有数据和模型的融合体，其核心是模型和数据，应用范围主要是产品运维阶段，包括产品的寿命预测、健康管理和运维服务等。

4. 快速成长与扩张期：多领域应用

2014 年，Michael Grieves 发布了第一篇数字孪生白皮书，认为数字孪生体将使产品设计与制造的闭环更加牢固。2016 年，西门子基于数字孪生理念，构建了整合制造流程的生产系统模型，支持企业进行价值链的整合和数字化转型。达索建立了基于数字孪生的 3D 体验平台，利用交互体验中用户反馈的信息不断改进产品设计模型，从而优化现实世界的物理实体。2017 年 11 月，世界最大的武器生产商洛克希德·马丁公司（LMT）将数字孪生列为未来国防和航天工业六大顶尖技术之首。全球最具权威的 IT 研究与顾问咨询公司 Gartner 连续四年（2016—2019 年）将数字孪生列为十大战略科技发展趋势之一。为了推动数字孪生理论的发展及其在产品全生命周期中的落地应用，陶飞等人提出了数字孪生车间的概念，以及数字孪生驱动的产品设计、制造和服务框架，并将数字孪生模型由最初的三维结构发展为如图 1.12 所示的五维结构模型，包括物理实体、虚拟模型、服务系统、孪生数据以及交互连接。此外，陶飞等人结合相关合作企业的实际应用需求，重点探讨了数字孪生五维模型在卫星/空间通信网络、船舶、车辆、发电厂、飞机、复杂机电装备、立体仓库、医疗、制造车间、智慧城市 10 个领域的应用思路与方案，并在 Nature 上发表了一篇关于数字孪生的评论。数字孪生受到了学术界和工业界的重点关注，并在多个领域得到应用，进入了快速成长和扩张期。

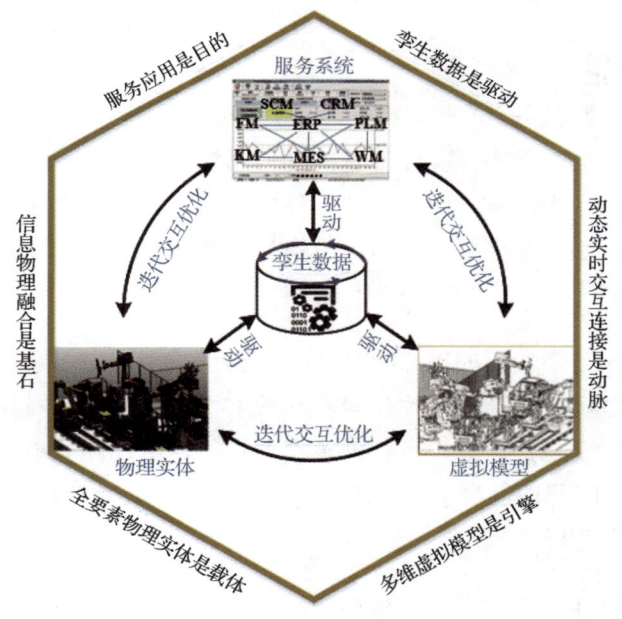

图 1.12 数字孪生五维结构模型与应用准则

数字孪生快速发展的原因主要有以下 3 个方面。

（1）德国"工业 4.0"、美国工业互联和中国制造强国战略等国家战略的目标均以智能制造为核心，旨在通过信息世界与物理世界的交互与共融，实现制造业的转型升级，提高企业的市场快速响应能力和国际竞争力。数字孪生作为实现信息世界和物理世界融合的关键核心技术，为智能制造的实施提供了清晰的思路、方法和实施途径。

（2）随着模型轻量化、基于模型的定义（Model Based Definition，MBD）、基于物理的建模等模型数字化表达技术的兴起与广泛应用，使采用数字化方式在产品全生命周期的各个阶段精确地描述物理产品成为可能。

（3）大数据、物联网、移动互联网、云计算等新一代信息与通信技术的快速普及与应用，大规模计算、高性能计算、分布式计算等计算机科学技术的快速发展，以及深度学习、强化学习等人工智能算法的不断涌现，使产品动态数据的实时采集、可靠与快速传输、存储、分析、决策、预测等成为可能，为虚拟空间和物理空间的实时关联与互动提供了重要的技术支撑。

1.3 数字孪生体的关键特征

数字孪生具有真实性、集成性、动态实时性、可组合性、可视性和可计算性等特征。

（1）真实性：数字孪生的基本特征，避免"虚而不仿，仿而不真"。数字孪生不仅能够动态、实时地映射物理实体外在的几何属性（如形状、结构、尺寸、公差、表面粗糙度等）和行为动作，而且能够精确描述其内在的物理属性和规则属性，如结构动力学模型、热力学模型、应力分析模型、疲劳损伤模型、功能模型、性能模型、故障演化模型等。

（2）集成性：数字孪生的核心特征之一，也是数字孪生构建的难点所在。传统的建模与仿真模型多是局部和碎片化模型，数字孪生更强调全局和一体化模型。以产品为例，数字孪生是几何模型、物理模型、功能模型、性能模型、行为模型等模型的集成与融合，因此通过数字孪生能够对产品的行为、功能和性能进行更加真实、准确地模拟和仿真分析。

（3）动态实时性：数字孪生的核心特征之一。相比于传统的静态设计模型，数字孪生更强调模型的动态实时性，具有虚实同步映射和共生促进的特点。例如，产品数字孪生在生产制造阶段和运维服务阶段会通过与物理产品的不断交互而不断改变和完善，从而实现对物理产品工作进展和工作状态的实时同步映射，并能够通过在线仿真等方式实现对产品制造质量、寿命和健康状态的预测。

（4）可组合性：数字孪生的核心特征之一。数字孪生能够基于已有的零部件或子系统数字孪生体构建复杂系统数字孪生体，不仅有利于复杂系统数据和模型的层次化和精细化管理，而且为复杂系统数字孪生体的快速构建提供支撑。

（5）可视性：数字孪生的基本功能。支持以三维可视化的方式对物理实体的状态进行动态、实时地监控和预警，从而辅助决策。

（6）可计算性：数字孪生的进阶功能，不仅能够支持基于模型的监控，而且要能够实现对未来的预测，并最终实现信息物理系统的以虚控实。相比于基于机理模型的传统仿真方法，数字孪生支持采用机理模型和大数据模型融合的方式进行仿真分析。也就是说，数字孪生通过深度融合机理模型与大数据模型，将推动基于"数理—大数据—环境"融合的集成仿真，从而更加高效、准确、快速地模拟和预测对应物理实体的状态和行为。

1.4 数字孪生体与信息物理系统

2006 年，美国国家科学基金会首先提出信息物理系统（Cyber-Physical Systems，CPS）的概念，CPS 被定义为由具备物理输入、输出且可相互作用的元件组成的网络。它不同于未联网的独立设备，也不同于没有物理输入、输出的单纯网络。2011 年，德国提出了"工业 4.0"，其内涵是利用 CPS 将生产中的供应、制造和销售等信息数据化、智慧化，最后达到快速、有效、个性化的产品供应，其本质是充分利用 CPS 将制造业向智能化转型。CPS 是一个综合计算、通信、控制、网络和物理环境的多维复杂系统，并以大数据、网络与海量计算为依托，通过 3C（Computing、Communication、Control）技术的有机融合与深度协作，实现大型工程系统的实时感知、动态控制和信息服务。2017 年 3 月，中国工业和信息部发布了《信息物理系统白皮书（2017）》，指出 CPS 是支撑两化深度融合的综合性技术体系，是推动制造业与互联网融合发展的重要抓手。CPS 把人、机、物互联，实体与虚拟对象双向连接，以虚控实，虚实融合。CPS 内涵中的虚实双向动态连接，有两个步骤：一是虚拟的实体化，如设计一件产品，先进行模拟、仿真，然后再制造出来；二是实体的虚拟化，实体在制造、使用、运行的过程中，把状态反映到虚拟端，通过虚拟方式进行监控、判断、分析、预测和优化。

CPS 通过构筑信息空间与物理空间数据交互的闭环通道，能够实现信息虚体与物理实体之间的交互联动。数字孪生的出现为构建 CPS 提供了清晰的思路、方法和实施途径。以物理实体建模产生的静态模型为基础，通过实时数据采集、数据集成和监控，动态跟踪物理实体的工作状态和工作进展（如采集测量结果、追溯信息等），将物理空间中的物理实体在信息空间中进行全要素重建，并形成具有感知、分析、决策、执行能力的数字孪生体。因此，数字孪生技术是构建 CPS 的关键核心技术，也是实现智能制造的关键使能技术之一。

1.5 数字孪生体的应用流程

理想的数字孪生本质上是在信息世界中对物理系统内在规律和外在属性最直观与最全面的描述，数字孪生体是物理系统在全生命周期各个环节所有模型和数据集成与共融的载体。其核心组成是模型和数据；难点在于多维度、多尺度、多物理场、多领域模型融合，"机理—大数据—环境"模型融合，以及大数据的组织与管理；目标是通过物理世界和信息世界的融合与统一，辅助决策与优化。从过程的角度看，数字孪生是在虚拟空间中对现实物理对象全生命周期的全过程数字化跟踪模型。从对象的角度看，数字孪生是对物理实体全要素、全生命周期的真实映射，是物理实体被延长了的虚拟生命线。数字孪生的应用流程大致可分为6个主要步骤，即数字表达、数据采集、同步镜像、精准预测、智能决策、反馈控制，如图1.13所示。

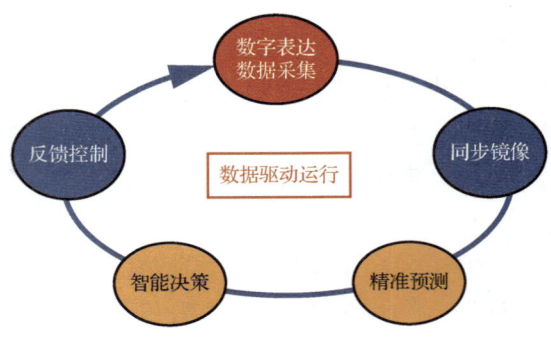

图 1.13 数字孪生的应用流程

首先，在模型层面，通过数字化技术构建物理实体的数字孪生，完成物理对象的数字化表达。在数据层面，通过各种手段实现对数据的实时采集。其次，建立实时数据与数字孪生模型之间的映射机制，在实时数据的驱动下实现物理实体与数字孪生体之间的同步镜像，达到以虚映实的目的。再次，通过数字孪生内嵌的数字化模型，包括机理模型、大数据分析模型、决策优化模型、知识推理模型等，在虚拟空间对物理实体的运行状态进行模拟仿真，并进行精准预测或智能决策。最后，通过数字孪生控制物理实体，达到以虚控实的目的；同时物理空间产生的数据不断反馈到虚拟空间，并对数字孪生内嵌的模型进行优化，实现虚实的共生与共进。

1.6 基于数字孪生的复杂产品智能装配车间质量管控体系

参考六西格玛质量管理方法的思想，在考虑复杂产品离散智能装配车间质量管

第1章 数字孪生概述

控的全面性、准确性、及时性、可追溯性和预见性等需求的基础上,以数据在数字空间的自动流动为核心,提出了一种基于数字孪生的复杂产品智能装配车间质量管控方法(见图1.14),并将其实施过程定义为"CFMPOD六步循环",具体包括采集(Collect,C)、融合(Fuse,F)、映射(Mapping,M)或作镜像(Mirror,M)、预测(Predict,P)、决策(Optimize,O)或分析(Analysis,A)、执行(Do,D)。其中,用于映射的可视化模型、用于计算的预测,以及在线优化与控制模型共同组成了复杂产品智能装配车间质量管控的数字孪生模型。

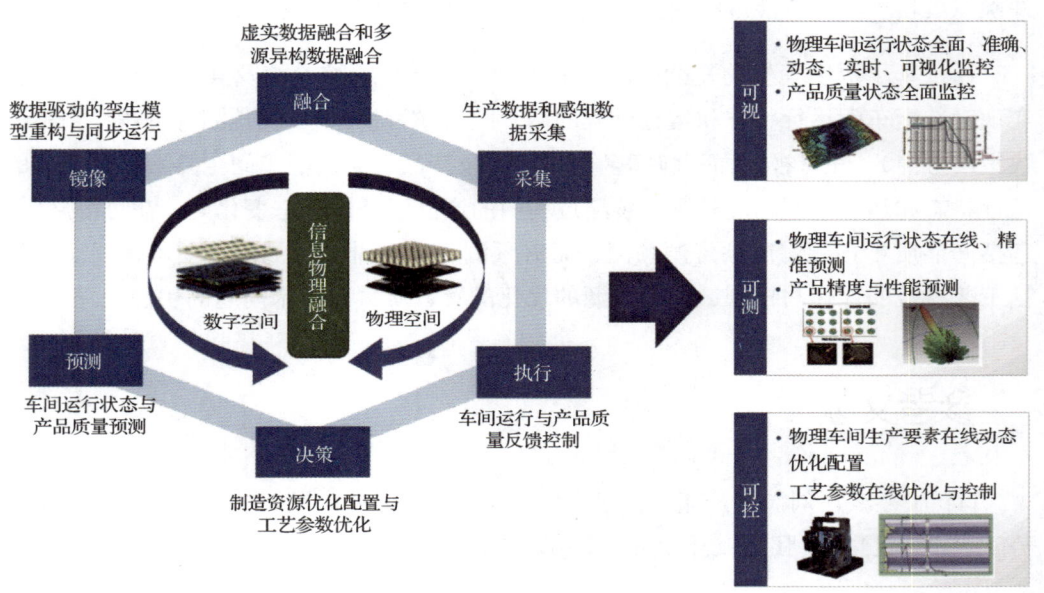

图1.14 基于数字孪生的复杂产品智能装配车间质量管控的实施流程

(1)采集:通过硬件采集终端、条码、传感器、射频识别、人机交互等各种数据获取方式采集车间运行过程中产生的各类动态数据,包括制造资源感知数据、传感数据、设备运行数据、环境数据、工序完工数据、实际工时数据、质量数据、实做物料数据、车间多媒体数据等。

(2)融合:通过数据清洗、数据统一建模、数据时空对准等方法对车间运行过程中采集的多源异构数据(尤其是多源传感数据)进行预处理和统一管理,从而为车间运行的同步映射、精准预测、快速决策与反馈控制提供可信的数据和信息。

(3)镜像:通过三维模型重构、二维看板展示、数据可视化、运行过程模拟等方式实现数字孪生可视化模型与物理车间的同步运行,实现对复杂离散制造车间的三维全局可视化监控。

(4)预测:基于历史数据和实时数据,通过大数据模型、数理模型或两者的融

— 15 —

合模型来预测未来的车间运行状态及可能发生的异常。

（5）决策：基于数字空间的映射和预测结果进行决策，一方面对车间运行过程中的潜在异常进行预警，并提醒相关人员通过调整和优化工艺参数、制定新的生产计划等方式来避免异常的发生；另一方面对运行过程中已经出现的异常进行报警，并辅助相关人员快速响应和处理该异常。

（6）执行：物理空间的人、机、料等制造资源将在新的解决方案指导下运行，并确保过程一旦完成能继续保持下去而不会返回到先前的状态。

通过基于数字孪生的复杂产品智能装配车间质量管控方法及其实施流程，能够实现对装配车间运行状态和运行过程的同步映射（可视）、在线预测（可测）和精准决策（可控）。在可视层面，包括全面监控复杂产品智能装配车间全要素、全业务的运行状态和运行过程、实时洞察装配过程中的产品工艺的状态变化等。在可测层面，包括产品质量预测、瓶颈资源预测、工时预测、完工时间预测等。在可控层面，包括工艺参数的优化与控制、制造资源的优化配置、质量和技术问题的快速处理等。

参考文献

[1] 庄存波，刘检华，熊辉，等. 产品数字孪生体的内涵、体系结构及其发展趋势[J]. 计算机集成制造系统，2017, 23(4): 753-768.

[2] Zhuang C, Gong J, Liu J. Digital twin-based assembly data management and process traceability for complex products[J]. Journal of Manufacturing Systems, 2021, 58: 118-131.

[3] Zhuang C, Miao T, Liu J, et al. The connotation of digital twin, and the construction and application method of shop-floor digital twin[J].Robotics and Computer-Integrated Manufacturing, 2021, 68(4): 102075.

[4] Rosen R, Wichert G, Lo G, et al. About the importance of autonomy and digital twins for the future of manufacturing[J]. IFAC-Papers on Line, 2015, 48(3): 567-572.

[5] Grieves M, Vickers J. Digital twin: mitigating unpredictable, undesirable emergent behavior in complex systems[M]. Transdisciplinary Perspectives on Complex Systems Berlin, Germany: Springer-Verlag, 2017: 85-113.

[6] Tuegel E J, Ingraffea A R, Eason T G, et al. Reengineering aircraft structural life

prediction using a digital twin[J]. International Journal of Aerospace Engineering, 2011: 154798. DOI: 10.1155/2011/154798.

[7] Tuegel E J. The airframe digital twin: Some challenges to realization[C]. Hawaii, USA: 53rd AIAA/ASME/ASCE/AHS/ASC Structures, Structural Dynamics and Materials Conference 20th AIAA/ASME/AHS Adaptive Structures Conference 14th AIAA, 2012: 1812.

[8] Glaessgen E, Stargel D. The Digital Twin paradigm for future NASA and US Air Force vehicles[C]. Hawaii, USA: 53rd Structures, Structural Dynamics and Materials Conference. Special Session: Digital Twin, Honolulu, HI, US. 2012: 1-14.

[9] 陶飞，刘蔚然，刘检华，等. 数字孪生及其应用探索[J]. 计算机集成制造系统，2018, 24(1): 1-18.

[10] 陶飞，张萌，程江峰，等. 数字孪生车间——一种未来车间运行新模式[J]. 计算机集成制造系统，2017, 23(1): 1-9.

[11] Tao F, Cheng J, Qi Q, et al. Digital twin-driven product design, manufacturing and service with big data [J]. The International Journal of Advanced Manufacturing Technology, 2018, 94:3563-3576.

[12] Tao F, Qi Q. Make more digital twins[J]. Nature, 2019, 573: 490-491.

第 2 章

多维度多尺度智能装配车间数字孪生高保真模型构建

在虚拟空间中构建数字孪生模型，从而实现对物理对象或过程的数字化表达和描述是应用数字孪生技术的前提。以电子装备装配车间为例，为了在虚拟空间完整、准确地刻画物理车间，需要从多维度和多空间/时间尺度对车间进行描述建模。多维度主要是指几何、物理、行为、数据等层面，多空间尺度主要包括产线及车间、制造单元（工艺过程）、生产要素等不同粒度。多时间尺度主要包括历史回溯、同步映射和模拟未来等不同阶段。通过建立各尺度模型间的关联关系，对几何、物理、行为、数据等层面模型进行集成与融合，从而形成车间数字孪生高保真模型。车间数字孪生模型构建技术方案如图 2.1 所示。

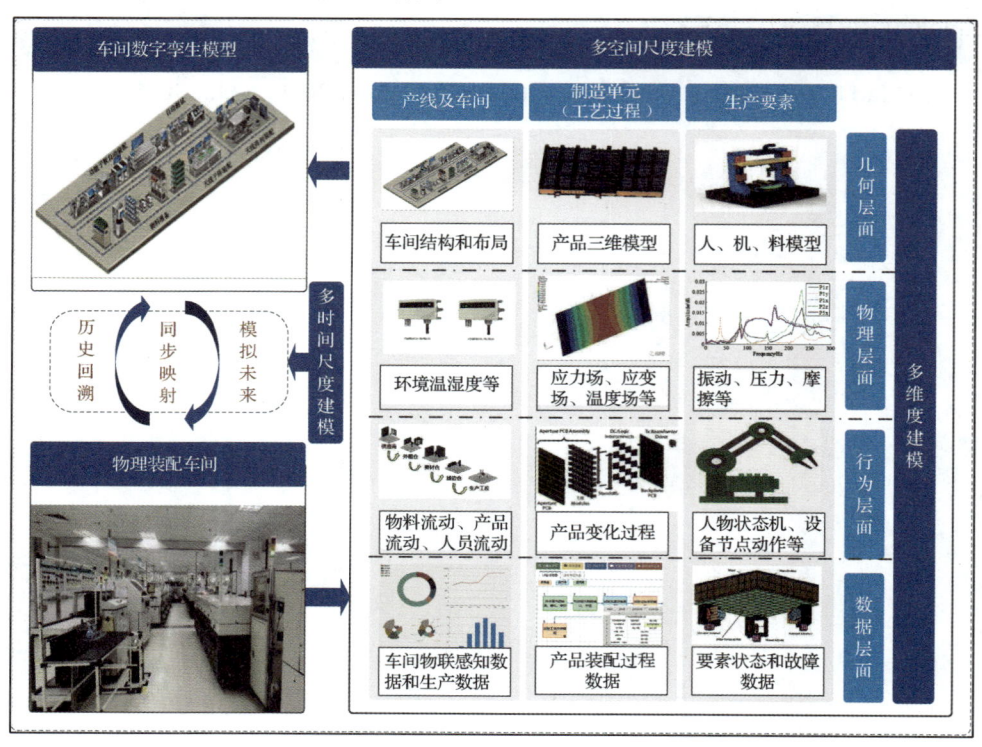

图 2.1　车间数字孪生模型构建技术方案

2.1 基于数据关联模型的多空间尺度建模

电子装备车间的数字空间可以分为车间、工位、要素 3 个尺度，各尺度之间为包含关系，分别与不同的制造实体相对应。车间尺度的数字空间与物理车间相对应，由多个智能工位围绕工序流程建立业务协作关系。工位尺度的数字空间与物理工位相对应，由设备、物料、人员等要素围绕工序要求建立业务协作关系。要素尺度的数字空间与物理生产要素相对应，是车间的最小单元。不同尺度建模对象的关注重点及建模重点有所不同。为了真实地刻画和映射车间的生产过程，需要对建模对象的尺度进行划分，并且构建各尺度之间的信息交互关系，如图 2.2 所示。

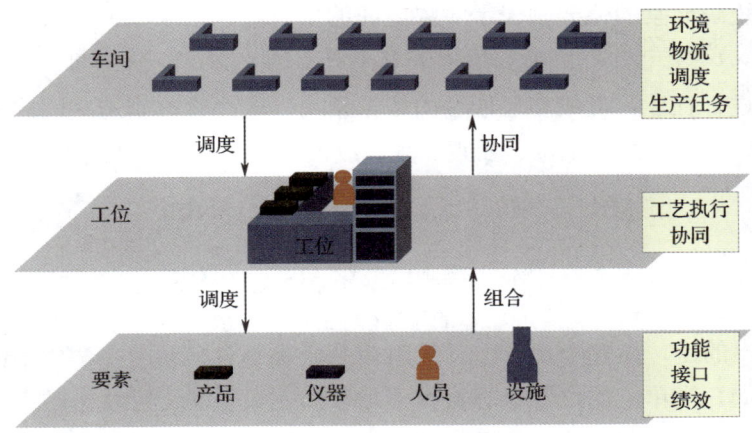

图 2.2　多尺度孪生车间建模

对车间、工位、要素等 3 个尺度进行建模，同时考虑上下之间的联系，使多尺度孪生车间在虚拟模型的物理生产过程中实现映射、交互和联动。不同尺度的建模要点如下。

（1）车间尺度，为了完整地映射车间的信息，车间尺度重点关注布局、物流、调度、任务、环境方面的建模。基于车间模型，进行环境监控与分析，车间布局分析优化，物流配送及路线优化，制造资源的综合调度，制造任务的排程等。

（2）工位尺度，工位是车间建模的最小生产单元。以工位为对象，对与工位能力、输入输出、设备组成、所用物料及所用工具相匹配的技能人员进行统一管理。

（3）要素尺度，要素尺度主要包括车间的基本要素，即设备、设施、产品、工装夹具等。在要素尺度中，设备设施等要素包括功能性能、使用状态、维修窗口、接口、综合绩效；产品物料包括产品的工艺路线、工序级物料清单、技术状态等；

工装夹具包括功能性能、使用状态、库存状态等。

采用面向对象的建模语言对车间数字孪生体进行建模，对于每个尺度表达如下。

$$\mathrm{MS}_i = \{\mathrm{MS}_{i+1,1},\cdots,\mathrm{MS}_{i+1,j},\cdots,\mathrm{MS}_{i+1,\mathrm{NI}}\} \oplus \mathbf{RS}_i, i \in [1,\mathrm{SN}] \quad (2.1)$$

$$\mathbf{RS}_i = [\mathbf{RS}_i(p,q)]_{N \times N}, \forall p,q \in [1,\mathrm{NI}] \quad (2.2)$$

$$\mathbf{RS}_i(p,q) \in [\downarrow,\rightleftarrows,\Leftrightarrow,\updownarrow] \quad (2.3)$$

式中，MS_i 为物理制造空间中第 i 个尺度，总共包含 NI 个对象，NI 为第 i 个尺度的对象个数，SN 为尺度的划分层数；$\mathrm{MS}_{i+1,j}$ 为第 i 个尺度物理制造空间中的第 j 个对象；$\oplus$ 为第 i 个尺度物理制造空间中对象与各要素的融合；$\mathbf{RS}_i$ 为各要素之间的逻辑关系矩阵，矩阵元素的值分别表示对象之间的关系，包括（↓）无关系、（⇄）合作关系、（⇔）竞争关系、（↕）依附关系。对车间、工位、要素每个层级采用形式化建模语言进行描述，形成相互嵌套的数据结构，刻画物理制造空间的多尺度特点及管理关系。对于车间、工位、要素 3 个尺度的数据结构，可表达如下：

$$\mathrm{MS}_{1,k} = \{\mathrm{MS}_{2,1},\cdots,\mathrm{MS}_{2,j},\cdots,\mathrm{MS}_{2,\mathrm{NI}}\} \oplus \mathbf{RS}_1 \quad (2.4)$$

$$\mathrm{MS}_{2,l} = \{\mathrm{MS}_{3,1},\cdots,\mathrm{MS}_{3,j},\cdots,\mathrm{MS}_{3,\mathrm{NI}}\} \oplus \mathbf{RS}_2 \quad (2.5)$$

需要指出的是，在每个尺度下，依附关系取决于对车间数字孪生不同粒度的数据需求。例如，当单一的仪器状态数据不足以描述设备的运行状态时，将设备节点分为电源节点、面板节点、控制系统节点等，各细分节点实时采集细分数据，实现设备运行状态的全方位数据感知和关联，此时细分节点与设备节点之间的关系为依附关系。考虑到对物理制造空间全要素精准刻画的要求，次级制造数据节点可按照粒度分解规则向下一级分解，直至满足车间数字孪生系统对数据采集的需求为止。对制造数据的多粒度分解体现了该层级物理制造空间多尺度描述和建模的内涵。

2.2 基于数字孪生虚体的多维度建模

以往建模方法大多是从单一维度来描述车间的某个属性，如几何建模从几何维度描述车间的几何属性，逻辑建模从逻辑维度描述车间运行的逻辑属性，信息建模从数据维度描述车间的数据属性等，而上述建模方法对构建车间数字孪生体来说都是不完备的，车间数字孪生体应具备物理车间的所有必要属性。为实现车间高保真建模，需从几何、物理、行为等多维度入手构建车间模型，从几何形状、物理属性、行为响应及规律规则等多个方面对物理车间进行真实刻画和描述建模。多维度模型

第2章 多维度多尺度智能装配车间数字孪生高保真模型构建

通过参数化定义的形式在数字空间进行统一建模。采用面向对象的语言，对有共性的建模对象构造类数据结构，对模型实例进行参数化定义，建立车间的映射模型。对车间对象建模如下。

$$MS_{i+1,j} = gMset \& pMset \& aMset \& cMset \quad (2.6)$$

式中，$MS_{i+1,j}$ 为第 i 个尺度物理制造空间中的第 j 个对象，模型集合中的元素分别为几何模型集 gMset、物理模型集 pMset、行为模型集 aMset、数据模型集 cMset，并通过连接符 & 进行连接，形成对物理空间的全要素、多学科、多领域建模。

gMset：几何建模涵盖了建模对象的三维模型及零部组件装配结构关系。主要针对车间各尺度的生产要素自顶而下、逐层进行三维建模，在建模过程中须重点关注建模对象的关键尺寸和结构，确保关键尺度对应的真实比例。后处理主要包括轻量化、渲染、贴面及光源设置等。

pMset：物理建模涵盖了建模对象的刚度、速度、加速度、工作范围、温湿度、能源消耗等物理属性，并对外界变化做出的物理响应。在车间层面，物理建模的重点是 AVG[①] 小车的物理属性和车间的温湿度模型，通过取样采集数据对车间的湿度分布进行采集和拟合，对重点防护位置进行湿度传感器的部署。在制造单元层面，重点是对转台的速度、加速度等进行建模。在设备层面，主要是对机械手臂的刚度、速度等进行建模。

aMset：行为模型涵盖了建模对象的工艺行为（如工位模型中按工艺流程完成测试工序）、与智能制造空间其他模型的竞争和协作行为（如确定竞争合作关系及业务协同逻辑）、故障行为（用于仪器设备健康管理的故障报警及故障诊断响应）。行为模型主要包括车间、产线、工位、要素等各模型在外部输入下的行为响应，其中不同尺度的模型行为响应不同，不同要素的行为响应也有区别。此外，行为模型也涵盖了车间运行过程中用到的各类推理、关联、决策规则模型，以及生产过程中的各类约束条件模型，以实现生产过程中对状态及事件在规则约束下的即时响应，包括测试项的匹配规则，可用于推理生产排程的合理顺序；温度、湿度的阈值约束，可用于触发报警行为。

cMset：数据模型。在对车间数字孪生体进行建模的过程中，需要对车间里的静态基础数据和动态采集数据进行管理，对车间流动和集成的数据进行标准化建模，从而以车间数据管理的角度建立车间数字孪生体信息集成模型。

[①] AVG：Automated Guided Vehicle，指装备有电磁或光学等自动导引装置，能沿规定的导引路径行驶，具有安全保护以及各种移载功能的运输车。

2.3 具体实现技术

2.3.1 面向要素尺度的车间生产要素建模

车间生产要素主要包括人员、设备和物料，其模型构建主要包括几何、物理和行为 3 个维度。

1. 生产要素几何建模

生产要素几何维度的建模主要是在虚拟空间构建人物和设备等几何模型。其中，设备和物料的几何模型均由供应商提供。

（1）人物几何建模。人物几何建模包括模型本体和运动机能建模。首先，取 66 块决定人物姿态的关键骨骼进行建模，将骨骼抽象为连杆，建立人物骨骼模型。模型中包括头部、颈部、胸部、肩部、大臂、小臂、手腕、手指各关节、腹部、腰部、盆骨、大腿、小腿、脚部及各脚趾关节。其次，创建人物肌肉，在肌肉的外部建立外观结构。再次，进行外观贴图。最后，对人物骨骼的连接关系进行调整和绑定，约束各关节的旋转方向和旋转角度范围，防止产生非正常姿态，从而实现对人物运动机能的建模。

（2）设备几何建模。由于设备模型还涉及模型自身的三维图形变换，因此，在设备几何模型的基础上采用层级结构进行建模，即以模型从属的静态模型为根节点，各动态子模型依照运动从属关系依次建立父子节点关系，通过子节点在父节点局部坐标系中的位姿构建三维模型。

2. 生产要素物理建模

生产要素物理建模主要是对设备进行物理建模，需要同步映射设备运行时的物理参数，包括振动、磨损、扭矩、转矩、温度等因素，主要用于设备的寿命预测和健康状态管理，从而实现对关键设备的监控与预测性维护或维修，既提高设备使用寿命，又降低设备维护、维修或意外停机带来的成本损失。由于物理维度建模比较复杂，涉及多学科、跨领域的多项技术，且与设备本身的运行机理密切相关，此处不做详细阐述。

第 2 章 多维度多尺度智能装配车间数字孪生高保真模型构建

3. 生产要素行为建模

（1）人物行为建模。首先，使用状态机控制人物行为。状态机的实现分为状态机设计与状态转移算法实现。随后，基于状态转移算法使用实时数据驱动状态机驱动人物行为的同步。

人物详细状态机如图 2.3 所示。人物的默认状态为"空闲"，"空闲"状态与"走路""搬起""下蹲""操作""站立工作"状态均可互相转换，"搬起"状态可与"搬运"状态互相转换。"操作"为一个抽象状态，其状态实现为位于下方的 3 个操作子类。为了在人物动作上表明人物的操作状态，采用 3 个单向循环的一般性操作状态作为代理。其中，任何一个操作状态均可恢复为"操作"抽象状态。此外，任何状态均可转化为"空闲"状态。

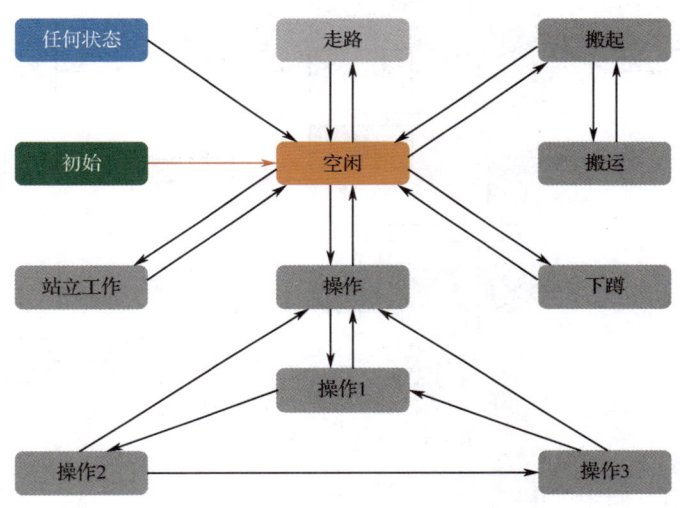

图 2.3 人物详细状态机

人物状态转移算法如图 2.4 所示。人物的更新依靠超宽带（UWB）数据进行位置更新，根据制造执行系统（MES）数据进行状态更新。其中，i 为更新次数，t 为局部时钟，T 为读取数据的周期。对于第 i 次更新，将 t 设为 0，从 UWB 数据库读入人物所携带标签的最新位置 P_i，计算人物对象当前位置 P 与 P_i 的距离 $|P_i-P|$。若距离小于设定值 L，则认为人物处于静止状态；若距离大于或等于设定值 L，则认为人物处于运动状态。对于静止状态，根据 MES 数据库的工艺和工序信息进一步判断是否存在操作信号。若存在操作信号，则将人物状态变更为"操作"；若不存在操作信号，则将人物状态置于"空闲"。之后，将人物当前位置指定为最新位置 P_i。对于运动状态，则根据 MES 数据库的搬运任务和物流信息进一步判断是否存在搬运信号。若存在搬运信号，则将人物状态变更为"搬运"；若不存在搬运信号，则将人物状态

变更为"走路"。无论"搬运"状态或"走路"状态,都驱动人物向目标位置P_i移动。一次更新结束后,对t进行累加,当累加值大于设定值T,则将t重置为0,i加1,再进行下一次更新。

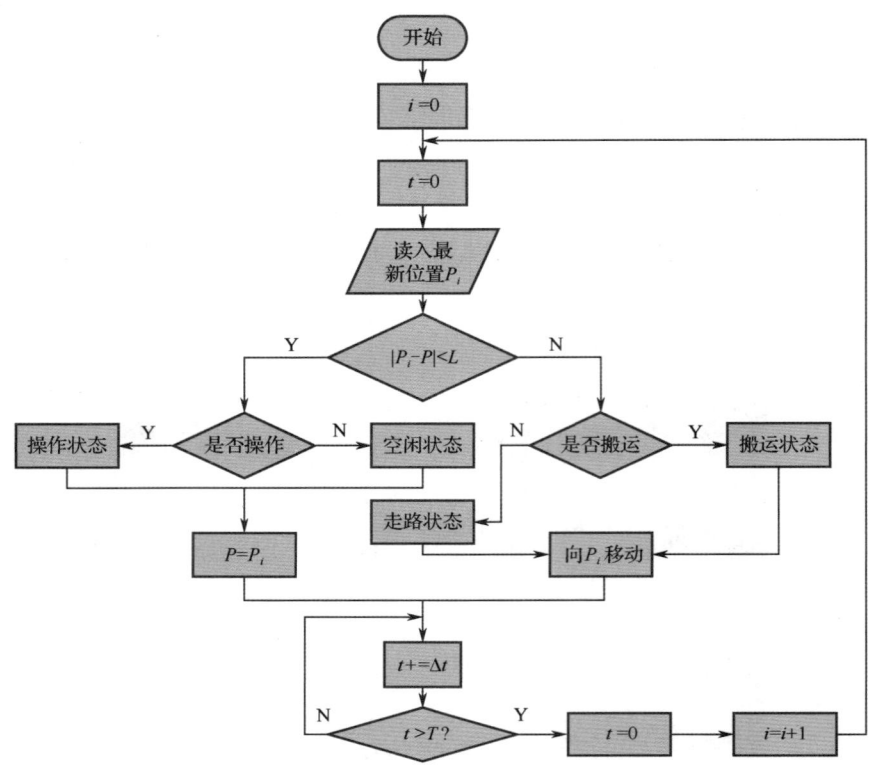

图2.4 人物状态转移算法

(2) 设备动态同步映射

设备动态同步映射技术是设备层面的数字孪生,目的是在虚拟空间中复现车间设备行为,其技术路线如图2.5所示。将设备行为实时更新到虚拟空间,可使监控更加直观,为管理者和决策者提供设备信息,有助于其对车间进行有效管控。设备动态同步映射技术主要包括设备准动态数据镜像、设备动态基础数据镜像和设备动态性能数据镜像3个方面。

(3) 物料流转同步映射

物料流转同步映射由在制品在工位间的流转和物料在车间中的流转组成,根据工艺流程控制在制品和物料在数字孪生模型中的物流走向。以在制品和物料的实时位置建立车间事件,将其作为决策点规则地引入车间运行逻辑模型,与数字孪生模型中对应的三维几何模型相关联,之后对实时更新的位置信息进行插值处理,进而拟合出连续的物流过程，实现实时位置数据驱动的车间物料流转同步映射，主要包括物料在车间的状态、物料在工位的状态、物料搬运过程的物流及物料的流动 4 个方面的映射。

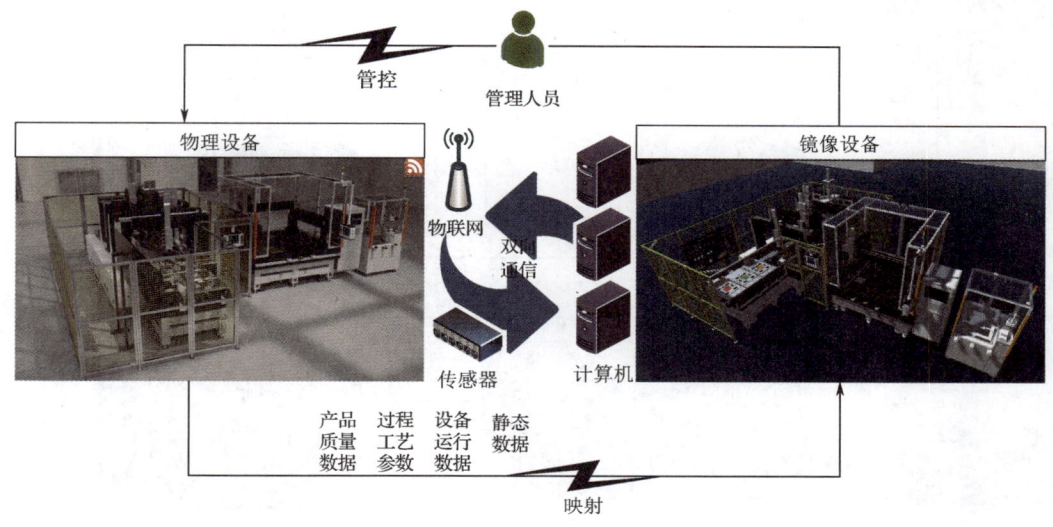

图 2.5　设备动态同步映射技术路线

2.3.2　面向单元尺度的工艺过程数字孪生建模

考虑面向装配现场的工艺仿真优化与准确度保障的数据支撑要求，通过模型属性与关键特征定义、数据的感知融合与集成交互，以及数字孪生工艺模型动态重构等关键技术，实现数字孪生中的"虚实融合"效果。以理论模型为基础，以实测数据为驱动，以数据融合与仿真计算为手段，实现装配过程数字孪生模型的动态重构与更新演化，为后续质量预测、仿真模拟、质量管控等技术的实现提供模型基础，具体路线如图 2.6 所示。

1. 数字孪生工艺模型的模型属性与关键特征定义

根据产品装配过程重点工艺参数的监控需求，以及后续预测或仿真需求，基于装配单元接口间的精度属性信息，计算其质量损失，定量筛选用于构建数字孪生工艺模型的关键装配特征。与关键装配特征相关的基础属性数据及装配参数大部分可通过采集获得。在基于数字孪生的产品构型数据定义与反馈过程中，实现基于语义的产品模型表达是关键。采用网络本体语言（Ontology Wed Language，OWL）描述关键特征的语义信息，即通过本体建模开发工具实现数字孪生工艺模型中组织要素的定义及属性描述，建立各项数据之间、数据与关键特性之间的关联关系。例如，可确定以几何特征和构型数据为子类的组织形式;可定义产品信息、尺寸公差信息、产品零部件的构型状态以及工艺性能数据,如机械性能、电磁性能、可靠性相关数据;可定义工艺过程数字孪生模型构建的目标信息,以及决定包括配合精度状态、实体物理变形、关键特征位置等在内的重构过程中关键特征的定义。

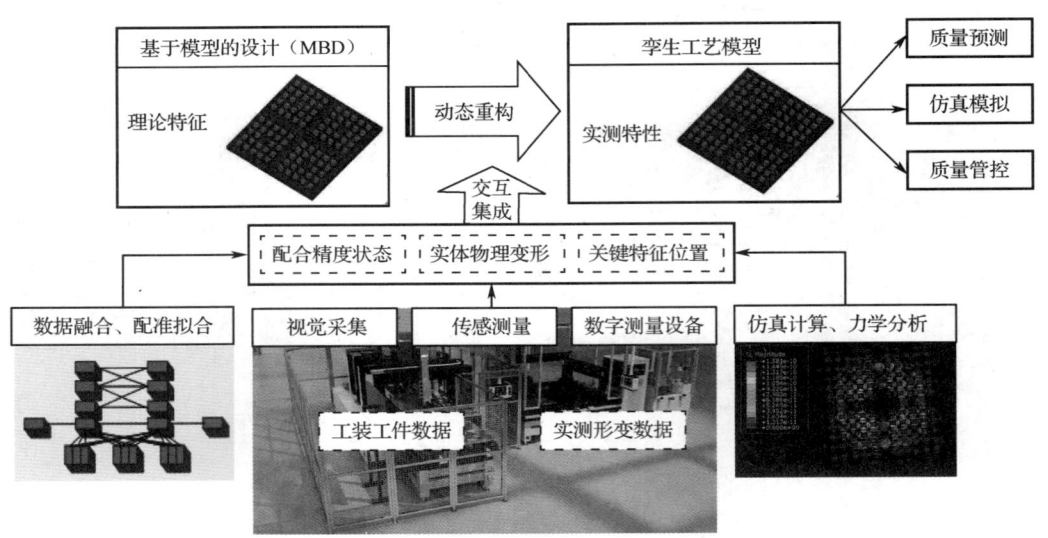

图 2.6　数字孪生工艺过程模型的动态构建与分析

2. 装配过程中模型重构驱动数据的感知融合与集成交互

在产品的实物装配过程中,需对各类繁杂的实物信息进行感知,形成数字信息,作为数字孪生工艺模型中数据信息的基础来源。基于多种数字测量设备(三坐标测量机、温度/振动/角度/速度/力/位移传感器、激光跟踪仪、三维线扫、2D 相机)的优化布置,构建感知测量场,并建立 3D 虚拟仿真平台,以实现实时数据与平台模型的交互。对于不能实现自动采集的生产工位,装配现场的数据可通过现场工位机、移动终端、可编程逻辑控制器(PLC)等数字化设备进行数据采集。其中,零件模型的装配定位,本质上是两个带有几何误差的配合表面间的精确匹配,即测量点云数据的配准拟合。

在装配测量场中,根据装配工艺过程,可通过在线传感测量及监控的信息采集方式,实时感知设备类数据(设备运行状态信息、实时工艺参数信息、故障信息、维修/维护信息等)、生产过程数据及质量数据等信息。对于质量数据,其主要包括现场装配过程中的真实配合精度状态信息、物理变形信息及关键装配特征的位置精度信息等。在数据的集成、转换过程中,可采用小波分解或模式分解等方法进行测量数据的降噪与不同数据类型的归一化处理。在长度、时间尺度、耦合范围 3 个方面

第 2 章 多维度多尺度智能装配车间数字孪生高保真模型构建

满足要求，不仅可使传感器采集的数据与实际系统数据保持高度一致，而且可去除或者减少其中的无效数据。此外，针对异构数据各自的特点，可综合采用定制转换工具、集中复制数据、数据集成中间件等方式融合异构数据源。同时，将产品经仿真计算与力学分析等得出的仿真数据、物性数据信息与采集数据、融合拟合数据相结合，基于以上步骤，再修正关键装配特征状态及精度属性信息，提取装配过程中的有效数据信息，为建立精准的数字孪生工艺模型做准备。

3. 数字孪生工艺模型的动态重构

数字孪生工艺模型的动态重构实质是在设计模型基础上进行修正，对实际的产品模型在装配工艺的不同阶段的主要型体进行动态重构，或者就某一工艺阶段中的微小动态演化，构建实际装配产品工艺过程的数字孪生模型。一方面，根据工艺流程、工序完成情况和物料使用情况等数据确定正在进行的工序和生产进度，并在工序完成后将产品的三维模型分别转换成相应工艺阶段的模型，进行主要形体与相对宏观的模型重构，对实际工艺状态进行实时展示。另一方面，通过工艺流程中布置的视觉传感器、压力传感器、位移传感器、温湿度传感器等获取相应数据，再根据所采集的检测数据或工艺过程数据，如压力、形变、位移等数据，对产品模型进行修正或重构、状态更新、数据可视等。

产品的数字孪生工艺模型的动态重构流程如下。

拓扑信息表达了模型中的点、线、面等几何特征间的关联关系，是基于离散的数据逆向生成几何特征。然而，在模型匹配过程中，从低纬度数据向高维度数据进行转换，是非常困难的事情。首先，对测量数据进行处理，将数字化测量与装配变形仿真相结合，解析零部件间的几何拓扑关系，需要进行正确的力学计算，融合不同制造阶段的装配体结合面处的二次形变信息，搜索发生变形的对应位置。其次，使用特征元组区间的笛卡尔乘积，分析变形约束如何渐变到其邻近约束关系，反映真实装配结构的细观几何拓扑关系，并将其映射到模型的相关节点位置（见图2.7），定义发生变形的关键装配特征。最后，通过装配基准与装配约束的重构，快速衍生出与当前装配物理状态相关联的三维模型，完成装配实体向虚拟空间数字孪生体的虚实融合、映射过程，为面向装配现场的装配工艺的仿真优化与准确度保障提供数据支撑。

在适用于装配工艺优化设计的数字孪生工艺模型中，为了表示物理实体的真实状态，其所包含的数据信息主要包括以下5类。

一是设计数据，主要包括产品三维几何模型，产品材料、分析测试等属性数据，尺寸与公差等三维标注数据，包含配合关系的计划物料清单（PBOM）及相关设计文档等内容。二是工艺数据，主要包括工装工具设计要求及模型，装配工艺过程参数，质量检验、测量、控制要求数据，装配过程仿真评估数据等内容。三是制造过程数据，主要包括制造物料清单（MBOM）、检测得到的零部件真实配合精度状态数据、技术状态实测数据、生产资源及环境相关的实测数据等。四是具有动态性特点的装配过程数据，主要包括现场装配过程的操作数据，装配过程的状态监测数据，多传感器采集和分析的数据，逆向数据，装配仿真与预测数据等。五是融合分析数据，主要包括融合处理后的关键特性数据、仿真计算与力学分析数据、其他物性仿真数据等。

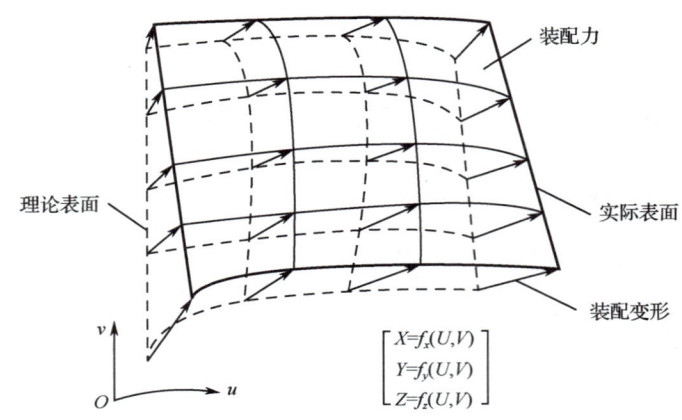

图 2.7　反映真实装配结构的细观几何拓扑关系修正

2.3.3　面向车间尺度的数字孪生建模

1. 车间几何建模

通常车间涉及的人员、设备、物料等生产要素多且复杂，在虚拟平台实现车间数字孪生模型对实际车间在几何维度上的准确映射，不仅需要各个车间生产要素的三维模型支持，而且需要对其进行统一管理。

几何模型是对物理车间三维场景的真实映射，采用三维建模软件对车间生产全要素进行层次化建模。首先，将物理车间的三维场景划分为 6 个模块，即设备模型、仓储模型、人员模型、生产系统模型、车间环境模型和产品模型（见图 2.8）。其次，针对每个模块进行细分，如设备模型可以分为插装设备模型、测量设备模型、机器人模型等。这些模型既包含生产要素的几何信息，如形状、尺寸、位置等信息，又包含其他属性信息，如几何结构关系、父子嵌套关系、模型动画、动作指令等。此外，须对各模型建立特定的编号，方便模型的管理和复用。具体的实现过程如下。

第 2 章　多维度多尺度智能装配车间数字孪生高保真模型构建

基于树形结构完成车间数字孪生体的场景管理，模块属性包含模型间的关联关系和父子嵌套的几何属性信息。对于叶节点的三维建模，设备模型和人员模型还涉及模型自身的三维图形变换，建模时采用层级结构。建模过程以模型从属的静态模型为根节点，各动态子模型依照运动从属关系依次建立父子节点关系，通过子节点在父节点局部坐标系中的位姿构建三维模型。再通过建立标准化的模板对各叶节点的属性信息进行统一管理，叶节点的属性信息如图 2.9 所示。

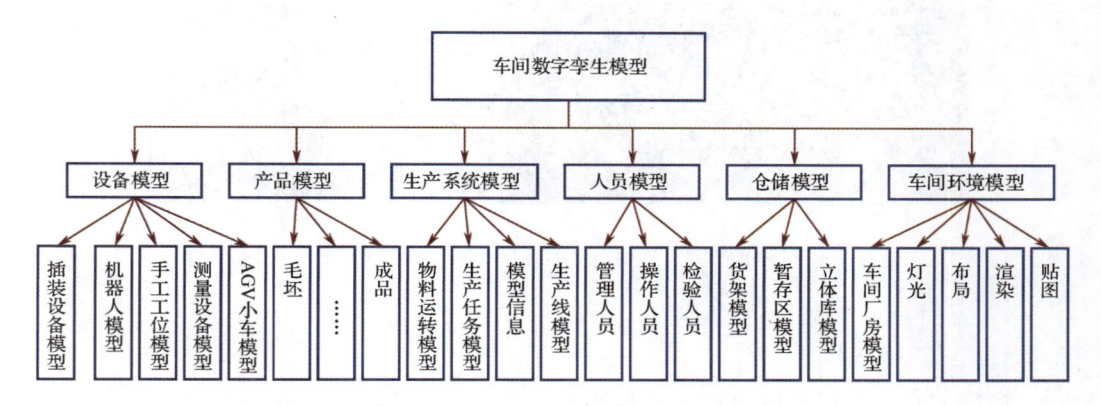

图 2.8　车间数字孪生模型三维场景树

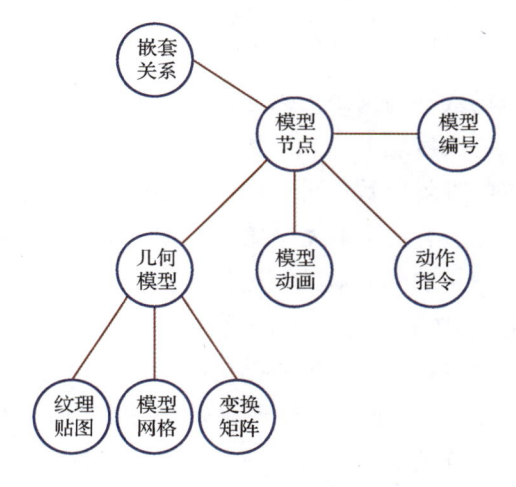

图 2.9　叶节点的属性信息

根据车间的监控需求分析，将建立完毕的三维模型文件导入到 Unity3D 引擎，对三维模型进行优化，在不影响模型外观的情况下，尽量减少仿真引擎承载力。通过仿真引擎提供的软件接口读取三维模型的中间格式文件和相对应的贴图，通过参数映射赋予每个模型文件特定的身份标识（ID），将模型信息存储在对象数据库中。带有唯一 ID 的模型是装配车间场景布局、信息采集及数据处理的服务对象，是装配车间同步建模的基础。依据车间实际环境，以车间、装配要素为分层次组合对象构建三维模型，赋予纹理贴图，配置环境灯光效果，逐步建立逼真的整体车间环境实景。图 2.10 为阵列天线装配车间的部分建模效果。

图 2.10 阵列天线装配车间的部分建模效果

2. 车间物理建模

物理车间的物理维度建模主要是从环境角度考虑的，需要同步描述产品生产过程中必须要控制的温度、湿度、气体浓度等要素，避免出现安全事故、设备无法正常运转、产品功能性能受到影响等问题。

温度、湿度等物理场数据的来源可以通过相应的传感器读取到。对于有多种物理场存在的模型，可以定义实现多个物理场体数据的生成函数。生成体数据之后，对其进行数据分类，多物理场中数据可以根据模型的不同、维度的不同、物理变量的不同或运行次数的不同进行分类。本节案例采用的体数据分类的方法是根据物理场的类别，即根据物理变量的不同对数据进行分类，并通过转换函数将不同的物理场的数据点值转换成由 RGB[①]三原色定义的颜色值及不透明度值。在此基础上，遍历体数据的所有数据点，直到将所有点的数据值映射成为颜色值和不透明度值即完成了对数据的预处理和分类。对数据的预处理和分类完成之后，需要对数据重新采样，由于模型是在物体空间中描述的，与之对应的是世界坐标系，而光线的发出点及方向都是在图像空间中描述的，图像空间对应观察坐标系。因此，重采样前须将物体空间坐标转换为图像空间坐标。最终处理后的多变量物理场数据绘制结果如图 2.11 所示，车间温度场示意如图 2.12 所示。

---

① RGB：RGB 色彩模式是工业界的一种颜色标准，是通过对红、绿、蓝三个颜色通道的变化及它们相互之间的叠加来得到各式各样的颜色。

■ 第 2 章　多维度多尺度智能装配车间数字孪生高保真模型构建 ■

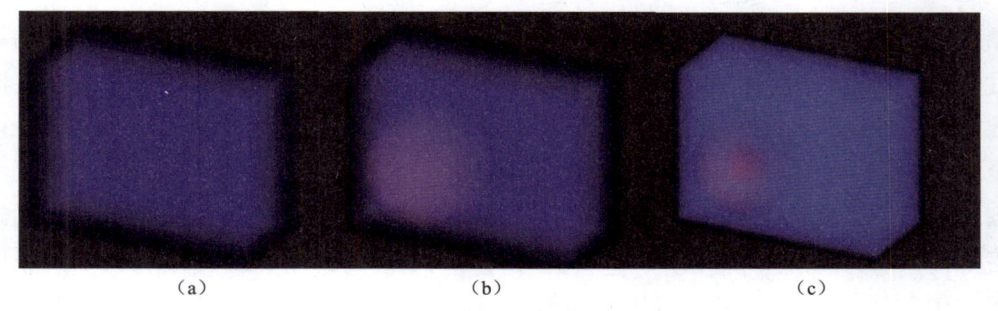

（a）湿度场体绘制效果；（b）湿度场与温度场体绘制效果；
（c）优化采样间隔和不透明度后的湿度场、温度场和压力场体绘制效果

图 2.11　多变量物理场数据绘制结果图

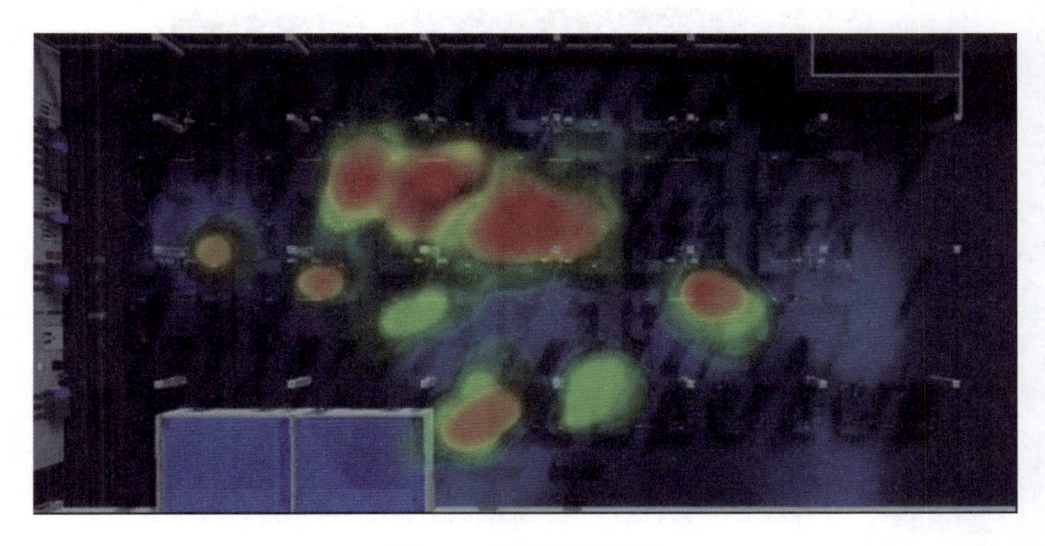

图 2.12　车间温度场示意

3. 车间行为建模

首先，面向车间生产全流程，基于产品工艺流程建立静态的车间作业运行逻辑模型，如工序开始或者结束的决策规则。其次，基于系统设备表（SDT）的动态性，在建模过程中将车间的实时数据融入决策规则。在此基础上，建立层次化的映射体系，关联实时数据与 SDT 模型，从而实现从物理车间作业过程到 SDT 模型动态运行的同步转换，使得 SDT 能够准确地描述车间作业的动态行为，进而实现车间生产全流程的三维可视化。

车间是典型的离散事件动态系统，其运行过程的时序表达可以用事件和状态抽象表示。状态维持一段时间的稳定作业，事件决策作业状态变化，并推进下一作业状态的发生。本节案例采用 Petri 网对生产系统作业运行逻辑进行建模，并将实时数

据处理后得到的实时信息融入建模过程，通过实时信息转化的车间事件驱动车间运行状态的变迁。由于实时信息驱动的车间运行状态变迁对变迁规则有较高要求，因此，采用扩展随机高级判断 Petri 网（ESHLEP-N）建立车间运行模型，即车间生产全流程的作业运行逻辑可以转化为一个复杂的 ESHLEP-N 模型。车间现场实时采集到的数据可以转化为对应的车间事件，如进入事件、离开事件、存在事件等。通过将事件引入变迁规则，进而参与决策车间作业状态变化，从而实现实时信息与车间作业中的逻辑融合。实时信息驱动的 ESHLEP-N 模型变迁，建立了物理车间到 ESHLEP-N 模型的动态映射，能够实现车间全流程作业行为的同步建模。阵列天线智能装配车间生产流程建模效果如图 2.13 所示。

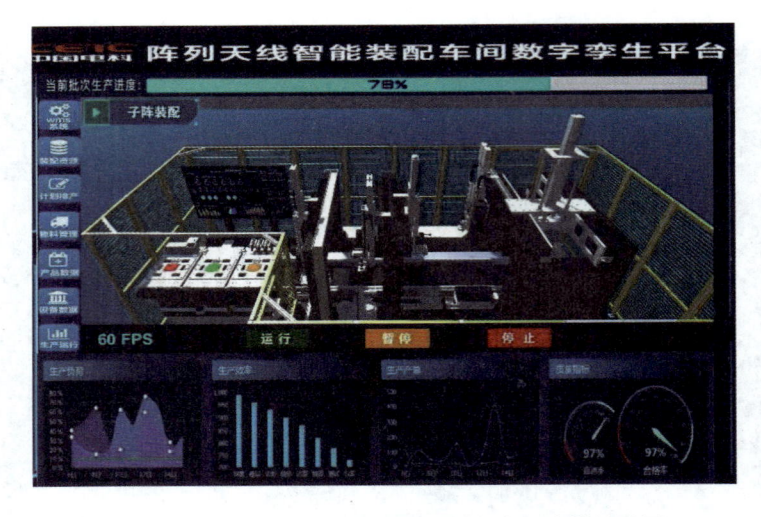

图 2.13　阵列天线智能装配车间生产流程建模效果图

4. 车间数据建模

在对车间数字孪生体进行建模的过程中，需要对车间里的静态基础数据和动态采集数据进行管理，对车间数据的流动和集成进行标准化信息建模，从而以车间数据管理的角度建立车间数字孪生体信息集成模型。

针对车间数字孪生体模型构建过程中的信息集成，以车间现场的数据实时采集技术为基础，以数字孪生车间运行状态监控和预测为对象，实现过程中的车间数字孪生体静态建模、车间实时动态监控、车间运行状态预测。并将其中所涉及的建模过程中的车间静态数据、监控和预测过程中所需的车间实时数据进行集成和统一建模。旨在为车间数字孪生体数据维度建模提供信息模型，为后续车间实时动态监控和车间运行状态预测提供数据支持，建立的车间数据管理模型如图 2.14 所示。

第 2 章 多维度多尺度智能装配车间数字孪生高保真模型构建

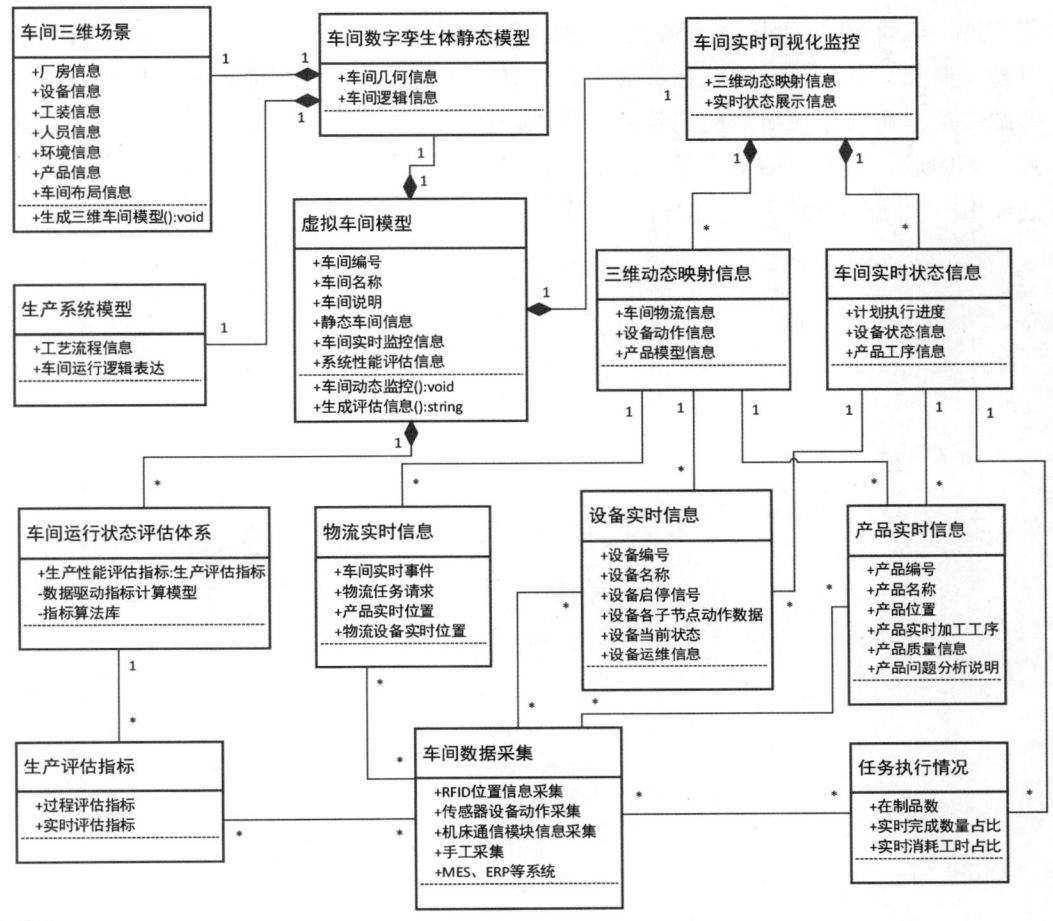

说明：

① ◆表示组合关系，无◆一端是有◆一端的组成部分。

② "1"表示数量为 1 个，"*"表示数量为 0 到多个。

③ "+"表示 public（公开的），"-"表示 private（私密的），这两种符号都表示某种属性。

图 2.14 车间数据管理模型

在数据管理模型中，数据采集和通信技术是基础，实时数据通过无线射频识别（RFID）、传感器、设备通信模块、手工采集和 MES 接口等数据采集和交互技术进行获取，经过预处理后存储在数据中心。并通过周期性采集的实时数据流实现数据队列的更新，根据监控和预测需求从数据表中匹配所对应的数据。

该车间数据管理模型面向车间数字孪生体信息集成，依据"静态建模—状态监控—评估预测"步骤分成 3 个部分，分别为车间数字孪生体静态模型、车间实时可视化监控信息和车间运行状态评估体系。其中，车间数字孪生体静态模型主要包括几何维度的三维模型和逻辑维度的生产系统模型，用于提供模型、作业逻辑和数据

基于数字孪生的复杂产品智能装配车间质量预测、控制理论与方法

等支持；车间实时可视化监控信息是数据模型的核心，基于数据交互技术获取物流、设备、产品、订单、进度、评价等实时数据存入数据表，根据监控需求从数据表中匹配多层次协同监控所对应的数据，作为作业过程转换和状态展示更新的驱动数据源；车间运行状态评估体系基于评估、预测、反馈层面组成数据模型的一部分，算法库用于实现数据驱动指标的自动计算。

第 3 章

实时数据驱动的数字孪生智能装配车间运行状态同步建模

3.1 数字孪生装配车间多源数据感知与融合方法

数据采集和融合是车间"以虚映实"的前提和基础。电子装备车间现场数据的采集方法可分为三类。一是通过增加数据采集板卡、传感器等方式对车间的"哑设备"进行改造，将信号源、频谱仪、功率计、示波器等关键的瓶颈资源数字化，使其具备数据采集和通信功能，实现设备数据的采集。二是对集中供风、供液系统进行控制系统接口集成，并接入现场总线，实现设施数据的采集。三是通过 MES 子系统的集成，实现在现场作业过程中的"人、机、料、法、环"等多维度数据的采集与记录，实现对车间关键要素在动态过程中的数据采集。在预定义制造信息处理与提取规则的基础上，对多源制造信息关系进行定义，并进行数据的识别、清洗和融合，随后对数据进行对象级、时空级、决策级融合，形成统一的数据服务后再对外发布。

复杂离散制造数字孪生车间多源异构装配过程数据融合的技术路线如图 3.1 所示。首先，通过定义不同的检测与处理规则，构建多层级的数据过滤器，选择使数据原始信息损失最小的多级过滤器组合，实现对数据的过滤和清洗。其次，基于本体论构建定义数据的多维度语境与相应度量值，并在数据集成中间件中转换为全局数据模型，实现对结构化、半结构化与非结构化装配数据的统一建模。再次，通过泰勒展开法、最小二乘法、内插外推法、曲线拟合法等方法，进行数据时序对准，建立以时空为索引的时空数据模型。最后，面向车间"人、机、料、法、环"的特定数据分析需求，采用卡尔曼滤波法、主成分分析法、多元回归算法、逐步回归算法等对数据进行关联分析，对具体关联数据进行聚类、挖掘、演化、融合等处理。

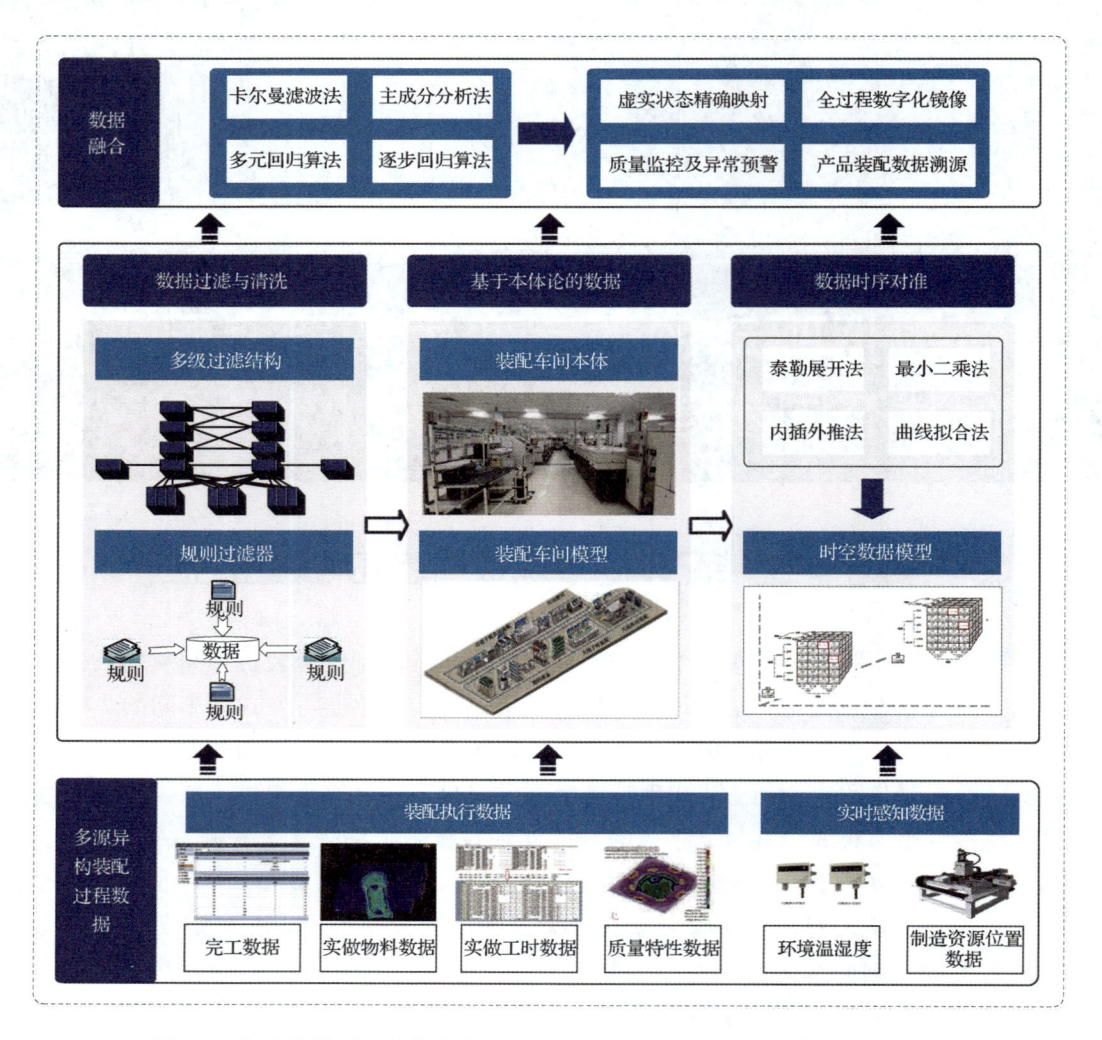

图 3.1　复杂离散制造数字孪生车间多源异构装配过程数据融合的技术路线

3.1.1　多源传感数据的采集

数据是连接物理空间和虚拟空间的桥梁，是实现数字孪生的关键基础。数据采集主要通过可靠传感器及分布式传感网络对物理设备数据进行实时、准确地感知和获取，是实现数字孪生的一项重要技术。数字孪生数据采集的基本要求包括以下 3 个方面。

（1）实时性。数字孪生精准建模和精确控制需要根据采样数据进行，因此，对于信息传输和处理的时延具有较高的要求。同时，完整系统的数字孪生往往需要很多传感器单元，而传感器单元之间的时间同步也非常重要。

（2）分布式。基于大量的传感器采集和处理信息，需要协调各传感器的任务，实现分布式的信息汇总。

（3）容错性。数据采集过程中需要传输，存在数据丢失等问题。同时，传感器采集过程中也会带来一定的噪声。因此，数据采集过程必须具有一定的容错性，才能保证数据的真实性和可靠性。

传统的传感器网络缺乏实时性、同步性和容错性，难以满足数字孪生系统的要求。为此，有学者提出一种基于信息物理系统（CPS）架构的数据采集原型系统，通过在传感器数据采集过程中增加对物理层设备误差的估计，提升数据采集的容错能力和可靠性。无线传感器布置是数字孪生数据采集的另一个关键问题，其主要研究目标是确保使用最少数量的传感器就能够达到性能指标的传感器布局。有研究者提出非一致传感器布置策略，根据到目标节点的距离决定传感器节点的密度，在满足联通性和覆盖范围要求的同时，提升传感器网络的寿命。

针对阵列天线子板装配过程中所需感知的拧紧力矩、拧紧顺序、子板形变、插装压力、插装速度、插装位移、器件位置精度、子阵尺寸精度等12项工艺参数，选择合适的力、位移、视觉、形变传感设备，并通过动静态仿真不断优化传感器布局与末端结构。根据阵列天线子板的装配过程，将生产线布局优化为两个工位。

（1）工位一，主要完成待装配件的自动上料、三维扫描、印刷电路板（PCB板）与冷却板之间的拧紧，以及PCB板的平面度检测。工作台的位置可由传送装置上的位移传感器与旋转编码器实时反映。三维扫描设备可获取待测件的高精度三维模型，与理论模型进行对比，求解器件位置精度、子阵尺寸精度及阵列天线框架精度等。拧紧装置上集成了扭矩传感器、压力传感器及 4 个激光位移传感器，分别获取拧紧过程中的拧紧力矩、拧紧压力及螺钉周围的子板形变。PCB 板的平面度检测由轮廓仪扫描完成，根据装配前 PCB 板的平面度可得到最优的拧紧顺序。

（2）工位二，主要完成电连接器插装、阵列天线板插装、阵列天线板与 PCB 板之间的拧紧，以及阵列天线口面平面度检测。电连接器插装装置安装在高精度六轴机器人上，其上集成有压力传感器，可以实时感知插装压力。而插装角度、插装位移及插装速度可由机器人内部的传感设备在线感知。拧紧装置及平面度检测装置与工位一相同。多源传感数据的在线感知途径如图3.2所示。

3.1.2 多源传感数据的传输

完成传感器数据采集后，需要对数据进行传输、处理、存储等操作。为保证所采集的传感器数据的高效、实时传输，主要使用倍福控制系统来控制各类电信号传感器，通过 EtherCAT[①]将传感器连接到倍福端子上，在 TwinCAT 3 系统中实时读取

---

① EtherCAT：以太网控制自动化技术，是以以太网为基础的现场总线系统，最早由德国的 Beckhoff（倍福）公司研发。

各项传感器数据,并通过倍福的可调式避震系统(ADS)通信提供应用程序之间互相通信的接口,在上位机中实现传感数据的实时感知与调用。在 TwinCAT 3 系统中,TwinCAT PLC、TwinCAT NC[①]及 TwinCAT CNC[②]等被设计成虚拟的自动化设备,类似于实际的物理设备与设备之间通过基于 TCP/IP 协议的路由实现各种信息的实时交互,如图 3.3 所示。

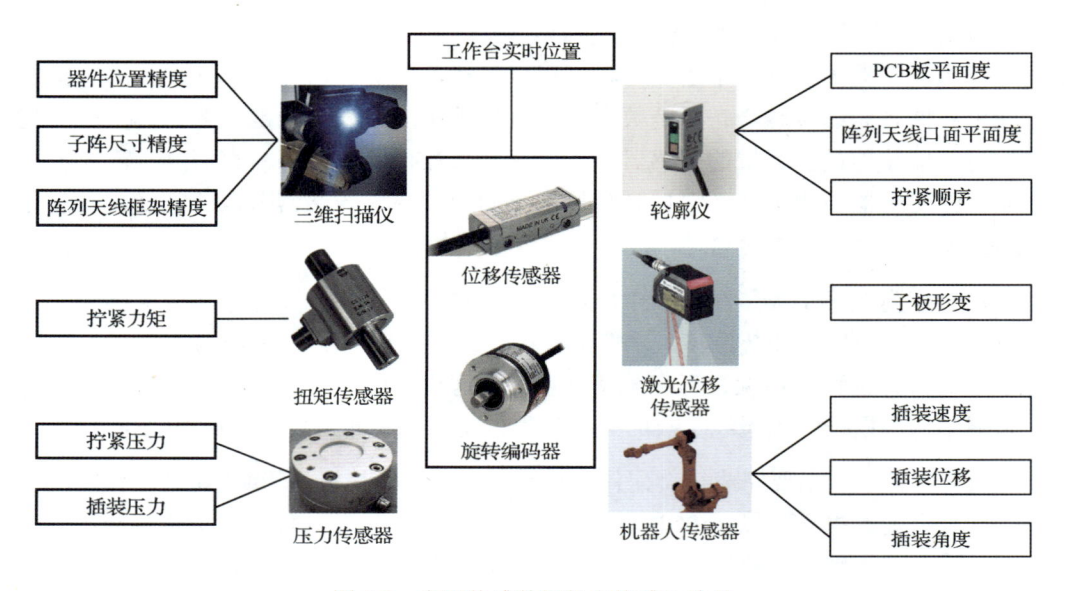

图 3.2 多源传感数据的在线感知途径

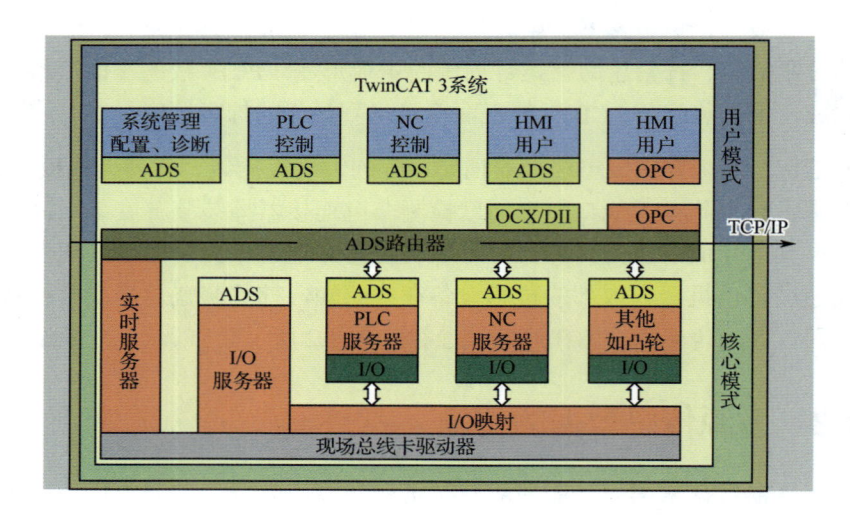

图 3.3 倍福 ADS 通信

---

① NC:常闭触点。
② CNC:计算机数字控制机床,简称"数控机床"。

3.1.3 多源传感数据的融合

由于大多数车间数据的获取频率较低、实时性不高，且目前离散制造车间数据融合方法中仍多采用传统融合方法，不能全面分析设备状态及特征，客观上就造成了融合信息的不足。基于深度学习的数据融合方法能够有效提取多源信息特征，并深度挖掘影响因子间的关联关系，从而全面、高效地分析生产流程状态，为生产质量保障做出贡献。

目前，按照深度学习在数据融合中参与的阶段，可以把基于深度学习的数据融合方法分为 3 种类型，即基于深度学习输入的数据融合方法、基于深度学习输出的数据融合方法，以及基于深度学习全过程的数据融合方法。其中，基于深度学习输入的数据融合方法仅利用深度学习模型来提取数据特征，随后使用其他传统融合方法进行数据融合；基于深度学习输出的数据融合方法利用深度学习模型实现数据融合过程以及决策输出过程，并未参与特征提取过程；而在基于深度学习全过程的数据融合方法中，深度学习模型则同时参与了特征提取、数据融合和决策输出过程，如图 3.4 所示。

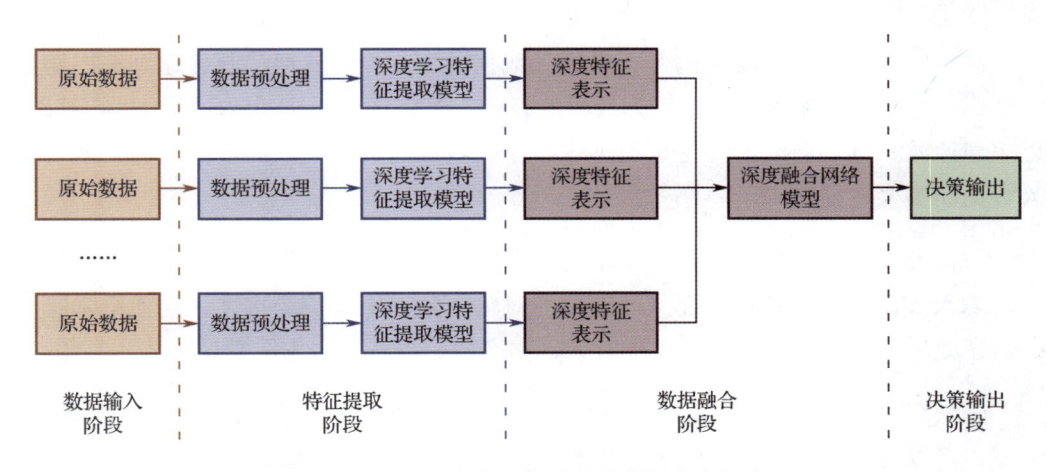

图 3.4 基于深度学习全过程的数据融合方法

基于深度学习的数据融合模型结构主要由 3 个部分组成，如图 3.5 所示。第一部分采用深度学习中的降噪编码器（Denoising Auto-Encoder，DAE）对机床设备传感器收集的原始检测数据进行去噪优化处理，用以降低融合误差与减少检测数据冗余。第二部分采用基于加权分数阶微积分的数据融合算法完成同类型数据的一级融合，以获取高精确性的融合数据同质特征集。第三部分的目标是将特征集输入到卷积神经网络中进行特征关联和训练，以完成异构数据的二级融合，并最终使用 Softmax 分类器对机床运行状态进行分类评估。

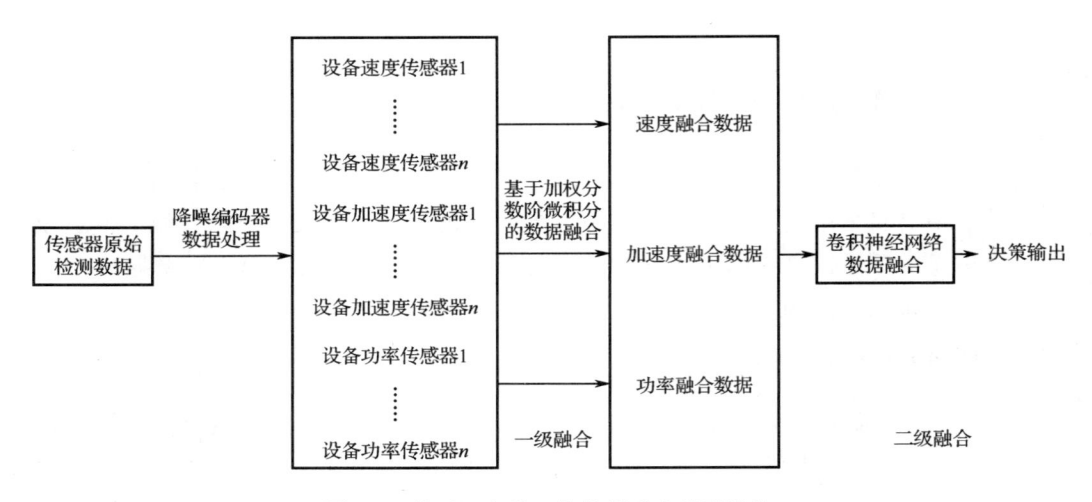

图 3.5 基于深度学习的数据融合模型结构

1. 降噪编码器数据处理

降噪编码器是一种神经网络模型，用于对输入数据进行降噪处理和特征提取。其基本思想是通过训练一个自编码器，将噪声数据输入到编码器中，然后输出一个尽可能接近原始数据的去噪后的重构结果。

在训练过程中，降噪编码器会将输入数据添加噪声，然后将其传递到编码器进行编码。编码器将输入数据压缩为低维的表示，然后将其传递到解码器中进行解码，以重建原始数据。解码器会尽可能地恢复原始数据的结构，从而使网络能够学习输入数据的重要特征。

与标准的自编码器相比，降噪编码器在输入数据中添加噪声，使网络不仅能够学习输入数据的重要特征，而且能够学习对输入数据中噪声的抗性，这使得降噪编码器在处理具有噪声的数据时更加有效，如图像、语音、文本等数据。

降噪编码器的应用非常广泛，如图像去噪、信号降噪、语音降噪、数据压缩等领域，可以有效地提高数据的质量和准确性。降噪编码器结构如图 3.6 所示。

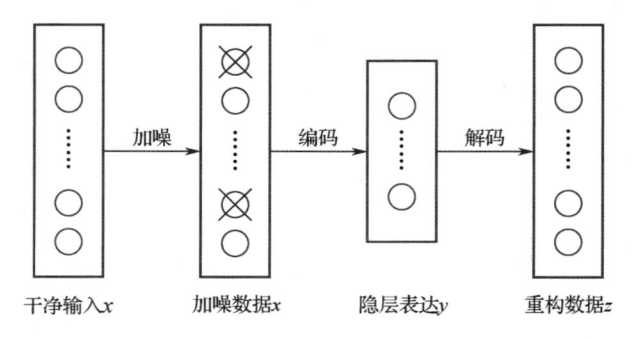

图 3.6 降噪编码器结构

第3章 实时数据驱动的数字孪生智能装配车间运行状态同步建模

车间检测数据降噪编码构建流程如下。首先,将传感器同类型原始检测数据作为输入 x;其次,对原始数据 x 进行加噪处理后得到加噪数据集 $\tilde{x}$;再次,然后通过对加噪后的数据集 $\tilde{x}$ 进行编码,可以得到隐层表达训练样本 y,其中,隐藏层编码器可表示为 $f(w_1, x+b_1)$;最后,对训练样本 y 进行解码后就能够得到最终重构的数据 z,其中输出层解码器可表示为 $f(w_2, y+b_2)$。

可将隐藏层与输出层的权重和与之对应的偏置分别表示为 w_1、b_1、w_2、b_2,可以由最小代价函数表达式得到,如式(3.1)所示。

$$\min c(\omega, b) = \frac{1}{2} \sum_{n}^{i=1} (z^i - x^i)^2 \tag{3.1}$$

式中,i 为需要处理的样本数,z 为输出层数据,x 为原始检测数据。

在降噪自编码器(DAE)网络中,输出节点所包含的信息特征主要源自原始数据,因此,这些输出节点的信息特征被提取出来,用作一级融合的输入数据,以提高融合的准确性。

2. 基于卷积神经网络数据融合

卷积神经网络(CNN)具有局部连接、权值共享等特点,这些特点使得 CNN 在处理原始数据时能够高效地提取数据的特征并获得优秀的性能。CNN 结构通常包括卷积层、池化层及全连接层。其中,卷积层是 CNN 的核心组件,主要用于提取输入数据的特征。卷积层通过使用多个卷积核对输入数据进行卷积操作,从而获得输出特征。卷积操作如式(3.2)所示。

$$x'_j = f\left(\sum_{i=1}^{m} x'_i \otimes w'_{ij} + b'_j\right) \tag{3.2}$$

式中,x'_i 为输入数据,w'_{ij} 为第 i 个卷积层中第 j 个卷积核的权重,$\otimes$ 为卷积算子,b'_j 为第 j 个卷积核的偏置,f 为激活函数,x'_j 为输出第 j 个卷积特征图。

此外,池化层主要用于压缩输入数据的特征维数,从而减少模型的计算量和内存消耗,并提高模型的鲁棒性和泛化能力;全连接层主要用于将提取到的特征转化为分类结果。

根据阵列天线装配车间的特征数据,设计基于卷积神经网络的数据融合结构。首先,采用包含 32 个卷积核及卷积核大小为 5×1 的卷积层;其次,使用最大池化层完成特征压缩与筛选;再次,选择包含 64 个 5×1 卷积核的卷积层及最大池化层进一步提取数据特征并减小权重参数;最后,数组经过扁平化(Flatten)实现一维展开,输入全连接层综合提取到的特征，在输出层产生决策输出。卷积神经网络的融合结构和具体结构参数，分别如图 3.7 和表 3.1 所示。

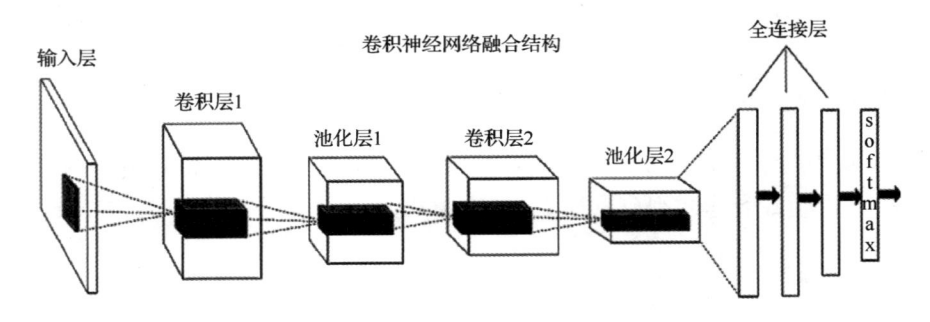

图 3.7　卷积神经网络的融合结构

表 3.1　卷积神经网络的具体结构参数

编　号	网　络　层	卷积核大小	卷积核数目/个
C1	卷积层 1	5×1	32
S2	池化层 1	2×1	32
C3	卷积层 2	5×1	64
S4	池化层 2	2×1	64
L5	全连接层	120	1
L6	输出层	10	1

3.1.4　以数据为中心的多源传感数据融合方法

不论数据融合系统的不同组件（模块）如何构设，基本融合算法都必须用于最终处理（融合）输入数据。实际的数据融合应用程序必须面对几个与数据相关的挑战。因此，我们通过以数据为中心的分类法来探讨数据融合算法，进入融合系统的输入数据可以是不完美的、相关的、不一致的或不同形式（模态）的。

按信息抽象程度，多传感器的信息融合一般分为 3 个层次，即数据级信息融合、特征级信息融合和决策级信息融合。多源传感数据融合目标识别系统结构如图 3.8 所示。

数据级信息融合是较低层次的融合，是对来自同等量级的传感器的原始数据直接进行综合处理和分析，在传感器的融合数据之上进行特征提取和身份估计，这就要求传感器必须是同类型的或是相同量级的。数据级信息融合通过对传感器原始数据进行关联和配准，来确定已融合的数据是否与同一目标或实体有关，通过传感器融合数据完成与单传感器相同的识别处理过程。

第3章 实时数据驱动的数字孪生智能装配车间运行状态同步建模

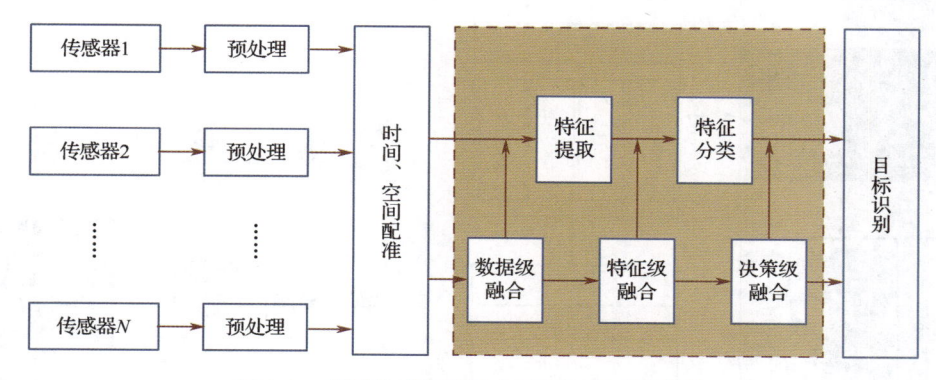

图 3.8　多源传感数据融合目标识别系统结构

特征级信息融合是利用各个传感器获取目标信息的过程，采用特征提取方法提取目标特征数据，运用特征融合算法融合特征数据使原始目标特征信息变为融合特征数据，再利用目标识别分类算法，进行目标识别分类。通过特征级信息融合，目标有效信息得到足够保留，且有效信息损失比决策级信息融合低很多。虽然特征级信息融合的目标识别能力，相比具有庞大数据处理量的数据级信息融合的目标识别能力稍低，但比决策级信息融合目标识别精准很多。

决策级信息融合是指每个传感器对目标的位置、属性、身份等做出初步识别后，再对多个识别结果进行融合判断，给出最终的目标识别结果。决策级信息融合对通信带宽要求最低，但识别的结果相对前两种来说最不准确。

通过视觉、力觉等多种传感器主动感知阵列天线装配中的结构特征、轴向力等各种状态信息，基于傅里叶变换、小波多尺度变换等时频分析技术对各传感器信息进行时域、频域、时—频域的特征提取，综合全局探索和局部开发策略，提出了核主成分分析（KPCA）法对特征矢量进行约简，实现了多传感信息的特征级融合；提出了一种自适应进化神经网络模型，基于模糊粒子群协同进化算法自动优化、调整网络架构和参数，实现了由自适应进化神经网络模型到进行阵列天线装配过程多传感器信息的决策级融合，具体如图 3.9 所示。

1. 多源传感数据特征级融合

在实际中，整个系统处于复杂的环境中，外界环境对传感器精度的影响、数据传输过程中的数据丢失等使得获取的数据存在一定的误差，需要进一步的数据处理。通常，多源传感数据具有异构、多尺度、高噪声等特点，因此，需要对数据进行清洗与转换，通过滤波、机器学习、规则约束等算法对数据缺失、数据冗余、数据冲突与数据错误等问题进行处理，同时将多源异构数据转换成统一的目标数据格式，完成对不同数据指标的转换计算。预处理必须保证所有数据都能实现互相沟通，以确保数据融合能够在同一平台上实现。

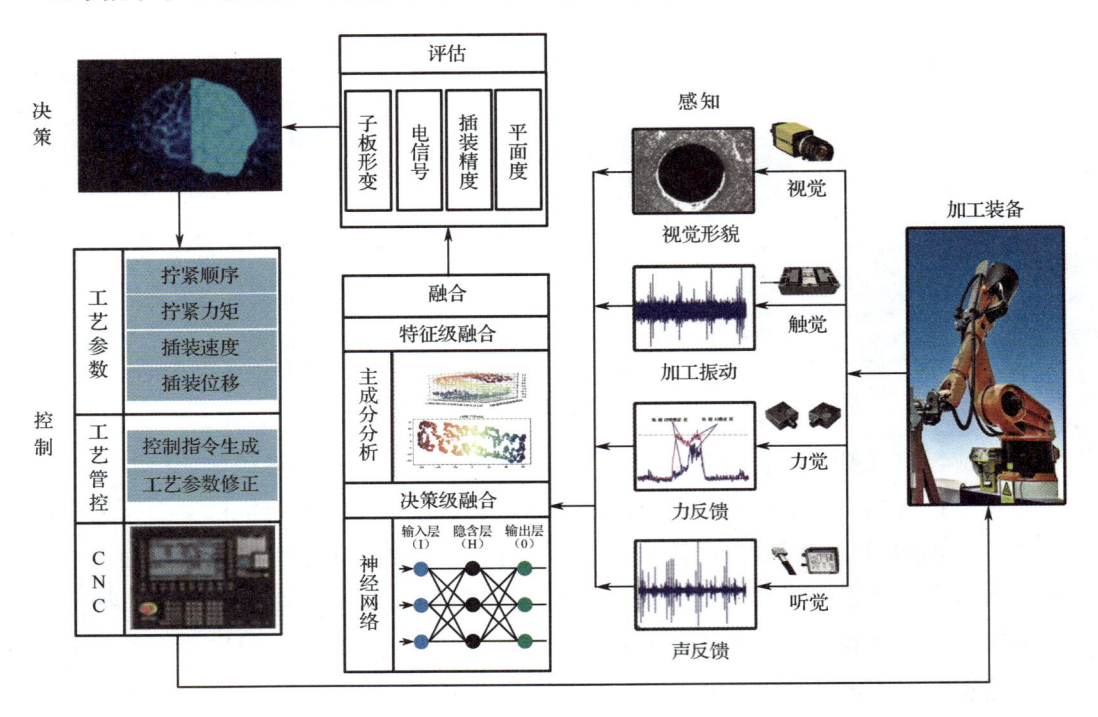

图 3.9　装配过程多源传感数据融合

阵列天线装配过程中采集到的传感器输出信号主要分为两大类。一类是传统的力传感器、扭矩传感器等输出的电信号,此类传感器数据大多都伴随着脉冲、高斯等干扰噪声。中值滤波可以有效滤除脉冲干扰,均值滤波可有效去除高斯噪声,但是会破坏信号的细节,因此,采用中值滤波、均值滤波对传感器信号进行预处理,可以有效去除奇异点。另一类是新型的双目视觉传感器输出的点云数据。经实验发现,此类数据大多伴随着诸多奇异点及无效点,会影响后续孔位的识别及平面度的检测。直通滤波是在点云的指定维度上设置一个阈值范围,将这个维度上的数据分为在阈值范围内与不在阈值范围内,对不在阈值范围内的数据直接进行过滤;离群点滤波是基于距离的方法,对远离主平面且超过阈值及逆行的点进行过滤;平滑滤波,可以补充领域信息同时填补空穴,并且能连接细小零碎的区域端口。因此,采用直通滤波、离群点滤波及平滑滤波相结合的方式,不仅可有效去除点云中的奇异点和无效点,而且能有效平滑图像,填补缺失数据,便于后续处理。

多源传感数据具有种类繁多、结构复杂的特点,为了从原始数据中提取更加可靠、有效的数据信息,需要消除无关、冗余的特征,生成新的特征数据,从而实现对高维数据的降维。基于核主成分分析法的特征级融合过程如下。

一是对经过预处理的传感数据通过傅里叶变换、小波多尺度变换的信号时频分析技术对其进行时域、频域、时—频域初步的特征提取。二是通过核主成分分析法

第3章 实时数据驱动的数字孪生智能装配车间运行状态同步建模

对样本进行非线性变换,在变换空间进行主成分分析来实现在原空间的非线性主成分分析,将可能相关的原始数据集转换成线性不相关的新特征集合,实现对特征矢量的约简,完成多源信息的特征级融合,具体步骤如下。

(1) 通过核函数计算 $K=\{K_{ij}\}_{n\times n}$,其元素为 $K_{ij}=k(x_i,x_j)$。式中,x_i、x_j 为原空间的样本,$k(\ )$ 为核函数。

(2) 计算 K 的特征值,并从大到小进行排列。找出由特征值对应的特征向量 α^l(表示第 l 个特征向量),并对 α^l 进行归一化($\|\alpha^l\|=1$)。

(3) 原始样本在第 l 个非主成分下的坐标为:

$$Z^l(x)=\sum_{i=1}^{n}\alpha_i^l k(x_i,x_j) \qquad (3.3)$$

式中,x_i 为第 i 个样本,α^l 的维度与样本数相同。如果选择 m 个非线性主成分(即计算 K 的前 m 个特征值及相应的特征向量),则样本 x 在前 m 个非线性主成分上的坐标就构成了样本在新空间中的表示 $[Z^1(x),Z^2(x),\cdots,Z^m(x)]^T$。

2. 基于自适应神经网络的决策级融合

BP 神经网络[①]对任何复杂的神经网络都具有非常强大的线性映射能力,具备非常良好的学习能力及非常强的鲁棒性。通过对 BP 神经网络结构分析,其内部结构可分为 3 层,即输入层、隐层、输出层。其中,输入层主要由一些感知单元组成,隐层主要包含一些激励函数,如阈值函数、S 形函数、阶跃函数等,主要负责对输入信号响应,然后进行转换输出,所以隐层具有局部逼近的能力;输出层是线性的,主要是为输入层的输入向量提供相应的响应输出。BP 神经网络主要是通过有监督的学习方式来对样本进行训练,神经网络中有训练好的模型,网络中的神经元可以通过相应的激活值,从输入层通过中间的隐层,最后通过输出层进行输出,这是通过输出层中神经元的网络响应来实现输出的。

这里选用 Sigmoid 函数,其优势是容错性强、对信号增益有非常好的控制能力,但其不足点是学习速度较慢、容易陷入局部优化。因此,引入粒子群对其参数进行优化处理,可有效提高其学习效率和收敛速度。

---

① BP 神经网络:BP 是 back propagation 的缩写,BP 神经网络是 1986 年由 Rume/hart 和 McClelland 为首的科学家提出的概念;是一种按照误差逆传播算法训练的多层前馈神经网络,是应用最广泛的神经网络之一。

粒子群优化的原理为每个粒子在搜索空间中单独地搜寻最优解,并将其记为当前个体极值,并将个体极值与整个粒子群里的其他粒子共享,找到最优的个体极值作为整个粒子群的当前全局最优解,粒子群中的所有粒子根据自身找到的当前个体极值和整个粒子群共享的当前全局最优解来调整自身的速度和位置。在采用粒子群对 BP 网络进行优化的时候,主要考虑以下 3 个问题。

(1)确定对最优激活函数中参数的评价标准,目的是找到最优的激活函数参数。

(2)粒子群中粒子的初始化。

(3)确定粒子的适应度函数。适应度函数决定了粒子在空间中相应位置的优劣度,适应度函数越小,粒子位置越不好。

3.2 数字孪生车间多源异构装配过程数据管理

3.2.1 基于工作流的装配过程数据组织

以阵列天线、卫星等复杂产品离散装配车间为例,其装配过程多以流程为主进行组织生产,可以通过工作流技术实现装配过程的可视化建模,如图 3.10 所示。可视化建模步骤如下。

(1)在工艺设计阶段,工艺师创建装配工艺流程图,装配工艺流程图由一个个装配流程节点通过并行、串行及连接线组成。

(2)工艺师对每个装配流程节点加载节点基本信息(包括名称、额定工时、是否是关键节点等)、工艺卡信息(包括工序、工步等)、物料清单信息(也称物料配套信息,包括零部件清单、标准件清单、元器件清单、主辅料清单、工装工具清单等)、检验信息(如质量控制内容和要求、关键工序控制卡、自定义表格等)、其他信息(如工艺简图、三维装配动画等)等结构化工艺信息。

(3)在生产调度阶段,车间调度员将装配计划细分为装配任务,并为装配任务添加班组、工位、开工时间、完工时间等装配资源约束和时间约束。将装配计划和装配任务与装配工艺流程图关联,针对计划和任务下的每个具体产品,都生成一个流程化的、由一系列装配流程节点组成的装配工艺流程图,从而完成装配工艺流程向具体的车间实际装配流程的实例化转变。

第3章 实时数据驱动的数字孪生智能装配车间运行状态同步建模

（4）在现场装配阶段，装配人员按照装配流程图进行装配操作时，通过所加载的信息对装配流程节点进行信息集成和展示，进而用来指导现场的装配生产。在装配过程中按照工艺规程采集相应的数据并与装配流程中的节点进行关联，包括完工信息、实做工时、视频图像、实做物料、技术状态、质量等数据。通过控制装配流程节点就可以实现对整个产品装配过程的控制和对产品装配数据的管理。

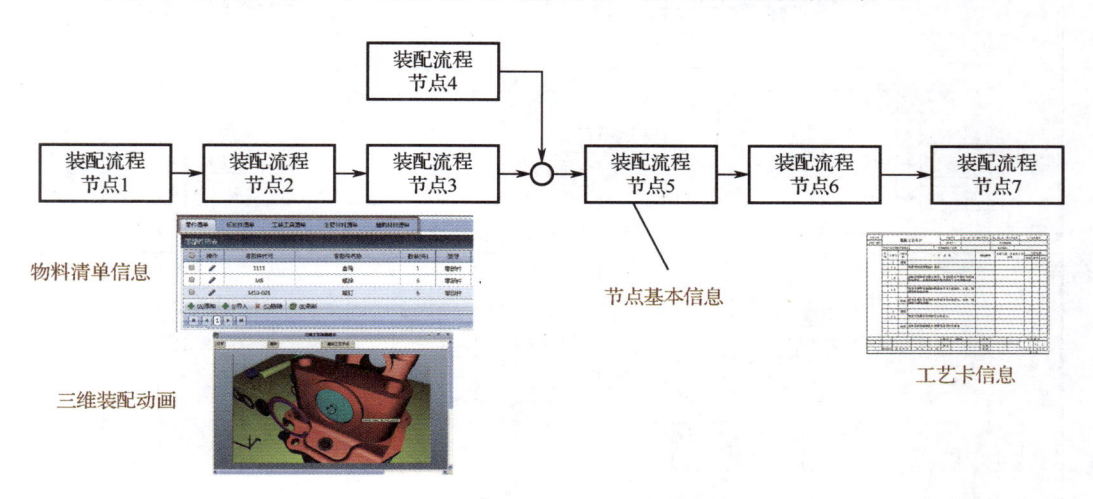

图 3.10　基于工作流技术的装配过程可视化模型

在此基础上，建立以流程为核心、以装配活动节点为管理对象的产品装配工艺设计数据与装配执行数据组织模型，如图 3.11 所示。该模型符合复杂产品的装配特点，有利于工艺数据和过程数据的集成管理。

在装配工艺阶段，通过装配工艺流程图和装配流程节点实现工艺信息（工艺卡、检验、装配资源）的结构化组织，并且装配工艺流程图与装配物料清单（BOM）节点关联，为实现基于 BOM 的装配工艺数据管理奠定基础。装配流程节点代表具体的装配活动，是装配流程图的基本组成元素。

在装配执行阶段，通过实例化的装配流程图和实例化的装配流程节点实现装配过程信息（工艺执行信息、实做工时信息、质量信息等）的结构化关联管理，并且装配过程信息是工艺设计信息的实例化映射对象。例如，实例化的装配流程图是装配工艺流程图的实例化映射对象；实例化的装配流程节点是装配流程节点的实例化映射对象；装配资源使用信息是装配资源的实例化映射对象；实测质量记录信息是装配质量要求的实例化映射对象等。其中装配对象使用信息和装配资源使用信息是实做物料数据的重要组成部分，包括配套物料使用信息、工装工具使用信息和主辅材料使用信息等。

— 47 —

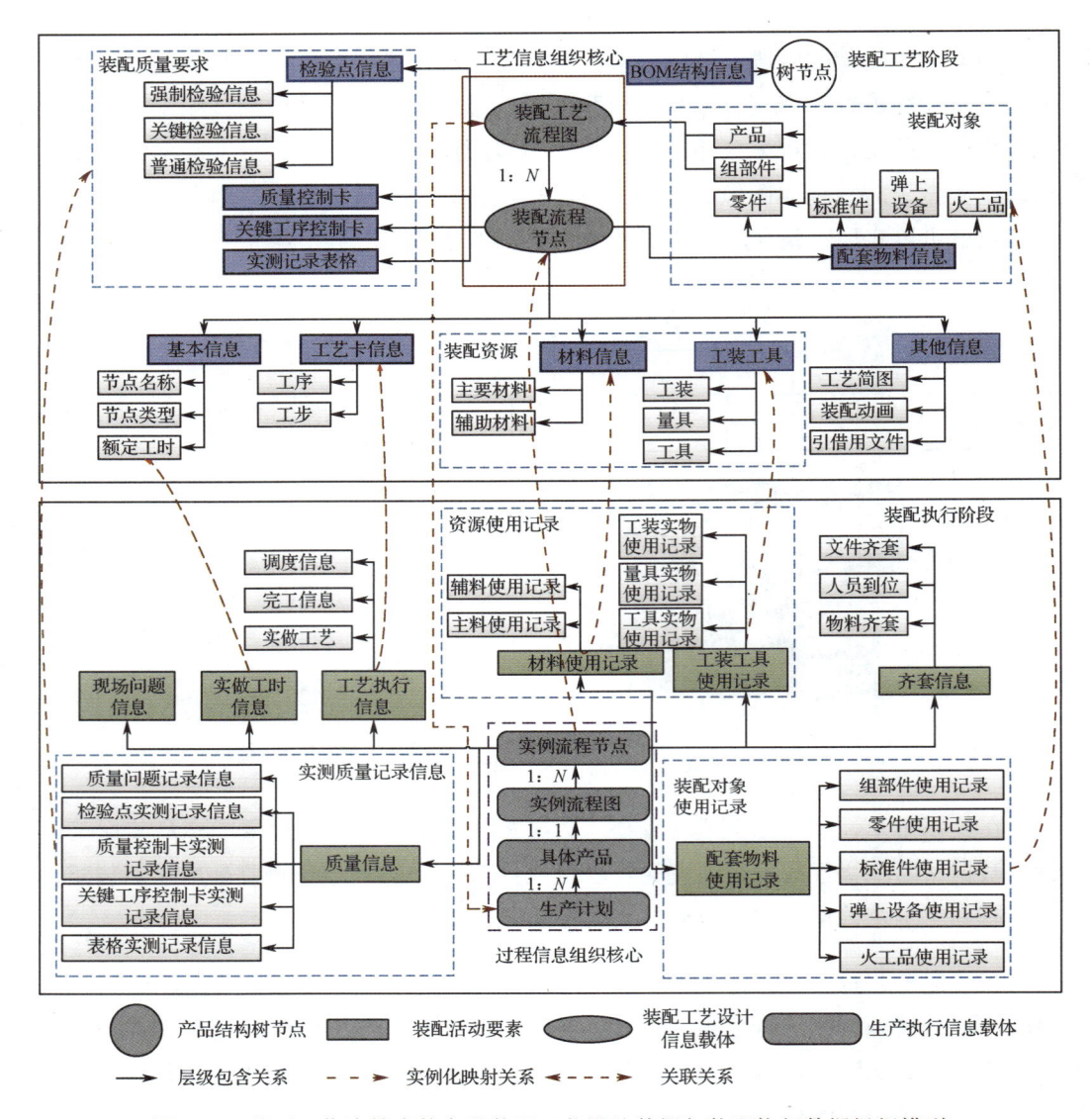

图 3.11 基于工作流技术的产品装配工艺设计数据与装配执行数据组织模型

3.2.2　逆向流程下的复杂产品装配数据版本管理

复杂产品研制中的装配工艺通常不稳定，装配现场存在许多反向作业、工艺更改和返工返修等逆向过程，产生了大量的中间状态数据，通过数据版本关联可实现对这些中间状态数据的管理。

产品装配数据版本是指装配信息在一定时间内保持相对稳定的数据状态，记录了装配数据伴随装配周期的演变过程，主要包括产品设计数据版本、装配工艺数据版本及装配过程数据版本。数据版本的演变是指在原有数据版本的基础上，生成一

— 48 —

第3章 实时数据驱动的数字孪生智能装配车间运行状态同步建模

份新的数据版本作为对原有数据版本的修改、补充或替换，新版本与原版本之间相互独立又相互关联。数据版本关联是指同一对象的各个数据版本之间存在的关联关系，是实现数据版本管理和追溯的前提。产品设计数据版本包括两个部分：一是组成产品的零部组件及其关联设计文件（三维模型、二维图纸、文档）在多级审批过程中导致的版本升级，称为小版本升级；二是产品设计信息处于发布状态时针对设计问题的更改导致的数据版本升级，称为大版本升级。装配工艺数据版本也包括两个部分：一是在装配工艺设计阶段，装配工艺文件在多级审批过程中导致的小版本升级；二是在装配执行阶段，装配现场技术问题的出现（包括设计变更和工艺变更）导致的大版本升级。其中，小版本用"小写字母+顺序号"来标识，如 a.1，a.2，……；大版本用"大写字母"标识，如 A，B，……。当小版本从审批状态变为发放状态时，版本升级为大版本，如从 b.3 升级为 B.3。由于工艺审批通过后才能开展生产，因此，装配过程数据版本号与工艺文件版本号是一致的。

当前，国内外学者针对产品设计数据版本和装配工艺数据版本的管理进行了大量的研究，但对逆向过程的产品设计数据版本和装配工艺数据版本的管理研究成果较少。逆向过程主要包括设计变更、工艺变更、临时工艺和工艺划改。其中，设计变更是指用新的产品设计结构来替代原有产品设计结构；工艺变更是指用新工艺替代旧工艺（工艺大版本发生变更），装配人员在新工艺的指导下进行装配操作；临时工艺是对旧工艺的补充工艺；工艺划改是指在工艺、检验等环节人员确认的前提下，操作人员在车间现场直接对工艺内容进行少量修改的行为。逆向过程的产品设计数据版本演变过程较为简单，只需要对大版本进行升级即可，如从 B 版本升级到 C 版本。逆向过程的工艺数据版本演变过程较为复杂，为此采用"<设计版本号><工艺版本号><临时工艺版本号><工艺划改版本号>"的版本命名规则，形成线性结构与树形结构相结合的数据版本关联模型，如图 3.12 所示。

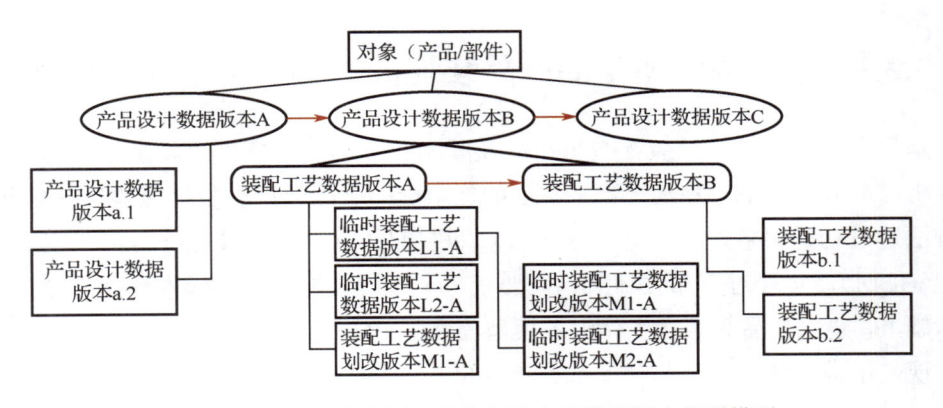

图 3.12 线性结构与树形结构相结合的数据版本关联模型

逆向流程的产品设计数据版本和装配工艺数据版本管理模型表示了产品设计数据版本、装配工艺数据版本、临时装配工艺数据版本、装配工艺数据划改版本之间的层级父子关联关系，大版本与小版本之间的关联关系，以及同一层级之间存在的父子关联关系。例如，产品设计数据版本 B 是产品设计数据版本 A 的父版本，装配工艺数据版本 B 是装配工艺数据版本 A 的父版本。产品在装配过程中出现的问题（包括技术问题、质量问题）是触发流程更改，导致产品设计数据版本和装配工艺数据版本变更的主要原因。通过现场问题处理单实现同一层级版本之间的关联，实现闭环的版本控制流程，其中同一层级版本之间的关联及闭环控制流程如图 3.13 所示。

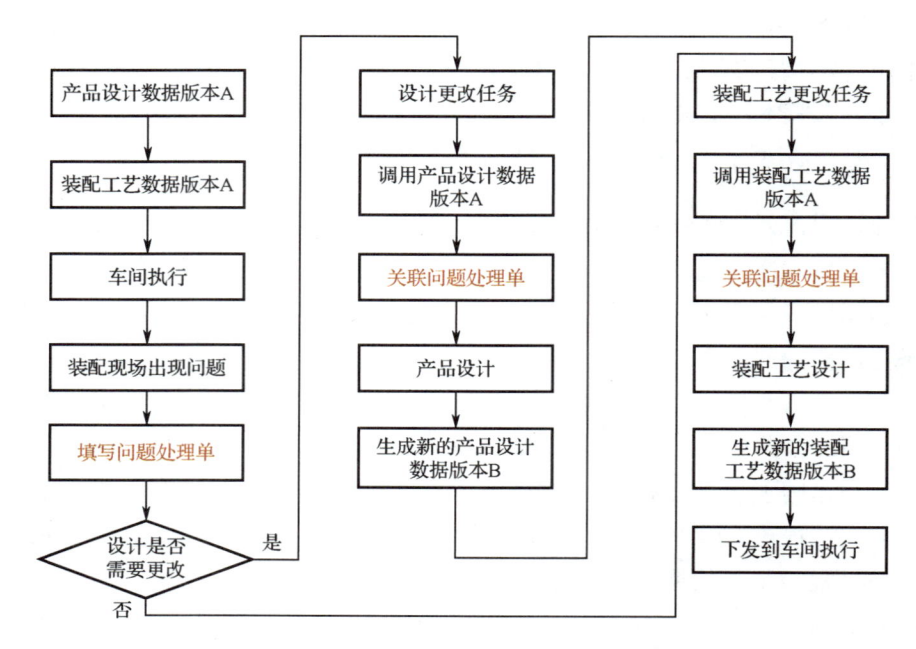

图 3.13 同一层级版本之间的关联及闭环控制流程

3.2.3 基于数字孪生的产品装配数据层次化管理与追溯

基于上述对复杂产品装配数据组织及版本管理和数字孪生的装配过程同步建模的分析，本节提出了一种基于数字孪生的复杂产品装配数据层次化管理与追溯方法。该方法通过构建涵盖产品设计、工艺设计和装配执行的产品装配结构树（或作产品装配 BOM），实现对产品各环节、全要素、全过程装配数据和版本数据的管理。在此基础上，建立产品数字孪生体中各模型与装配 BOM 中各节点之间的映射关系，从而实现基于数字孪生的产品装配数据层次化管理与追溯。

产品装配结构树是产品结构管理在装配生产中的具体应用，每一个具体的产品都对应一个产品装配 BOM。以某航天器为例，其装配 BOM 的层次结构从上到下依

■ 第 3 章 实时数据驱动的数字孪生智能装配车间运行状态同步建模 ■

次包括型号、研制阶段、产品、组(部)件和零件。使用产品数字孪生体和装配 BOM 进行数据的管理，一方面符合装配企业内部的运作过程，易于理解和使用；另一方面将企业内大量数据的管理归结为产品对象和模型的管理，降低了管理的复杂度。基于数字孪生的复杂产品装配数据层次化管理与追溯模型如图 3.14 所示。

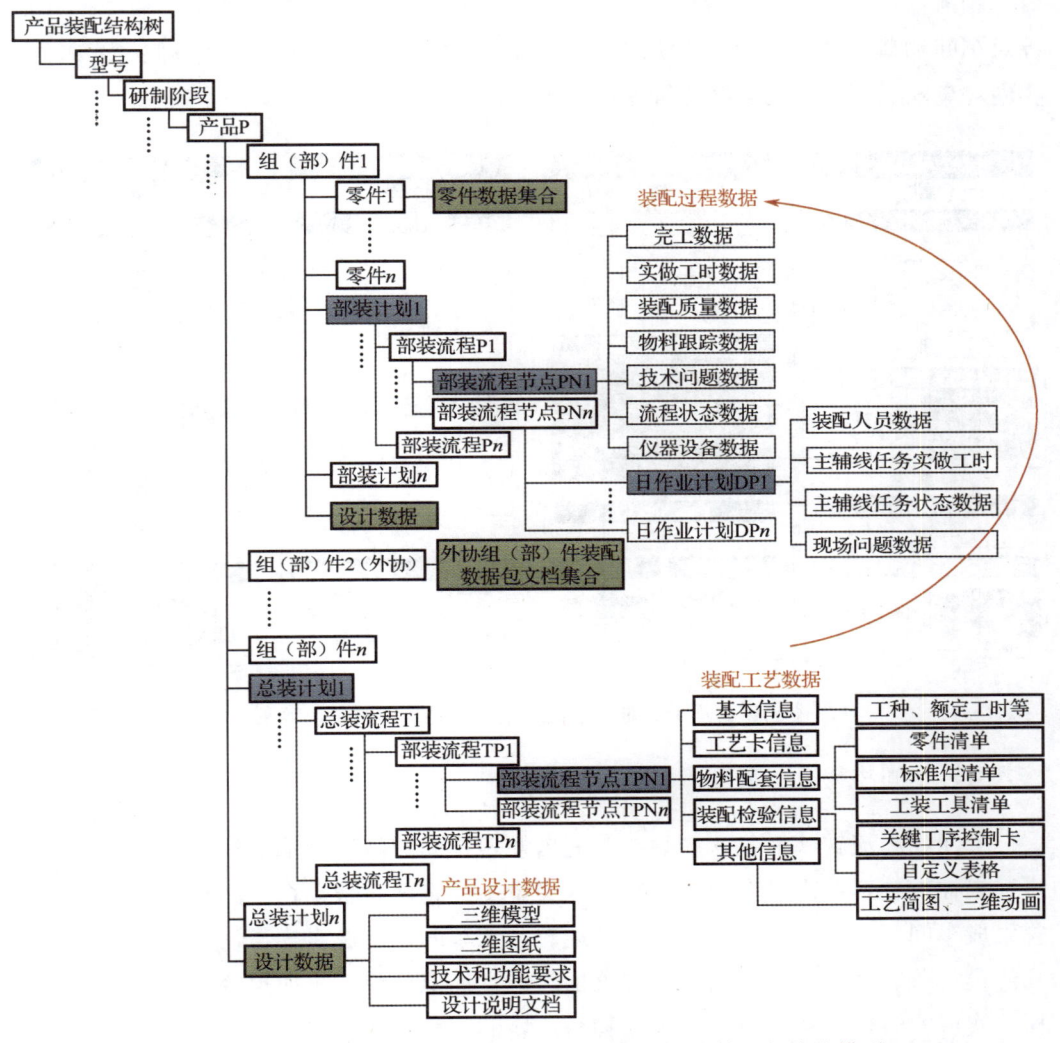

图 3.14 基于数字孪生的复杂产品装配数据层次化管理与追溯模型

3.3 基于数字孪生的智能装配车间动态实时可视化监控

基于 Sim3D 视景仿真图形渲染引擎，通过 3D 车间可视化与 UI 数据可视化对车间要素进行建模和场景布置，在此基础上建立融合数据与数字孪生模型间的映射关系，从二维全要素和全业务运行状态、三维全过程两个方面综合反映复杂离散制造

— 51 —

车间的运行情况，实现对物理车间的可视化同步运行和全局监控。二维全要素和全业务运行状态监控主要通过建立车间多层级电子监控看板来实现，其在实时数据的驱动下更新相关数据及统计信息和预测信息，如任务进度信息、物料使用情况、工序完成情况、环境状态等实时状态；瓶颈资源、预计完工时间、关键质量特性预测值等预测信息。三维全过程监控，主要是基于所构建的车间数字孪生体模型，分别针对车间物料流转、产品工艺状态变化、设备运行和人物动作等进行虚实同步映射，实现对车间运行过程的数字化镜像，如图 3.15 所示。

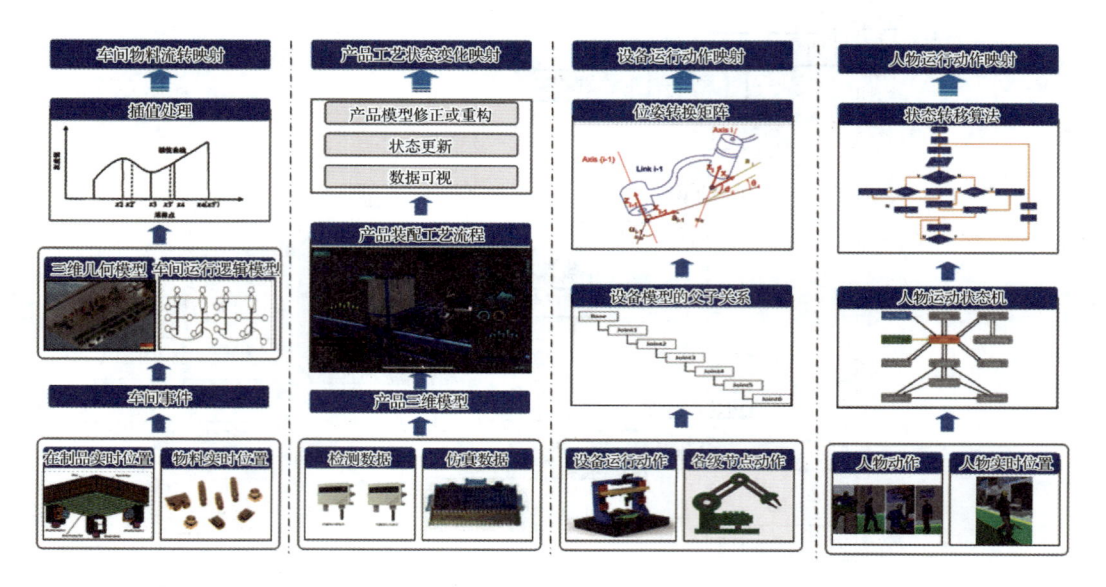

图 3.15 基于实时信息的装配车间运行过程同步映射

（1）车间物料流转映射

车间物料流转映射包含产品在车间内及工位间的流转运输过程，依照装配工艺流程来控制物料及产品在车间数字孪生模型中的物流。根据在制品和物料的实时位置生成车间事件，并作为决策点规则地整合至车间运行逻辑模型，在与对应的三维几何模型关联后，对实时更新的位置信息进行插值处理，进而拟合出连续的物流过程，实现实时位置数据驱动的车间物料流转的同步映射。同时，根据相应的调度算法，实时修改生产调度规则，辅助现场操作人员进行决策。

（2）产品工艺状态变化映射

产品工艺状态变化映射即产品模型在产品不同装配工艺阶段的实时动态展示。一方面根据工艺流程、工序完成情况和物料使用情况等数据确定正在进行的工序和装配进度，并在工序完成后将产品的三维模型转换成相应工艺阶段的模型。另一方面，根据所采集的检测数据或工艺过程数据如插装压力、形变、位移等数据，通过

第 3 章　实时数据驱动的数字孪生智能装配车间运行状态同步建模

产品模型修正或重构、状态更新、数据可视等方式对工艺状态进行实时展示,从而实时更新产品装配线的运行状态。

（3）设备运行动作映射

设备运行动作映射根据设备模型的父子关系,将设备运行动作转化为设备子节点的旋转和平移变换动作。设备的启动和停止信号分别作为设备监控的开始和结束,再通过各级节点的动作数据来控制父节点模型带动子节点模型同步运动,依次进行,直至终端节点。针对复杂设备的动作,通过建立位姿转换矩阵,即根据各级子节点模型自身的位姿确定图形变换中的位姿转换矩阵。针对设备的运行状态,将所采集的设备运行参数映射在设备的三维模型上,并结合相应的设备状态参数指标对装配设备运行状态进行分级,从而量化设备的运行状态,可视化显示设备状态及运行趋势,并对出现的异常情况进行报警。

（4）人物运行动作映射

人物运行动作映射通过建立抽象人体关键骨骼作为连杆来构建人物三维模型,此后对人物骨骼的连接关系进行绑定约束,实现人物模型的运动机能,最后根据状态转移算法使用实时数据驱动状态机运行,从而驱动模型本体与人物运行动作的同步。

此外,针对车间生产要素和业务,建立车间多层次二维可视化监控看板,实现对车间全要素和全业务运行状态的可视化监控,如图 3.16 所示。

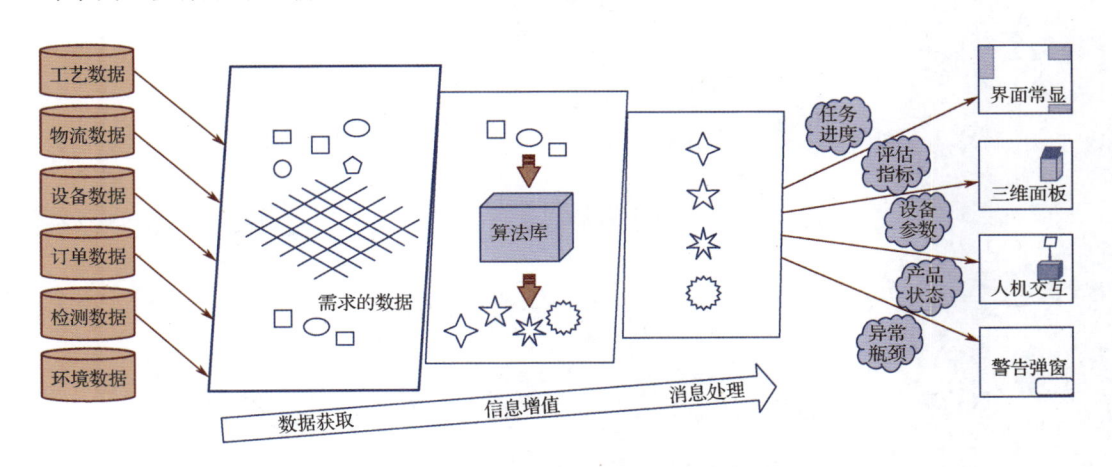

图 3.16　车间多层次二维可视化监控看板的构建流程

车间多层次二维可视化监控看板主要针对车间、产品、设备、人员 4 个维度,其数据源主要包括针对车间的计划数据、物流数据、温湿度等环境数据;针对产品的完工数据、实做工时、实做物料、订单数据、多媒体数据、检测数据等;针对设备的运行状态、运行参数、利用率等数据；针对人的人员状态数据；位置数据、在岗数据、工时数据等。

车间多层次二维可视化监控看板具体实现流程如下。

（1）数据获取层。针对实际需求，选择具体的信息查询规则，从数据库中获取相应的数据。

（2）信息增值层。对数据进行增值处理，根据预先封装好的数据处理和统计算法进行计算。

（3）消息处理层。对不同的状态信息触发不同的消息处理方式，进而配置不同的展示效果，包括在界面常显的看板、三维面板、通过人机交互显示隐藏的状态面板和针对异常数据的警告弹窗等。其中，任务进度完成情况、评估指标预测情况、环境感知数据采用界面直接展示的方式，车间制造资源的实时状态、设备运行参数、产品工艺状态等信息以人机交互的方式展示，瓶颈信息和异常消息通过警告弹窗进行提醒。

（4）车间二维看板监控内容。二维看板提供车间生产要素的详细状态信息，是车间内各实体要素和虚拟要素的关联和衍生，具体各要素的状态展示信息参考车间数据管理模型进行设计，主要包括任务进度完成情况、评估指标预测情况、设备运行参数、产品工艺状态、异常瓶颈信息5类内容。

第 4 章

阵列天线装配高置信仿真

目前,对于阵列天线这类复杂机电产品而言,对其装配质量的研究多集中于产品的零部件设计,装配质量的决策也是从最终的测试指标出发的,如装配精度及电磁性能等,却忽略了装配过程数据。因此,本章提出了基于孪生车间的机—电—磁耦合智能仿真及装配性能在线精准预测方法。该方法以现场数据、试验数据及仿真数据为依据,从多角度揭示装配过程数据对装配质量的影响,使用仿真技术得到影响装配质量特性的相关仿真值,为阵列天线的装配质量预测与优化提供了基础。

4.1 基于阵列天线工艺流程的装配过程有限元仿真

4.1.1 阵列天线装配工艺流程复杂性

产品是由许多零组件按照一定规则和要求组合装配而成的。按照设计要求,零件由毛坯加工成成品后,必须按照规定的技术要求(如连接强度、装配准确度、互换性等)进行装配,将若干组零件装配并形成子部件、部件,再进行装配形成符合设计要求的产品。阵列天线作为在设计、制造、装配等环节都十分复杂的产品,其复杂性主要表现在以下几个方面。

(1)零部件繁多,且其结构和外形非常复杂,从而导致装配准确度和制造准确度要求非常复杂。

(2)零部件的装配约束关系和层次关系复杂,其装配的好坏主要体现在装配误差累积是否满足装配准确度要求上。

(3)产品的互换协调关系复杂,其中,互换协调主要体现在零组件的装配准确度是否满足互换协调要求。

(4)目前装配准确度的设计在很大程度上依赖于知识和经验。

（5）研制过程涉及大量复杂的工艺装备，工艺装备的准确度直接影响产品的装配准确度。

为了保证阵列天线装配完成后达到规定的性能指标，就对装配准确度要求非常高，而装配准确度是控制阵列天线零组件装配误差累积大小的有效手段，合理的阵列天线零组件容差分配方案是保证装配准确度、控制或补偿装配误差的重要途径。装配误差累积分析与容差优化是获得合理的容差分配方案的关键支撑技术。基于以上复杂性分析，阵列天线装配流程中由何种工艺导致性能失效的问题，可通过有限元仿真获得应力分布及位移情况，从而为后期的预测工作进行支撑。

4.1.2 阵列天线装配工艺流程分析

阵列天线整体由三层板件复合装配而成，各板件间依据功能的不同又囊括了不同的制造及装配工艺。通过对三维模型中各层级间材料属性及加工制造工艺的确定，可完成相应的装配流程的有限元仿真分析，从而确定装配过程中，应力应变及位移等对阵列天线功能失效的影响，其具体工艺流程如表 4.1 所示。

表 4.1 阵列天线装配工艺流程

装配流程图示	构件名称	主体材料	工艺流程
	底层板（棕色）	铝	无（待中层板安装完毕后与其通过螺栓连接）
	中层板（绿色）	M6 高频印制板	表面与 SMPM[①] 通过底部焊接相连，焊接方式为 6337 锡铅焊，熔点为 183 ℃；同时也与 BGI 器件通过 0.45mm 焊球相连接；待中层班与底层板通过螺栓固定后，在中层班 SMPM 上插入 KK 连接器。完成与底层板之间的螺栓连接
	顶层板（灰色）	铝	顶板上表面与 6002 射频材料通过铝条焊接相连；顶板下表面的 SMPM 内有连接针，与 KK 连接器相连后，最终与底层板通过螺栓相连接

---

① SMPM：超微型推入式（卡扣式）连接器。

4.1.3 中层板完成装配后应力及形变情况仿真

该装配过程仿真中，核心对象为绿色中层 M6 高频印刷电路板，PCB 板上表面与 SMPM 通过焊接方式相连接，焊接方式为 6337 锡铅焊，熔点为 183℃；此外，PCB 板也与 BGI 器件通过焊接方式相连接，焊接介质选用 0.45mm 焊球。基于以上工艺流程，采用有限元分析软件 ABAQUS 对中层 PCB 板进行装配流程仿真，仿真结果如图 4.1 所示。

（a）中层 PCB 板装配流程工艺模型　　　（b）有限元仿真结果

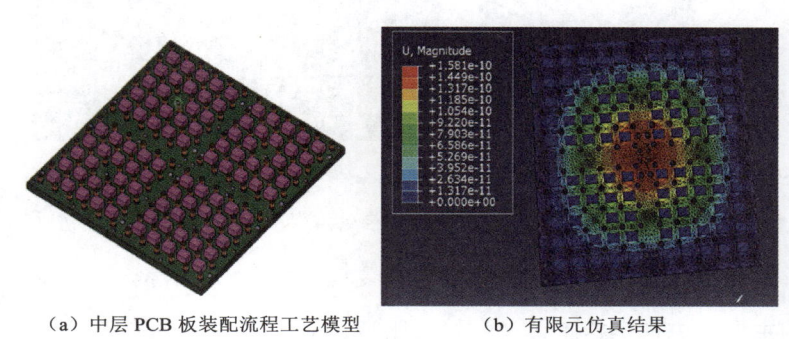

图 4.1　中层 PCB 板流程工艺模型与有限元仿真结果对比分析

以上有限元分析结果显示，PCB 板上点的位移形变量最大值为 $1.58×10^{-10}$m，位移最大值的发生位置位于 PCB 板的中心位置，在不考虑焊接死点位置的情况下（焊接仿真采用理想化模型，即所有焊材均匀分布，焊接后不会出现焊材失效的情况），位移变化呈均质分布。

4.1.4　中层板与底层板完成连接后应力及形变情况仿真

当中层 PCB 板完成其自身的工艺诉求后，与底层铝板通过螺栓相连接。螺栓型号为 M2.5，材质为 316 不锈钢。在该工艺流程仿真过程中，忽略底层铝板与某红色物块的装配工艺，忽略部分如图 4.2 所示。

图 4.2　底层铝板工艺流程三维图

该装配过程中，其核心考量点为中层 PCB 板与底层铝板螺接后，板件所产生的形变量传递给 SMPM 后带来的位移变化，从而导致 KK 连接器无法准确地与其进行插装。经有限元软件分析后，其形变对比如图 4.3 所示。

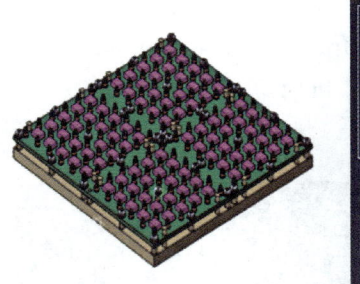

（a）中层板与底层板螺接后模型　　　　（b）有限元仿真结果

图 4.3　中层板与底层板螺接后仿真结果对比分析

基于以上有限元分析，结果表明中层 PCB 板与底层铝板螺接后，螺栓的预紧力带来的影响主要集中在螺栓本体及螺栓孔附近，对中层 PCB 板的形变影响较小。

4.1.5　顶层板完成装配后应力及形变情况仿真

顶层基板材料为铝制，顶层基板与粉色铝条连接后再与紫色天线相连接（顶层基板与粉色铝条连接方式待定，现有方案为焊接或螺接，仿真过程选用焊接方式），连接方式为焊接。此外，顶层基板的 SMPM 中带有插针，通过玻璃烧结的方式嵌入 SMPM 内，分析时考虑插针均位于 SMPM 正中位置，具体分析结果如图 4.4 所示。

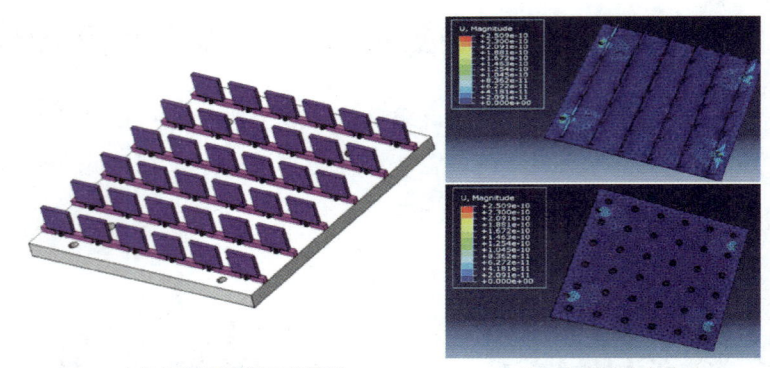

（a）顶层板流程工艺模型　　　　（b）有限元仿真结果

图 4.4　顶层板流程工艺模型与有限元仿真结果对比分析

通过设置焊接的无死点理想化模型，顶层板形变量较大位置位于顶层板件的 4 个边角，其形变量可能会导致 SMPM 插针在与 KK 连接器对接时无法成功匹配的情况。

4.1.6 整体装配完成后应力及形变情况仿真

作为装配过程的最后一道工序，顶层板与中层 PCB 板的连接直接关系到阵列天线的最终输出性能，考虑到前期仿真中对于焊接死点位置的仿真过于理想化，本节对顶层板的部分位置采用了焊点随机模型，从而为真实情况下的插针与 KK 连接器的装配提供参考，具体仿真结果如图 4.5 所示。

图 4.5 整体装配后仿真结果位移云图

基于以上分析结果，在对模型进行整体装配分析仿真后，螺栓及螺栓孔附近的位移变化量仍然较大，该结果与中层 PCB 板与底层铝板装配结果相一致。此外，顶层部分焊接模型采用非理想化模型后，焊接死点位置对 SMPM 插针处的形变值带来的影响较大。综合以上各阶段仿真结果可以看出，焊接工艺对插针与 KK 连接器的连接产生了较大影响，并可能直接导致阵列天线的失效。

4.2 基于有限元模型的降阶预测技术方案

基于之前的有限元模型分析结果，建立相应的有限元模型。在建立降阶模型的过程中需要一组有限元全阶模型的求解结果作为样本，并在此基础上通过本征正交分解（POD）与 Galerkin 投影相结合的方法，实现全阶模型阶次的降低。因此，拥有可靠的全阶模型并对其进行正确求解是建立阵列天线降阶模型的重要基础。

同时，将通过 POD 法得到的 POD 基函数作为降阶模型所在函数空间的一组正交基底，能否最大程度地从原始样本矩阵中获取系统特征，会直接影响降阶模型误差的大小。而 Galerkin 投影可以以将由有限元分析方法得到的全阶模型投影至 POD 基函数张成的低维函数空间中，经过投影后，极大程度地降低了全阶模型的自由度。通常由有限元分析方法得到的全阶模型的自由度，根据计算区域大小及网格疏密程度的不同，能达到 $10^5 \sim 10^7$ 数量级。而降阶模型的自由度只与低维函数空间的维度

（即 POD 基函数的个数）有关，不再直接受网格划分的影响，根据问题复杂程度的不同，大多处于 $10^1 \sim 10^3$ 数量级。这一特点使得降阶模型的计算复杂度与全阶模型的计算复杂度相比极大地降低，最终使其计算速度提升，为其在数字孪生体系中实时模型的建立提供了良好基础。

4.2.1 模型降阶总体结构

在阵列天线装配体系统的研究中，核心是提高模型计算速度，使其能够实时计算并应用于半实物系统中。因此，在程序结构设计中，将程序分为离线和在线两个阶段。离线阶段主要包括计算中对求解时间没有要求且通常只需要执行一次的部分，如全阶模型样本的获取、POD 基函数的计算等。在线阶段则主要包括与半实物系统互联通信的部分，其中的计算对求解时间有严格性和实时性的要求，并且在整个求解过程中需要反复计算，因此，在线阶段应避免任何涉及有限元方面的复杂计算。基于以上考虑，模型降阶程序结构如图 4.6 所示。

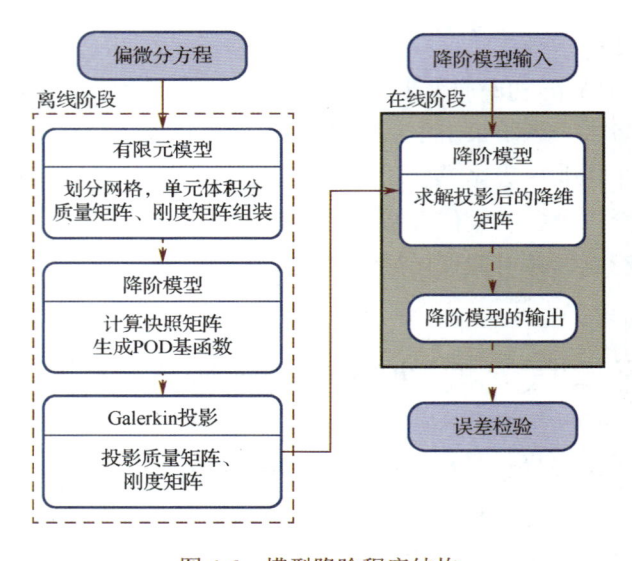

图 4.6 模型降阶程序结构

阵列天线作为此次研究的对象，除了其工艺环节中的焊接及螺接环节，主要考虑建立阵列天线涉及装配工艺流程的模型方程。在计算工具方面，考虑使用 MATLAB 及 ABAQUS 两款软件。MATLAB 作为 MathWorks 公司开发的商业数学软件，简单易用。特别是对于以侵入投影方式进行降阶的方法来说，在 MATLAB 中编写开源程序用以计算，免去了环境配置、库函数依赖等问题。并且 Debug[①]环境友好，方便进

---

① Debug 通常指在程序上调试代码、修复漏洞、排除故障等。

行数据的可视化操作，这些独特的优点使其成为科学计算的利器。同时，MATLAB又可以通过MEX[①]的方式调用C函数或C++函数，极大地丰富了在编写有限元计算程序中可以调用的函数库。因此在本章中，采用MATLAB平台进行计算。而在求解网格划分方面，则通过ABAQUS生成所需网格，主要包括几何体、网格、求解器、后处理4个部分。在获得网格文件后，再将网格信息读入MATLAB，最终完成全部的有限元计算。

4.2.2 有限元全阶模型分析及POD-Galerkin降阶模型

对偏微分方程的求解来说，其解析解在复杂的求解域及边界条件下基本不可能获得，只能选择有限元等数值法来获得其近似解。有限元分析方法作为一种数值求解方法，在数学上的主要基础是变分原理和加权余量法。在有限元分析方法中，首先通过网格划分将求解域分为许多互不重叠的单元体，每个单元体由若干节点组成，借助于变分原理或加权余量法将待求偏微分方程在单元体中离散，并在整个求解域中将方程与权函数做内积并积分。

在划分的每个单元体内，选择合适的插值函数并将一些节点作为求解函数的插值点，将偏微分方程中的变量改写成由各变量或其导数的节点值与所选用的插值函数组成的线性表达式。即在每个单元体内，用单元插值函数的线形组合，来逼近单元中的真实解，而在整个计算域上总体的插值函数则可以看成由每个单元插值函数共同组成，最终在整个计算域内的解便可以看作是由所有单元上的近似解构成。

插值函数一般由不同阶次的多项式组成，也有采用三角函数或指数函数组成的乘积表示，但最常用的还是多项式插值函数。有限元插值函数分为两大类，一类只要求插值多项式本身在插值点取已知值，称为拉格朗日（Lagrange）多项式插值；另一类不仅要求对多项式本身进行插值，而且要求它的导数值在插值点取已知值，称为哈密特（Hermite）多项式插值。而选取不同的权函数，也就构成了不同的有限元分析方法。伽辽金（Galerkin）法是将权函数取为近似函数中的插值函数；最小二乘法是令权函数等于余量本身，而内积的极小值则为待求系数的最小平方误差；在配置法中，则先在计算域内选取N个配置点，令近似解在选定的N个配置点上严格满足微分方程，即在配置点上令方程余量为0。在涉及的二维有限元计算中，选用三角形单元并采用拉格朗日多项式插值函数，且根据计算需要多项式的阶次最多为二次。

在有限元计算中，需要在每个单元体上进行积分，要对每一个单元体建立其独

---

① MEX是MATLAB提供的一种混合编程方式。

有的插值函数，这无疑是不利于程序编写及不具通用性的。因此，引入无因次坐标这种局部坐标系会带来很大便利，与网格文件中反映实际模型物理尺寸的笛卡尔直角坐标不同，无因次坐标的定义取决于单元的几何形状，一维看作长度比，二维看作面积比，三维看作体积比，其大小只在 0～1 范围内变化。而在所获得的网格文件中，一部分为节点信息，包括节点序号及对应三维空间坐标；另一部分为单元体信息，包括单元序号、单元类型、单元所属区块个数、单元所属物理区块序号、单元所属几何区块序号及其包含的节点序号。这些以文本形式保存的信息便于在 MATLAB 中读取和访问，这也是本节选择 Gmsh[①] 作为网格划分工具的原因。

有限元计算主程序部分主要包括 3 个子程序，即网格读取函数、求解器、后处理函数。其中，网格读取函数的主要功能为读取 Gmsh 生成的网格文件信息，后处理函数的主要功能是将求解器输出结果绘制为图片或保存为 vtk 格式的文件，以供其他程序使用。有限元求解的核心部分则集中在求解器中，其同样由若干子函数组成，求解器的子函数调用关系如图 4.7 所示。DataFile 函数主要包含本次求解的边界条件、最大迭代次数及误差、求解总时间及时间步等信息。P2Mesh 函数中则将 Gmsh 中得到的由一阶单元体组成的网格加密为二阶单元体网格，在这一过程中取一阶三角形单元中每一条边上的中点作为二阶三角形单元的新插值节点。Mesh 函数中则会求解网格单元体各项参数，如结点总数、边界节点、内节点个数、单元体面积等。

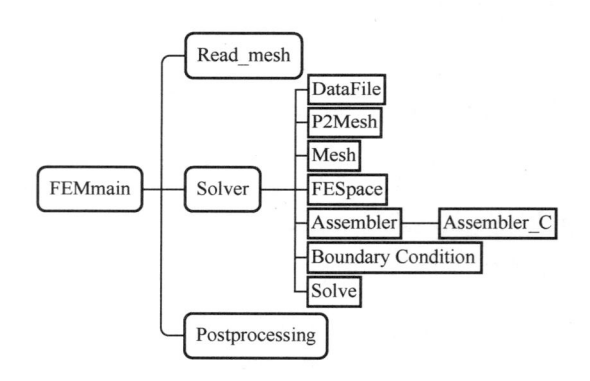

图 4.7　求解器的子函数调用关系

基于以上基础的有限元模型程序结构进行降阶，首先由 Training_set 函数选取降阶模型采样点，并调用有限元全阶模型计算出在各采样点下的解，进而计算 POD 基函数并将全阶模型通过 Galerkin 方法投影至其中，得到的降阶模型便可进行求解并输出结果。

POD 法是一种经典的矩阵全局分析方法，主要原理是基于矩阵奇异值分解，在

---

① Gmsh 是一个免费开源且具有内置 CAD 引擎和后期处理的三维有限元网格生成软件。

众多领域得到成功应用。例如，在湍流研究领域，POD 法便被应用其中，研究者用它来分析湍流中的相干结构。在数据压缩和低阶近似等研究领域，POD 法同样被广泛地应用，能够在复杂试验数据或者数值解中求得一组正交基函数，以便最大程度地表征原始数据特征。并且在所获得的这一组基函数中，前几个基函数便可以占据原始样本中较大的"能量"，进而表征出原始系统的特性。这与 POD 法求解出的基函数可以获得其与样本在最小二乘意义下最小误差的原理有关，求解出的基函数使研究者能够从样本中获得原始模型的低阶近似。在求解 POD 基函数的步骤中，首先应获得全阶模型在采样点下的状态值并将其作为求解基函数的快照矩阵。而就这些样本来说，它们可以是全阶模型在不同采样时间下各节点的状态值，也可以是在不同边界条件或不同物性参数下各节点的状态值。同样，这些样本可以来自试验监测结果或数学模型的求解结果。矩阵奇异值分解作为 POD 法的基本原理，在其中起着重要作用。对一个维度为 $n×m$ 的实数矩阵 S 进行 SVD 分解[1]，就 SVD 分解的性质而言，左、右奇异矩阵 U、Z 分别为 SST[2]、STS[3] 的奇异矩阵，并且 SST、STS 的奇异值则分别为矩阵 S 奇异值的平方。原始数据集 S 经过分解后得到奇异矩阵及其对应的奇异值，只选取其中对应奇异值较大的几个列向量。在求解 POD 基函数的过程中，最简单的方法就是直接对样本矩阵进行 SVD 分解，以求解矩阵 S 的特征值，其中，POD 基函数为快照矩阵 S 的左奇异矩阵。但是由于样本矩阵维度之一的 n 一般由有限元分析方法中离散的网格节点数目决定，一般可以达到 $10^5 \sim 10^7$ 的数量级，使求解矩阵 S 的特征值问题变得复杂，需要消耗大量计算资源，于是有研究者提出在 POD 基函数求解中采用快照（Snapshots）方法。

在 POD 基函数计算中，根据问题类型的不同，选取不同的方式获得样本。对非稳态类型问题进行降阶，一般选取系统在不同采样时间下各节点上的数据作为样本。在 POD 基函数的选取中，根据每个基函数在全部基函数中所占的"能量"比例，选取其中占比最大的几个。而每个基函数的能量占比大小，则根据 POD 基函数所对应的特征值确定，最终选取前 r 个基函数作为降阶模型的基函数，再利用 POD 法生成降阶模型的空间，对求得的 POD 基函数进行截断，只选取前几个占比较大的基函数，在最大程度降低全阶模型维度的情况下，尽量保持系统的原始特性。

通过 POD 法与快照方法获得了一组 POD 基函数，在降阶模型构建中将会把由这一组 POD 基函数张成的空间作为降阶模型解所在的函数空间，而将全阶模型投影至降阶空间的方法便是 Galerkin 投影。本节将会详细介绍 Galerkin 投影的基本原理，及将有限

---

[1] SVD 分解即奇异值分解。
[2] SST 为矩阵的平方和。
[3] STS 为共轭矩阵。

元分析方法得到的全阶模型投影至 POD 基函数构成的低维空间中的具体实施方法。

  Galerkin 投影又称 Galerkin 方法，由俄国数学家伽辽金（Boris Galerkin）提出，与偏微分方程的弱形式有很大的相关性，最早通过这种方法，可以将一组偏微分方程近似为一组常微分方程。在构建降阶模型的 Galerkin 投影时也用该方法进行低阶近似，在有限元中将未知函数近似值用一组插值多项式的线性组合表示，在降阶模型中将未知函数表示为前一节 POD 基函数的线性组合，再将其与 POD 基函数相同的权函数做内积，最终将高维的有限元模型投影至由 POD 基函数组成的低维空间之中。进而将有限元中对各个节点上未知量的求解转化为对 POD 基函数的系数的求解，降低了求解的复杂程度。Galerkin 投影的基本原理如图 4.8 所示。

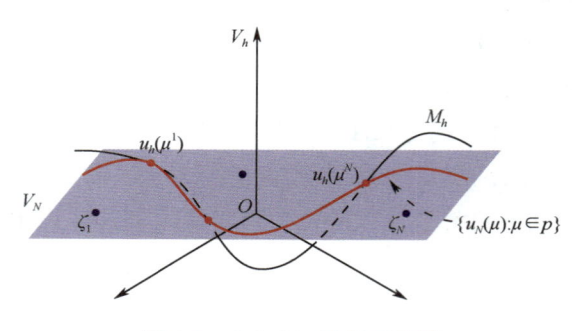

图 4.8 Galerkin 投影示意图

  在模型降阶方法 Galerkin 投影示意图中，高纬函数空间 V_h 中存在的解函数 M_h（如黑色曲线所示），其自由度维度即为所在函数空间 V_h 的维度，而 Galerkin 过程便是将其投影至由 POD 基函数组成的降阶空间 V_N 之中。不难看出，与原函数相比，两者存在一定误差，但自由度降低使原函数的求解速度提高，最终让降阶模型达到实时计算的要求。同样，对全阶模型中通过有限元分析方法得到的质量矩阵、刚度矩阵，则可以在求解全阶模型的矩阵组装过程中提前储存起来，这样在求解降阶矩阵中便不需要重新进行组装，从而加快计算速度。

4.3 阵列天线装联工艺可靠性及建模研究

  针对高精密一体化阵列天线产品装配状态不可知、装配过程不易控、产线试制周期长且成本高等问题，研究阵列天线装配数字孪生智能仿真及可靠性预测方法，开展面向阵列天线装配工艺可靠性的跨尺度、全流程数值仿真。通过跨尺度建模、天线装配—阵列产品服役全流程数值仿真分析，从而给出装配互联可靠性半定量结果，支撑装配车间质量预测与控制策略，阵列天线装联工艺可靠性及建模研究技术路线如图 4.9 所示。

■ 第 4 章 阵列天线装配高置信仿真 ■

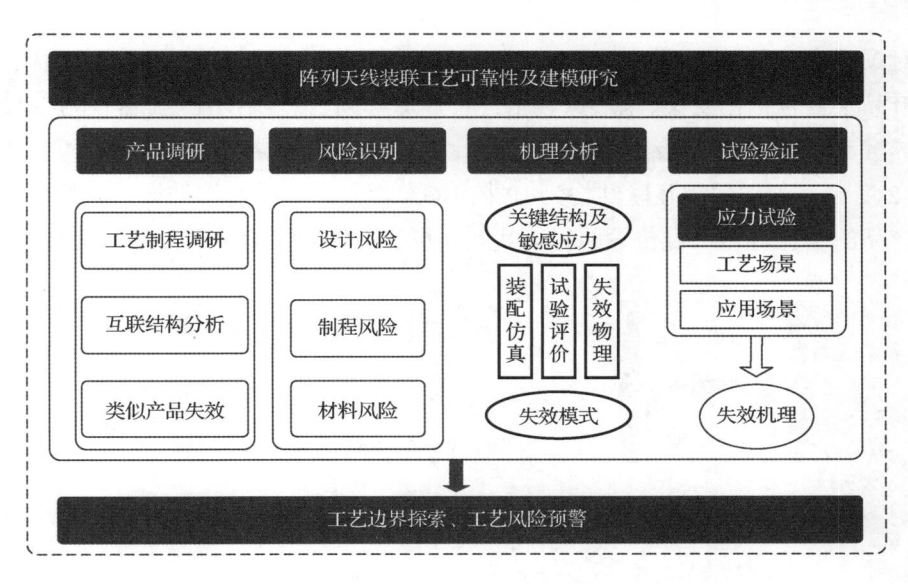

图 4.9 阵列天线装联工艺可靠性及建模研究技术路线

阵列天线装联工艺可靠性及建模研究主要包括 3 个方面：阵列天线产品调研及风险识别、阵列天线高密度集成互联工艺的可靠性试验评价技术及平台搭建、基于失效物理的阵列天线跨尺度建模。

4.3.1 阵列天线产品调研及风险识别

结合项目产品设计、结构、应用及工艺制程调研，分析产品典型互联结构、应力环境，识别产品可靠性风险环节、关键结构及敏感应力。

4.3.1.1 研究对象设计

子阵模型的设计是为了统一研究对象。阵列子阵由阵列天线、射频母板组件和散热支撑板组成，阵列天线和射频母板通过 KK 连接器采用盲插形式实现垂直互联。阵列子阵共 144 个单元通道，阵列天线由 4 个天线组件组成，每个阵列天线组件有 36 个单元通道，如图 4.10 所示。将 4 个阵列子阵拼接到一起，形成阵列天线，如图 4.11 所示。

图 4.10 阵列天线子阵模型　　　　图 4.11 阵列天线

对项目产品的结构进行进一步细化拆解和剖析，识别产品关键互联结构。典型项目产品主要包括铝支架、器件（以 IP 核[①]焊球阵列封装（BGA）类器件为主）、PCB 板、热沉、天线基板、天线阵列、接线柱、KK 连接器、导热绝缘垫片、螺钉等，如图 4.12 所示。识别关键互联结构为 IP 核 BGA 焊点和 KK 连接结构，其构成了阵列天线产品的垂直链路信号传输路径，其互联可靠性决定了阵列天线的信号传输质量。

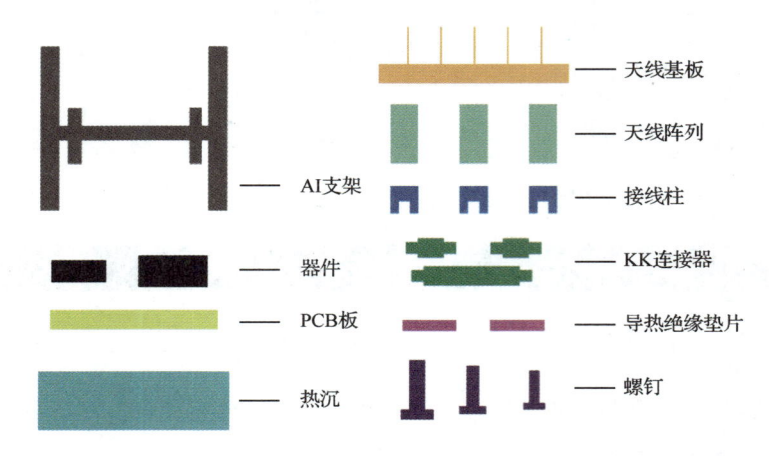

图 4.12　典型项目产品各组成部分

4.3.1.2　装配流程

对项目产品电子装联工艺流程进行调研分析，识别产品关键工艺环节及典型敏感应力，阵列天线装配工艺流程如图 4.13 所示。装配流程主要包括焊接天线、散热支撑板上粘贴导热绝缘垫、射频母板上 IP 核表面贴装技术（SMT）焊接、射频母板螺钉装配到散热支撑板上、射频 KK 连接器安装到射频母板上、通过 KK 盲插实现天线与射频母板的互联，以及固定天线螺钉、子阵装配并开始后续测试等。

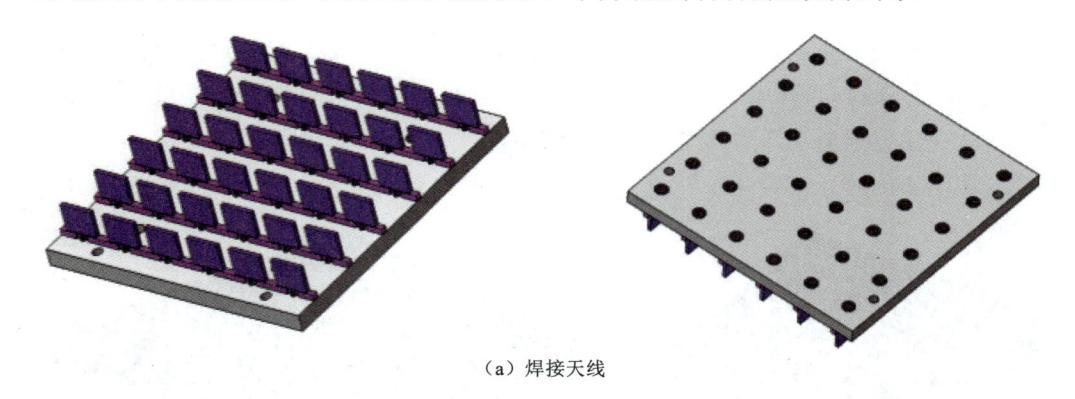

（a）焊接天线

图 4.13　阵列天线装配工艺流程

---

① IP 核是具有知识产权核的集成电路芯核的总称。

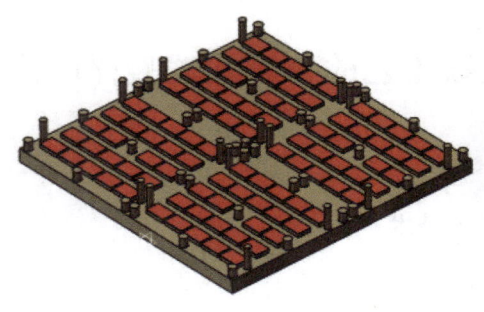

(b)散热支撑板上粘贴导热绝缘垫 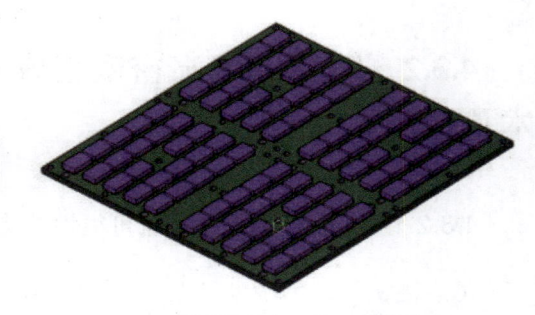 (c)射频母板上 IP 核 SMT 焊接

(d)射频母板螺钉装配到散热支撑板上  (e)射频 KK 连接器安装到射频母板上

(f)通过 KK 盲插实现天线与射频母板的互联

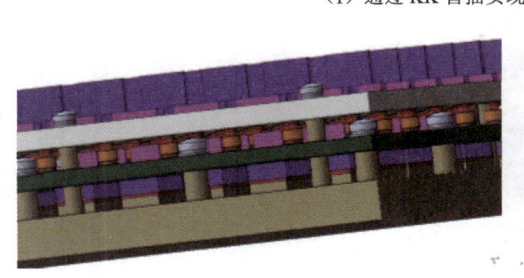

(g)固定天线螺钉、子阵装配并开始后续测试

图 4.13　阵列天线装配工艺流程（续）

其中，射频母板上 IP 核 SMT 焊接时识别其中的 SMT 回流焊，以及通过 KK 盲插实现天线与射频母板的互联为关键工艺环节，其原因在于这两类工艺环节会引入较大的热应力和机械应力，从而造成关键互联结构的热力损伤。

4.3.2 阵列天线高密度集成互联工艺的可靠性试验评价技术及平台搭建

4.3.2.1 装配流程互联工艺可靠性试验评价技术

可靠性试验评价技术是在 20 世纪 50 年代开始发展起来的，最早应用于军工产品，至今已在航空航天、电子、自动化、汽车和计算机等领域得到了广泛应用。可靠性试验评价技术是对产品的可靠性进行调研、分析和评价的一种重要手段，也是提供和保证产品可靠性的一个重要环节。为了评价和检验产品的可靠性，就需要通过试验获得可靠性数据，并进行分析与计算，以得出产品是可以接收的、还是应该拒收的，产品是合格的、还是不合格的等结论。同时，通过产品在试验中发生的各种故障，找出原因并进行细致地分析和研究，从而采取有效的措施，以提高产品的可靠性。因此，可靠性试验是提高产品可靠性的重要环节。

从广义上说，凡是为了了解、评价、考核、分析和提高产品可靠性而进行的试验，都可称为可靠性试验。只要有产品，就有可靠性问题，因为它贯穿从产品设计到寿命终结的整个过程。产品在设计阶段、生产阶段和使用维护阶段等，都会出现各种各样的可靠性问题。可靠性试验的原理就是模拟现场工作条件和环境条件，将各种工作模式及各种应力按照一定的时间比例、一定的循环次序反复施加到受试产品上。经过对受试产品的失效进行分析与处理，将得到的信息反馈给设计、制造和管理等部门，以提高产品的固有可靠性，同时，依据试验的结果对产品的可靠性做出评定。可靠性试验要达到预期的效果，必须特别重视试验条件的选择、试验周期的设计和失效判据的确定。

1. 可靠性试验评价技术分类

可靠性试验有多种分类方法。根据试验项目、试验环境、试验目的、可靠件工作的阶段、施加的应力强度、对可靠性的影响、试验产品的破坏程度、试验规模及抽样方案的类型等，可将可靠性试验分成很多种类。对于不同的产品，为了达到不同的目的，可以选择不同的可靠性试验方法。

按照试验项目对阵列天线有关的可靠性试验评价技术进行分类，具体类型如下。

（1）可靠性寿命试验

可靠性寿命试验通常采用的是破坏性寿命试验，其任务是在规定的条件下，抽取一定数量的阵列天线样件（以下简称"样件"）或产品来做寿命试验，记录每个样件或产品失效时间，进行全部数据的统计分析，求出样件或产品的可靠性指标，以评价阵列天线样件或产品的可靠性水平，并进一步分析阵列天线样件或产品失效的原因，总结出提高样件或产品可靠性的措施。可靠性寿命试验是各种可靠性试验中最主要的内容，也是与统计方法关系最密切的内容。

（2）可靠性环境试验

可靠性环境试验是研究各种环境条件对样件或产品的影响。环境应力是指子列天线产品工作时所承受的不利环境条件，如温度、湿度、电压、污染、振动、雾、宇宙射线辐射、核辐射及霉菌等。

（3）可靠性筛选试验

可靠性筛选试验是对合格样件或产品进行全数检查，淘汰潜在的早期失效样件或产品，以提高整批样件或产品的可靠性。可靠性筛选试验是提高样件或产品可靠性行之有效的基础工作。

（4）整机可靠性鉴定试验

整机可靠性鉴定试验安排在新型阵列天线试制成功以后，目的是验证新型阵列天线设计能否在规定的环境条件下满足规定的性能及可靠性要求。这种试验是以可靠性寿命试验的方式进行的，要求对新型阵列天线的平均寿命做出定量的评估。

（5）整机可靠性验收试验

当阵列天线投入连续生产后，应对整机安排一系列定期试验，以确定设备能否满足相应的性能和可靠性要求，最终用来确定每批产品是否可以出厂交付并使用。整机可靠性验收试验虽然也是以可靠性寿命试验的方式进行的，但过程只要求制定一个简单的可靠性验收方案和验收标准，以供试验工作人员掌握并做出判断。可靠性验收方案和验收标准称为可靠性抽样检验方案。

2. 可靠性试验评价技术平台搭建

要做好产品的可靠性试验评价，必须弄清阵列天线的形成过程与机理，同时还必须将阵列天线的失效模式或故障模式与影响因素联系起来。阵列天线的形成过程与机理、失效模式、影响因素的关联，必须由硬件来实现，即需要搭建基于产品的可靠性试验评价技术平台。

图 4.14 为阵列天线可靠性试验评价流程。生产出来的样件或产品，首先需要经

过性能测试子平台的检验。若性能指标满足要求，则依次转入应力加载子平台和性能测试子平台；若经检验后性能指标依然满足要求，则证明其该样件或产品质量满足要求。凡是在性能测试子平台或应力加载子平台中，出现不合格的样件或产品，该样件或产品将依次传递到解剖制样子平台、故障定位子平台、显微分析子平台进行失效分析，确定失效模式或失效机理，并根据失效机理溯源与失效有关的工艺流程，对相应的工艺参数提出优化建议。

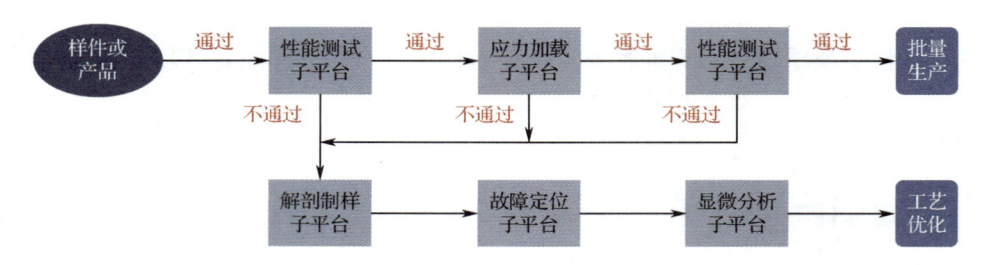

图 4.14 阵列天线可靠性试验评价流程

综上所述，可靠性试验评价技术平台主要包括性能测试子平台、应力加载子平台、解剖制样子平台、故障定位子平台、显微分析子平台。按照子平台的类型，本节依次对子平台所包含的软/硬件设备进行介绍。

（1）性能测试子平台

性能测试子平台主要是对阵列天线的物理/化学性能、机械性能、电性能、热性能等进行测试。其主要组成设备有光学显微镜、光学轮廓仪、矢量网络分析仪、高阻仪、低阻仪、功率曲线追踪仪、光学轮廓仪、应变测试系统、红外成像仪等。

（2）应力加载子平台

应力加载子平台主要是对阵列天线施加环境载荷，模拟在实际服役环境或严苛环境下阵列天线的工作环境。其主要组成设备包括高温环境箱、低温环境箱、温度冲击试验箱、温度循环试验箱、潮敏试验箱、盐雾环境试验箱、振动试验台等。

（3）解剖制样子平台

解剖制样子平台主要是对阵列天线进行制样，为后续显微分析子平台提供高精度的样品。其主要组成设备包括化学开封机、机械开封机、激光开封机、金相研磨仪、等离子束研磨机、聚焦等离子束制样系统等。

（4）故障定位子平台

故障定位子平台主要是对阵列天线进行缺陷定位，从而为后续显微分析子平台提供观察位置。其主要组成设备包括2D X-Ray射线系统、三维断层扫描系统、声学扫描显微镜、锁相红外热成像系统、时域反射分析系统等。

（5）显微分析子平台

显微分析子平台主要是对阵列天线进行微纳表征、成分分析等，确定阵列天线的失效模式和失效机理，进而对互联工艺提出优化建议。其主要组成设备包括扫描电子显微镜、透射电子显微镜、光电子显微镜、二次离子质谱分析仪、傅里叶红外光谱仪、离子色谱仪等。

阵列天线高密度集成过程所涉及环节众多，需要进行可靠性试验评价的关键工艺环节难以一一列举。在此就组装工艺过程应力损伤风险评价和焊点质量评估这两个典型环节进行举例说明。

4.3.2.2 组装工艺过程应力损伤风险评价

1. 概述

以阵列天线组件为研究对象，针对阵列天线关键工序，如射频母板螺钉装配到散热支撑板上时的母板螺钉拧紧、通过KK盲插实现天线与射频母板的互联，以及固定天线螺钉时的天线板螺钉拧紧等关键工序，开展工序作业条件下天线组件关键部位应变数据测试及损伤风险评估，支撑并优化阵列天线组装过程。

2. 研究方法

目前，用于评价组装工艺过程应力损伤风险的方法主要有应变片测量法、光纤光栅测试法、散斑干涉法、双目立体视觉测量法等。根据阵列天线结构特点和测量方便性，在此采用散斑干涉法对阵列天线组装工艺过程应力损伤风险进行表征。

3. 试验流程

（1）定制散斑与试验设备搭建

通过散斑打印技术在PCB板被测表面定制黑、白各占50%的散斑图样，PCB板的散斑试样如图4.15所示。搭建三维数字图像相关法（3D-DIC）设备，其中包括用于图像采集的两个电荷耦合器件（CCD）相机、用于支撑和调节视角的三脚架及云台、用于提供光源的灯架、用于图像信息交互和分析处理的计算机。其中，需保证光源能够稳定且平行照射于被测工件表面，光照强度合适，后续的光照强度可以通过相机光圈进行进光量调整。

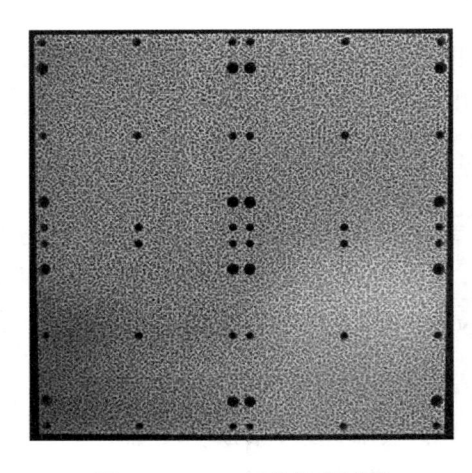

图 4.15　PCB 板的散斑试样

（2）PCB 板多螺钉装配模型设置

装配试样通过胶枪固定于试验平台，边界条件设置与有限元仿真模型对应。调整相机位置和视角，使 PCB 板装配模型完全位于视野内。

（3）相机对焦与标定

通过 Vic-Snap 软件辅助完成相机对焦、对中操作，使视野内 PCB 板清晰，且两个 CCD 相机中心对准于物理空间内的同一点，至此相机坐标系已经确定，相机位置不可再发生变动，以免影响最终的测量结果。后续通过标定操作，确定相机位置和被测件的相对位置关系。根据被测件表面面积大小，选择面积约为被测件表面面积 70% 的 10mm 标定板，手持标定板，做 3 个自由度方向的平移、旋转和俯仰调整操作，重复操作 30 次左右，拍摄记录过程并通过 VIC-3D 软件进行图像处理，标定质量分数在 0.1 以下则视为有效。VIC-3D 软件标定结果处理界面如图 4.16 所示。

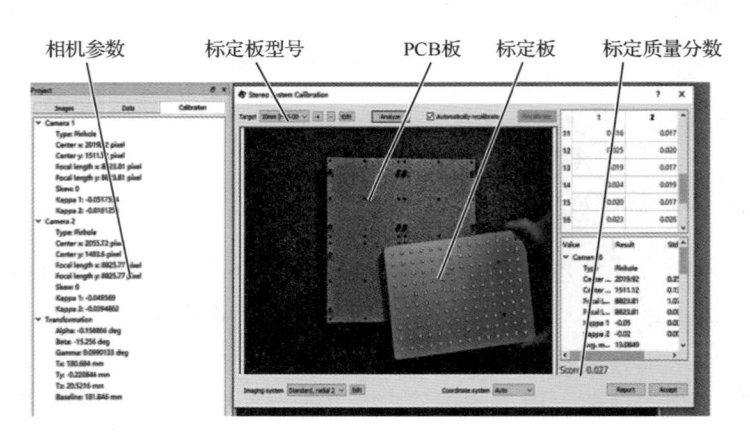

图 4.16　VIC-3D 软件标定结果处理界面

第4章 阵列天线装配高置信仿真

（4）图像采集与分析

在被测件无螺钉拧紧且未被施加任何预紧力的状态下，拍摄一定数量的照片作未受载的参考静态图像。后续每拧紧一个螺钉，便拍摄一定数量的照片，以在数据分析时提高试验精度，直至所有螺钉拧紧完毕，所有的照片也拍摄完毕。将所采集的图像通过 VIC-3D 软件进行分析，在未施加预紧力的表征初始状态的参考图像上设置需进行数据分析的区域（AOI 区域），后续设置参考点并进行网格划分、设置"Subset size""Noise level"以控制置信区间、设置拉格朗日应变计算类型，对 PCB 板的位移场和应变场进行计算分析，设置参数如图 4.17 所示。

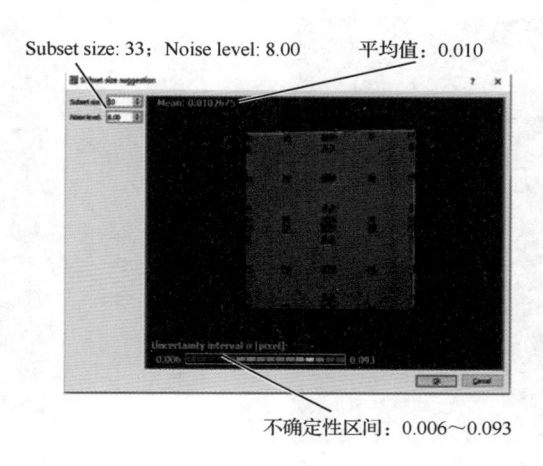

图 4.17 图像采集与分析

4. 结果分析

图 4.18（a）所示的是 PCB 板的 36 个螺钉布局，在此通过设置 3 个试验组来进行对比试验。试验组 1 作对照组，36 个螺钉依照螺钉序号顺序拧紧，拧紧顺序如图 4.18（b）所示，并且每个螺钉的预紧力矩固定设置为 1N·m，对应的输入预紧力均为 2000N。试验组 2 通过多螺钉对角交叉拧紧的方法，由外向内，每次拧完一个螺钉就去拧螺钉的对角螺钉，直至所有螺钉拧紧，拧紧顺序如图 4.18（c）所示，每个螺钉的预紧力矩固定设置为 1N·m，对应的输入预紧力均为 2000N。试验组 3 则采用有限元分析方法结合遗传算法提出的拧紧工艺方法，其中包括了非常规的拧紧顺序，拧紧顺序如图 4.18（d）所示，此外，每个螺钉还设置不同的预紧力，有限元分析方法中得出的螺钉预紧力还需进行转换，以得到每个螺钉不同输入的预紧力矩。

3 个试验组的 PCB 板位移云图如图 4.19 所示，分别给出了在试验方案所安排的 3 种拧紧策略之下的 PCB 板的厚度方向的形变情况。图 4.19（a）是试验组 1 PCB 板的位移云图，即按照常规的顺序、定扭矩拧紧工艺方法操作的位移云图，最高点的位移值为-0.147mm，最低点的位移值为-0.374mm。图 4.19（b）是试验组 2 PCB 板的位移云图，即按照交叉、定扭矩的拧紧工艺方法操作的位移云图，最高点的位移值为-0.06mm，最低点的位移值为-0.219mm。图 4.19（c）是试验组 3 PCB 板的位移云图，即按照有限元结合遗传算法所得出的优化拧紧策略的拧紧工艺方法操作的位移云图，最高点的位移值为-0.009mm，最低点的位移值为-0.219mm。通过试验结果可以看到，最高点的位移值的绝对值和最低点的位移值的绝对值分别是三者中的最小值，说明试验组 3 的整体位移形变最小，且位移形变的变化区间也最小，整体位移形变较小的是试验组 2，而整体位移形变最大的是试验组 1。

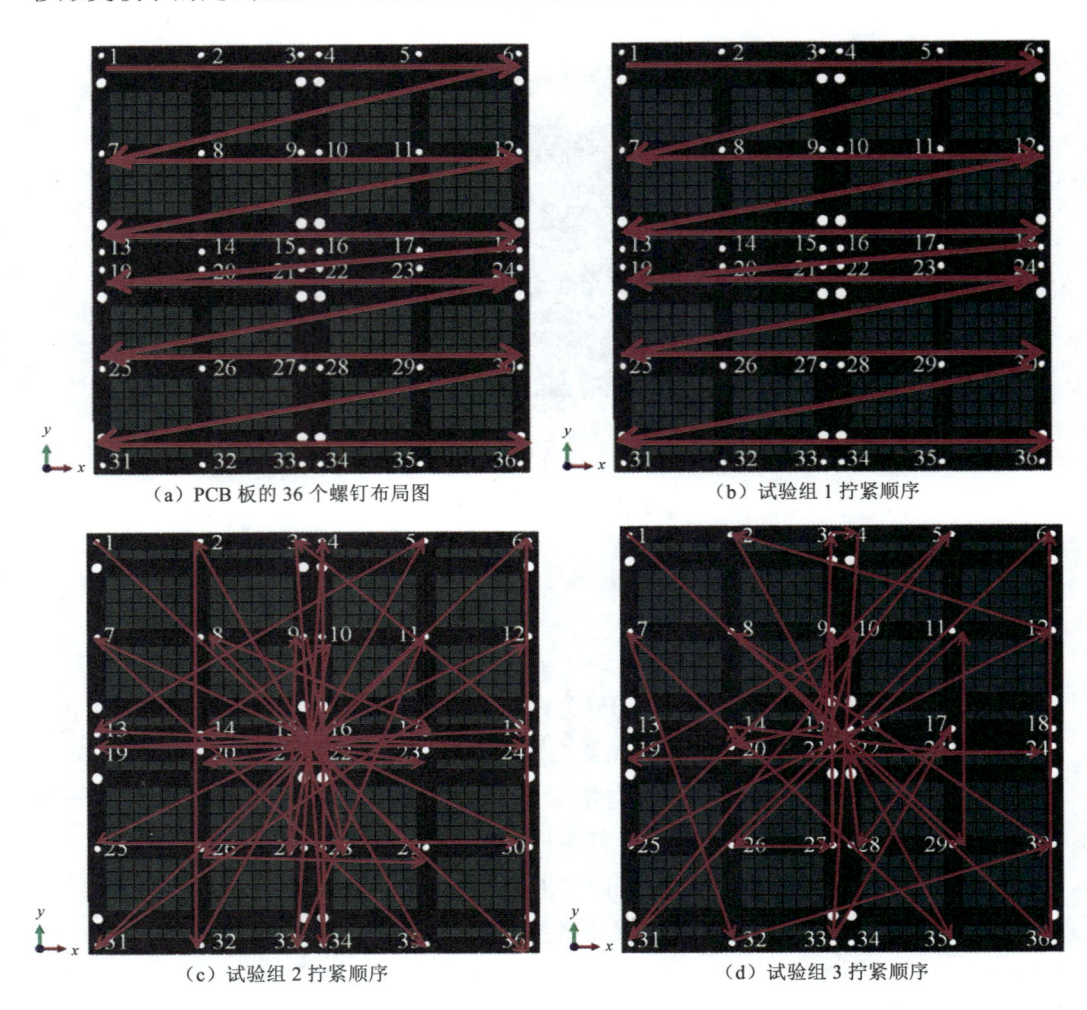

（a）PCB 板的 36 个螺钉布局图　　（b）试验组 1 拧紧顺序

（c）试验组 2 拧紧顺序　　（d）试验组 3 拧紧顺序

图 4.18　试验组的拧紧顺序

通过本节的优化工艺方法获得的 PCB 板，在螺钉拧紧后产生的形变最小，平面度值最小，整体平整度最好。同时交叉拧紧策略的结果优于顺序拧紧策略，说明了本节提出的优化工艺方法具有有效性。

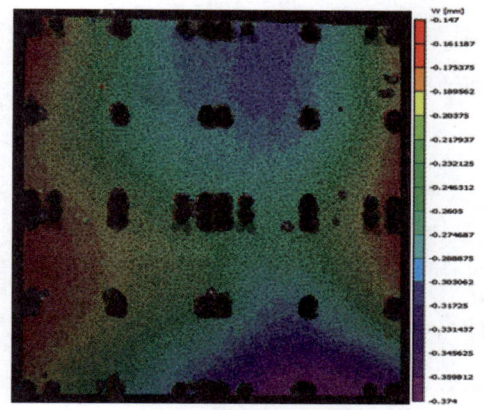

(a)试验组 1 PCB 板的位移云图

(b)试验组 2 PCB 板的位移云图　　　　(c)试验组 3 PCB 板的位移云图

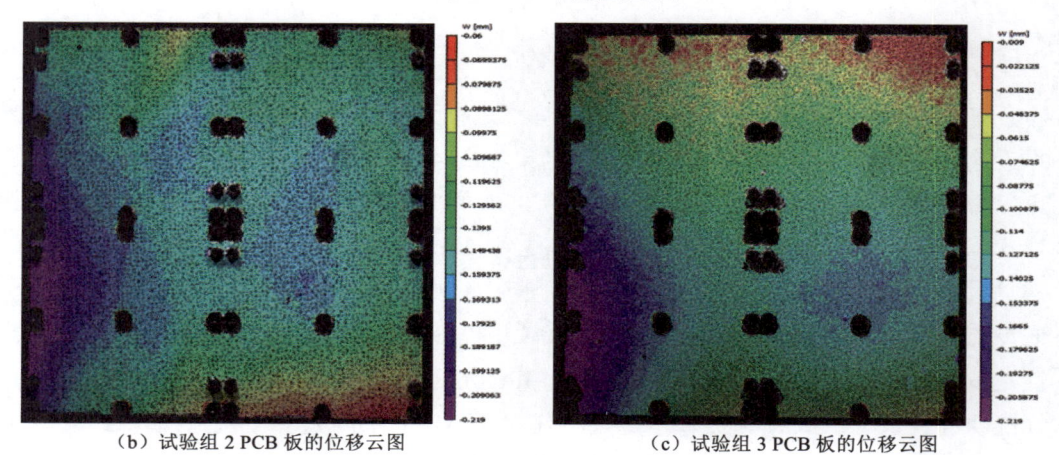

图 4.19　3 个试验组的 PCB 板位移云图

4.3.2.3　焊点质量评估

1. 概述

阵列天线的可靠性通常可以通过筛选和设计的改进得到一定的控制,此外,由于组装工艺过程导致的元器件失效(热损伤除外)并不是主流失效模式,使得焊点或者互联的失效成为组装工艺后组件的最主要的失效模式。同时,根据仿真结果可知,无论是在阵列天线装配过程(如功能子板装配、天线子阵盲插),还是在后续服役过程,失效风险最大的位置始终为焊点。因此,在考虑装配工艺对阵列天线性能可靠性的影响时需要对焊点质量做进一步分析。

2. 研究方法

目前,用于评价焊点质量的方法主要有 X-Ray 射线法、电性能测试、金相切片、超声检测法等。根据阵列天线的结构特点和测量方便性，在此采用 X-Ray 射线法和电性能测试相结合的方法对焊点质量进行表征。

3. 试验流程

首先，采用 2D X-Ray 射线分析仪分别对功能子板焊点、阵列天线焊点进行照射；其次，采用 ImageJ 软件统计焊点中的空洞率；最后，采用矢量网络分析仪对阵列天线焊点的阻抗、驻波比进行测试，从而建立焊点空洞率与阻抗及驻波比之间的映射关系。

4. 结果分析

（1）功能子板焊点质量评估

采用 X-Ray 射线检测仪对功能子板焊点进行无损检测，选取边缘处、中心处及靠近连接孔处的焊点进行无损检测，其结果如图 4.20 所示。对典型焊点进行分析，可以看到几乎所有焊点均有空洞存在，所选取的典型焊点的空洞率分别为 11.8%、13.3%、8.1%、5.4%，其中，最大空洞率达到 13.3%。BGA 焊点中存在气泡是一种常见且难以避免的现象。空洞位置是一个应力集中点，会影响焊点的机械特性，降低焊点的强度、延展性、蠕变和疲劳寿命；同时也会形成过热点，降低焊点的可靠性。BGA 空洞的验收标准大部分是遵从 IPC-A-610D（表面安装阵列—空洞），IPC 标准明确规定了 X-Ray 射线检测结果中任何焊料球的空洞大于 25%则视为缺陷。但 IPC 标准中的 BGA 空洞验收标准，许多大型国际制造商并不认可，因为他们的要求比 IPC 标准更严格且更高。例如，联想和华为认为 BGA 的空洞面积不应超过 15%；如果超过 20%，则会影响焊点的可靠性并影响焊点的使用寿命。而典型焊点的最大空洞率 13.3%非常接近 15%，也就是功能子板的 BGA 具有较大风险。根据 X-Ray 射线检测结果中焊点的典型形貌可知，大部分空洞造成的原因是回流工艺造成的，需要对 BGA 回流工艺进一步进行优化。

（2）阵列天线焊点质量评估

采用 X-Ray 射线检测仪对阵列天线焊点进行无损检测，分别针对阵列天线正面和反面选取边缘处、中心处及靠近连接孔处的焊点进行无损检测，X-Ray 射线检测下正面焊点典型形貌如图 4.21 所示。由图 4.21 可知，阵列天线正面焊点和背面焊点典型形貌明显不同，由于阵列天线的厚度无法忽略，导致正面连接器的投影面积小于背面连接器的投影面积。但是值得注意的是，正面焊点的投影面积大于背面焊点的投影面积，这主要是回流工艺造成的。除此之外，即使在同一正反面，焊点的投影面积也各不相同。焊点的形貌将会对天线子阵的性能造成显著影响，这主要是由

■第4章 阵列天线装配高置信仿真■

于天线子阵焊点在逐一焊接时工艺不一致造成的。

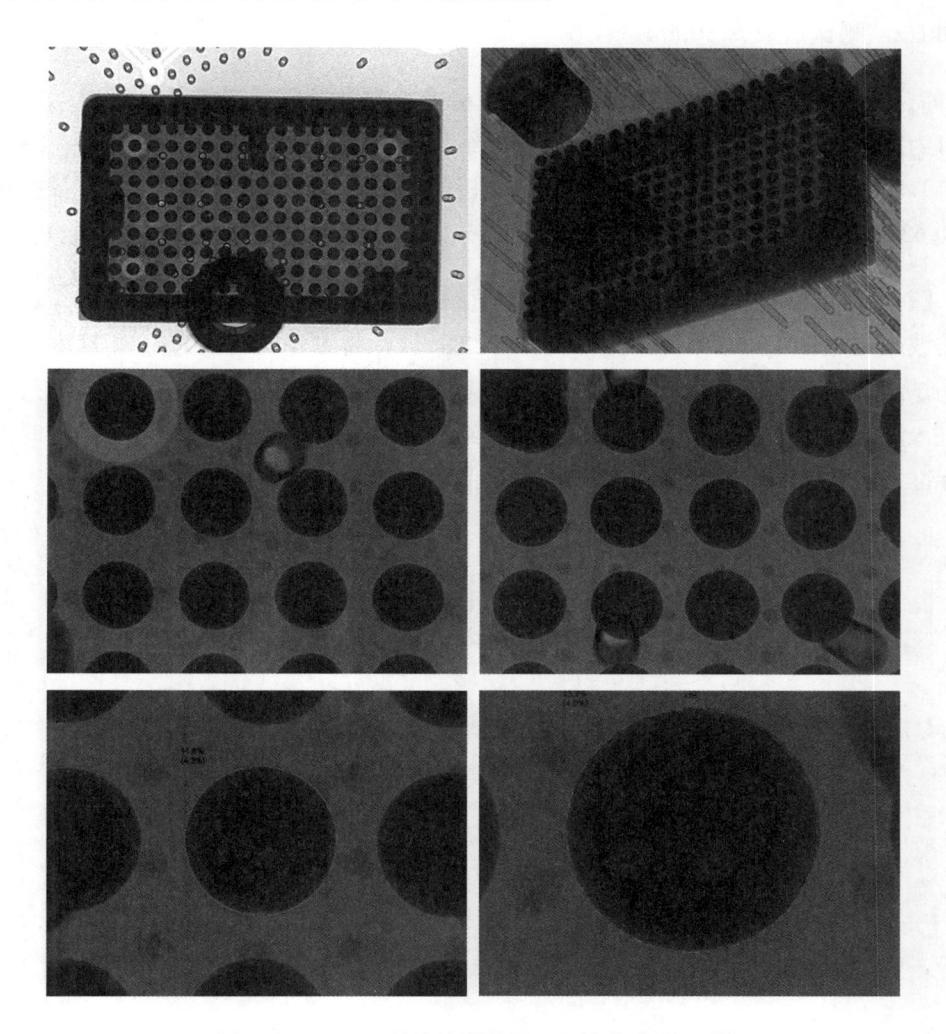

图 4.20 X-Ray 射线检测结果下焊点的典型形貌

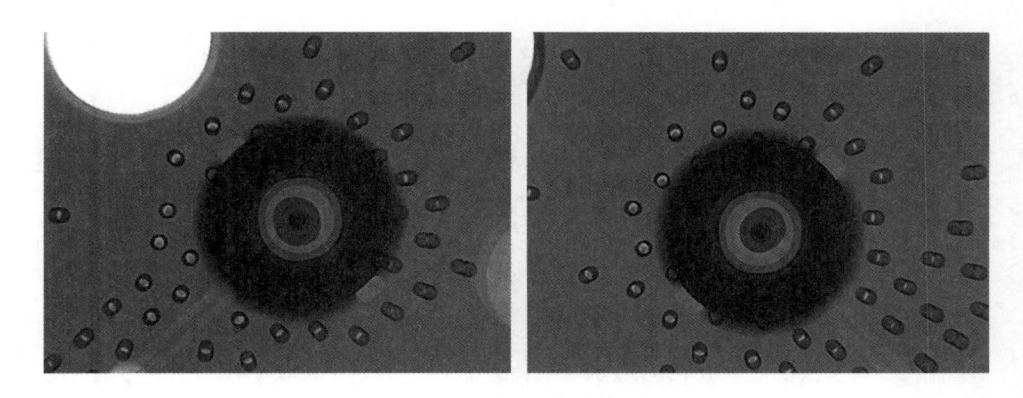

图 4.21 X-Ray 射线检测下正面焊点典型形貌

对样品进行驻波比（VSWR）测试，测试频率为10MHz～20GHz，中频带宽（IF）为3kHz，测试点数为3000。

需要注意的是，由于样品上连接器类型为迷你型推入式连接器（SSMP），校准端口为网分到2.92mm连接器端口，测试结果包含测试线缆（SSMP母口到2.92mm母口），测试线缆在100MHz～40GHz内驻波比最大为121@30.424GHz[①]，插损最大为-0.63dB@40GHz[②]，对测试板上统计驻波比影响忽略不计。

图4.22（a）为上述典型样品驻波比随频率变化图。测试结果表明，测试通道最大驻波比出现在18GHz。利用Keysight PLTS[③]软件将S参数转换为时域TDR参数，其测试通道阻抗随频率变化图如图4.22（b）所示。由图4.22（b）可知，阻抗在两端进入连接器后发生明显下降；阻抗测试结果为36.68～47.96Ω。相比于设计时连接器标准50Ω，具有一定差异，这主要是样品的生产工艺造成的。

（a）通道281～282驻波比

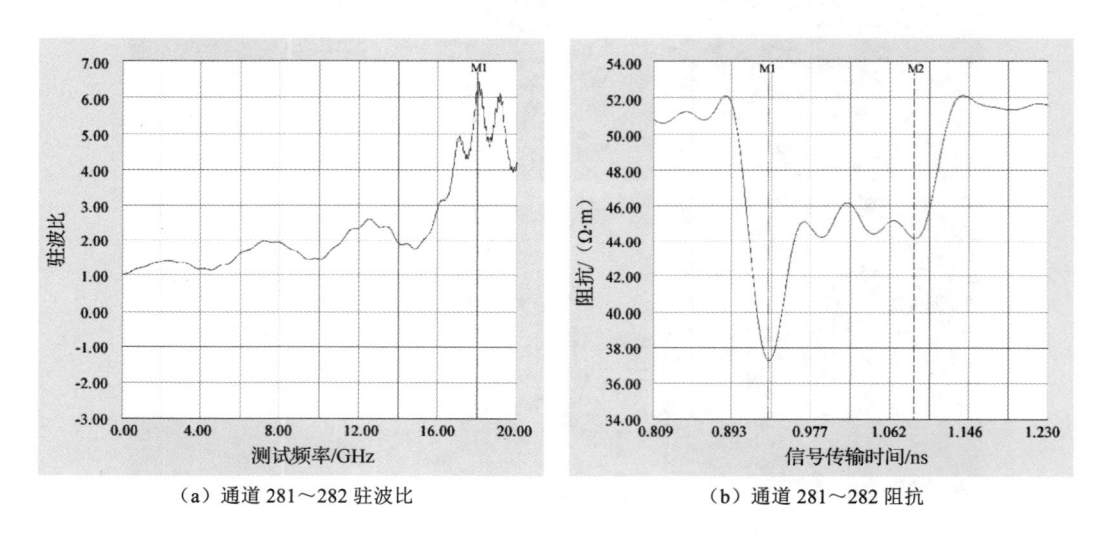

（b）通道281～282阻抗

图4.22　通道281～282驻波比和阻抗

X-Ray射线下可见连接器焊接到PCB板上的焊点大小、形状的不一致性，初步判定为该焊点影响通道的阻抗匹配，造成驻波比偏大。

经过数据统计可见，在驻波比偏大的测试通道中，在X-Ray射线光下两端连接器必有一个焊点形状异常或者横截面积偏大，对应TDR阻抗偏小。

天线阵列焊点的相对面积及阻抗直方图如图4.23所示，可以看到相比于背面，

---

① 121@30.424GHz：在30.424GHz时驻波比为121，@表示在相应频率，121@30.424GHz写法在射频领域为通用写法。

② -0.63dB@40GHz：在40GHz时插损为-0.63dB，@表示在相应频率。

焊点正面离散系数（标准值/平均值）（CV=0.140）比焊点背面的离散系数（CV=0.120）更大，说明焊点正面的连接工艺更差。同时，对比焊点相对面积与阻抗的对应关系，可以看到，焊点相对面积分布越分散，焊点的阻抗也越分散。

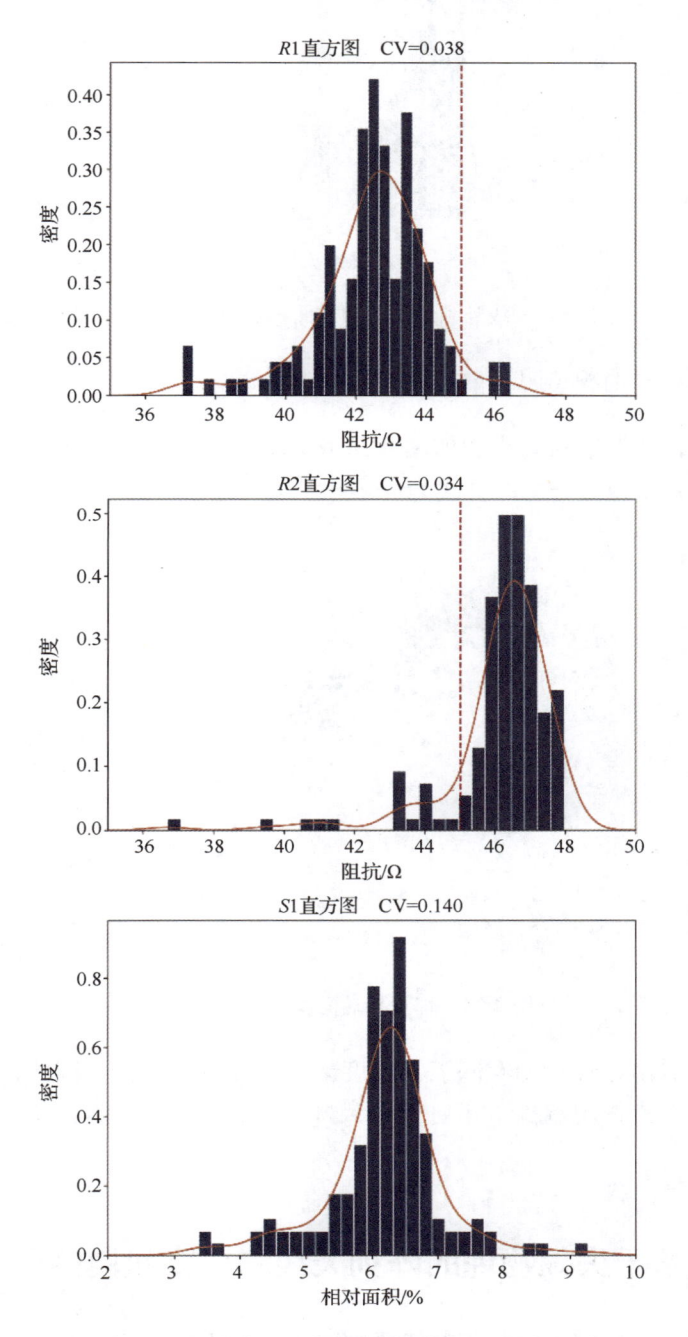

图 4.23 天线阵列焊点的相对面积及阻抗直方图

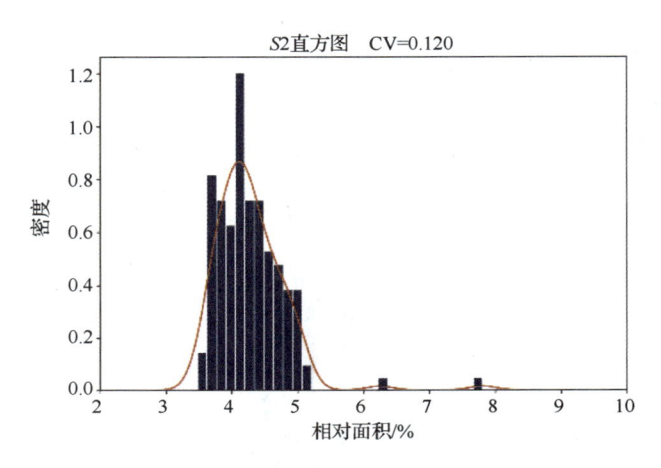

图 4.23　天线阵列焊点的相对面积及阻抗直方图（续）

（3）焊点相对面积与阻抗散点图分析

焊点相对面积与阻抗散点图如图 4.24 所示，焊点相对面积 S 越大，焊点的阻抗 R 越小。对两者进行拟合后，公式为 $R=53.53-1.76\times S$。

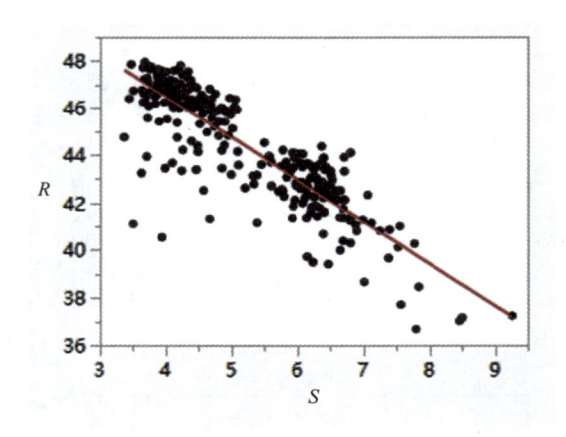

图 4.24　焊点相对面积与阻抗散点图

由此可以看出，焊点的互联工艺程度影响了焊点的阻抗，因此，根据焊点在设计时对阻抗的需求，根据焊点相对面积与阻抗之间的映射关系，确定最佳焊接工艺参数。

4.3.3　基于失效物理的阵列天线跨尺度建模

只有在有效的预测和评价工艺流程中引入阵列天线的应力与应变水平，才能更加有效地评价工艺的优劣，从而为实现智能装配车间质量预测目标提供理论支撑。

阵列天线产品结构复杂，涉及多跨度尺寸的结构融合，如阵列天线模块的尺寸为米数量级，单个天线封装体的尺寸为厘米级，封装体连接器阵列为毫米级，连接器底座互联焊点等为微米级。该组件结构存在显著的多尺度问题，在采用有限元数值建模时，在阵列模块产品服役应力施加时，分析模型采用全模型；对温度循环条件分析时还需采用子模型，以研究装配工艺残余应力以及服役应力等的累积效应对阵列天线产品可靠性的影响。图 4.25 为射频母板中的 IP 核器件板级装联 BGA 焊点建模处理示意图。

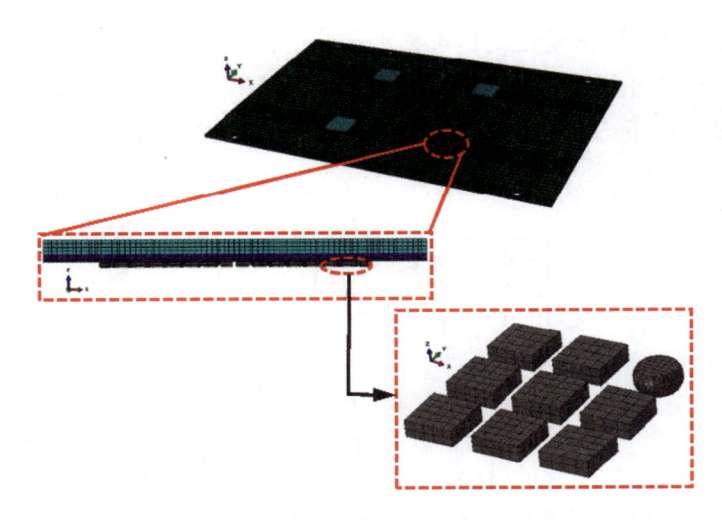

图 4.25　射频母板中的 IP 核器件板级装联 BGA 焊点建模处理示意图

针对装配工艺过程完成后的模型，把装配后的射频母板的应力应变状态和损伤累计情况作为初始状态，方便后续进行与可靠性试验条件一致的数值模拟，提取损伤累计，并与应力损伤评估及失效分析试验结果进行对比验证，支撑基于数字孪生的智能装配车间质量预测与控制系统的实现。

4.3.4　温度循环载荷对阵列天线焊点可靠性的影响

对于实体模型建立，鉴于实际试验的较多不确定性因素，要实现完全接近真实的试验条件的建模比较困难。同时，为了获得收敛和定性结果，提高求解的效率，对温度循环仿真模型进行适当地简化，作一些假设。例如，假定温度循环过程，测试板的温度均匀分布。又如，建模时不考虑焊点质量缺陷，各材料界面间的完全连接为理想状态。

对于材料属性的定义，考虑到电子组件的材料种类较多、材料属性差异较大，因此，在仿真计算时需要分别设定。针对封装焊点温度循环过程的黏塑性行为，业界主要采用统一型黏塑性本构 Anand 方程来描述。对于各项异性的材料，X、Y 和 Z 方向需分别设定。结合热力学分析理论，发现焊点热疲劳主要与弹性模量 E、泊松比 v 和热膨胀系数（CTE）有关。

以某温度循环载荷条件为例，对于载荷边界条件的设定如图 4.26 所示。参考 IPC-9701A 标准，设定温度循环范围为-55～125℃。初始温度设置为 35℃，首先经过 7.5min 升温至 125℃，接着保温 15min，然后再经过 15min 降温至-55℃，仍然保温 15min，最后经过 7.5min 升温至 35℃，每个温度循环持续 60min。经过 3 个循环后，关键焊点的非弹性应变范围趋于稳定，拟定加载 3 个周期，总共历时 10800s。由于焊点顶部硅芯片与底部封装基板的热膨胀系数存在差异，温度循环过程焊点顶部和底部的热变形不一致，会导致焊点承受周期性的循环剪切作用，从而产生疲劳失效。

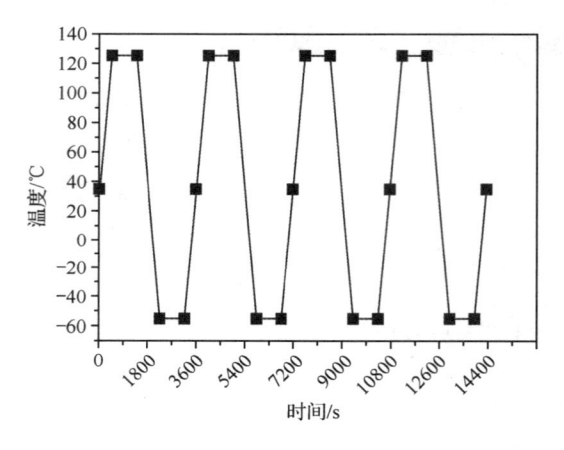

图 4.26 温度循环载荷

对于焊点寿命预计，以能量为基础的寿命预测方法即为应变能法，代表应变能法的主要寿命预测模型为 Darveaux 模型，其数理公式如下。

$$N_0 = K_1 \Delta W_{acc}^{K_2} \tag{4.1}$$

$$\frac{dx}{dN} = K_3 \Delta W_{acc}^{K_4} \tag{4.2}$$

$$N_f = N_0 + x / \left(\frac{dx}{dN}\right) \tag{4.3}$$

式中，x 为裂纹长度，N 为热循环数，N_0 为初始裂纹对应的循环数，N_f 为特征疲劳寿命，ΔW_{acc} 为平均累积塑性应变能密度增量，$\frac{dx}{dN}$ 为裂纹生长速率。K_1、K_2、K_3 和 K_4 是常数。参考 Darveaux 研究时，K_1=22400 cycles/psi^{K_2}、K_2=-1.52、K_3=5.86e-

7 in/cycles/psi^{K_4}、K_4=0.98，其中，1in=0.0254m，1psi=6894.8Pa。①

累计塑性应变能密度增量ΔW_{acc}为焊点某一循环的塑性应变能密度W_2减去上一循环的塑性应变能密度W_1。在应力—应变曲线中，塑性应变能密度W等于应力—应变滞回环中塑性应变部分的面积大小。

将式（4.1）和式（4.2）两边取对数，得到式（4.4）和式（4.5）。

$$\ln N_0 = \ln K_1 + K_2 \ln \Delta W_{acc} \tag{4.4}$$

$$\ln \frac{\mathrm{d}x}{\mathrm{d}N} = \ln K_3 + K_4 \ln \Delta W_{acc} \tag{4.5}$$

封装结构在承受温度循环过程中，在无内热源及热对流的状态下，内部温度会在短时间内达到环境温度，故假设其内部温度分布可视为稳态平衡的环境温度。在热应力的分析模拟过程中，温度所产生的应变可由下式计算。

$$\varepsilon_T = \int_{T_1}^{T_2} \alpha_T \mathrm{d}T = \alpha_T \Delta T \tag{4.6}$$

式中，ε_T为应变，α_T为线膨胀系数，ΔT为温度变化量，T_1为初始温度，T_2为结束温度。

应力向量为

$$\{\boldsymbol{\sigma}\} = [\boldsymbol{E}](\{\boldsymbol{\varepsilon}\}_T - \{\boldsymbol{\varepsilon}\}_t) \tag{4.7}$$

式中，$[\boldsymbol{E}]$为三维结构中的材料特性矩阵，$\{\boldsymbol{\varepsilon}\}_T = [\boldsymbol{\varepsilon}_x, \boldsymbol{\varepsilon}_y, \boldsymbol{\varepsilon}_z, \boldsymbol{\gamma}_{xy}, \boldsymbol{\gamma}_{yz}, \boldsymbol{\gamma}_{xz}]^T$为总应变向量，$\{\boldsymbol{\varepsilon}\}_t = \Delta T[\boldsymbol{\alpha}_x, \boldsymbol{\alpha}_y, \boldsymbol{\alpha}_z, 0, 0, 0]^T$为初始应变向量。

单位体积的应变能为

$$w_0 = \frac{1}{2}\{\boldsymbol{\sigma}\}^T(\{\boldsymbol{\varepsilon}\}_T - \{\boldsymbol{\varepsilon}\}_t) \tag{4.8}$$

体积加权平均应变能密度为

$$W_{acc} = \sum\left(\int w_0 \mathrm{d}V\right) / \sum V \tag{4.9}$$

式中，w_0为单位体积的应变能，V为体积。

---

① cycles 为循环次数；psi 为压强计量单位，即磅力/平方英寸，1psi=6894.8Pa；in 为英制长度单位即英寸（inch）的缩写，1in=0.0254m。

采用仿真技术计算温度循环过程中焊点的 ΔW_{acc}，结合温度循环试验获取危险焊点裂纹生长速率和零失效循环数，代入式（4.4）和式（4.5），通过线性拟合获取 K_1、K_2、K_3 和 K_4 数值，建立 ΔW_{acc} 与 N_0，ΔW_{acc} 与 $\frac{dx}{dN}$ 的关系，后续通过仿真获取 ΔW_{acc} 便可计算焊点的特征寿命 N_p。

4.4 阵列天线装配过程机电磁智能仿真技术

4.4.1 电磁辐射智能仿真技术研究

4.4.1.1 有限元天线辐射基本理论

天线的主要工作原理是通过等效电流源或磁流源激励，向自由空间辐射电磁波，且其辐射的电磁波会受到天线结构的影响。通过研究有限元天线辐射基本理论，可以为电磁辐射智能仿真技术打下基础。

进行天线辐射分析，必须要明确边界条件：电场和磁场在无限远处必须满足索末菲条件。

对于大多数实际天线辐射问题，必须依靠有限元分析方法等数值方法来求得问题的近似解。由于辐射出的电磁波可传播到无穷远，此类问题涉及无穷大的求解区域。使用有限元求解的前提是将无穷大的空间截断在有限的空间范围内，一般通过引入包含天线的一个虚拟面来达到此目的。为了定义包含边界为这个虚拟面的电磁问题，必须明确虚拟面上满足的边界条件，此边界条件使虚拟面对于辐射场来说足够透明，对此，拟采用以索末菲条件为基础的吸收边界条件。

采用有限元分析方法分析天线辐射问题，需要将麦克斯韦方程组转换为矢量波动方程：

$$\lim_{r \to \infty} r \left[\nabla \times \begin{pmatrix} \boldsymbol{E} \\ \boldsymbol{H} \end{pmatrix} + jk_0 \hat{\boldsymbol{r}} \times \begin{pmatrix} \boldsymbol{E} \\ \boldsymbol{H} \end{pmatrix} \right] = 0 \qquad r \in \Omega \qquad (4.10)$$

$$\nabla \times (\overleftrightarrow{\mu}_r^{-1} \cdot \nabla \times \boldsymbol{E}) - k_0^2 \overleftrightarrow{\varepsilon}_r \cdot \boldsymbol{E} = -jk_0 Z_0 \boldsymbol{J} - \nabla \times (\overleftrightarrow{\mu}_r^{-1} \cdot \boldsymbol{M}) \qquad (4.11)$$

式中，r 为球坐标中的半径，$\boldsymbol{E}$、$\boldsymbol{H}$ 分别为电场强度、磁场强度；j 为虚部符号；$\hat{\boldsymbol{r}}$ 为位置矢量；$\overleftrightarrow{\mu}_r = \overleftrightarrow{\mu}/\mu_0$、$\overleftrightarrow{\varepsilon}_r = \overleftrightarrow{\varepsilon}/\varepsilon_0$ 分别为相对磁导率、相对介电常数；$\overleftrightarrow{\mu}$ 为磁导率；μ_0

为真空磁导率；$\overset{\leftrightarrow}{\varepsilon}$ 为介电常数；ε_0 为真空介电常数；$k_0 = \omega\sqrt{\mu_0\varepsilon_0}$、$Z_0 = \sqrt{\mu_0\varepsilon_0}$ 分别为自由空间波数、真空波阻抗；J、M 分别为外加的等效激励电流密度、磁流密度；Ω 为求解域。

在计算时，需要将边界条件代入矢量波动方程的变分表达式的面积分项。

有限元方程建立之后，需要将电场强度 E 通过矢量基函数展开，即可得到有限元方程的矩阵形式：

$$F(E) = \sum_{e=1}^{N}\left(\frac{1}{2}\{E^e\}^{\mathrm{T}} \cdot [K^e] \cdot \{E^e\} - \{E^e\}^{\mathrm{T}}\{b^e\}\right) \tag{4.12}$$

式中，N 为单元总数，e 为单元编号，E^e 为基函数系数构成的向量，K^e 为有限元矩阵，b^e 为右端项。

通过求解有限元方程得到区域内的电场强度，进而可以计算天线辐射的其他参数，如输入阻抗、辐射方向图。

4.4.1.2 近远场变换技术

天线附近的场，随着距离天线远近的不同，性质也大不相同。一般把场划分为两个主要的区域，即近场区（菲涅尔区）和远场区（夫琅和费区）。由于天线间的距离往往很大，属于远场区的作用范畴，而有限元分析方法只能计算有限空间区域的电磁场，因此要想得到天线的远场特性参数，就必须根据等效原理在计算区域建立一个封闭面，再由这个封闭面上的等效电流磁流通过近远场外推得到远场数据。对此，需要通过研究近远场变换技术，以得到天线的远场特性相关参数。

天线辐射或散射的远场可以从完全包围天线结构的任意表面上的近场进行数值计算。从有限元的角度考虑，可以使用更通用的形状表面。给定近场区电场和磁场，可以得到远场区的电场表示。近远场变换表面必须是一个封闭的曲面，其中包含所有内部源。如果存在无限的接地平面（如单极天线），则近远场变换表面及其图像一起构成一个封闭表面。通过调用图像理论，可以获得等效表面电流。

在频域方法中，通过 FFT 将时域表面电流和磁流转换到频域，或者通过 DFT 与时步过程同时构建它们在特定频率下的频域表示。在时域方法中，直接根据时域表面电流和磁流计算远场图。频域有限元近场至远场变换适用于仅在少数几个频率上进行密集角度采样的远场模式计算，而时域有限元近场至远场转换适合仅在几个观察角度下计算宽频率范围内的远场模式。显然，要计算远场特性，我们必须在近远场变换表面上同时计算切向电场和磁场。本节拟采用的近远场变换技术的主要原理及实现方法如下：

首先在远场条件下，确定格林函数为

$$G(r|r') = \frac{e^{-jkr}}{4\pi r} e^{jkr' \cdot e_r} \tag{4.13}$$

式中，r、r'分别代表观察点和源点的位置矢量，k为波数，j为虚部符号，e_r为电场的径向单位矢量。随后拟引入两个微分算子，使这两个算子和近场的封闭面上根据等效原理求解得到的电流和磁流结合。之后通过两个微分算子得到远场的表达形式。最后通过远场值，计算得到天线的各类远场特性参数。

4.4.1.3 完美匹配层边界

虽然一阶吸收边界已经被广泛应用于辐射及散射问题的计算，但其并不能完全吸收电磁波，而是存在一定的数值反射，在一定程度上影响了计算精度。为了减少开域截断边界上的数值反射，提高有限元分析方法对辐射及散射问题的求解精度，需要采用精度更高的完美匹配层边界（PML）。因此，本节主要研究 PML 的构造方法及其在有限元分析方法中的应用。

PML 本质上是一种可以使电磁波在其中快速衰减且不产生反射的各项异性介质，分别用 $\vec{\varepsilon}_p$ 和 $\vec{\mu}_p$ 表示 PML 中的介电常数张量和磁导率张量，则根据本构关系，在 PML 区域的麦克斯韦方程组为：

$$\begin{cases} \nabla \times E = -j\omega\mu_0 \vec{\mu}_p \cdot H \\ \nabla \times H = j\omega\varepsilon_0 \vec{\varepsilon}_p \cdot E \end{cases} \Leftarrow \vec{\varepsilon}_p = \begin{bmatrix} a & 0 & 0 \\ 0 & a & 0 \\ 0 & 0 & b \end{bmatrix} \quad \vec{\mu}_p = \begin{bmatrix} c & 0 & 0 \\ 0 & c & 0 \\ 0 & 0 & d \end{bmatrix} \tag{4.14}$$

当平面波入射到单轴各向异性介质时，要保证平面波无反射，就需要满足条件：

$$a = c = b^{-1} = d^{-1} \tag{4.15}$$

因此，PML 中的介电常数和磁导率张量可以写为如下统一形式：

$$\vec{\varepsilon}_p = \vec{\mu}_p = \begin{bmatrix} a & 0 & 0 \\ 0 & a & 0 \\ 0 & 0 & a^{-1} \end{bmatrix} \tag{4.16}$$

确定了满足完全透射条件的 PML 的张量系数后，还需要确定张量系数的具体形式，其要满足电磁波在 PML 区域快速衰减的要求。为了使单轴介质有耗，根据 Gedney 给出的取值，系数 a 可以取 $a = \kappa + \sigma(\rho)/\mathrm{j}\omega\varepsilon_0$（$\rho$ 为位置坐标），其中 κ 的取值与入射波一侧的介质损耗有关，若为无耗介质则 $\kappa = 1$。而一般情况下 PML 不直接与物体或介质接触，而是相隔一定的自由空间，因此通常可以直接取 $\kappa = 1$。另外，$\sigma(\rho)$ 的取值为

$$\sigma(\rho) = \sigma_{\max}\left(\frac{\rho - \rho_0}{d}\right)^m \tag{4.17}$$

式中，ρ_0 为传播方向上 PML 的位置；d 为 PML 区域的厚度；m 为空间多项式阶数，通常取 3～4。

电磁波的衰减空间主要取决于 $\sigma_{\max}$，其取值方法如下：

$$\sigma_{\max} = \frac{m+1}{\sqrt{\varepsilon_\mathrm{r}}\,150\pi\delta} \tag{4.18}$$

式中，δ 为 PML 区域的平均网格尺寸，ε_r 为相对介电常数。

通过上面的方法，已经构造出了不反射电磁波且可以使电磁波在其中快速衰减的各向异性介质，基于该介质的 PML 又称各向异性介质完美匹配层边界（UPML）。另外，UPML 区域包括平面区、棱边区以及顶角区，其分布如图 4.27 所示。

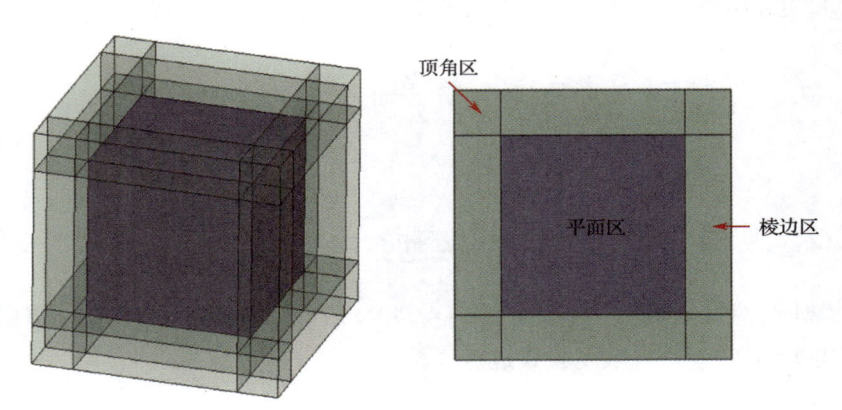

图 4.27　UPML 区域的平面区、棱边区和顶角区示意图

令 $s_\rho = a = 1 + \sigma(\rho)/\mathrm{j}\omega\varepsilon_0\,[\rho \in (x, y, z)]$ 为 UPML 中的参数，对于平面区的 UPML，其张量 $\vec{\varepsilon}_\mathrm{P} = \vec{\mu}_\mathrm{p}$ 形式主要包括垂直于 X 轴的 $\boldsymbol{S}_X$、垂直于 Y 轴的 $\boldsymbol{S}_Y$，以及垂直于 Z 轴的 $\boldsymbol{S}_Z$：

$$\boldsymbol{S}_X = \begin{bmatrix} s_x^{-1} & 0 & 0 \\ 0 & s_x & 0 \\ 0 & 0 & s_x \end{bmatrix} \quad \boldsymbol{S}_Y = \begin{bmatrix} s_y & 0 & 0 \\ 0 & s_y^{-1} & 0 \\ 0 & 0 & s_y \end{bmatrix} \quad \boldsymbol{S}_Z = \begin{bmatrix} s_z & 0 & 0 \\ 0 & s_z & 0 \\ 0 & 0 & s_z^{-1} \end{bmatrix} \tag{4.19}$$

对于棱边区的 UPML，其张量 $\vec{\varepsilon}_P = \vec{\mu}_p$ 形式主要包含 3 种情况：棱边垂直于 X 轴和 Y 轴的 $\boldsymbol{S}_{XY}$；棱边垂直于 Y 轴和 Z 轴的 $\boldsymbol{S}_{YZ}$；棱边垂直于 Z 轴和 X 轴的 $\boldsymbol{S}_{ZX}$。其具

体形式如下：

$$S_{XY} = S_X \cdot S_Y \quad S_{YZ} = S_Y \cdot S_Z \quad S_{ZX} = S_Z \cdot S_X \quad (4.20)$$

对于顶角区的 UPML，其张量 $\ddot{\varepsilon}_p = \ddot{\mu}_p$ 形式为

$$S_{XYZ} = S_X \cdot S_Y \cdot S_Z \quad (4.21)$$

下面主要讨论 PML 在有限元分析方法中的应用。在 PML 区域 Ω_{PML} 有如下形式的矢量波动方程：

$$\nabla \times (\ddot{\mu}_p^{-1} \cdot \nabla \times \boldsymbol{E}) - k_0^2 \ddot{\varepsilon}_p \boldsymbol{E} = 0 \quad (4.22)$$

通过伽辽金方法可以得到其有限元弱形式，其中 $\vec{w}$ 代表选取的测试函数：

$$\int_{\Omega_{\text{PML}}} \nabla \times \vec{w} \cdot \ddot{\mu}_p^{-1} \nabla \times \boldsymbol{E} \, dv - j\omega\mu_0 \int_{\partial\Omega_{\text{PML}}} \boldsymbol{n} \times \boldsymbol{H} \cdot \vec{w} \, ds - k_0^2 \int_{\Omega_{\text{PML}}} \vec{w} \cdot \ddot{\varepsilon}_p \boldsymbol{E} \, dv = 0 \quad (4.23)$$

式中，$\boldsymbol{n}$ 为外表面法向量，$\partial\Omega_{\text{PML}}$ 为 PML 的外表面区域。

在 PML 的最外层，我们采用一阶吸收边界进行截断，因此式（4.23）中的面积分可以进一步写为

$$\int_{\Omega_{\text{PML}}} \nabla \times \vec{w} \cdot \ddot{\mu}_p^{-1} \nabla \times \boldsymbol{E} \, dv + \frac{j\omega\mu_0}{Z_0} \int_{\partial\Omega_{\text{ABC}}} (\boldsymbol{n} \times \vec{w}) \cdot (\boldsymbol{n} \times \boldsymbol{E}) \, ds \\ - k_0^2 \int_{\Omega_{\text{PML}}} \vec{w} \cdot \ddot{\varepsilon}_p \boldsymbol{E} \, dv = 0 \quad (4.24)$$

式中，$\partial\Omega_{\text{ABC}}$ 为 ABC 边界，Z_0 为真空波阻抗。

在计算时，对于 PML 区域采用式（4.24）进行计算，而对于其他计算区域则采用其对应的辐射或散射有限元公式进行计算。

4.4.1.4 天线远场后处理参数

能衡量天线性能的远场后处理参数较多，这里主要对几种常见的后处理参数进行讨论，其中包括方向性系数（Directivity）、增益（Gain）等。

方向性系数是一个表征天线辐射能量在空间中分布的集中能力的参数，是天线的主要电参数之一。其定义为，在相同辐射功率的情况下，天线在给定方向上的远场区辐射强度 $U(\theta,\varphi)$ 与平均辐射强度 U_0 之比。因此，其表达式为

$$\text{Dir}(\theta,\varphi) = \frac{U(\theta,\varphi)}{U_0} \quad (4.25)$$

辐射强度 $U(\theta,\varphi)$ 是指每个单位立体角内天线辐射出去的功率，单位为 W/sr（瓦/立方弧度），其表达式为

$$U(\theta,\varphi) = \frac{1}{2}\frac{\|\boldsymbol{E}\|^2}{Z_0}r^2 \tag{4.26}$$

在数值计算中，需要求解得到总的辐射功率 P_{rad}，可以通过如式（4.27）所示近远场外推边界 S_A 上的电场强度 $\boldsymbol{E}$ 和磁场强度 $\boldsymbol{H}$ 积分求得：

$$P_{\text{rad}} = \int_{S_A} \frac{1}{2}(\boldsymbol{E}\times\boldsymbol{H})\cdot\boldsymbol{n}\,\mathrm{d}s \tag{4.27}$$

我们可以进一步得到，平均辐射强度 U_0 为

$$U_0 = \frac{P_{\text{rad}}}{4\pi} \tag{4.28}$$

此外，根据式（4.28），可以得到远场区辐射功率 $P_{\text{rad}}^f(\theta,\varphi)$ 为

$$P_{\text{rad}}^f(\theta,\varphi) = \frac{k^2}{32\pi^2 Z_0 r^2}\left(\left|F_\varphi + Z_0 A_\theta\right|^2 + \left|F_\theta - Z_0 A_\varphi\right|^2\right) \tag{4.29}$$

式中，k 为波数；A、F 为矢量势函数，下标 θ、φ 分别表示 θ 方向分量和 φ 方向分量。

进一步根据式（4.26），并结合式（4.29），可以得到远场区辐射强度 $U(\theta,\varphi)$ 为

$$U(\theta,\varphi) = \frac{k^2}{32\pi^2 Z_0}\left(\left|F_\varphi + Z_0 A_\theta\right|^2 + \left|F_\theta - Z_0 A_\varphi\right|^2\right) \tag{4.30}$$

由此，可以得到方向性系数 $\text{Dir}(\theta,\varphi)$ 为

$$\text{Dir}(\theta,\varphi) = \frac{U(\theta,\varphi)}{U_0} = \frac{k^2}{8\pi Z_0 P_{\text{rad}}}\left(\left|F_\varphi + Z_0 A_\theta\right|^2 + \left|F_\theta - Z_0 A_\varphi\right|^2\right) \tag{4.31}$$

由于方向性系数的计算方法与增益较为类似，因此接下来讨论增益的计算。增益 $G(\theta,\varphi)$ 是指天线在辐射方向上的远场区功率密度 $P_{\text{rad}}^f(\theta,\varphi)$ 与输入功率密度之比，令天线馈源端口入射功率为 P_i，则增益 $G(\theta,\varphi)$ 为

$$G(\theta,\varphi) = \lim_{r\to\infty} 4\pi r^2 \frac{P_{\text{rad}}^f}{P_i} = \frac{k^2}{8\pi Z_0 P_i}\left(\left|F_\varphi + Z_0 A_\theta\right|^2 + \left|F_\theta - Z_0 A_\varphi\right|^2\right) \tag{4.32}$$

可以看出，方向性系数的计算与增益计算的差别主要为参考功率的不同，方向性系数所比的功率为天线辐射到自由空间的功率 P_{rad}，而增益所比的功率为天线馈源端口入射功率 P_i，除此之外两者在后处理计算上基本一致。

有时我们需要得到方向性系数或增益的某一方向分量值，通常关注的分量值有：

X（x方向分量）、Y（y方向分量）、Z（z方向分量）、Phi（φ方向分量）、Theta（θ方向分量）、LHCP（左旋极化分量）、RHCP（右旋极化分量）、Ludwig3/X（Ludwig第三定义交叉极化的主分量在x极化方向上的分量）、Ludwig3/Y（Ludwig第三定义交叉极化的主分量在y极化方向上的分量）。其中X、Y、Z、Phi、Theta分量可以通过坐标变换得到，这里不再对其进行详细讨论。对于LHCP和RHCP分量，其对应的电场形式分别为

$$\begin{cases} \boldsymbol{E}_L = 1/\sqrt{2}(\boldsymbol{E}_\theta - j\boldsymbol{E}_\varphi) \\ \boldsymbol{E}_R = 1/\sqrt{2}(\boldsymbol{E}_\theta + j\boldsymbol{E}_\varphi) \end{cases} \quad (4.33)$$

将电场表达式代入式（4.33）中计算，即可得到相应远场结果的左旋和右旋极化分量。而对于Ludwig3/X和Ludwig3/Y分量，其分别为

$$\begin{cases} \boldsymbol{E}_{L3X} = \boldsymbol{E}_\theta \cos\varphi - \boldsymbol{E}_\varphi \sin\varphi \\ \boldsymbol{E}_{L3Y} = \boldsymbol{E}_\theta \sin\varphi + \boldsymbol{E}_\varphi \cos\varphi \end{cases} \quad (4.34)$$

同样将电场表达式代入式（4.34）中计算，即可得到远场结果的对应分量。另外，通过计算得到的电场分量还可以进一步用于极化比（Polarrization Ratio）及轴比（Axial Ratio）等其他天线参数的计算，这里不再详细叙述。

4.4.1.5 电磁辐射仿真分析

利用上述推导计算典型天线算例，并将关键技术指标与商业软件 HFSS 进行对比，计算结果与商业软件结果比较符合。

1. 偶极子天线辐射计算

以中心频率为3.0GHz的偶极子天线（见图4.28）为算例，计算结果如图4.29～图4.31所示。

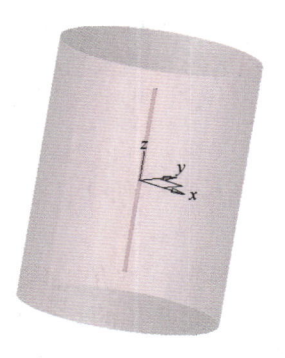

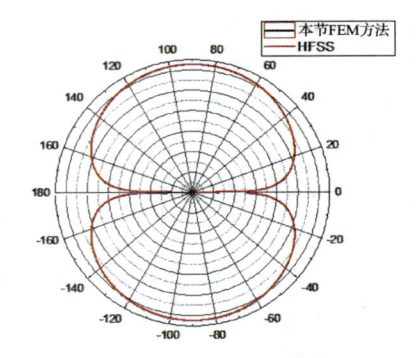

图4.28　偶极子天线模型　　　　图4.29　E面增益方向图对比

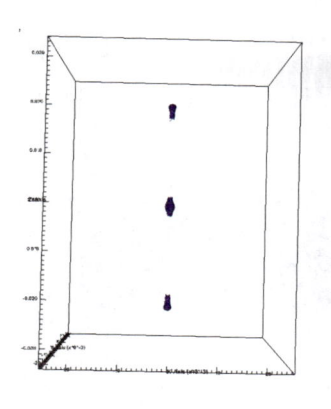

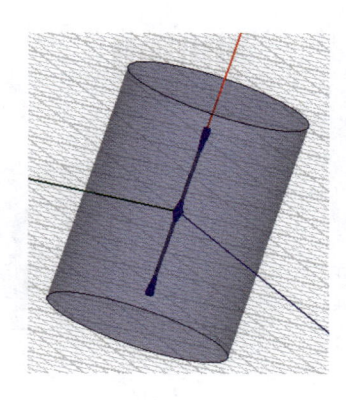

图 4.30　电场云图对比（右侧为 HFSS 结果）

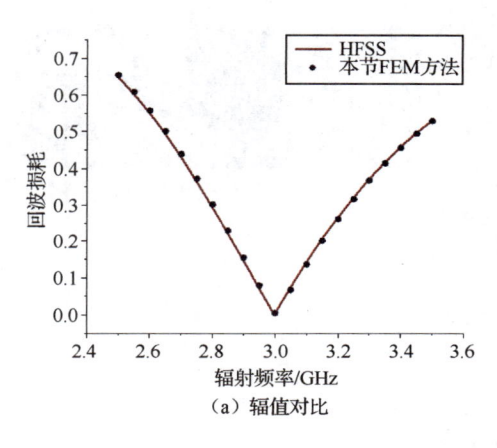

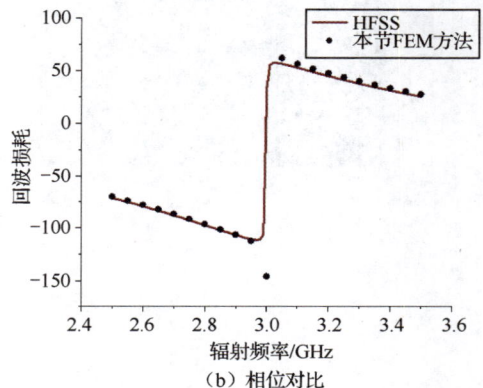

（a）幅值对比

（b）相位对比

图 4.31　回波损耗对比

2. 角锥喇叭天线辐射分析

角锥喇叭天线是一类常见的微波天线，由于增益较高、功率容量大以及频带宽等优点，因此其在军事和民用方面都有广泛的应用。本节将角锥喇叭天线作为第二个算例，通过对其仿真分析，验证本节所述天线辐射分析有限元分析方法及其代码实现对于实际天线仿真的有效性。此外，这里通过对不同求解方法进行对比，验证预处理技术（p-MUS-MFBIC）在计算效率及内存消耗方面的优势。

本节采用的角锥喇叭天线模型如图 4.32 所示。该天线为波导馈源端口，馈源位置在天线后端，即图 4.32 中最右边部分的端口面。选用 10GHz 作为求解频率，对该角锥喇叭天线进行仿真求解。通过仿真分析，可以得到该天线的电场矢量云图如图 4.33 所示。

远场特性参数是衡量天线性能的重要参数，通过仿真分析还可以得到方向性系数、增益等远场后处理数据。为了验证数值模拟结果的正确性，将远场数据结果与商业软件 HFSS 的仿真结果进行对比。远场观测角度取值为 phi = 0°，theta = −180°~180°。首先对天线的方向性系数进行对比，结果如图 4.34 所示。

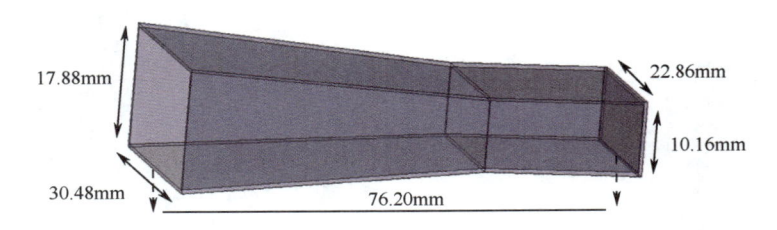

图 4.32　角锥喇叭天线模型

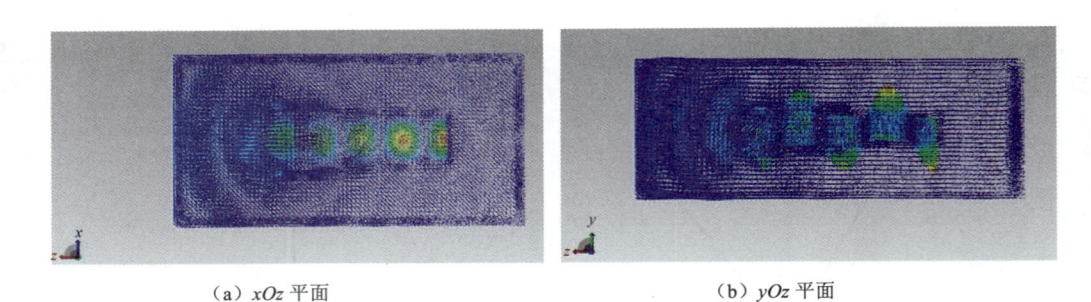

(a) xOz 平面　　　　　　　　　　　(b) yOz 平面

图 4.33　角锥喇叭天线的电场矢量云图

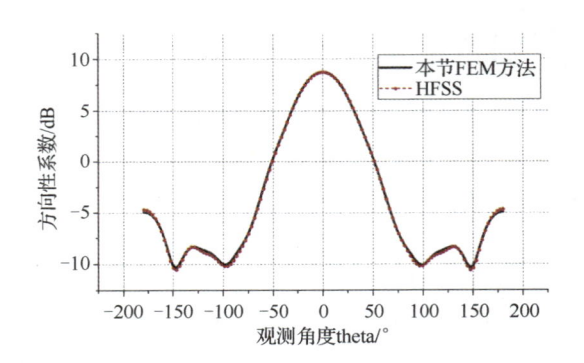

图 4.34　方向性系数结果对比

通过图 4.34 对比可以发现，本节 FEM 方法的仿真结果与 HFSS 的仿真结果拟合较好，结果正确。此外，通过仿真计算可以得到增益结果，将仿真得到的增益结果（phi = 0°，theta = −180°~180°）与 HFSS 结果对比（见图 4.35），可以证明增益仿真结果的正确性。为了更为直观地表现该角锥喇叭天线的辐射特性，这里进一步对三维增益进行了仿真计算，最后的结果如图 4.36 所示。从三维增益结果可以看出，该天线的辐射具有较强的方向性，即只朝一个方向辐射电磁波，其反方向辐射很小，而且增益相对较大。

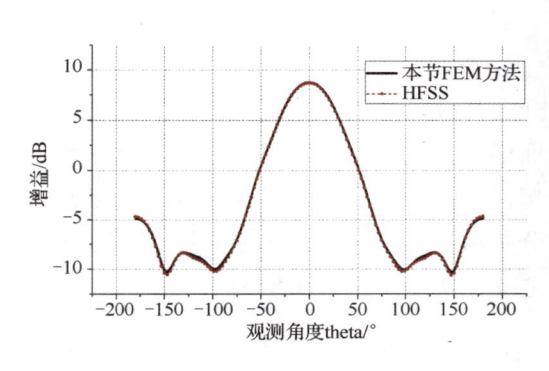

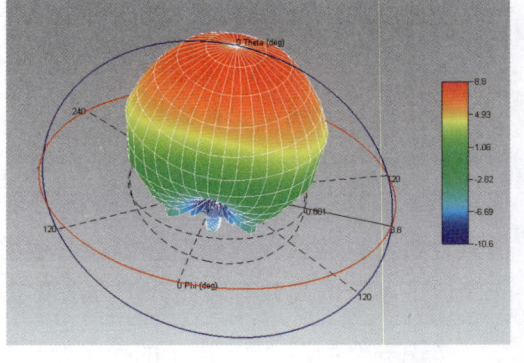

图 4.35　增益结果对比　　　　图 4.36　三维增益结果显示（球坐标，单位 dB）

最后，为了验证本节采用的预处理方法的高效性，进一步对不同计算方法的计算效率进行了对比。这里主要对比了 GSS 求解器的多波前 LU 分解直接法（MFLU）、采用基于 p-MUS 预处理的 GCR 迭代法［在预处理子构造的不完全分解部分采用普通的不完全楚列斯基分解，记为 p-MUS（IC）-GCR］，以及采用基于本节 p-MUS 与 MFBIC 结合的预处理技术（p-MUS-MFBIC）的 GCR 迭代法（记为 p-MUS-MFBIC-GCR）。对比结果如表 4.2 所示。

表 4.2　不同算法计算消耗统计

计算方法	计算信息	CPU 计算时间/s 预处理	迭代求解	矩阵求解时间	峰值内存/MB
MFLU	单元数目：100323 矩阵维数：655408	—	—	556	10513
p-MUS(IC)-GCR		417	9	426	1966
p-MUS-MFBIC-GCR		33	10	43	1506

通过表 4.2 中对比可以发现，直接法 MFLU 的求解时间最久，且内存消耗最大，而 p-MUS（IC）预处理技术的 GCR 迭代法内存消耗相比于 MFLU 方法大幅降低，计算时间也有所减少。但相对而言，p-MUS（IC）方法的预处理子的构造过程耗时过久，因此计算效率提升有限。而采用 p-MUS-MFBIC 预处理技术的 GCR 迭代法，不仅在内存消耗方面相比于 MFLU 方法显著降低，而且在计算效率方面相比于 MFLU 及 p-MUS（IC）-GCR 方法有大幅提升。其主要原因在于 MFBIC 方法相比于普通的 IC 方法计算效率更高，预处理子的构造速度提高，使得整体计算效率提升。

通过本算例的仿真分析，证明了本节研究的高效有限元分析方法及其代码实现在天线仿真分析方面的准确性，且具有较高的计算效率。为了进一步验证其通用性，下面将进一步对其他几种天线进行仿真分析。

3. 微带贴片天线辐射分析

微带贴片天线是一种由导体接地板、介质基板以及辐射贴片所构成的天线。微带贴片天线相比于其他种类的天线具有剖面低、体积小、易装配于复杂结构表面等优点。本节将微带贴片天线作为第三个算例，主要对其回波损耗以及辐射特性进行仿真分析，以验证天线端口馈源以及远场分量结果的正确性。通过本算例，可以进一步验证本节的高效有限元分析方法及其代码实现的实用性和通用性。

考虑一个如图 4.37 所示的微带贴片天线。该天线采用同轴馈源，馈源端口在天线下方，其内半径和外半径分别为 0.5mm 和 1.5mm。辐射贴片长度为 41.4mm，宽度为 31mm。介质基板长度为 80mm，宽度为 80mm，厚度为 5mm。下部 PEC 接地板长度和宽度均为 90mm。天线的辐射贴片和下方接地板均为理想导体，同时馈电探针也为理想导体，介质基板采用 Rogers RO4003 材料，其相对介电常数为 3.55，相对磁导率为 1，介电损耗角正切值为 0.0027。对该天线的宽带频率特性进行仿真，在频率 1.5~3GHz 之间进行扫频求解，得到该天线随频率变化的回波损耗变化，并将仿真结果与 HFSS 仿真结果进行对比，对比结果如图 4.38 所示。

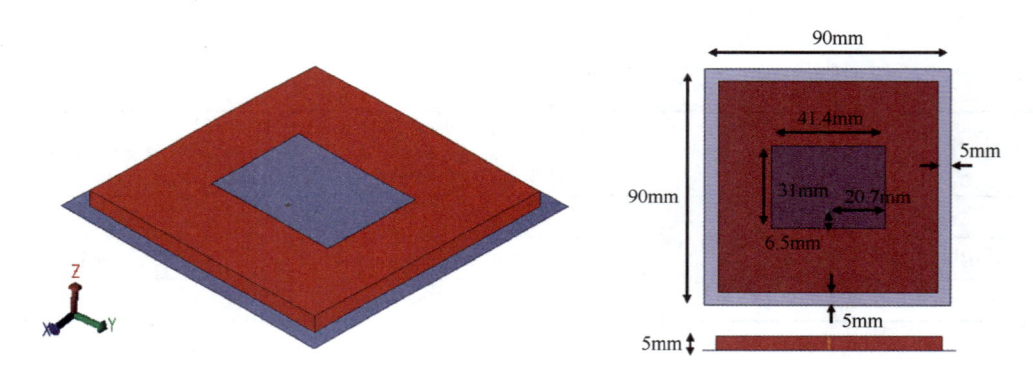

图 4.37 微带贴片天线模型

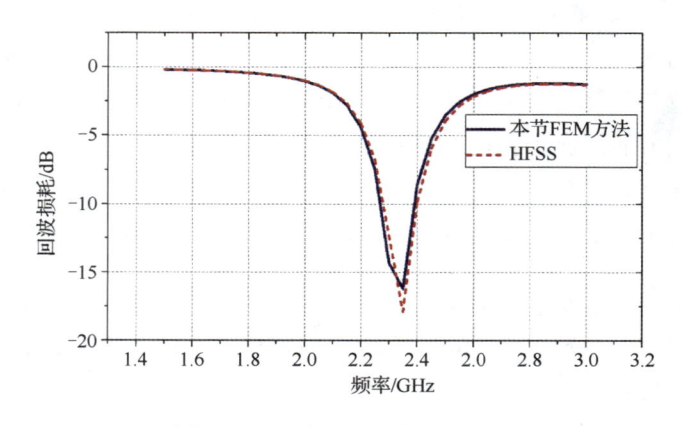

图 4.38 回波损耗仿真结果对比

第 4 章 阵列天线装配高置信仿真

从图 4.38 的对比结果可以发现，本节 FEM 方法的仿真结果与 HFSS 的仿真结果吻合度较好，仿真结果正确，证明了本节 FEM 方法及其代码实现对于端口馈源部分的数值模拟具有较高的精度。之后，将求解频率设置为 2.35GHz，通过仿真分析，得到如图 4.39 所示的电场分布。

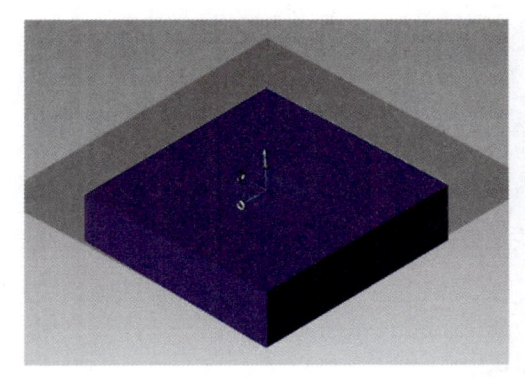

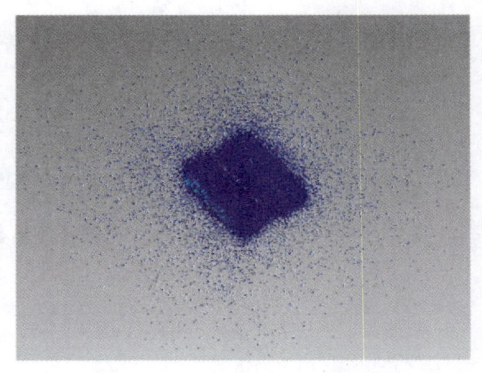

（a）电场云图　　　　　　　　　　　　（b）电场矢量图

图 4.39　微带贴片天线电场分布

在远场结果方面，通过仿真分析得到该天线的方向性系数，为了验证仿真结果的正确性，将其与 HFSS 的仿真结果进行了对比，对比结果如图 4.40 所示。进一步地，为了验证后处理远场分量结果的正确性，对本节 FEM 方法与 HFSS 仿真得到的方向性系数的左旋极化分量及右旋极化分量进行对比，另外将 HFSS 的方向性系数结果加入作为参照，对比结果如图 4.41 及图 4.42 所示。由图 4.40～图 4.42 结果对比可以发现，通过本节 FEM 方法得到的远场及其分量结果与 HFSS 的远场及其分量仿真结果均吻合，结果正确，证明本节 FEM 方法及其代码实现具有较强的通用性，可以对多种类型的天线辐射问题进行仿真分析。

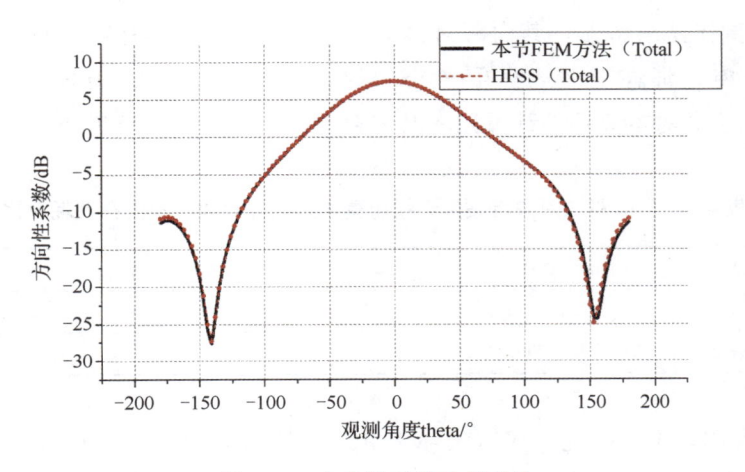

图 4.40　方向性系数结果对比

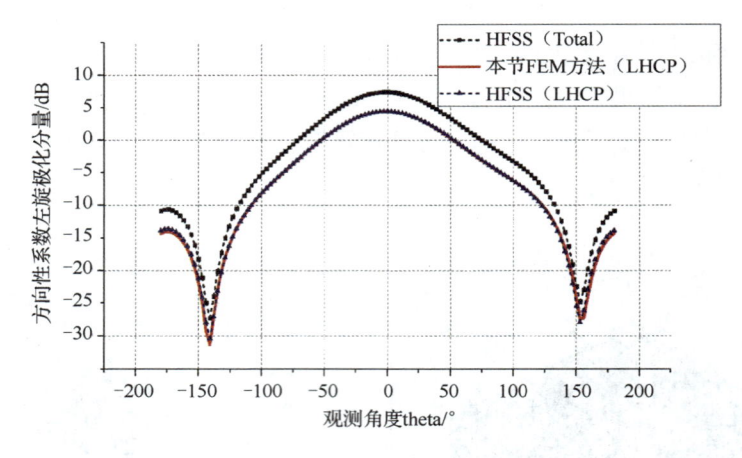

图 4.41　方向性系数左旋极化分量结果对比

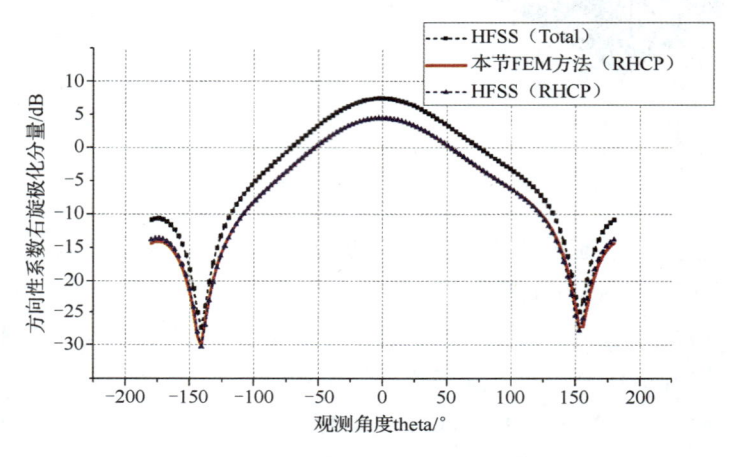

图 4.42　方向性系数右旋极化分量结果对比

在计算效率及内存消耗方面，这里主要讨论 p-MUS-MFBIC-GCR 与 PARDISO 求解器之间的对比。PARDISO 求解器是数学库 MKL 中提供的一个用于求解大规模稀疏矩阵的直接法求解器，其内部封存了大量优化算法，具有较好的计算效率，在计算性能及内存消耗方面均优于 GSS 求解器。将 p-MUS-MFBIC-GCR 方法与 PARDISO 求解器对本算例的计算效率及内存消耗进行对比，结果如表 4.3 所示。

表 4.3　不同算法对微带贴片天线仿真求解的计算效率及内存消耗对比

计算方法	求解信息	矩阵集成时间/s	矩阵求解时间/s	峰值内存/MB
p-MUS-MFBIC-GCR	单元数目：114972	18	34	3174.4
PARDISO 求解器	矩阵维数：703344		119	7065.6

表 4.3 表明，本节研究的 p-MUS-MFBIC-GCR 方法相比于 MKL 的 PARDISO 求解器，矩阵求解时间大幅减小，并且内存消耗也更低，在计算效率及内存消耗方面

具有明显优势。

4. 机载水平极化天线辐射分析

本算例将对一个已经实际应用的机载水平极化天线进行仿真分析，该天线由三个同轴馈电结构、若干金属导体贴片以及一个圆形介质基板构成，具体结构及特征尺寸如图 4.43 所示。

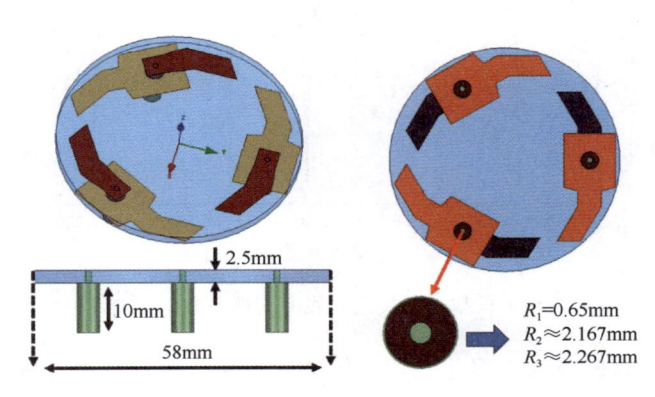

图 4.43　机载水平极化天线结构示意图

图 4.43 中的 R_1、R_2 与 R_3 分别表示同轴馈源结构圆心到导体内芯外侧、圆心到介质外侧以及圆心到金属外壳外侧的距离，该天线的同轴馈电结构的内部介质为聚四氟乙烯（teflon），其相对介电常数为 2.08，相对磁导率为 1，介电损耗角正切值为 0.001。同轴馈电结构的外壳和内部圆柱导体均为理想导体，并且天线的辐射贴片材料也为理想导体。天线的扁圆柱形介质基板材料的相对介电常数为 2.65，相对磁导率为 1。首先，通过数值模拟可以得到天线的电场分布情况如图 4.44 所示。

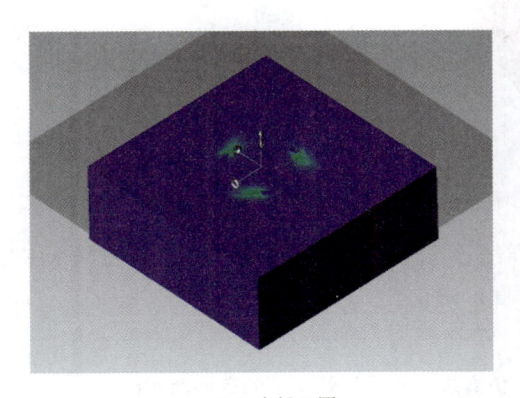

（a）电场云图 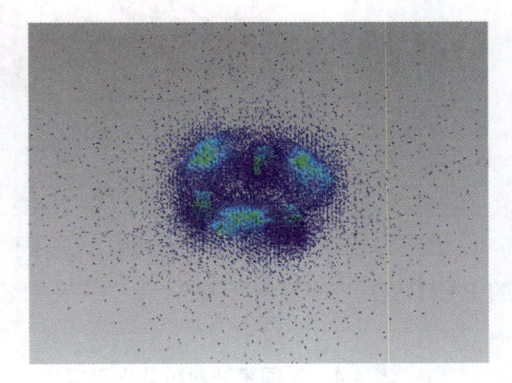　　　　　　　　　　（b）电场矢量图

图 4.44　机载水平极化天线电场分布

之后通过远场计算，得到方向性系数（phi=0°，theta=−180°~180°），并与 HFSS

的方向性系数结果进行对比,结果如图 4.45 所示。由图 4.45 可以发现,本节 FEM 方法的仿真结果与 HFSS 的仿真结果吻合较好,可以证明本节 FEM 方法及其代码实现得到的数值模拟结果是正确的。

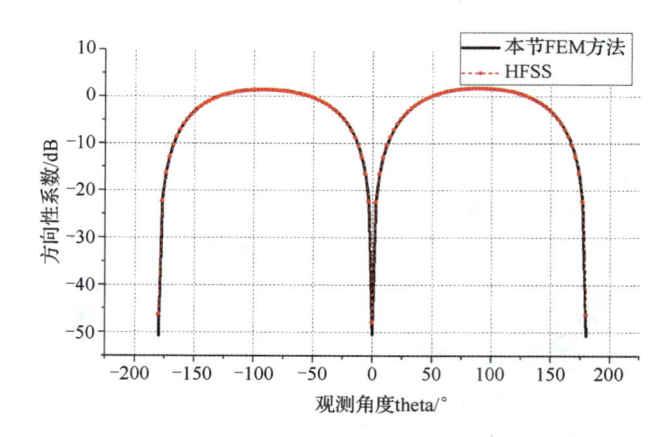

图 4.45 机载水平极化天线方向性系数结果对比

另外,进一步对机载水平极化天线三维方向性系数进行分析计算,结果如图 4.46 所示。通过图 4.46 可以发现,该天线的辐射方向不是指定方向,而是向四周发散,且天线最大电场是水平的,符合水平极化特点。

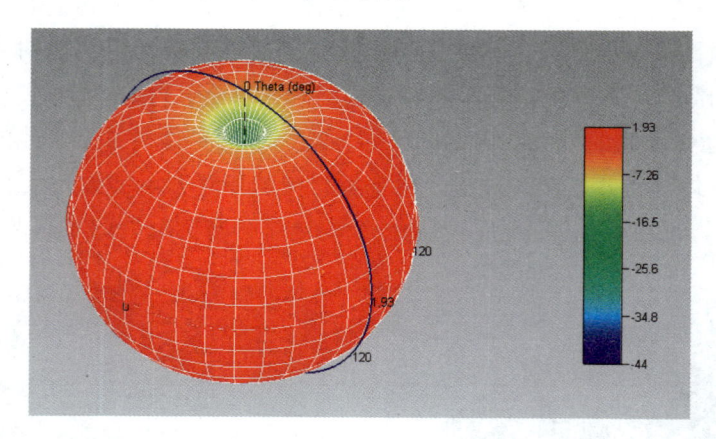

图 4.46 机载水平极化天线三维方向性系数(球坐标/dB)

在计算效率及内存消耗方面,这里同样统计了 p-MUS-MFBIC-GCR 方法与 MKL 的 PARDSO 求解器的计算信息,结果如表 4.4 所示。

表 4.4 不同算法对机载水平极化天线仿真求解的计算效率及内存消耗对比

计算方法	求解信息	矩阵集成时间/s	矩阵求解时间/s	峰值内存/MB
p-MUS-MFBIC-GCR	单元数目:96623	11	118	2252.8
PARDISO 求解器	矩阵维数:627886		193	6656

在该算例中，由于在激励源方面有三个端口激励，因此采用 p-MUS-MFBIC-GCR 方法求解时需要执行三次迭代，而采用 MKL 的 PARDISO 求解器时，直接法矩阵的分解信息可以复用，因此相对而言 p-MUS-MFBIC-GCR 方法的加速效果不及上一个算例，但依旧存在计算效率方面的优势，矩阵求解时间仅需 118s，而 MKL 的 PARDISO 求解器需要 193s。内存消耗方面，MKL 的 PARDISO 求解器为 6656MB，而 p-MUS-MFBIC-GCR 方法仅需 2252.8MB，其在内存消耗方面的优势较为明显。

4.4.2 电磁传输智能仿真技术路线

4.4.2.1 有限元传输理论与求解技术

微波系统主要研究信号和能量两大问题：信号问题主要是研究幅频和相频特性；能量问题主要是研究能量如何有效地传输。通过求解 S 参数，可以有效探究能量的传输状态和效率。

有限元分析方法是在变分法和加权余量法的基础上发展起来的，本质上是近似求解数理边值问题的一种数值技术。该方法的原理是通过将求解整个区域的问题转变成求解有限个互不重叠小单元中的场值来解决，只要得到每个小单元的场值近似表示，整个区域的场值就可以得到。具体来讲，用带有未知系数的函数来表示小单元中的场值，再将每一个小单元中的函数和未知系数通过一定的方式集成并形成有限元矩阵，整个区域的场值问题就转化成了关于函数未知系数的矩阵方程，最后通过求解方程就可以获得小单元中场值的函数表示，进而计算整个区域的场值。一般情况下，根据小单元中场值函数构造方式的不同，有限元分析方法被分为标量有限元分析方法和矢量有限元分析方法。

在电磁学中，边值问题一般可以通过泊松方程、标量波动方程以及矢量波动方程的控制微分方程及边界条件确定，即用区域 Ω 内的控制微分方程和包围此区域的边界 Γ 上的边界条件来定义。如果用标量有限元分析方法求解矢量波动方程会带来伪解，而电磁场问题大多涉及矢量场的求解，因此本节拟采用矢量有限元分析方法来分析相关问题。

有限元分析方法的基本实现过程主要分为 4 个步骤：对计算域进行离散、构造基函数、建立有限元矩阵以及求解方程组。

计算域离散即所谓的网格划分。离散计算域的方式有很多种，可以用三角形网格、四边形网格和四面体网格、六面体网格进行离散。其中，三角形网格多应用于二维模型或三维模型的二维表面中，四面体网格广泛应用于三维模型中。计算域离散的程度也影响着后续的计算，一般来说，离散得越密集，即网格越多，最后形成的有限元矩阵规模越庞大，需要的内存越大，矩阵求解时间越长，相应的计算结果也会更加精确。当然，如果划分的网格数量不够，计算结果肯定不准确。为了最后能够将各个单元在整个区域上整合起来，在网格划分完成后必须按照一定的顺序对离散单元的顶点、棱边、面、体等设置单元局部编号和全局编号。本节拟采用四面体网格对计算域进行离散。

选择能近似表达一个单元中未知解的插值函数，即选择基函数。以一个离散单元的结点插值基函数为例，其插值函数的形式可以表示为

$$\Phi = \sum_{j=1}^{n} N_j^e \Phi_j^e = \{N^e\}^{\mathrm{T}}\{\Phi^e\} = \{\Phi^e\}^{\mathrm{T}}\{N^e\} \quad (4.35)$$

式中，e 为离散单元编号，Φ_j^e 为离散单元 e 结点 j 处的值，N_j^e 为离散单元 e 结点 j 处的插值函数。

建立有限元矩阵，也是有限元分析方法中的主要步骤，主要有里兹变分法和伽辽金方法两种方法。具体地，首先得到计算模型对应的波动方程及边界条件，然后得到对应的泛函，再实施一个标准的伽辽金过程，得到电场的有限元矩阵方程：

$$\boldsymbol{M}_{\mathrm{EE}}\boldsymbol{x}_{\mathrm{E}} = \boldsymbol{f}_{\mathrm{E}} \quad (4.36)$$

式中，$\boldsymbol{M}_{\mathrm{EE}}$ 为有限元矩阵，$\boldsymbol{x}_{\mathrm{E}}$ 为未知量，$\boldsymbol{f}_{\mathrm{E}}$ 为右端项。

拟采用直接法或迭代法求解有限元方程，以得到相应的数值解，并进一步得到单元中场的近似值，如电场幅值、磁场幅值、电场矢量以及磁场矢量等，最后计算出整个计算域的电磁参量，如能量、电流等。

4.4.2.2 电磁端口和相关的边界条件

考虑如图 4.47 所示的 n 端口通用微波网络。在不失一般性的前提下，假设内部区域 Ω 中的材料是线性的、各向同性的、位置相关的。边界 $\partial\Omega$ 被分成两部分，S_0 部分表示内部区域和无界区域之间的截断边界。为便于讨论，假设在 S_0 上施加理想电壁边界条件，边界的剩余部分由面 $S_i, i = 1, 2, \cdots, n$ 组成，且每一个面都与均匀波导的横截面一致，我们将把每一个 S_i 表面称为一个端口。

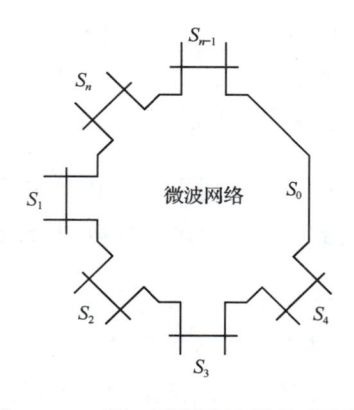

图 4.47　n 端口通用微波网络示意图

根据区域 Ω 内部电磁场边界方程的有限元近似形式的推导，电场矢量亥姆霍兹方程的弱形式可以写为

$$\iiint_\Omega \nabla\times\vec{w}\cdot\nabla\times\vec{E}\mathrm{d}v - \mathrm{j}\omega\mu_0 \iint_{\partial\Omega} \vec{n}\times\vec{H}\cdot\vec{w}\mathrm{d}s - \omega^2\mu_0\varepsilon_0 \iiint_\Omega \vec{w}\cdot\varepsilon_r\vec{E}\mathrm{d}v = 0 \quad (4.37)$$

式中，$\vec{w}$ 为测试函数。

为了便于讨论，假设这个结构是通过端口 S_k 激发的，且与端口 S_i 相关联的波导只有主模在激励频率下传播。因此，对于每个 $i \neq k$ 端口有下式成立：

$$\vec{n}\times\vec{H}_i = \frac{1}{Z_i}\vec{n}\times\vec{n}\times\vec{E}_i, \quad i \neq k \quad (4.38)$$

式中，$\vec{n}$ 为向外的、S_i 上的单位法向矢量，$\vec{E}_i$、$\vec{H}_i$ 为端口 S_i 主模态下电场、磁场的横向部分，Z_i 为与端口 S_i 相关联的模式阻抗。

对于激励端口 S_k，上面的方程涉及反射模式电场和磁场的横向部分，因此下式成立：

$$\vec{n}\times(\vec{H}_k - \vec{H}_k^{\mathrm{inc}}) = \frac{1}{Z_k}\vec{n}\times\vec{n}\times(\vec{E}_k - \vec{E}_k^{\mathrm{inc}}) \quad (4.39)$$

式中，上标 inc 用于指示入射模态。由于激励是通过连接在端口 S_k 的波导中的主模指向结构的，因此有

$$(-\vec{n})\times\vec{H}_k^{\mathrm{inc}} = \frac{1}{Z_k}(-\vec{n})\times(-\vec{n})\times\vec{E}_k^{\mathrm{inc}} \quad (4.40)$$

将此方程代入式（4.39）得到 S_k 上的边界条件，即

$$\vec{n}\times\vec{H}_k = \frac{1}{Z_k}\vec{n}\times\vec{n}\times\vec{E}_k - \frac{2}{Z_k}\vec{n}\times\vec{n}\times\vec{E}_k^{\mathrm{inc}} \quad (4.41)$$

将式（4.38）和式（4.41）代入式（4.37）中，则电场矢量亥姆霍兹方程的弱形式可写为

$$\begin{aligned}&\iiint_\Omega \nabla\times\vec{w}\cdot\nabla\times\vec{E}\mathrm{d}v + \frac{\mathrm{j}\omega\mu_0}{Z_0}\iint_{S_0}\vec{n}\times\vec{w}\cdot\vec{n}\times\vec{E}\mathrm{d}s + \sum_{i=1}^n \frac{\mathrm{j}\omega\mu_0}{Z_i}\iint_{S_i}\vec{n}\times\vec{w}\cdot\vec{n}\times\vec{E}\mathrm{d}s \\ &-\omega^2\mu_0\varepsilon_0 \iiint_\Omega \vec{w}\cdot\varepsilon_r\vec{E}\mathrm{d}v = \frac{2\mathrm{j}\omega\mu_0}{Z_k}\iint_{S_k}\vec{n}\times\vec{w}\cdot\vec{n}\times\vec{E}_k^{\mathrm{inc}}\mathrm{d}s\end{aligned} \quad (4.42)$$

注意到，下标 i 已从上述方程左边的端口积分项的被积函数的场量中删除。这是因为在有限元近似的后续发展中，计算域内各边界包括端口表面的电场都以边单元

的形式展开。在之前的假设条件下，端口边界被放置在距离相关波导和电磁装置的交界处足够远的地方，使得主模只对端口 S_i 边界上的场分布有贡献。因此，电场在各端口边界上的有限元近似应满足模式阻抗边界条件式（4.39）。

对式（4.42）实施一个标准的伽辽金过程，便可以得到电场的有限元矩阵方程：

$$M_{EE}x_E = f_E \tag{4.43}$$

4.4.2.3 波导模式正交性

波导中的场可以展开成各种可能的模式之和，且矩形波导和圆波导的本征函数都具有正交性，利用这一特性可以方便地计算 S 参数。波导的正交关系可以写为

$$\iint_{S_i} \hat{n} \cdot (\vec{e}_{i,m} \times \vec{h}_{i,n}) = \delta_{mn}, \quad (i=1,2,\cdots,p) \tag{4.44}$$

式中，$\vec{e}_{i,m}$ 和 $\vec{h}_{i,n}$ 分别为连接在波导端口 S_i 的第 m 个模式的电场和第 n 个模式的磁场的归一化横向部分，δ_{mn} 为脉冲函数。

假定主模 $\vec{e}_{i,1}$ 和 $\vec{h}_{i,1}$ 的横向场分布在每个端口上并且都是已知的，且在端口上都用于激励，即

$$\vec{E}_k^{\text{inc}} = \vec{e}_{k,1} \tag{4.45}$$

则可以通过下面的端口积分计算第 i、j 个端口之间的传输系数：

$$S_{ik} = \iint_{S_i} \hat{n} \cdot (\vec{E} \times \vec{h}_{i,1}) \mathrm{d}s, \quad i \neq k \tag{4.46}$$

而对于激励端口 S_k 处的反射系数，利用正交关系式（4.44），将 S_k 上的横向反射电场以总电场和入射电场表示，得到如下结果：

$$\begin{aligned} S_{kk} &= \iint_{S_k} \hat{n} \cdot [(\vec{E} - \vec{E}_k^{\text{inc}}) \times \vec{h}_{k,1}] \mathrm{d}s = \iint_{S_k} \hat{n} \cdot [(\vec{E} - \vec{e}_{k,1}) \times \vec{h}_{k,1}] \mathrm{d}s \\ &= \iint_{S_k} \hat{n} \cdot (\vec{E} \times \vec{h}_{k,1}) \mathrm{d}s - 1 \end{aligned} \tag{4.47}$$

这就完成了对电磁多端口广义 S 参数矩阵提取的讨论。

4.4.2.4 AWE 快速扫频技术

AWE（渐近波形估计）技术一开始应用于计算单输入单输出（SISO）线性系统响应，该系统可以表示为

$$\begin{cases} C\dfrac{\mathrm{d}x}{\mathrm{d}t} = -Gx + bu(t) \\ y(t) = l^{\mathrm{T}}x(t) \end{cases} \tag{4.48}$$

式中，$C, G \in \mathbf{R}^{N \times N}$ 是实矩阵，$l, b \in \mathbf{R}^{N \times 1}$ 是给定的列向量，x 是系统状态变量组成的向量，u 是标量输入激励，y 是待求解的标量输出，单输入单输出系统的传递函数是一个标量函数。为了简要讨论这个问题，假设系统的初始状态为零。对上述系统作拉普拉斯变换，得到其标量传递函数的表达式：

$$H(s) = l^{\mathrm{T}}(G + sC)^{-1}b \tag{4.49}$$

式中，s 为复频率变量。$H(s)$ 以泰勒级数的形式围绕一个展开点 s_0 展开，得到

$$\begin{aligned}H(s) &= l^{\mathrm{T}}[I + (s - s_0)(G + s_0 C)^{-1}C]^{-1}(G + s_0 C)^{-1}b \\ &= l^{\mathrm{T}}[I - (s - s_0)A]^{-1}r \\ &= \sum_{i=0}^{\infty} m_i (s - s_0)^i \end{aligned} \tag{4.50}$$

其中

$$A = -(G + s_0 C)^{-1}C, \quad r = (G + s_0 C)^{-1}b, \quad m_i = l^{\mathrm{T}} A^i r \tag{4.51}$$

泰勒级数的展开系数 m_i 通常被称为展开的矩。AWE 的提出是利用系统的一小部分矩来构建合理准确的系统响应近似。更具体地说，设 N 为系统极点的阶数，将传递函数转换成剩余极点的形式：

$$H(s) = \sum_{i=1}^{N} \frac{k_i}{s - p_i} \tag{4.52}$$

式中，k_i 为系统的近似多项式系数，p_i 为系统的极点。

对于真实的物理模型问题，式（4.52）涉及成千上万的元素，提取系统的所有极点非但会使计算密集，而且在计算时间上也是无法接受的。因此，我们采取的方式是寻求 $H(s)$ 的低阶近似，即阶数 $n \ll N$ 时，有

$$H(s) \approx \tilde{H}(s) = \sum_{i=1}^{n} \frac{\tilde{k}_i}{s - \hat{p}_i} \tag{4.53}$$

具体来说，近似值的实现方法是将式（4.53）的 $2n$ 个矩与式（4.50）中计算出的 $H(s)$ 的前 $2n$ 个矩进行匹配。这种匹配提供了 $2n$ 个方程，而这些方程需要获得式（4.53）中的 n 个极点和 n 个残量。

将这种近似过程应用于由电场的矢量亥姆霍兹方程的有限元近似得到的离散电磁系统，可以方便地获得宽频带的计算结果，接下来将详细介绍这一过程。在 4.4.2.2 节中，与式（4.53）有关的有限元矩阵方程可以写为

$$(S + sZ + s^2T)x_e = f_e \tag{4.54}$$

式中，S、Z、T 均为与频率 s 有关的有限元矩阵，x_e 为计算所需响应量的未知数向量，f_e 为右端项。

这种响应是用线性关系来描述的，可以写为

$$H(s) = l^T x_e \tag{4.55}$$

式中，l 是已知的列向量。

按照上文所述的过程，我们需要构建 $H(s)$ 的泰勒级数在扩展频率 s_0 处的前几阶矩来寻求 $H(s)$ 的近似值。将未知量和激励用泰勒级数展开，则有

$$\begin{aligned} x_e &= \sum_{n=0} x_{e,n}(s-s_0)^n \\ f_e &= \sum_{n=0} f_{e,n}(s-s_0)^n \end{aligned} \tag{4.56}$$

再代入式（4.54），有

$$\begin{cases} (S + sZ + s^2T)\sum_{n=0} x_{e,n}(s-s_0)^n = \sum_{n=0} f_{e,n}(s-s_0)^n \\ S_{11} = H(s) = l^T \sum_{n=0} x_{e,n}(s-s_0)^n \\ \qquad\quad = \sum_{n=0}(l^T x_{e,n})(s-s_0)^n \\ \qquad\quad = \sum_{n=0} m_n (s-s_0)^n \end{cases} \tag{4.57}$$

引入位移 $\hat{s} = s - s_0$，并在得到的方程两边匹配 $\hat{s}$ 的相同次幂的系数，便可以得到用于计算响应的泰勒级数近似中的矩 m_n 的递归矩阵方程序列。

对于 $n = 0$，有

$$\begin{aligned} (S + s_0 Z + s_0^2 T)x_{e,0} &= f_{e,0} \\ m_0 &= l^T x_{e,0} \end{aligned} \tag{4.58}$$

对于 $n = 1$，有

$$\begin{aligned} (S + s_0 Z + s_0^2 T)x_{e,1} &= f_{e,1} - Z x_{e,0} - 2s_0 T x_{e,0} \\ m_1 &= l^T x_{e,1} \end{aligned} \tag{4.59}$$

对于 $n \geq 2$，有

第4章 阵列天线装配高置信仿真

$$(S + s_0Z + s_0^2T)x_{e,n} = f_{e,n} - Zx_{e,n-1} - T(x_{e,n-2} + 2s_0x_{e,n-1})$$
$$m_n = l^T x_{e,n} \quad (4.60)$$

注意到，在上述过程中对于矩阵方程 $(S + s_0Z + s_0^2T)$ 响应的矩的递归计算只需要在展开频率 s_0 处组装和求解一次。因此，假设截断的泰勒级数展开的精度在围绕展开频率的某个带宽范围内是可以接受的，那么这一过程对于带宽范围内的几个频点提供了一种计算效率高的替代方法来重复求解单个频点的值。需要指出的是，如果材料特性和计算域中的任何阻抗边界条件与频率无关，那么所提出的方法是有效的，因此矩阵 S、Z 和 T 也与频率无关。如果材料的电磁特性表现出频率依赖性，那么在递归过程中，必须对矩阵 S、T 和 Z 进行泰勒级数展开，以生成响应的矩。

直接利用截断的泰勒级数展开式（4.53）作为频率相关响应，近似的精度会受到窄带宽的阻碍。为了解决这个困难，我们使用 Pade 逼近代替响应的近似值，Pade 逼近以提高更广的带宽的精度而闻名。因此，应用前面提到的响应的前 $2n$ 个矩的递归计算，作为原始传递函数的后续 Pade 近似的矩

$$\tilde{H}(s) = \frac{a_0 + a_1(s - s_0) + a_2(s - s_0)^2 + \cdots + a_{n-1}(s - s_0)^{n-1}}{1 + b_1(s - s_0) + b_2(s - s_0)^2 + \cdots + b_n(s - s_0)^n} \quad (4.61)$$

可以看出，$2n$ 个 Pade 系数 a_i 和 b_i 可以通过以下动量匹配方程求解：

$$\begin{bmatrix} m_0 & m_1 & \cdots & m_{n-1} \\ m_1 & m_2 & \cdots & m_n \\ \vdots & \vdots & \ddots & \vdots \\ m_{n-1} & m_n & \cdots & m_{2n-2} \end{bmatrix} \begin{bmatrix} b_n \\ b_{n-1} \\ \vdots \\ b_1 \end{bmatrix} = - \begin{bmatrix} m_n \\ m_{n+1} \\ \vdots \\ m_{2n-1} \end{bmatrix}$$
$$\begin{cases} a_0 = m_0 \\ a_1 = m_1 + b_1 m_0 \\ \vdots \\ a_{n-1} = m_{n-1} + \sum_{i=1}^{n-1} b_i m_{n-i-1} \end{cases} \quad (4.62)$$

通过求解式（4.62）中的第一个方程可以得到 b_i 的值，a_i 的值由上式第二个方程组得出。将 a_i、b_i 的值代入式（4.61）便可以得到传递函数的计算结果。

综上所述，AWE 过程在求解电磁边值问题有限元模型的频率相关近似方面的应用涉及两个步骤。步骤一，在展开频率 s_0 处计算前 $2n$ 个矩；步骤二，建立 n 阶的 Pade 近似，使得它的矩等于计算出的 $2n$ 个矩。这一过程在计算电磁学文献中经常被称为快速扫频，应用此项技术便可以快速获得宽频带上的电磁响应。

4.4.2.5 电磁传输仿真算例

利用上述技术计算典型电磁传输算例，计算结果如下。

1. E 面脊波导

对于 E 面脊波导结构，如图 4.48 所示，离散扫频计算宽频带内 20 个点的 S 参数所消耗的时间为 449s，而运用 AWE 快速扫频计算 250 个点的 S 参数所消耗的时间为 244s，效率提升了近 20 倍。由图 4.49 可见 AWE 方法仿真结果与 HFSS 仿真结果相比的准确性。

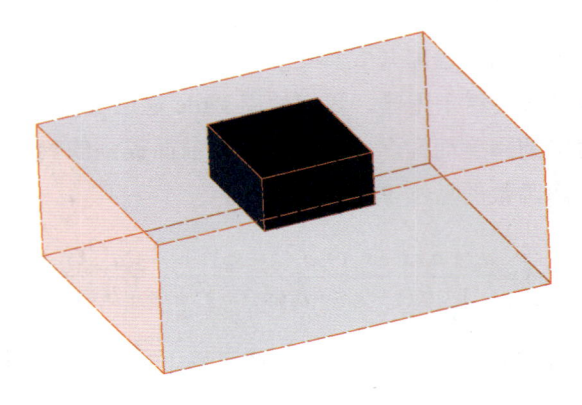

图 4.48　E 面脊波导结构

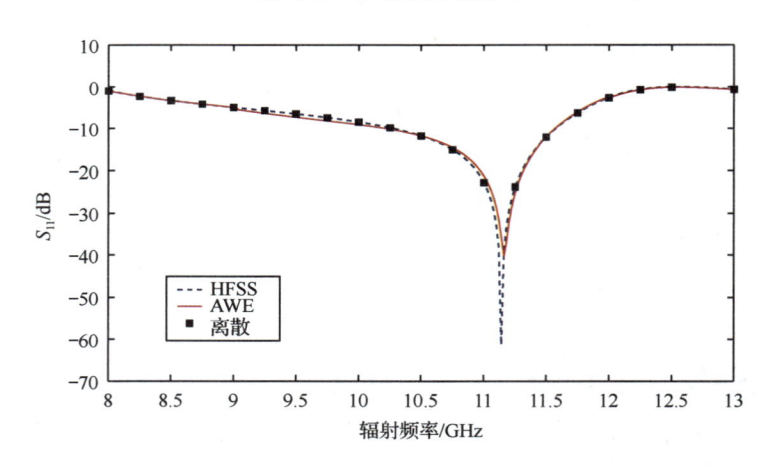

图 4.49　E 面脊波导扫频结果对比

2. 同轴线

同轴线仿真场图如图 4.50 所示。同 HFSS 仿真结果进行对比，结果如表 4.5 所示。

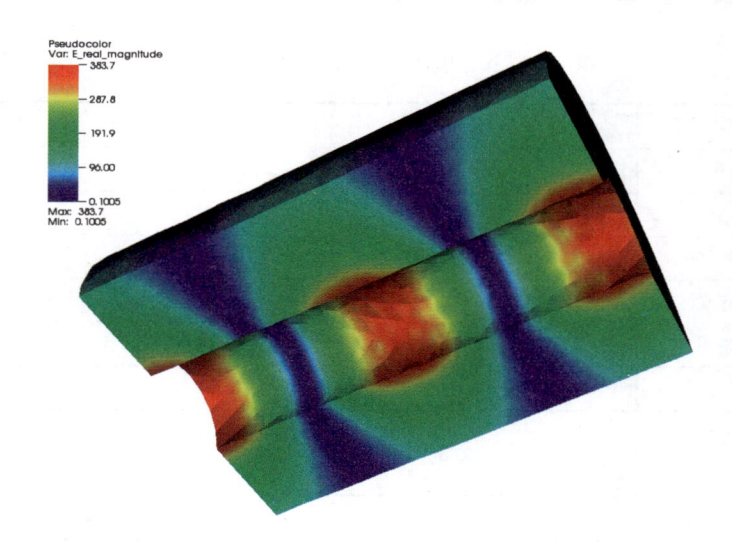

图 4.50　同轴线仿真场图

表 4.5　计算性能对比

模拟器	参　　量			
	反射系数 S_{11}	相位/deg	传输系数 S_{21}	相位/deg
HFSS	0.22235	−104	0.97497	166
EMLAB	0.21713	−103.2	0.97476	166.38
相对误差/%	2.35	0.76	0.02	0.23

3. 波导功率合成器

对如图 4.51 所示的波导功率合成器（工程系数见表 4.6），本节项目软件与 CST 仿真电场对比具体情况如表 4.7 和图 4.52 所示。

图 4.51　波导功率合成器模型

表 4.6 工程参数

材料	air
背景材料	完美导体（PEC）
端口激励	4个波端口
端口面	矩形面
端口尺寸	长：10.668mm；宽：4.32mm
频率范围	19.5～20.5GHz
求解频率	20GHz

表 4.7 对标仿真结果

类　　型	本节项目软件	CST
网格数量/个	151195	154063
网格类型	四面体	四面体
计算时间/s	143	166
内存消耗/GB	4.4	4.5

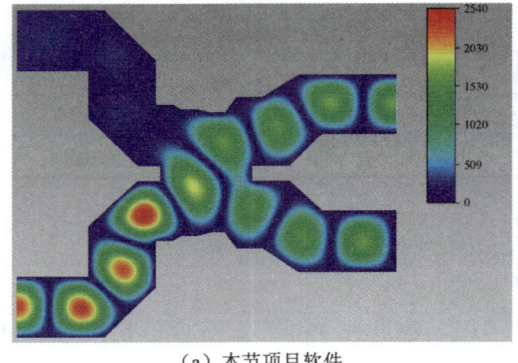

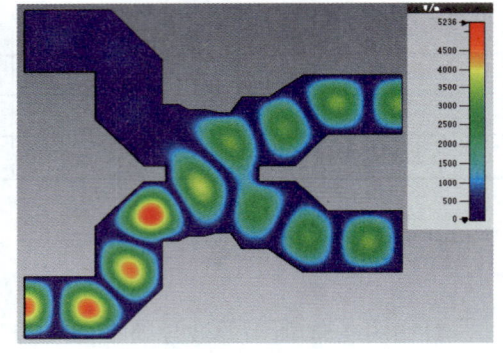

(a) 本节项目软件　　　　　　　　(b) CST

图 4.52 仿真电场对比

本章小结

（1）完成了项目产品及工艺过程调研，结合项目产品设计、结构、应用及工艺制程，分析产品典型互联结构、应力环境，识别产品可靠性风险环节、关键结构及敏感应力；搭建了阵列天线高密度集成互联工艺可靠性评价平台，为后续产品工艺制程及互联质量可靠性评价与预测奠定基础。

（2）研究了关键互联结构失效模式及机理，重点围绕功能子板装配和天线子阵盲插等高风险工序以及项目产品关键互联结构（主要包括 KK 连接器结构和 IP 核焊点），研究两类关键互联结构的应力响应及典型失效模式和失效机理。

（3）开展了基于阵列天线装配工艺流程的过程有限元仿真。基于阵列天线装配工艺流程，分析了中层板自身完成装配后应力及形变情况、中层板与底层板通过螺栓连接后应力及形变情况、顶层板自身完成装配后应力及形变情况、整体装配完成后应力及形变情况。

（4）采用连接器插拔理论研究、螺钉紧固仿真分析相结合的方法，理清了装配过程关键工艺参数及误差，探索关键工艺参数对阵列天线装配可靠性影响的规律。主要涉及拧紧力矩、拧紧顺序、母板形变、插装工序、器件位置精度等关键工艺参数。

（5）可靠性问题贯穿从产品设计到寿命终结的整个过程。在这个过程中，阵列天线将经历设计阶段、生产阶段和使用维护阶段，在每个阶段，都会出现各种各样的可靠性问题。经过对阵列天线加载模拟现场工作条件和环境条件，将各种工作模式及各种应力按照一定的时间比例、一定的循环次序反复施加到受试产品上，并对应力加载后的阵列天线开展分析评价，将得到的信息反馈到设计、制造、材料和管理等部门进行改进，可以提升阵列天线的固有可靠性，同时依据试验的结果对阵列天线的可靠性做出评定。

（6）基于失效物理的阵列天线跨尺度模型，研究装配完成后在温度循环载荷作用下阵列天线的可靠性。

（7）开展了电磁辐射智能仿真技术相关内容的研究，包括有限元天线辐射基本理论、近远场变换技术、区域分解技术；完成了几个典型的天线电磁辐射算例，包括微带贴片天线、偶极子天线等，计算结果和商业软件所得结果吻合度较高，计算效率和商业软件相当。

（8）开展了电磁传输智能仿真技术相关内容的研究，包括微波网络的有限元模型分析、传输模型的 S 参数仿真技术、有限元矩阵快速求解技术、快速扫频技术；完成几个典型的电磁传输算例，包括 E 面脊波导、同轴线等，计算结果和商业软件所得结果吻合度较高，计算效率和商业软件相当。

参考文献

[1] Caputo F, Greco A, Fera M, et al. Digital twins to enhance the integration of

ergonomics in the workplace design[J]. International Journal of Industrial Ergonomics, 2019, 71.

[2] Luo W C, Hu T L, Zhang C R, et al. Digital twin for CNC machine tool: modeling and using strategy[J]. Journal of Ambient Intelligence and Humanized Computing, 2019, 10(3):1129-1140.

[3] Zheng Y, Yang S, Cheng H C. An application framework of digital twin and its case study[J]. Journal of Ambient Intelligence and Humanized Computing, 2019, 10(3):1141-1153.

[4] 刘潇翔，汤亮，曾海波，等. 航天控制系统基于数字孪生的智慧设计仿真[J]. 系统仿真学报，2019，31(03):377-384.

[5] Xu Y, Sun Y M, Liu X L, et al. A digital-twin-assisted fault diagnosis using deep transfer learning[J]. IEEE Access, 2019, 7:19990-19999.

[6] 朱志民，陶振伟，鲁继楠. 轨道交通转向架数字孪生车间研究[J]. 机械制造，2018, 56(11):13-16.

[7] 王岭. 基于数字孪生的航空发动机低压涡轮单元体对接技术研究[J]. 计算机测量与控制，2018，26(10):286-290,303.

[8] 张玉良，张佳朋，王小丹，等. 面向航天器在轨装配的数字孪生技术[J]. 导航与控制，2018，17(03):75-82.

[9] Hu L, Liu Z Y, Tan J R. A VR simulation framework integrated with multisource CAE analysis data for mechanical equipment working process[J]. Computers in Industry, 2018, 97:85-96.

[10] Tao F, Cheng J F, Qi Q L, et al. Digital twin-driven product design, manufacturing and service with big data[J]. The International Journal of Advanced Manufacturing Technology, 2018, 94(9):3563-3576.

[11] 陶飞，刘蔚然，刘检华，等. 数字孪生及其应用探索[J].计算机集成制造系统，2018, 24(01):1-18.

[12] 陶飞，程颖，程江峰，等. 数字孪生车间信息物理融合理论与技术[J].计算机集成制造系统，2017，23(08):1603-1611.

[13] Söderberg R, Wärmefjord K, Carlson J S, et al. Toward a digital twin for

real-time geometry assurance in individualized production[J]. CIRP Annals-Manufacturing Technology, 2017, 66(1):137-140.

[14] Cai Y, Starly B, Cohen P, et al. Sensor data and information fusion to construct digital-twins virtual machine tools for cyber-physical manufacturing[J]. Procedia Manufacturing, 2017, 10:1031-1042.

[15] Li C Z, Mahadevan S, Ling Y, et al. Dynamic bayesian network for aircraft wing health monitoring digital twin[J]. AIAA Journal, 2017, 55(3):930-941.

[16] Tao F, Zhang M. Digital twin shop-floor: a new shop-floor paradigm towards smart manufacturing[J]. IEEE Access, 2017, 5:20418-20427.

[17] Noack B R, Brunton S L. Closed-loop turbulence control: progress and challenges[J]. Applied Mechanics Reviews, 2014, 67(5).

[18] Md. Shahriar S, McCulluch J. A dynamic data-driven decision support for aquaculture farm closure[J]. Procedia Computer Science, 2014, 29(2):1236-1245.

[19] Du J, Fang F, Pain C C, et al. POD reduced-order unstructured mesh modeling applied to 2D and 3D fluid flow[J]. Computers and Mathematics with Applications, 2013, 65(3):362-379.

[20] 王博斌，张伟伟，叶正寅. 基于神经网络模型的动态非线性气动力辨识方法[J]. 航空学报，2010，31(7):1379-1388.

[21] 安效民，徐敏，陈士橹. 多场耦合求解非线性气动弹性的研究综述[J]. 力学进展，2009，39(3):284-298.

[22] Gugercin S, Antoulas A C. A survey of model reduction by balanced truncation and some new results[J]. International Journal of Control, 2004, 77(8):748-766.

[23] Knockaert L, Zutter D D. Stable laguerre-SVD reduced-order modeling[J]. IEEE Transactions on Circuits and Systems I: Fundamental Theory and Applications, 2003, 50(4):576-579.

[24] Kunisch K, Volkwein S. Galerkin proper orthogonal decomposition methods for a general equation in fluid dynamics[J]. SIAM J. Numerical Analysis, 2002, 40(2):492-515.

[25] Noack B R, Morzyński M, Tadmor G. Reduced-Order Modelling for Flow

Control[M]. Vienna: Springer, 2011:111-149.

[26] Wärmefjord K, Söderberg R, Lindkvist L, et al. ASME 2017 international mechanical engineering congress and exposition[J]. American Society of Mechanical Engineers, 2017, V002T02A101-V002T02A101.

[27] Schleich B, Anwer N, Mathieu L, et al. Computer aided geometric design[J]. J. Comput. Inf. Sci. Eng, 2003, 3(1):95-99.

[28] Kammann E, Tröltzsch F, Volkwein S. Approximation of large-scale dynamical systems[J]. Esaim Mathematical Modelling & Numerical Analysis, 2013, 47(2):556-582.

[29] Voitcu O, Wong Y S. An improved neural network model for nonlinear aeroelastic analysis[J]. 44th AIAA/ASME/ASCE/AHS/ASC Structures, Structural Dynamics, and Materials Conference, 2013, 1493.

[30] Lai K L, Tsai H M. Flutter Simulation and Prediction with CFD-based Reduced-Order Model[J]. Advanced manufacturing, 2013, 7:5229-5245.

[31] Schmit R, Glauser M. Improvements in low dimensional tools for flow-structure interaction problems: using global POD [J]. 42nd AIAA Aerospace Sciences Meeting and Exhibit. 2004, 889-891.

第 5 章

阵列天线装配性能高精准预测

5.1 阵列天线装配机械性能高精准预测

5.1.1 基于数字孪生–云–边融合的阵列天线装配机械性能在线预测方法

5.1.1.1 融合数字孪生与云–边协同的阵列天线装配机械性能在线预测系统结构

1. 数字孪生–云–边融合的关键技术

数字孪生–云–边融合是一种新兴的计算模式,它将数字孪生技术、云计算和边缘计算相结合,为工业和智能化领域提供了更加高效、可靠、安全的运行模式。数字孪生–云–边融合的关键技术主要有以下几个:

(1)数字孪生技术。数字孪生是通过虚拟化技术将物理系统的运行状态、行为特征、性能指标等数字化建模,从而实现对物理系统进行仿真、分析和优化的技术。数字孪生技术可以提高工业系统的运行效率,降低成本并提高安全性。

(2)云计算。云计算是一种基于互联网的计算模式,具有按需提供计算资源和服务的能力,包括存储、处理、网络和应用服务等。云计算可以提高计算资源的利用率,降低成本,提高业务灵活性和安全性。

(3)边缘计算。边缘计算是将计算、存储和网络服务推近到数据产生的地方,降低数据传输延迟和成本的一种计算模式。边缘计算可以实现对实时数据的快速响应和处理,提高业务效率和可靠性。

数字孪生–云–边融合的运行模式可以概括为以下几个步骤:

■基于数字孪生的复杂产品智能装配车间质量预测、控制理论与方法■

步骤1：采集实时数据。通过传感器等设备采集物理系统的实时数据。

步骤2：将数据传输到边缘设备。将采集到的数据传输到边缘设备，边缘设备可以对数据进行初步处理和分析，同时将数据传输到云端进行进一步处理和存储。

步骤3：云端数据处理。云端对数据进行综合分析、建模和优化，生成数字孪生模型，为物理系统的运行提供支持和指导。

步骤4：数字孪生应用。将数字孪生模型应用到物理系统的运行中，实现对物理系统的远程监控、性能预测和优化控制。

步骤5：数据反馈与更新。将物理系统的运行数据反馈到数字孪生模型中，实现数字孪生模型的更新和优化。

2. 数字孪生-云-边融合的核心问题

数字孪生与云-边协同融合是指利用数字技术和云计算、边缘计算等技术手段来实现物理世界和数字世界的高度融合，从而提高物理系统的效率、安全性、可靠性和可维护性。其核心问题是如何建立一个高度精确的数字孪生模型，以模拟物理系统的运行情况，并实时获取、处理、分析传感器数据，从而实现对物理系统的精确控制和预测。此外，数字孪生与云-边协同融合还需要解决数据隐私与安全、通信带宽、计算资源等方面的问题，以确保系统的安全性、可靠性和可扩展性。

3. 数字孪生-云-边融合的技术架构

数字孪生作为一种基于数字化技术的概念，它将物理实体（如设备、产品、流程等）和其数字化表示相结合，以实现实时监测、预测和优化。随着物联网技术的不断发展，数字孪生技术也逐渐被应用于高精密一体化阵列天线装配过程的实时监控与性能预测中，并发挥着巨大的作用。然而，数字孪生需要大量的数据支持，而数据采集和处理的成本往往较高。因此，本节提出一种融合数字孪生与云-边协同的阵列天线装配性能预测解决方案。数字孪生与云-边协同融合是一种新型的数据处理架构，它将数据处理能力从云端转移到边缘设备，以降低延迟和成本，并提高数据处理的效率。在阵列天线装配过程中，通过将数字孪生模型部署到边缘设备上，可以实现对装配过程的实时监测和控制。同时，云端的计算能力可以用来训练和优化数字孪生模型，以进一步提高模型的准确性和可靠性，实现天线装配过程的性能快速响应。数字孪生-云-边融合的技术架构如图5.1所示。

数字孪生-云-边融合的技术架构总体分为两层：物理层和虚拟层。物理层是数字孪生系统中的一个重要组成部分，它是数字孪生系统对现实制造车间进行数字化仿真和监控的实际场景。数字孪生系统的物理层与制造现场紧密相连，具体包括装配产线、装配工具、AGV、传感器和 PLC 控制设备等各种现场设备和工具。这种紧密联系，可以实现对制造现场的实时数据采集、数字化仿真和监控，从而帮助企业实现数字化制造和提高生产效率。数字孪生系统的物理层能够支持灵活的通信协议，并提供多种接入方式，如 5G 和工业以太网等，以便实现对边缘节点的访问。这种灵活的通信协议和接入方式，可以让数字孪生系统更好地适应不同的生产场景和通信环境，从而提高数字孪生系统的可用性和适用性。

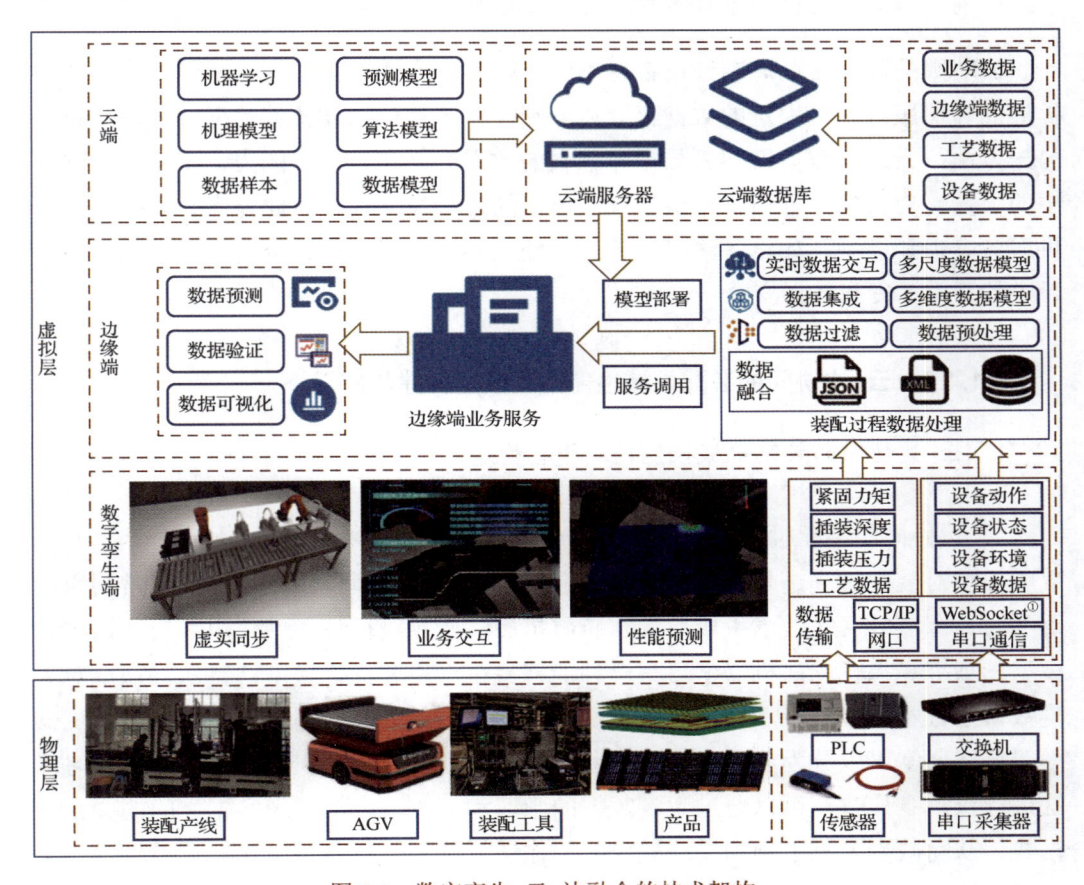

图 5.1　数字孪生-云-边融合的技术架构

数字孪生系统的虚拟层是整个系统的核心层，一般将核心层部署在网络虚拟空间中，通过各种网络通信方式接入车间各物理设备并实现各设备的数据采集，在阵列天线装配机械性能高精准预测中，虚拟层可以分为数字孪生端、边缘端以及云端。

数字孪生端是物理层的人、机、物、环境等各种生产要素的高保真镜像，是物

---

① WebSocket 是一种在单个 TCP 连接上进行全双工通信的协议。

理层的全要素映射。一方面，阵列天线在物理层内的装配状态和过程可以动态地、实时地、准确地映射到数字孪生端中，进而实现装配过程的动态感知；另一方面，数字孪生端的定义和规划信息也可以精确地同步到物理层的对应实体，支撑数字孪生端对物理层的全要素映射。

边缘端则部署在制造设备上，为了实现阵列天线装配性能的在线快速高精准预测，通常在边缘端部署装配性能预测模型，以提供轻量级的智能化计算服务。同时，基于边缘端的预测结果以及传感器数据的实时采集，将装配性能预测结果上传到云端，作为模型迭代更新的数据样本，实现云端预测模型的迭代训练。

云端则是部署在远离制造设备现场的一端。一方面，云端可以提供高容量和可扩展的存储服务，将大量的数据存储在云端，以支持边缘设备的数据共享和分析。另一方面，借助云服务器和云数据库强大的数据存储和云计算能力，使用云数据库中的大量历史数据进行训练，保证预测模型的性能和准确性。此外，云端还可以提供服务管理和控制，如设备注册、数据传输、数据处理和结果分析等，以确保边缘设备的正常运行和数据安全。

5.1.1.2　云-边协同的装配机械性能预测模型构建与应用

1. 云-边协同的装配机械性能预测模型构建

云-边协同的装配机械性能预测模型一般是通过云端和边缘端的协同作用，利用数学模型对装配过程进行预测和优化。在建立相关数学模型的过程中，通常利用机器学习、深度学习等技术手段，构建装配机械性能预测模型，并使用历史数据进行模型的训练和调优。而机器学习是一种能够自主学习和优化模型的算法，通过对大量数据进行学习和分析，可以从中发现数据之间的关系，并用于预测和决策。机器学习算法通常可以分为监督学习、无监督学习和半监督学习三种。借助机器学习算法进行预测工作时，可以通过大量数据的学习和训练，自动发现数据之间的关系和模式，从而减少人工干预和手动建模的工作量。此外，机器学习算法可以根据历史数据和输入变量的变化，进行更准确的预测，从而提高模型的预测能力和精度。不仅如此，机器学习算法可以在短时间内快速处理大量数据，实现实时的数据处理和决策，适用于需要快速响应的应用场景。

本节以 BP 神经网络为例，介绍如何构建基于 BP 神经网络的云-边协同装配机械性能预测模型。BP 神经网络是一种常用的人工神经网络，可以用于解决回归和分类问题。该模型具有优秀的非线性拟合能力，能够从大量数据中学习复杂的模式。因此，BP 神经网络在阵列天线装配机械性能预测中具有广泛的应用前景。BP 神经网络的网络结构包括输入层、隐藏层和输出层。输入层节点数等于输入特征的维度，输出层节点数等于预测结果的维度。隐藏层节点数是根据经验和实验调整得到的，通常采用多层隐藏层的网络结构。BP 神经网络的网格结构如图 5.2 所示。

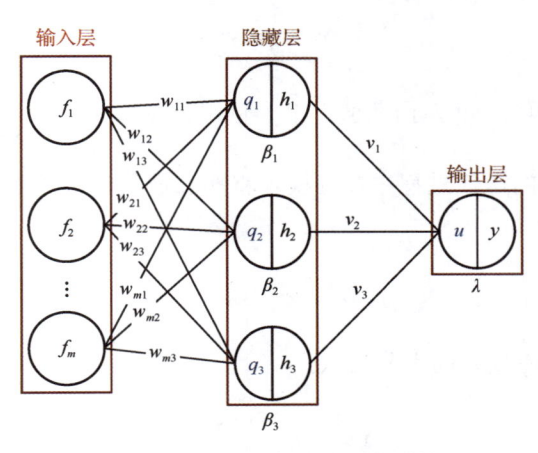

图 5.2　BP 神经网络的网络结构

可以从理论上证明，当隐藏层神经元的传递函数为有界单调递增的连续函数时，前馈神经网络的三层可以以任意精度逼近一个可微函数，因此选择三层 BP 神经网络模型来预测装配机械性能。在使用 BP 神经网络方法对阵列天线装配机械性能进行预测时，神经元是必不可少的。当输入为 $f_i(i=1,\cdots,m)$ 时，则可以通过使用权重 w 计算这些输入的线性组合来生成加权输入 u，u 可以表示为

$$u = \sum_{i=1}^{m} w_i f_i + \beta \tag{5.1}$$

其中，权重偏置的推导公式为

$$\begin{cases} q_1 = x_1 w_{11} + x_2 w_{21} + \cdots + x_i w_{i1} - \beta_1 \\ q_2 = x_1 w_{12} + x_2 w_{22} + \cdots + x_i w_{i2} - \beta_2 \\ q_3 = x_1 w_{13} + x_2 w_{23} + \cdots + x_i w_{i3} - \beta_3 \end{cases} \tag{5.2}$$

整理可得

$$\begin{cases} q_j = x_1 w_{1j} + x_2 w_{2j} + \cdots + x_i w_{ij} - \beta_j \\ h_j = f(x_1 w_{1j} + x_2 w_{2j} + \cdots + x_i w_{ij} - \beta_j) \end{cases} \tag{5.3}$$

式中，f 为激活函数。

在本节的阵列天线装配机械性能预测模型中，选择 sigmod 函数作为激活函数，其表达式为

$$f = \frac{1}{1+e^{-x}} \tag{5.4}$$

同理可得

$$u = h_1v_1 + h_2v_2 + h_3v_3 - \lambda$$
$$\hat{y} = f(h_1v_1 + h_2v_2 + h_3v_3 - \lambda)$$
$$\text{Loss} = \frac{1}{2}(y - \hat{y})^2 \tag{5.5}$$

式中，Loss 为损失函数，y 为预期值，$\hat{y}$ 为输出。

在 BP 神经网络的迭代过程中，各权重将随着迭代过程不断更新，其中，λ 的更新公式为

$$\lambda' = \lambda + \Delta\lambda \tag{5.6}$$

其中，$\Delta\lambda$ 沿负梯度方向下降最快：

$$\Delta\lambda = -\eta \cdot \frac{\partial \text{Loss}}{\partial \lambda} \tag{5.7}$$

式中，η 为学习率，且

$$\frac{\partial \text{Loss}}{\partial \lambda} = \frac{\partial \text{Loss}}{\partial \hat{y}} \cdot \frac{\partial \hat{y}}{\partial \lambda} = \frac{\partial \text{Loss}}{\partial \hat{y}} \cdot \frac{\partial \hat{y}}{\partial u} \cdot \frac{\partial u}{\partial \lambda} \tag{5.8}$$

其中，

$$\frac{\partial \text{Loss}}{\partial \hat{y}} = \frac{\partial \left(\frac{1}{2}(y-\hat{y})^2\right)}{\partial \hat{y}} = -(y - \hat{y}) \tag{5.9}$$

$$\frac{\partial \hat{y}}{\partial u} = \frac{\partial f(u)}{\partial u} = \frac{-(-e^{-u})}{(1+e^{-u})^2} = \hat{y} \cdot (1 - \hat{y}) \tag{5.10}$$

因此，对于 $\Delta\lambda$，其表达式为

$$\Delta\lambda = -\eta \cdot (y - \hat{y}) \cdot \hat{y} \cdot (1 - \hat{y}) \tag{5.11}$$

同理可得，Δv、$\Delta \beta$、Δw 的表达式分别为

$$\Delta v_i = \eta \cdot (y - \hat{y}) \cdot \hat{y} \cdot (1 - \hat{y}) \cdot h_i \tag{5.12}$$

$$\Delta \beta_i = -\eta \cdot (y - \hat{y}) \cdot \hat{y} \cdot (1 - \hat{y}) \cdot v_i h_i (1 - h_i) \tag{5.13}$$

$$\Delta w_{1i} = -\eta \cdot (y - \hat{y}) \cdot \hat{y} \cdot (1 - \hat{y}) \cdot v_i h_i (1 - h_i) \cdot x_1 \tag{5.14}$$

$$\Delta w_{2i} = -\eta \cdot (y - \hat{y}) \cdot \hat{y} \cdot (1 - \hat{y}) \cdot v_i h_i (1 - h_i) \cdot x_2 \tag{5.15}$$

基于上述原理，建立云-边协同的装配机械性能预测模型步骤如下。

步骤1：网络设计和初始化。设计BP神经网络的网络结构，包括输入层、隐藏层和输出层。在初始化时，需要对网络中的权重和偏置进行随机赋值，以便开始训练过程。

步骤2：前向传播。前向传播是指将输入数据通过神经网络得到输出结果的过程。在前向传播过程中，每个节点的输入值是上一层节点的输出值加权和当前节点的偏置值。输入值经过激活函数处理后，得到当前节点的输出值。整个网络的输出值即为输出层的输出值。

步骤3：反向传播。反向传播是指根据网络输出值和实际值的误差，通过链式求导的方式，对每个节点的权重和偏置进行调整的过程。在反向传播中，需要计算每个节点的误差，然后根据误差大小，计算每个节点的梯度，并根据梯度大小，调整每个节点的权重和偏置。

步骤4：训练和优化。在完成一次前向传播和反向传播后，根据误差大小，计算网络的总误差，并根据总误差，调整网络的权重和偏置。然后，可以继续进行多次迭代训练，以优化网络性能。

步骤5：模型部署和测试。完成模型训练后，将其部署到云端和边缘设备上进行测试。在测试中，考虑模型的性能、延迟、精度等指标。

步骤6：模型监控和更新。在模型部署之后，对模型进行监控，以确保其稳定性和可靠性。同时，如果发现模型的性能不足或存在错误，需要进行模型更新。

云-边协同的装配机械性能预测模型构建的相关源码如图5.3所示。

2. 案例应用

阵列天线装配过程中，核心功能板（PCB板）装配对阵列天线整体性能影响较大，PCB板作为天线关键部件，焊接着IP核、SMPM等关键零件，且有20多万个焊点，焊点将直接影响PCB板在螺钉拧紧过程中产生的不规律形变以及应力变化，一旦焊点发生塑性变形将产生不可逆的损伤，严重影响焊点可靠性。本节以某型号阵列天线PCB板螺纹连接工序中板件应力应变性能作为研究对象，通过云-边协同技术、机器学习算法，构建PCB板在螺钉拧紧过程中的应力应变预测模型，对PCB板应力应变进行装配过程在线预测。

根据阵列天线装配工艺，在PCB板螺钉拧紧过程中，总共需要拧紧9颗螺钉，且螺钉拧紧顺序如图 5.4 所示。在拧紧过程中，为防止 PCB 板产生过大的应力应变，对 9 颗螺钉分 3 次循环依次拧紧，即第一次循环将螺钉拧紧至工艺要求最大力矩的 30%，第二次循环将螺钉拧紧至工艺要求最大力矩的 70%，第三次循环将螺钉拧紧至工艺要求最大力矩的 100%。

```python
        plt.show()


def model_train(input_num, output_num, x_file, y_file, str_type):
    # input_num表示样本的输入维度。output_num表示样本的输出维度。
    # x_file表示输入样本（一行是一个样本），y_file表示输出样本（一列是一个样本）
    os.environ["CUDA_VISIBLE_DEVICES"] = "0"
    x_data = pd.read_csv(x_file, header=None).values
    y_data = pd.read_csv(y_file, header=None).values
    y_data = y_data.transpose()
    assert x_data.shape[0] == y_data.shape[0], "x_data和y_data的数据行数不一致,合并失败...x_data的维度是{},y_data的维度是{}".format(
        x_data.shape, y_data.shape)
    z = np.concatenate((x_data, y_data), axis=1)
    # pd.DataFrame(z).to_csv(merge_file, index=None, header=None)
    assert z.shape[1] == input_num + output_num, "数据维度和输入输出数目不一致, {}!={}+{}".format(
        z.shape[1], input_num, output_num)
    x = z[:, 0:input_num]
    y = z[:, input_num:]
    x_train, x_test, y_train, y_test = train_test_split(x, y, test_size=0.1, random_state=0)
    x_train, x_dev, y_train, y_dev = train_test_split(x_train, y_train, test_size=0.1, random_state=0)
    now_time = datetime.datetime.now()
    str_time = now_time.strftime("%Y-%m-%d-%H-%M")
    x_scaler_file = 'E:/TrainData/' + str(str_time) + str(str_type) + 'X_scaler' + '.pkl'
    y_scaler_file = 'E:/TrainData/' + str(str_time) + str(str_type) + 'Y_scaler' + '.pkl'
    # 首先新建一个D:/TrainData的文件夹, 后面产生的文件都存这个文件夹内
    feature_norm(x, x_scaler_file)
    feature_norm(y, y_scaler_file)
    # 从导入的原始样本中设置训练样本x_train、测试样本x_test和模型评估样本x_dev
    # 上面两行的意思是将输入输出样本进行归一化，归一化后会产生x_scaler_file、y_scaler_file两个.pkl文件
    assert x_train.shape[0] == y_train.shape[0]
    assert x_dev.shape[0] == y_dev.shape[0]
    assert x_test.shape[0] == y_test.shape[0]

    # 定义一个训练模型
    inputs = keras.Input(shape=(input_num,))
    outputs = inputs
    # 表示有2层, 第一层有64个节点, 第二层有128个
    hidden_size = [64, 128]
    for unit_size in hidden_size:
        outputs = keras.layers.Dense(unit_size)(outputs)
        outputs = keras.layers.Dropout(0.2)(outputs)
    outputs = keras.layers.Dense(output_num, activation='linear')(inputs)
    model = keras.Model(inputs, outputs)
    model.compile(optimizer="adam", loss="mean_squared_error")

    x_scaler = joblib.load(x_scaler_file)
    y_scaler = joblib.load(y_scaler_file)
    norm_x_train = x_scaler.transform(x_train)
    norm_y_train = y_scaler.transform(y_train)
    norm_x_dev = x_scaler.transform(x_dev)
    norm_y_dev = y_scaler.transform(y_dev)
    norm_x_test = x_scaler.transform(x_test)
```

图 5.3　云-边协同的装配机械性能预测模型源码

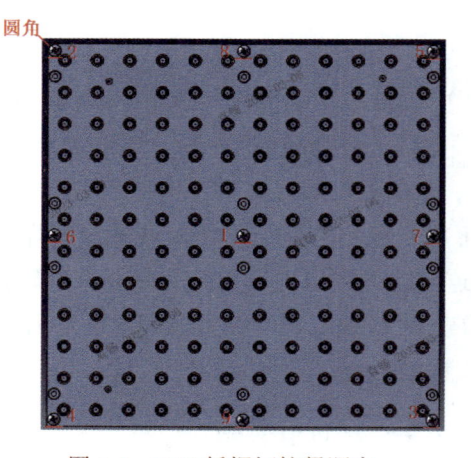

图 5.4　PCB 板螺钉拧紧顺序

第 5 章　阵列天线装配性能高精准预测

基于上述装配工艺，利用 ABAQUS 有限元快速仿真技术，对 PCB 板螺钉拧紧过程进行装配仿真，通过对 9 颗螺钉施加不同的拧紧力矩，仿真计算得到 PCB 板各节点的应力应变值，仿真结果如图 5.5 所示。

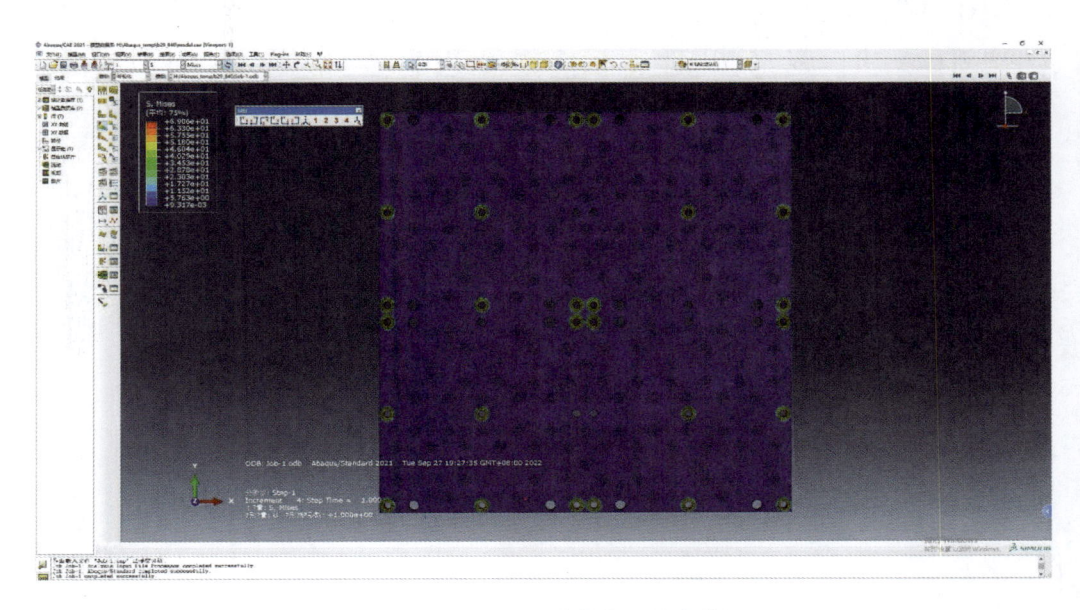

图 5.5　PCB 板螺纹连接装配仿真结果

PCB 板应力应变性能具有高维度的特点，基于 ABAQUS 有限元快速仿真技术，共收集到 1500 组仿真数据样本，其中 1200 组作为训练集建立性能预测模型，150 组作为验证集，150 组作为测试集。建立云-边协同的装配机械性能预测模型，将 PCB 板 9 颗螺钉的拧紧力矩作为预测模型的输入向量，PCB 各节点的应力应变值作为输出向量进行预测。在模型算法中，构造 3 层 BP 神经网络预测模型，输入层神经元为 9 个，设置 Adam 为优化器，默认学习率为 1e-3，设置 Dense 全连接层，并在全连接层添加 Dropout 正则化，将随机失活率 dropout rate 设置为 0.2，单次训练选取样本数 batch_size 设置为 64，训练次数 epoch 设置为 1000。为满足模型对输入输出数组衡量标准不同的要求，在训练模型之前对数据样本进行了线性归一化，使数值取值在[0, 1]区间内，归一化表达式为

$$x' = \frac{x - x_{\min}}{x_{\max} - x_{\min}} \tag{5.16}$$

式中，x' 为归一化处理后的样本数值，x 为样本的实际数值，$x_{\max}$ 为样本实际数值的最大值，$x_{\min}$ 为样本实际数值的最小值。

通过模型的训练，并将归一化的预测结果进行还原处理得到预测值。随机提取 4 个节点得到的应力预测值与仿真值对比如图 5.6 所示，随机取值对比如表 5.1 所示。

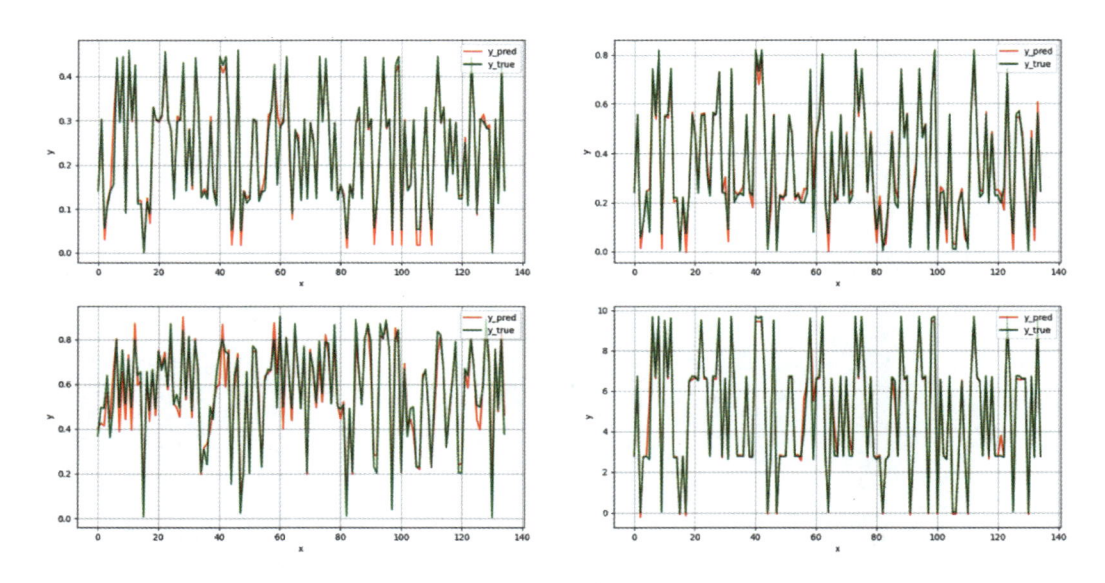

图 5.6　PCB 板节点应力预测值与仿真值对比

表 5.1　PCB 板节点应力预测值与仿真对比表

节点编号	分类	样本 1	样本 2	样本 3	样本 4	样本 5	样本 6
Node7	预测值	1.860	1.919	0.852	0.911	1.880	1.917
	仿真值	1.864	1.944	0.852	0.911	1.865	0.864
Node85	预测值	0.217	0.351	0.072	0.092	0.223	0.265
	仿真值	0.201	0.349	0.086	0.095	0.204	0.242
Node489	预测值	0.571	1.356	0.008	0.034	0.569	0.623
	仿真值	0.556	1.347	0.029	0.071	0.553	0.020
Node705	预测值	0.843	0.992	0.351	0.347	0.869	0.894
	仿真值	0.892	0.991	0.357	0.349	0.904	0.841

5.1.2　阵列天线装配机械性能预测的可视化方法

5.1.2.1　基于 Unity 引擎网格编程的阵列天线装配零部件网格重构

1. 有限元网格信息存储与读取

由 ABAQUS 有限元仿真网格信息可知，三维模型是由三角面片构成的，而三角面片的形状与构成方式由网格顶点坐标和网格构造顺序决定。因此，有限元网格信息包括网格顶点坐标和网格构造顺序信息。

网格顶点坐标和网格构造顺序信息以数据表的方式存储。其中，网格顶点坐标的存储格式为行数为 m、列数为 3 的数据表，以存储网格模型顶点索引和顶点在物体坐标系下的空间位置三维坐标分量；网格构造顺序信息的存储格式为行数为 n、列数为 3 的数据表，以存储网格模型三角面片索引和构成三角面片的顶点索引。

在 Unity 引擎中通过编程实现网格顶点坐标和网格构造顺序信息的读取，网格顶点坐标和网格构造顺序信息转化为单精度浮点型二维数组 float[,]和整型二维数组 int[,]。

2. 有限元网格重构的网格编程实现

在 Unity 引擎中，网格编程是实现模型创建、模型可视化及模型变化效果的手段之一，利用网格编程，可以在 Unity 引擎中生成需要的网格模型，实现网格变形或某些动态特效。

Unity 引擎的网格编程主要通过对其内置的 MeshFilter 类中的属性进行赋值实现。其中网格重构通过修改 MeshFilter 类中的 Mesh 属性信息实现。MeshFilter 类中的 Mesh 属性为 Mesh 类的实例化，Mesh 类包含 vertices 和 triangles 字段，分别为存储三角面片顶点和网格构造顺序信息的数组。vertices 数组的数据类型为 Vector3[]，即数组中每个元素都用于记录对应顶点相对于物体本身的空间坐标；而 triangles 数组的数据类型为 int[]，其数组长度为网格模型三角面片数的 3 倍，与网格构造顺序信息类似，数组从前往后每 3 个元素对网格模型中的一个三角面片的构造顺序进行指定。

根据 vertices 和 triangles 数组的定义，在 Unity 引擎中完成网格信息读取后，对其进行数据转换，将原来的 float[,]和 int[,]二维数组转换为 Vector3[ ]和 int[ ]数据类型，并对 Mesh 属性的 vertices 和 triangles 数组进行赋值。图 5.7 为 Unity 引擎中网格模型信息读取与网格重构的伪代码。

```
Solution 网格模型信息读取与网格重构
Input: 网格模型信息文件路径 ResultFilePath,
Output: 有限元网格模型
1: 初始化数组 List<Vector3> vertices, List<int> triangles
2: 初始化数组 float[,] nodesPos, int[,] elementsOreder 用于存储节点空间位置信息和网格构造顺序信息
3: 通过自定义数据表文件读取类 ResultFileReader 的 ResultDataCollectionQuery 读取节点空间位置信息和网格构造顺序信息
4: 通过 AddComponent 方法添加 MeshFilter 组件并命名为 mesh
5: for j = 1, 2, ..., n do(n 为 nodesPos 的数组一维长度)
6:     vertices.Add(new Vector3(nodesPos[i, 0], nodesPos[i, 1], nodesPos[i, 2]))
7: end for
8: for i = 1, 2, ..., k do (k 为 elementsOreder 的数组一维长度)
9:     triangles.Add(elementsOrder[i, 0])
10:    triangles.Add(elementsOrder[i, 1])
11:    triangles.Add(elementsOrder[i, 2])
12: end for
13: mesh.vertices ← vertices.ToArray()
14: mesh.triangles ← triangles.ToArray()
```

图 5.7 Unity 引擎中网格模型信息读取与网格重构的伪代码

由于网格模型信息读取与网格重构耗时较长,因此应该将网格模型信息读取与网格重构代码放在 Awake()方法体内,在组件实例化阶段完成读取和重构工作。完成阵列天线装配体网格重构后的阵列天线各零部件网格模型如图 5.8 所示,图中从左到右分别为阵列天线散热板、PCB 板和天线板的网格模型。

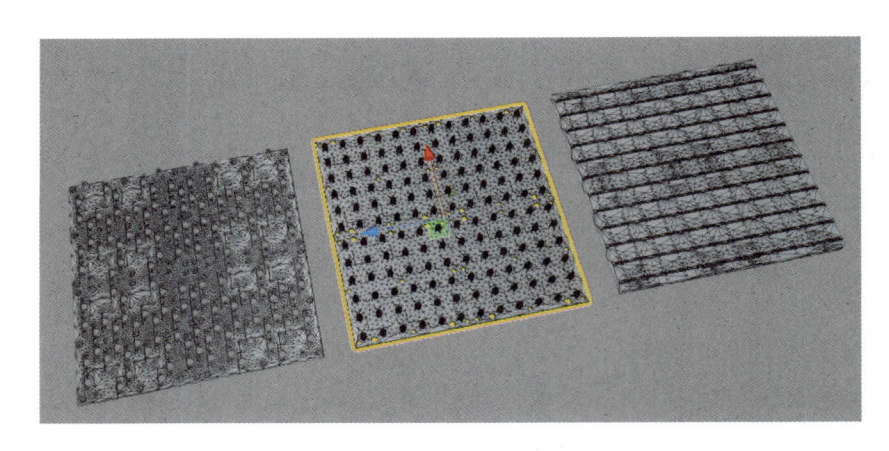

图 5.8　网格重构后的阵列天线各零部件网格模型

5.1.2.2　预测结果的可视化渲染

在有限元仿真软件中,计算分析后的后处理工作往往是通过对有限元网格节点分析值计算颜色值,再将根据节点颜色值对网格模型进行云图渲染以实现有限元仿真结果的可视化。云图渲染能清晰直观地描述有限元仿真结果在模型中的分布情况。本节根据阵列天线装配性能指标代理模型的预测值,研究 Unity 引擎中实现预测结果快速云图渲染的可视化技术。

1. 渲染管线与着色器

(1) 渲染管线介绍

渲染管线(Rendering Pipeline)也称渲染流水线,是基于管线架构的图像渲染单元。在渲染过程中,计算机 CPU 与 GPU 共同参与图形信息处理。渲染管线将 CPU 和 GPU 的处理过程主要划分为三个阶段,分别为应用阶段、几何阶段和光栅化阶段。

在整个渲染过程中,有两个过程是必须且完全可编程控制的,分别是顶点着色器操作和片元着色器操作。其中,顶点着色器操作对模型顶点位置、渲染结果进行控制;片元着色器操作是对模型的逐像素着色过程,根据顶点的颜色、法线等顶点信息计算每个片元的颜色,随后经过逐片元操作完成图像渲染。在 Unity 引擎中,主要通过着色器(Shader)程序对两者进行控制。

(2) Unity 引擎着色器介绍

着色器是实现图像渲染的技术，用以代替固定渲染管线以实现各种渲染效果。在 Unity 引擎中，着色器程序使用由 Unity 引擎封装的 ShaderLab 语言进行编写。着色器程序内部的顶点函数和片元函数分别用以控制渲染管线的顶点着色器操作和片元着色器操作。

2. 云图效果着色器的程序设计

有限元软件在分析完成后进行可视化处理阶段时，一般以云图的形式实现结果可视化，通过建立分析值和相应颜色值之间的映射关系，来描述分析值在有限元模型中的分布情况，并且通常用红色表示最大数值、蓝色表示最小数值。另外，在 Unity 引擎中，主要使用 RGB 色彩模型和 HSV 色彩模型来表示颜色。

在 RGB 色彩模型与 HSV 色彩模型中，任意颜色都可以被一个三维向量确定。在 RGB 色彩模型中，所有颜色都通过红（Red）、绿（Green）、蓝（Blue）三种颜色的线性组合表示，通过三种颜色线性组合出的颜色空间为立方体空间，颜色区间为（0,0,0）到（255,255,255）。在 HSV 色彩模型中，所有颜色都通过色调（Hue）、饱和度（Saturation，Chroma）以及明度（Value）表示，其中色调值用角度表示。以一个周期角度为取值范围，由三者组合出的颜色空间为圆锥体空间，转换成数值颜色区间为（0,0,0）到（1,1,1）。图 5.9 为 RGB 色彩模型与 HSV 色彩模型的颜色空间对比图。

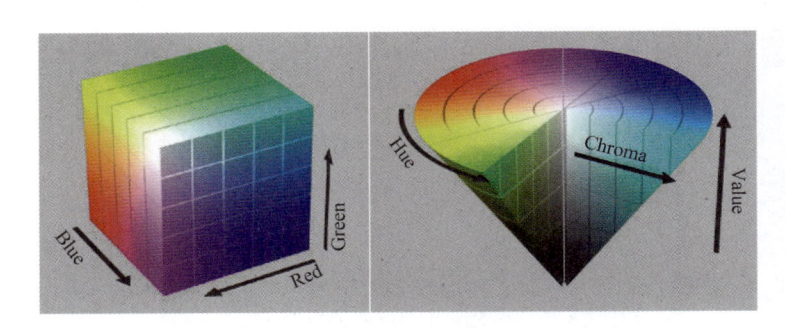

图 5.9 RGB 色彩模型（左）与 HSV 色彩模型（右）的颜色空间对比图

相对于 RGB 色彩模型，HSV 色彩模型更面向用户。在 HSV 色彩模型中，只需保持饱和度和明度值为 1，便可以很容易地取得单一颜色。因此本节采用 HSV 色彩模型对云图渲染颜色值进行计算。

(1) 着色器顶点函数设计

在 HSV 色彩模型中，红色和蓝色对应的色调值分别为 0 和 2/3，因此表示云图的颜色区间为（0,1,1）到（2/3,1,1）。在 Unity 引擎着色器中，通过赋予网格模型每个顶点颜色值并根据顶点颜色值进行线性插值计算，进而确定每个片元颜色，完成图像渲染并返回。因此，在着色器程序的设计中应该将顶点在模型空间中的位置经过矩阵计算变换到裁剪空间中，并从顶点函数传入模型顶点的颜色值，为后续的片元颜色插值计算进行数据准备。表 5.2 为云图效果着色器顶点函数关键方法或属性及其作用。

表 5.2　云图效果着色器顶点函数关键方法或属性及其作用

关键方法或属性	方法或属性的作用
UnityObjectToClipPos(v.vertex)	用于获取模型网格顶点在模型空间中的三维坐标，并将坐标从模型空间转换到剪裁空间
v.color	用于获取从应用程序传递到顶点函数的模型网格顶点的颜色值
f.position	用于存储从顶点函数传递到片元函数的顶点位置信息
f.color	用于存储从顶点函数传递到片元函数的顶点颜色信息

（2）着色器片元函数设计

利用片元函数，GPU 可通过顶点函数传入的顶点颜色信息实现逐像素着色过程。而由于 HSV 色彩模型的色调值是以角度度量的，当进行片元颜色插值计算时，计算总会朝向角度变化较小的方向进行插值。因此在采用三维向量的方式进行颜色表示的情况下，当单个面片相邻顶点的颜色色调值跨度大于 1/2（即色调跨度大于半个周期）时，插值计算会朝着小于 1/2 的方向进行。以图 5.10 所示左侧三角面片为例，对点 A 赋予红色而对点 B、点 C 赋予蓝色时，由于点 A 与点 B、点 C 的色调跨度过大，因此，片元颜色插值计算方向错误导致异常的云图渲染效果。

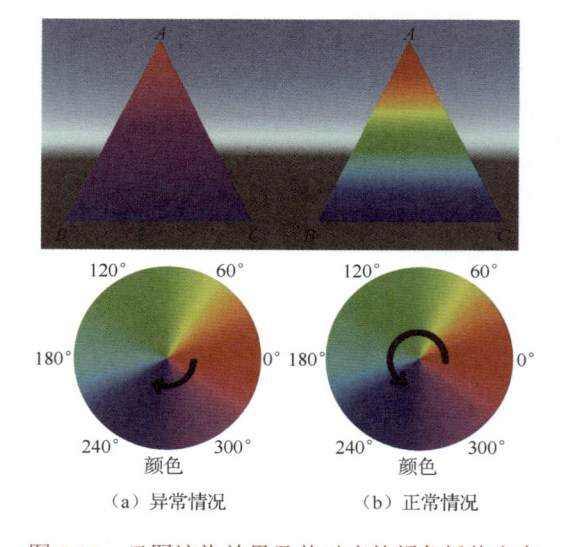

（a）异常情况　　（b）正常情况

图 5.10　云图渲染效果及其对应的颜色插值方向

第 5 章 阵列天线装配性能高精准预测

为解决颜色插值计算方向错误问题，本节采用纹理采样的方式对插值计算的颜色进行校正，以图 5.11 所示的云图颜色变化梯度图为纹理采样目标，将原片元颜色值转换为相应的纹理坐标，并根据纹理坐标在梯度图上进行采样。

图 5.11　云图颜色变化梯度图

在片元着色器进行逐像素计算时，建立颜色值与云图颜色变化梯度之间的映射关系，并根据映射关系将颜色值转化为纹理坐标，再对云图颜色变化梯度图进行采样，从而实现图 5.10（b）所示的三角面片颜色正常的云图渲染效果。具体步骤如下：

① 由于 GPU 是基于 RGB 色彩模型进行颜色计算的，而云图效果的实现基于 HSV 色彩模型，因此首先进行颜色值从 RGB 色彩模型到 HSV 色彩模型的转换。转换方式为

$$\max = \max(r/255, g/255, b/255), \min = \min(r/255, g/255, b/255) \quad (5.17)$$

$$h = \begin{cases} 0 & ,\max = \min \\ \left(\dfrac{g-b}{\max-\min} \times 60°\right)/360° & ,\max = r \text{ 且 } g \geqslant b \\ \left(\dfrac{b-r}{\max-\min} \times 60° + 120°\right)/360°, \max = g \\ \left(\dfrac{r-g}{\max-\min} \times 60° + 240°\right)/360°, \max = b \\ \left(\dfrac{b-g}{\max-\min} \times 60° + 360°\right)/360°, \max = r \text{ 且 } g \geqslant b \end{cases} \quad (5.18)$$

$$s = \begin{cases} 0 & ,\max = 0 \\ 1 - \dfrac{\min}{\max} & ,\max \neq 0 \end{cases} \quad (5.19)$$

$$v = \max \quad (5.20)$$

式中，r、g、b 分别为 RGB 色彩模型中颜色的三个分量值，h、s、v 分别为 HSV 色彩模型中颜色的三个分量值，max 和 min 分别为 RGB 颜色分量归一化后的分量最大值和最小值。

② 完成色彩模型的转换后，通过纹理采样进行颜色值映射。在 Unity 引擎中，贴图（Texture）拥有一套纹理坐标（UV 坐标），并且设置贴图纹理坐标为：左下角为（0,0）、右下角为（0,1）、左上角为（1,0）、右上角为（1,1）。由于图 5.11 所示的云图颜色变化梯度方向为水平方向，因此根据转换得到的 HSV 色彩模型下颜色的色

调值映射到贴图对应的纹理坐标 V 坐标轴上的分量进行颜色采样,具体为

$$v = \begin{cases} 3(1-h), & \frac{2}{3} < h < 1 \\ \frac{3}{2}h, & h \geq \frac{2}{3} \end{cases} \quad (5.21)$$

式中,h 为色调值,v 为纹理坐标 V 坐标轴上的分量值。

通过 tex2D(Texture,UV)方法以图 5.10 为采样目标,根据映射得到的纹理坐标获得对应的颜色,保证云图渲染效果的正确性。

Unity 引擎云图效果着色器编程实现伪代码如图 5.12 所示。

```
Solution 云图效果着色器
Input: 云图颜色变化梯度图
Output: 云图渲染效果
 1: 初始化 2D 贴图属性 Texture,用于挂载云图颜色变化梯度图
 2: 定义子着色器和对应渲染通道
 3: 在渲染通道中定义应用阶段传入顶点函数的数据结构体a2v 和顶点函数传入片元函数的数据结构体v2f
 4: 将_Texture 声明为纹理变量
 5: 定义 RGB 色彩模型转换为 HSV 色彩模型颜色值的方法RGB2HSV
 6: 定义方法ColorConvert,用以通过纹理坐标实现云图颜色变化梯度图的纹理采样
 7: 实现顶点函数vert,其中:
   • 声明结构体v2f 为f
   • 通过UnityObjectToClipPos 方法获取顶点在模型空间中的三维坐标,并将坐标转换到剪裁空间
   • 通过f.color ← v.color 的方式将顶点颜色值传入片元函数中
 8: 实现片元函数frag,其中:
   • 调用方法RGB2HSV,将传入的 RGB 模型颜色值转为 HSV 色彩模型颜色值convertedColor
   • 调用方法ColorConvert,根据convertedColor 对_Texture 进行纹理采样并将采样颜色返回
```

图 5.12　Unity 引擎云图效果着色器编程实现伪代码

3. 基于预测结果的网格渲染计算

建立分析值和颜色值之间的正确映射关系是分析值云图正确渲染的关键。对于性能指标预测结果来说,预测结果最大值呈现红色,即在 HSV 色彩模型下颜色值为(0,1,1);最小值呈现蓝色,即在 HSV 色彩模型下颜色值为(2/3,1,1),对在两者之间的预测结果则通过线性插值的方式计算得到相应的色调值 hue,其计算公式如下:

$$\text{hue} = \frac{2}{3}\left(1 - \frac{\text{res} - \min}{\max - \min}\right) \quad (5.22)$$

式中,max 和 min 分别为预测值中的最大值和最小值,res 为预测结果。

在 Unity 引擎中，网格顶点的颜色数据是以 RGB 色彩模型下的颜色值进行计算的，因此在将颜色值传给着色器进行处理之前，需要调用 Unity 引擎中的内置方法 Color.HSVToRGB（HSVColor）将 HSV 色彩模型下的颜色值转为 RGB 色彩模型下的颜色值。

在云图效果着色器完成片元颜色计算后，需要将颜色值返回并在网格模型上完成相应云图渲染。网格模型云图渲染计算通过 C#编程实现，其伪代码如图 5.13 所示，通过传入性能指标实时预测结果来输出整个网格模型的颜色值，实现性能指标云图可视化。

```
Solution: 网格模型云图渲染计算方法 ColorMapRenderingCalc
Input: 装配性能指标在有限元网格模型上的数值分布情况，用数
       组 physicsDatas 表示
Output: 有限元网格模型各节点颜色值，用数组
        colorDatas 表示
1  定义数组 hueColorH，数组长度与 physicsDatas 一致;
2  初始化 colorDatas，数组长度与 physicsDatas 一致;
3  获取 physicsDatas 中的最大值 max 和最小值 min;
4  if max = min then
5  |   for i = 1, 2, ..., n(n 为 colorDatas 的数组长度) do
6  |   |   colorDatas[i] ← Color.blue;
7  |   end
8  |   return;
9  end
10 range ← max − min;
11 for i = 1, 2, ..., n do
12 |   hueColorH[i] ← 2/3 ∗ (max − physicsDatas[i])/range;
13 |   colorDatas[i] ← Color.HSVToRGB(hueColorH[i], 1, 1);
14 end
```

图 5.13　网格模型云图渲染计算方法伪代码

5.1.2.3　装配过程可视化界面与交互界面设计

为实现虚拟环境下对阵列天线装配过程装配设备行为的同步映射，并对装配性能指标进行实时预测分析，对装配过程的可视化界面和交互界面进行设计，以获得最终的装配过程监控系统。为了实现可视化模块与物理层、数据层、数字孪生模型层之间的低耦合度且可扩展性，对监控系统可视化处理逻辑进行划分设计。如图 5.14 所示为阵列天线装配过程监控系统的设计方案，将监控系统分成数字孪生模型层、用户交互层与数据处理层。其中，数字孪生模型层负责装配性能指标代理模型、性能可视化模型和设备行为模型的存储；引擎用户交互层实现多种形式的装配过程可

视化功能；数据处理层负责对传输到 Unity 引擎中的数据进行处理，实现数字孪生模型层和用户交互层的互联。层与层之间的功能相互独立使得总体逻辑更加清晰且更利于可视化功能的扩展。

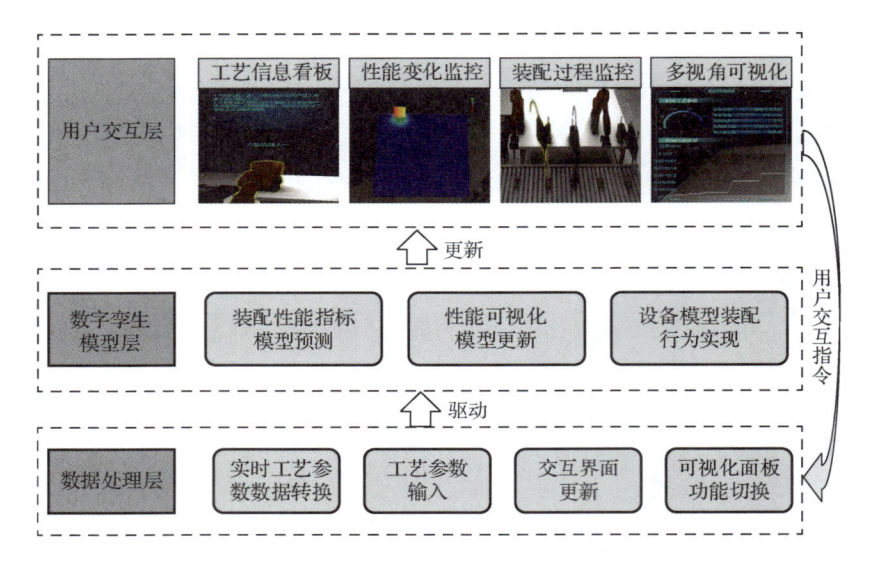

图 5.14　阵列天线装配过程监控系统设计

1. 装配过程与性能指标变化的可视化融合

为实时反映阵列天线装配过程对性能指标的影响，对装配过程与阵列天线性能指标变化可视化融合技术进行研究，以更加直观的方式呈现装配过程工艺参数、装配形式的变化对阵列天线装配性能指标的影响。

根据图 5.14 将装配过程与性能指标变化的可视化分为 3 个部分，各部分实现功能如下。

（1）数字孪生模型层主要存储装配性能指标代理模型、性能可视化模型和设备行为模型，根据数据处理层的数据输入、状态改变指令进行在线预测，以及性能可视化模型的更新和相应的装配行为驱动。

（2）用户交互层主要包括装配性能监控和装配过程监控两部分，分别实现阵列天线零部件性能指标的可视化和装配过程装配行为的可视化，如装配行为可视化、云图可视化渲染、数据图表展示等。

（3）数据处理层根据从数据层获取的标准化工艺参数数据，对数据进行解析和转换，并驱动数字孪生模型层进行相应的预测与装配行为。此外，数据处理层根据数字孪生模型层的输出数据进行用户交互层的实时更新。

第 5 章　阵列天线装配性能高精准预测

根据以上所述装配过程与性能指标变化可视化各部分划分及其功能，对可视化界面的逻辑处理流程进行如图 5.15 所示的设计。其中用户通过界面操作进行可视化面板的控制与切换，数据处理层接收到实时传输数据后，进行实时数据解析并结合用户输入的操作指令对数字孪生模型层进行驱动，实现设备行为模型的运动逻辑执行和装配性能指标代理模型的性能预测，另外代理模型预测结果驱动性能可视化模型的云图渲染计算。在用户交互层中，根据数字孪生模型层的处理结果，界面进行相应的装配过程信息和装配性能的可视化展示，从而达到装配过程多维度监控的目的。

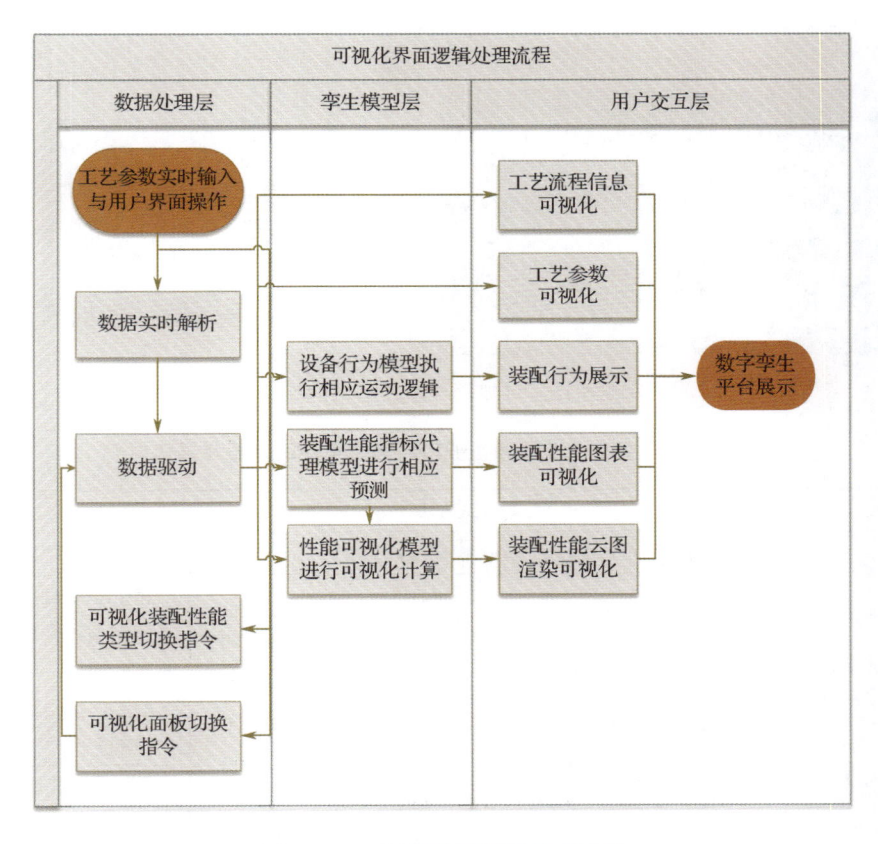

图 5.15　可视化界面逻辑处理流程

根据以上可视化界面逻辑处理流程，对各层的功能进行设计实现。如图 5.16 所示为可视化界面各子功能设计，包含数字孪生模型层（Model）、数据处理层（Data Process）以及用户交互层（View）的功能定义以及相互的内联关系。以下对各层所实现的功能进行介绍。

数字孪生模型层分为 3 个子功能模型，分别为设备行为模型（Equipment Assembly Model）、装配性能指标代理模型（Prediction Surrogate Model）以及性能可视化模型

（Assembly Visualization Model）。各子功能模型的属性或方法及其作用如表 5.3 所示。

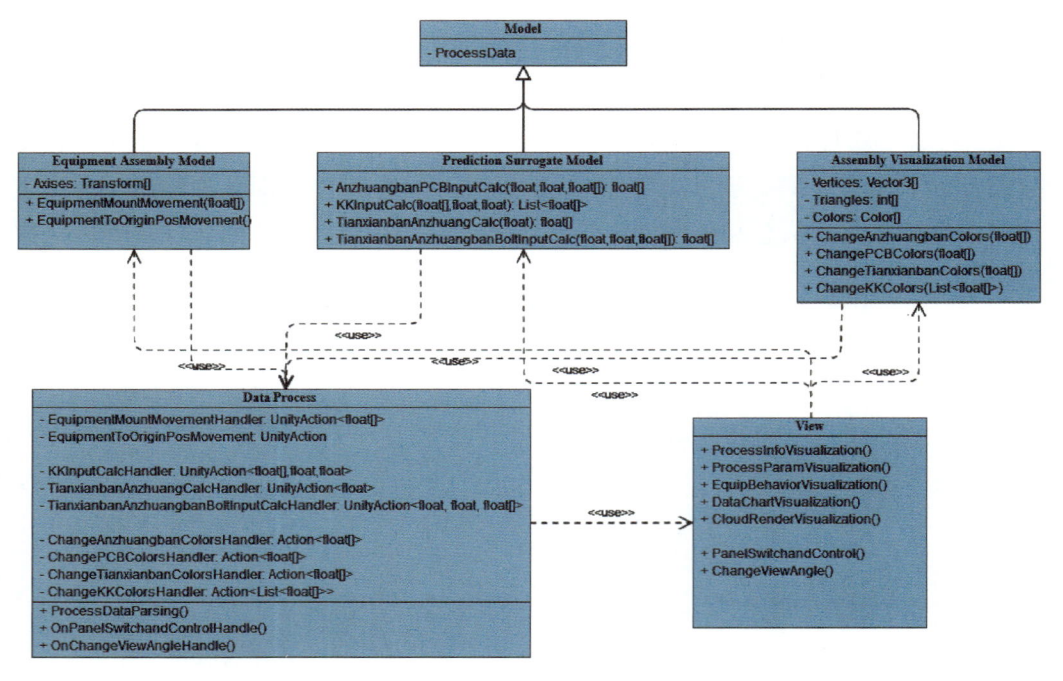

图 5.16　可视化界面各子功能设计

表 5.3　数字孪生模型层各子功能模型属性或方法及其作用

模　型	属性或方法	作　用
设备行为模型	EquipmentMountMovement(float[] axis)	存储设备模型装配行为
	EquipmentToOriginPosMovement()	存储设备模型复位行为
装配性能指标代理模型	AnzhuangbanPCBInputCalc(float inputMoment, float inputForce, float[] inputPosition)	PCB 板螺钉紧固的性能指标预测
	KKInputCalc(float[] inputForce, float coaxis, float parallel)	KK 电连接器插装的性能指标预测
	TianxianbanAnzhuangCalc(float inputForce)	天线板整体插装的性能指标预测
	TianxianbanAnzhuangbanBoltInputCalc(float inputMoment, float inputForce, float[] inputPosition)	天线板螺钉紧固的性能指标预测
性能可视化模型	Vertices	存储性能可视化模型的顶点位置信息
	Triangles	存储性能可视化模型的面片构造信息
	ChangeAnzhuangbanColors(float[] datas)	散热板性能可视化模型可视化计算
	ChangePCBColors(float[] datas)	PCB 板性能可视化模型可视化计算

续表

模　型	属性或方法	作　用
性能可视化模型	ChangeTianxianbanColors(float[] datas)	天线板性能可视化模型可视化计算
	ChangeKKColors(List<float[]> datas)	KK电连接器性能可视化模型可视化计算

数据处理层以 UnityAction、Action 委托形式与数字孪生模型层各子功能模型对应行为方法进行绑定互联，同时接收用户交互层的交互指令和对数据层的数据进行解析实现子功能模型的实时驱动。数据处理层的方法及其作用如表 5.4 所示。

表 5.4　数据处理层方法及其作用

方　法	作　用
ProcessingDataParsing()	数据层关键工艺参数的实时解析
OnPanelSwitchandControlHandle()	用户界面交互指令数据处理
OnChangeViewAngleHandle()	用户视角控制指令数据处理

用户交互层除了采集用户交互逻辑，也对数据处理层、数字孪生模型层的处理结果进行可视化展示。用户交互层的方法及其作用如表 5.5 所示。

表 5.5　用户交互层方法及其作用

方　法	作　用
ProcessInfoVisualization()	工艺信息数据更新及面板可视化展示
ProcessParamVisualization()	工艺参数更新及面板可视化展示
EquipBehaviorVisualization()	设备装配行为可视化展示
DataChartVisualization()	性能数据更新及图表可视化展示
CloudRenderVisualization()	性能可视化模型云图渲染更新及可视化展示
PanelSwitchandControl()	处理用户界面交互指令
ChangeViewAngle()	处理用户视角控制指令

可视化模块各部分功能通过 C#编程实现。在数字孪生模型层中，对装配过程的性能指标在线预测方法和装配过程设备模型装配行为进行定义，并通过委托实例化绑定方法的方式实现数据处理层输入事件的订阅与响应。图 5.17 所示为数字孪生模型层性能指标在线预测方法的定义和事件订阅，其中不同方法对应不同装配工序的

装配过程性能指标预测，通过数据处理层驱动代理模型进行不同装配过程相应输入条件下的预测并获得对应的计算预测结果。

```
void Start()
{
    //装配过程零部件性能指标预测计算方法绑定
    DataProcess.AnzhuangbanPCBInputCalcHandler += AnzhuangbanPCBInputCalc;
    DataProcess.KKInputCalcHandler += KKInputCalc;
    DataProcess.TianxianbanAnzhuangCalcHandler += TianxianbanAnzhuangCalc;
    DataProcess.TianxianbanAnzhuangbanBoltInputCalcHandler += TianxianbanAnzhuangbanBoltInputCalc;
}
/// <summary> 安装板-PCB螺钉紧固
private void AnzhuangbanPCBInputCalc(float inputMoment, float inputForce, float[] inputPosition)...
/// <summary> KK插装
private void KKInputCalc(float[] inputForce, float coaxis, float parallel)...
/// <summary> 天线板整体插装
private void TianxianbanAnzhuangCalc(float inputForce)...
/// <summary> 天线板-散热板螺钉紧固
private void TianxianbanAnzhuangbanBoltInputCalc(float inputMoment, float inputForce, float[] inputPosition)...
```

图 5.17　数字孪生模型层性能指标在线预测方法和事件订阅

在数字孪生模型层中，从数据处理层获得装配性能指标预测数据和工艺参数，来驱动有限元网格模型进行性能指标云图渲染和装配行为仿真。其中，云图渲染通过传入预测数据和网格模型云图渲染计算方法进行对应节点颜色值计算，并利用 MeshFilter 类中的 mesh.colors 属性对网格模型顶点进行着色。图 5.18 所示为数字孪生模型层实时云图渲染方法和事件订阅。

```
void Start()
{
    //装配过程零部件性能指标云图更新方法绑定
    DataProcess.ChangeAnzhuangbanColorsHandler += ChangeAnzhuangbanColors;
    DataProcess.ChangePCBColorsHandler += ChangePCBColors;
    DataProcess.ChangeTianxianbanColorsHandler += ChangeTianxianbanColors;
    DataProcess.ChangeKKColorsHandler += ChangeKKColors;
}
/// <summary> 散热板云图更新
private void ChangeAnzhuangbanColors(float[] datas)...
/// <summary> PCB板云图更新
private void ChangePCBColors(float[] datas)...
/// <summary> 天线板云图更新
private void ChangeTianxianbanColors(float[] datas)...
/// <summary> 144个KK连接器云图更新
private void ChangeKKColors(List<float[]> datas)...
```

图 5.18　数字孪生模型层实时云图渲染方法和事件订阅

数据处理层利用实时传入的标准化 JSON 格式数据进行反序列化获得工艺参数数据，并将数据传输至数字孪生模型层进行代理模型和三维模型的驱动；同时，数据处理层根据数字孪生模型层的预测计算结果对用户交互层发送交互界面更新指令，实现数据处理层与可视化界面、数字孪生模型层与用户交互层的互联。图 5.19 所示为数据处理层工艺参数输入与交互界面更新指令的实现。

```
//预测模型驱动
AnzhuangbanPCBInputCalcHandler.Invoke
    (processData.pcbAssem.inputMoment, processData.pcbAssem.inputForce, processData.pcbAssem.inputPosition);
KKInputCalcHandler.Invoke
    (processData.kkAssem.inputForce, processData.kkAssem.coaxis, processData.kkAssem.parallel);
TianxianbanAnzhuangCalcHandler.Invoke
    (processData.tianxianbanAssem.inputForce);
TianxianbanAnzhuangbanBoltInputCalcHandler.Invoke
    (processData.tianxianbanBoltAssem.inputMoment, processData.tianxianbanBoltAssem.inputForce, processData.tianxianbanBoltAssem.inputPosition);
//交互界面更新指令
ChangeAnzhuangbanColorsHandler.Invoke(anzhuangbanColors);
ChangePCBColorsHandler.Invoke(pcbColors);
ChangeTianxianbanColorsHandler.Invoke(tianxianbanColors);
ChangeKKColorsHandler.Invoke(anzhuangban_smpmColors);
ChangePCB_smpmColorsHandler.Invoke(KKColors);
ChangeTianxianban_smpmColorsHandler.Invoke(tianxianban_smpmColors);
```
三维模型驱动与动作指令

图 5.19　数据处理层工艺参数输入与交互界面更新指令的实现

对各部分完成相应的功能实现后，根据数据层的实测数据对可视化模块进行驱动，如图 5.20 所示为装配过程与性能指标变化的可视化融合界面，以 PCB 板与散热板的螺钉紧固工序为例，在进行 PCB 板螺钉紧固时，设备行为模型实现相应的装配行为，同时对 PCB 板模型进行预测应力值的云图渲染。

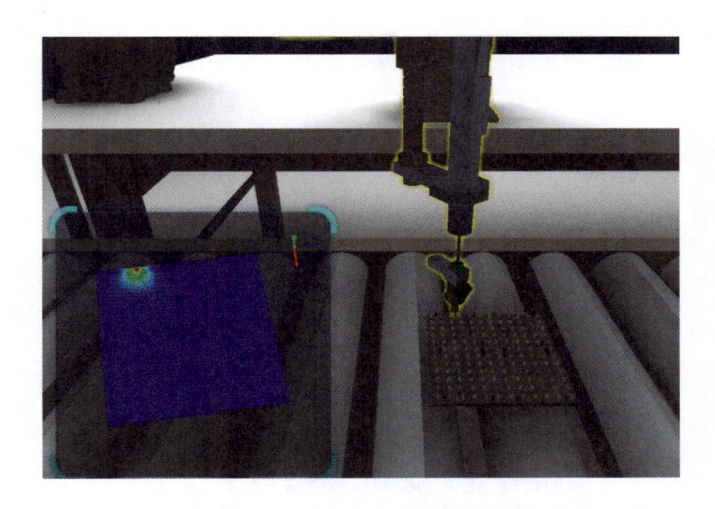

图 5.20　装配过程与性能指标变化的可视化融合界面

2. 装配过程多维度可视化交互界面设计

为实现阵列天线装配过程多维度的监控分析，对装配过程监控系统的可视化功能进行扩展，通过工艺信息看板、性能指标看板、动态性能变化图表等多形式多角度的可视化方式，实现装配过程全过程监控和多维度分析。

在 Unity 引擎中，通过其原生的用户界面解决方案 UGUI 实现工艺信息看板的设计，单击不同设备的标签对相应设备的工艺信息进行切换显示，实现对不同设备的装配任务信息的可视化。图 5.21 所示为监控系统工艺信息看板。

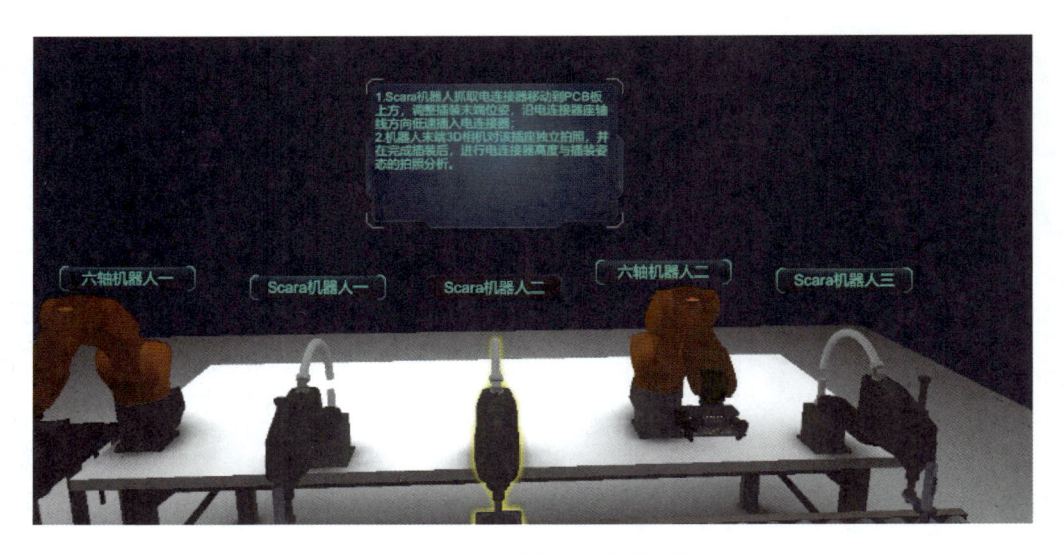

图 5.21 监控系统工艺信息看板

为更直观地描述阵列天线装配过程中工艺参数和装配性能指标变化，对工艺参数和性能指标看板界面进行设计，实现工艺参数、预测性能指标的定量分析。图 5.22 所示为监控系统性能指标预测面板，其中，工艺参数可视化通过参数面板和动态表盘的方式实现；性能指标看板采用动态曲线图的方式实现。

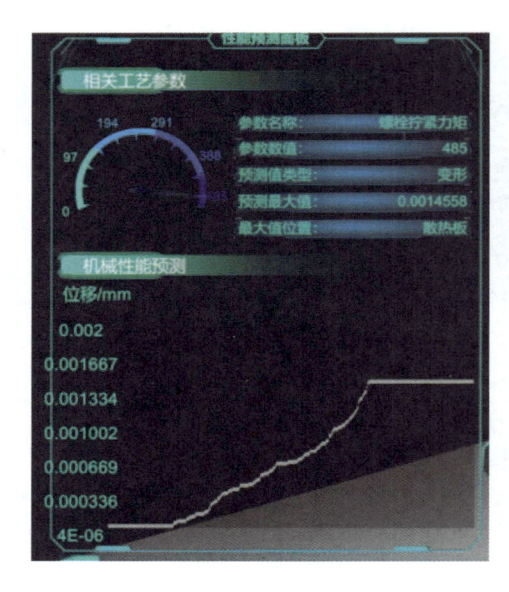

图 5.22 监控系统性能指标预测面板

图 5.23 所示为阵列天线装配过程监控系统的主界面，包括性能指标预测面板、云图渲染面板、工序统计信息面板等功能面板，同时支持监控视角自由操控，实现多视角多维度的阵列天线装配过程监控和性能指标预测。

图 5.23　阵列天线装配过程监控系统主界面

5.2　阵列天线装配电磁性能高精准预测

5.2.1　基于高斯过程回归的阵列天线装配电磁性能预测方法

5.2.1.1　高斯过程回归模型

阵列天线具有高精密度、高密度、跨尺度集成、机电强耦合等特点，其装配质量直接影响装备的核心性能。对于阵列天线而言，装配过程中不可避免地会引入形变、应力等问题，导致复杂产品实际电磁性能相对于期望中的性能发生变化。因此，阵列天线装配过程质量的一致性、稳定性和受控性成为决定电磁性能的关键。高斯过程可以看作有限维随机向量的分布向无穷维函数空间分布的推广，高斯过程回归（GPR）利用空间中已有样品点的输入输出对 (x,y)，预测出新的样品点 (x',y') 中的 y'，这里 x' 为预测输入。与传统插值方法不同的是，高斯过程回归引入空间关联度，认为 x 和 x' 不是独立变量，空间关联度用协方差函数计算，在高斯过程回归中用核函数计算协方差函数。以径向基函数为例，其假设空间中有两个不同的点 x 和 x'，它们的距离越近，各自对应的 y 和 y' 也就越相似。因此，高斯过程回归是基于相似性的机器学习方法，不需要显式指定函数的具体形式，而需要假设其服从某个指定均值函数和协方差函数的高斯过程，函数的后验分布是通过拟合训练数据自动学习得到的。

5.2.1.2　高斯过程回归训练

高斯过程回归可以选择不同的协方差函数，不同的协方差函数还可以相互组合，

从这点看，高斯过程回归预测精度比 Kriging 插值法精度更高。常用的协方差函数为 matern5/2，其数学定义为

$$k_{\text{matern}5/2}(\boldsymbol{x},\boldsymbol{x}') = \sigma_f^2 \left[1 + \sqrt{\frac{5}{2l^2}\|\boldsymbol{x}-\boldsymbol{x}'\|^2} + \frac{5}{3}\frac{\|\boldsymbol{x}-\boldsymbol{x}'\|^2}{2l^2}\right] \cdot \exp\left(-\sqrt{\frac{5}{2l^2}\|\boldsymbol{x}-\boldsymbol{x}'\|^2}\right) \quad (5.23)$$

式中，l^2 为方差尺度，σ_f^2 为信号方差，参数集合 $\theta = \{l^2, \sigma_f^2, \sigma_{\text{noise}}^2\}$ 为超参数。训练模型等价于求解超参数，通常用极大似然法求解超参数。

在高斯过程回归中，通常假设输入输出对 $(\boldsymbol{x},y)$，其中 $\boldsymbol{x}$ 为输入矢量，其输出 y 为观测变量。模型方程为

$$y = f(\boldsymbol{x}) + \varepsilon \quad (5.24)$$

式中，$f(\boldsymbol{x})$ 为信号项；ε 为噪音项，且满足正态分布 $\varepsilon \sim N(0, \sigma_{\text{noise}}^2)$。

假设信号项与噪音项相互独立且信号项是一个满足特定分布的随机变量。主观意义上，这个分布反映了函数的不确定度。随着训练数据越来越多，这种不确定度会逐渐降低。噪音项 ε 反映了 y 固有的随机性。从函数空间角度看，高斯过程可以被看作定义在 $f(\boldsymbol{x})$ 上的分布，其中，

$$f(\boldsymbol{x}) \sim G[m(\boldsymbol{x}), k(\boldsymbol{x},\boldsymbol{x}')] \quad (5.25)$$

式中，G 为高斯过程；$m(\boldsymbol{x})$ 为 $\boldsymbol{x}$ 处的期望值，$m(\boldsymbol{x}) = E[f(\boldsymbol{x})]$。

通常，为了避免昂贵的后验计算，首先假设均值函数为 0，然后对协方差函数做出推论。协方差函数 $k(\boldsymbol{x},\boldsymbol{x}')$ 刻画了不同输入 $\boldsymbol{x}$、$\boldsymbol{x}'$ 对应函数值的关联度。

$$k(\boldsymbol{x},\boldsymbol{x}') = E\{f(\boldsymbol{x}) - m(\boldsymbol{x})[f(\boldsymbol{x}') - m(\boldsymbol{x}')]\} \quad (5.26)$$

函数 $k(\boldsymbol{x},\boldsymbol{x}')$ 称为高斯过程的核。一旦确定了均值和核函数，就可以通过高斯过程计算先验函数值（训练集的拟合值）和后验函数值（验证集的预测值）。

由先验观测值组成的列向量 $\boldsymbol{y} = [y_1, y_2, \cdots, y_n]^T$，协方差矩阵为

$$K(\boldsymbol{X},\boldsymbol{X}) = \begin{bmatrix} k(\boldsymbol{x}_1,\boldsymbol{x}_1) & k(\boldsymbol{x}_1,\boldsymbol{x}_2) & \cdots & k(\boldsymbol{x}_1,\boldsymbol{x}_n) \\ k(\boldsymbol{x}_2,\boldsymbol{x}_1) & k(\boldsymbol{x}_2,\boldsymbol{x}_2) & \cdots & k(\boldsymbol{x}_2,\boldsymbol{x}_n) \\ \vdots & \vdots & \ddots & \vdots \\ k(\boldsymbol{x}_n,\boldsymbol{x}_1) & k(\boldsymbol{x}_n,\boldsymbol{x}_2) & \cdots & k(\boldsymbol{x}_n,\boldsymbol{x}_n) \end{bmatrix} \quad (5.27)$$

式中，$\boldsymbol{X} = [\boldsymbol{x}_1, \boldsymbol{x}_2, \cdots, \boldsymbol{x}_n]^T$。

y 的先验概率分布为

$$y \sim N[\mathbf{0}, K(\mathbf{X}, \mathbf{X}) + \sigma_{\text{noise}}^2 \mathbf{I}_n] \tag{5.28}$$

令测试点即预测点为 $\mathbf{X}^*$，$\mathbf{X}^* = [\mathbf{x}_1^*, \mathbf{x}_2^*, \cdots, \mathbf{x}_m^*]^{\text{T}}$；预测点无噪声信号为 $\mathbf{f}^*$，$\mathbf{f}^* = [f_1^*, f_2^*, \cdots, f_m^*]^{\text{T}}$，则有：

$$\begin{pmatrix} f_1^* \\ \vdots \\ f_m^* \end{pmatrix} = N \begin{bmatrix} \mathbf{0}, & \begin{matrix} k(\mathbf{x}_1^*, \mathbf{x}_1^*) & \cdots & k(\mathbf{x}_1^*, \mathbf{x}_m^*) \\ \vdots & \ddots & \vdots \\ k(\mathbf{x}_m^*, \mathbf{x}_1^*) & \cdots & k(\mathbf{x}_m^*, \mathbf{x}_m^*) \end{matrix} \end{bmatrix} \tag{5.29}$$

写成紧致形式，即：

$$\mathbf{f}^* \sim N[\mathbf{0}, K(\mathbf{X}^*, \mathbf{X}^*)] \tag{5.30}$$

通过定义可知，训练数据 y 和函数值 $\mathbf{f}^*$ 满足一个多元联合高斯分布：

$$\begin{pmatrix} y \\ \mathbf{f}^* \end{pmatrix} = N \begin{pmatrix} \mathbf{0}, & \begin{matrix} K(\mathbf{X}, \mathbf{X}) + \sigma_{\text{noise}}^2 \mathbf{I}_n & K(\mathbf{X}, \mathbf{X}^*) \\ K(\mathbf{X}^*, \mathbf{X}) & K(\mathbf{X}^*, \mathbf{X}^*) \end{matrix} \end{pmatrix} \tag{5.31}$$

$$K(\mathbf{X}, \mathbf{X}^*) = K(\mathbf{X}^*, \mathbf{X})^{\text{T}} \tag{5.32}$$

根据贝叶斯公式，$\mathbf{f}^*$ 的条件概率密度为

$$\mathbf{f}^* \mid \mathbf{X}, y, \mathbf{X}^* \sim N(\mathbf{u}^*, \mathbf{\Sigma}^*) \tag{5.33}$$

式中，

$$\mathbf{u}^* = K(\mathbf{X}^*, \mathbf{X})(K(\mathbf{X}, \mathbf{X}) + \sigma_{\text{noise}}^2 \mathbf{I}_n)^{-1} y \tag{5.34}$$

$$\mathbf{\Sigma}^* = K(\mathbf{X}^*, \mathbf{X}^*) - K(\mathbf{X}^*, \mathbf{X}) \cdot (K(\mathbf{X}, \mathbf{X}) + \sigma_{\text{noise}}^2 \mathbf{I}_n)^{-1} K(\mathbf{X}, \mathbf{X}^*) \tag{5.35}$$

为计算后验均值 $\mathbf{u}^*$ 和方差 $\mathbf{\Sigma}^*$，首先需计算 4 个方差矩阵，再将结果进行结合，最后得到 $\mathbf{u}^*$ 和 $\mathbf{\Sigma}^*$。

5.2.1.3 高斯过程回归的预测

首先，基于高斯过程回归模型，选择常值函数、有理二次函数、高斯似然函数分别作为高斯过程回归模型的期望函数、协方差函数和似然函数，对训练样本 $T_{\text{train}}(x, y)$ 进行训练以拟合模型超参数 $\theta = \{l^2, \sigma_f^2, \sigma_{\text{noise}}^2\}$；其次，引入测试样本 $T_{\text{test}}(x_t, y_t)$，将拟合的超参数 θ 代入高斯过程回归模型，预测样本的输出值 y_{fit}；最后，求解测试样本输出值与预测输出值的方差 σ_s^2，评定模型预测的精度。

■基于数字孪生的复杂产品智能装配车间质量预测、控制理论与方法■

  基于高斯过程回归模型，对阵列天线装配电磁性能预测方法进行验证。首先，基于 4.4 节所述电磁性能仿真原理及电磁仿真工具，对阵列天线 KK 传输性能与子阵辐射性能进行仿真样本求解，仿真界面如图 5.24 所示，得到的仿真样本如图 5.25 所示；其次，基于上述仿真样本，导入高斯过程回归模型，进行模型的训练，训练结果如图 5.26 所示。从图 5.27 中可知，仿真值与预测值之间的方差为 0.0089，满足预测准确度要求。

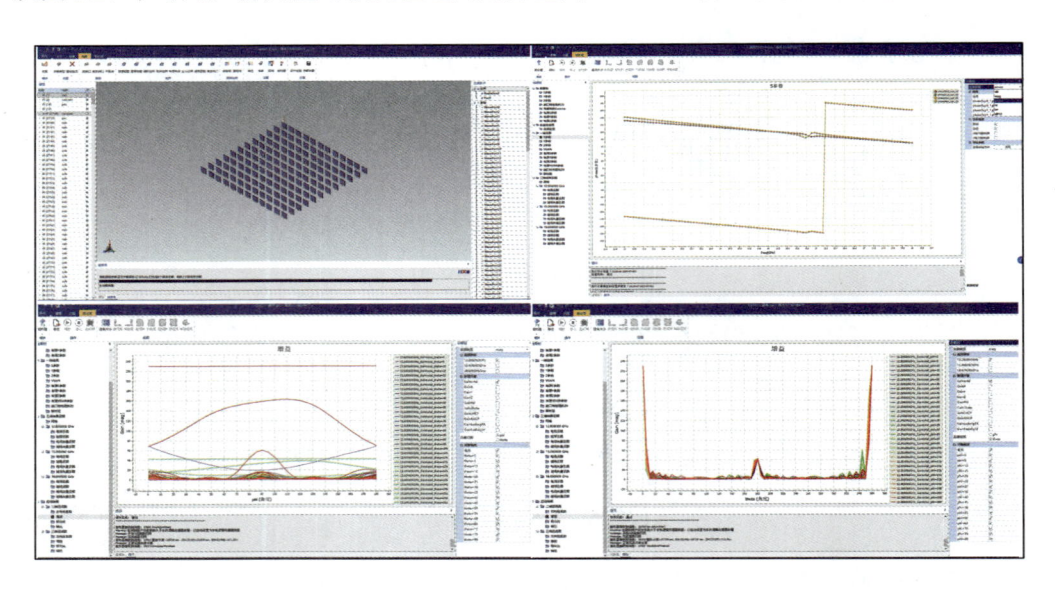

图 5.24　阵列天线装配电磁性能仿真界面

图 5.25　阵列天线装配电磁性能仿真样本

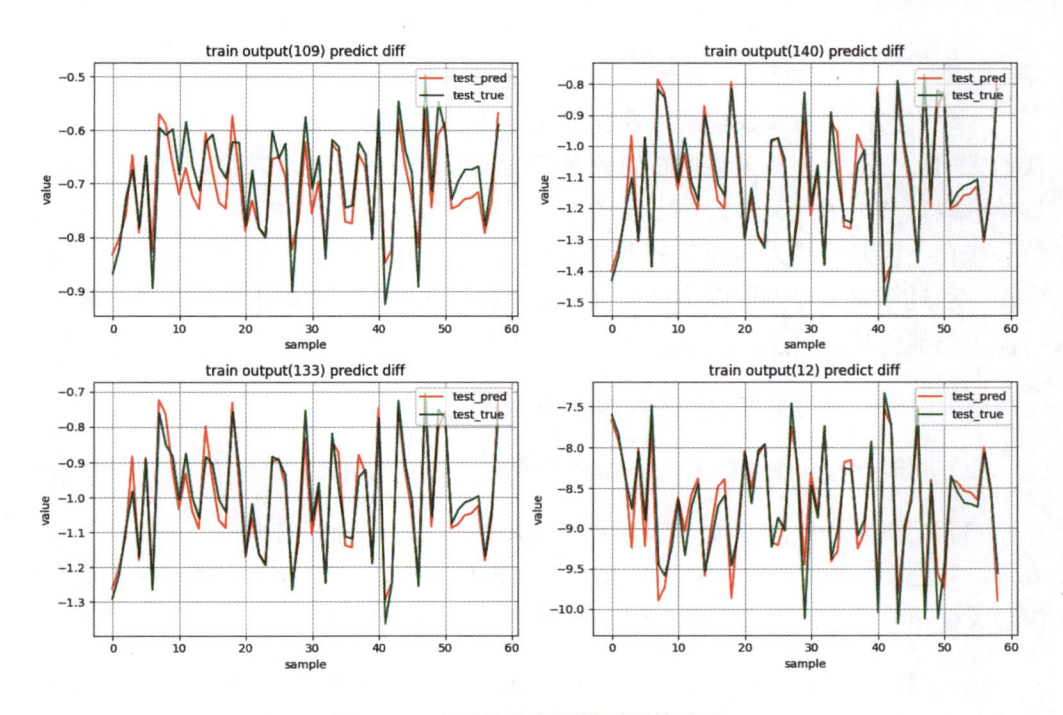

图 5.26　电磁性能预测模型训练结果

图 5.27　模型训练误差

5.2.2　阵列天线装配电磁性能预测的可视化方法

5.2.2.1　阵列天线方向图基本理论

阵列天线由天线单元按照一定的排布规律组成，其辐射方向图及参数由天线单元个数、每个单元的位置和激励幅度共同决定。天线近场区和远场区的分界可根据半径 R 的取值划分：

$$R = \frac{2L^2}{\lambda} \tag{5.36}$$

— 141 —

式中，L 为天线的最大尺度，单位为 m。

天线方向图是指天线辐射特性与空间坐标之间的函数图形，因此，通过分析天线的方向图，就可分析天线的空间辐射特性。大多数情况下，天线方向图是在辐射远场区确定的，因此又称远场方向图。天线辐射特性包括辐射场强、辐射功率、相位和极化，因此天线方向图又分为场强方向图、功率方向图、相位方向图和极化方向图。通过观察天线方向图，可以直观地了解天线在不同方向上的电磁波接收与发射能力的强度和指向性。天线方向图的主要构成及参数如下。

（1）主瓣：辐射强度最大的波瓣称为主瓣，又称主波束。

（2）副瓣：方向图中除开主瓣以外的所有波瓣都为副瓣，其中含有旁瓣和后瓣。

（3）副瓣电平：副瓣最大值与主瓣最大值的比，称为副瓣电平，一般用分贝来表示，其定义为 10×1g（副瓣最大值功率/主瓣最大值功率）。例如，副瓣最大值与主瓣最大值相应功率之比为 0.01，则副瓣电平为-20dB。

（4）半功率波束宽度（Half-Power BeamWidth，HPBW）：天线有效辐射场中相对功率大于峰值功率的 50%的角度。过方向图原点和主瓣上两个半功率点绘制线条，两线之间的角度即 HPBW。半功率波束宽度又称 3dB 波束宽度。

（5）第一零点波束宽度（BeamWidth Between First Nulls，FNBW）：方向图主瓣两侧第一个零点之间的夹角。

（6）前后比：主瓣的最大辐射方向（规定为 0°）上的功率通量密度与相反方向附近（规定为 180°±30°范围内）的最大功率通量密度之比，定义为 F/B=10×1g（前向功率/后向功率）。

（7）方向性系数：方向性系数用于表征天线辐射能量在空间分布的集中程度，即定向性，常用相同辐射条件下的天线在给定方向上的功率密度与各向同性的点源功率密度之比表示：

$$\begin{aligned} D(\theta,\varphi) &= \frac{W(r,\theta,\varphi)}{P_r/4\pi r^2} = \frac{4\pi r^2 W(r,\theta,\varphi)}{P_r} = \frac{4\pi U(\theta,\varphi)}{P_r} \\ U(\theta,\varphi) &= \frac{W(r,\theta,\varphi)4\pi r^2}{4\pi} = r^2 W(r,\theta,\varphi) \\ P_r &= \int_0^{2\pi}\int_0^{\pi} W_r(r,\theta,\varphi)r^2\sin\theta \mathrm{d}\theta\mathrm{d}\phi = \int_0^{2\pi}\int_0^{\pi} U(\theta,\varphi)\mathrm{d}\Omega \end{aligned} \quad (5.37)$$

式中，$\dfrac{W(r,\theta,\varphi)}{P_r/4\pi r^2}$ 为辐射功率密度，r 为远场距离，P_r 为功率，$U(\theta,\varphi)$ 为辐射强度，Ω 为求解域。

由此可知，方向性系数可进一步表示为

$$D(\theta,\varphi) = \frac{4\pi U(\theta,\varphi)}{\int_0^{2\pi}\int_0^{\pi} U(\theta,\varphi)\mathrm{d}\Omega} \tag{5.38}$$

则最大方向性系数 D 为

$$D = \frac{4\pi U_{\max}}{\int_0^{2\pi}\int_0^{\pi} U(\theta,\varphi)\mathrm{d}\Omega} \tag{5.39}$$

（8）增益：方向性系数仅是基于天线的辐射功率考虑的，没有考虑天线材料损耗和因阻抗失配而引起的反射功率等因素。而增益是基于天线的输入功率考虑的，更能反映实际辐射的性能。

设输入功率为 P_i，对于各向同性天线，增益为

$$G(\theta,\varphi) = \frac{4\pi U(\theta,\varphi)}{P_\mathrm{i}} \tag{5.40}$$

通常，天线的增益均指最大辐射方向上的增益，因此式（5.40）可以写成：

$$G = \frac{4\pi U_{\max}}{P_\mathrm{i}} \tag{5.41}$$

根据式（5.40）和式（5.38），增益与方向性系数之间的差别就在于前者的分母是 P_i，后者的分母是 P_r，由此可得增益与最大方向性系数之间的关系，即

$$G = \frac{P_r}{P_\mathrm{i}}D = \eta_\mathrm{e} D \tag{5.42}$$

式中，η_e 为天线效率，包括材料损失和阻抗失配的影响。

天线增益与最大方向性系数之间只差一个天线效率，若 $\eta_\mathrm{e}=1$，则天线增益与最大方向性系数相等，这是理想情况。

5.2.2.2 阵列天线方向图构造方法实现

基于方向图基本理论，下面重点介绍阵列天线方向图的构造方法。设阵列天线辐射电场数据矩阵为

$$\boldsymbol{M} = \begin{bmatrix} m_{11} & m_{12} & \cdots & m_{1p} \\ m_{21} & m_{22} & \cdots & m_{2p} \\ \vdots & \vdots & \ddots & \vdots \\ m_{q1} & m_{q2} & \cdots & m_{qp} \end{bmatrix} \tag{5.43}$$

式中，矩阵 M 的行下标和列下标分别表示方位角 theta 和俯仰角 phi，其取值范围均为[0,360]。$p=q=360$，即 theta、phi 的步长 step=1，m_{ij} 为当 theta=i 且 phi=j 时的辐射幅值。

由下式可得最大值归一化矩阵 M'：

$$M' = M/M_{\max} \tag{5.44}$$

式中，$M_{\max}$ 为矩阵 M 中的最大元素值。

通常把俯仰角和方位角的取值设置为

$$\begin{cases} \mathbf{phi}0 = 0:\text{pi}/180*\text{step}:2*\text{pi} \\ \mathbf{theta}0 = 0:\text{pi}/180*\text{step}:2*\text{pi} \end{cases} \tag{5.45}$$

由下式可得俯仰角和方位角的网格矩阵：

$$[\mathbf{phi}A \quad \mathbf{theta}A] = \text{meshgrid}(\mathbf{phi}0, \mathbf{theta}0) \tag{5.46}$$

式中，meshgrid 表示对 **phi**0、**theta**0 求网格矩阵。

因此，在三维坐标系中，对于阵列天线方向图，各坐标值的表达式为

$$\begin{cases} x = \sin(\mathbf{theta}A)*\cos(\mathbf{phi}A) \\ y = \sin(\mathbf{theta}A)*\sin(\mathbf{phi}A) \\ z = \cos(\mathbf{theta}A) \end{cases} \tag{5.47}$$

基于各坐标值表达式，构建于阵列天线方向图，如图 5.28 所示。从方向图中可以通过观测副瓣电平、主瓣宽度等参数来评价天线的辐射性能。

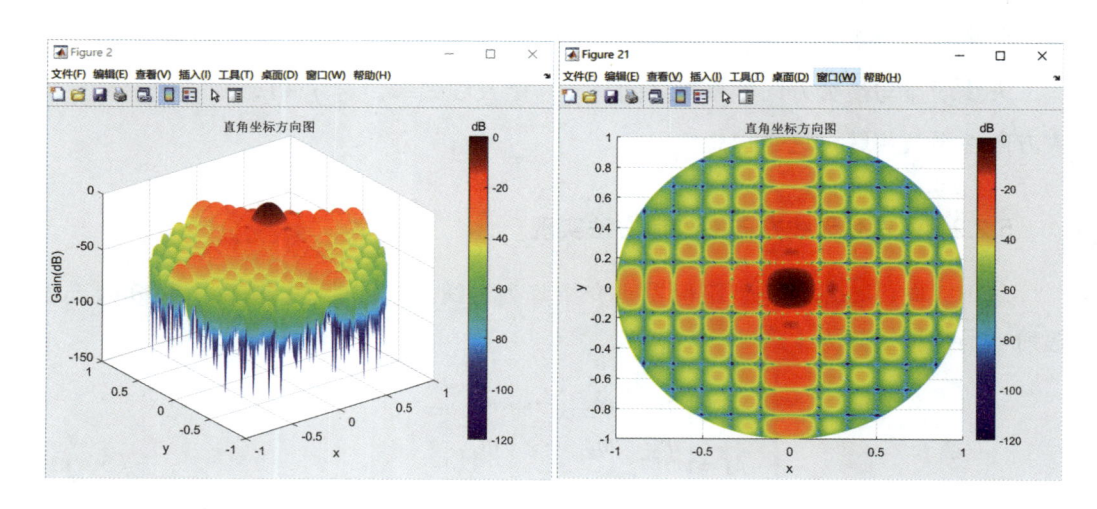

图 5.28 阵列天线方向图

5.3 阵列天线装配综合性能高精准预测

目前，对于阵列天线装配质量品级决策，采用的是最终检测指标，包括增益、驻波比和方向图等。这种面向产品工作性能的装配质量品级决策方式简单直接，但是却忽略了装配中产生的过程数据，在一定程度上造成了对装配过程数据的浪费。因此，本节从整个装配过程出发，利用数据挖掘技术，挖掘出有价值的信息来指导企业的装配质量品级决策。

由于 5M1E（人机料法测环）中涉及的子因素众多，使得阵列天线装配过程数据呈现出较高维的状态，然而高维特征数据往往是多变的、冗余的，甚至是相互矛盾的，需要对其进行处理与筛选。针对这个问题，本节使用特征选择方法对各特征指标进行重要度评分，以筛选出相对重要的特征指标，这样不仅有利于提高装配质量品级决策的准确性，也增强了决策的可解释性。

在装配质量品级决策方面，本节使用无监督学习中的聚类方法，一个类簇对应一个装配质量品级，并根据各特征指标的重要度评分，计算出每个类簇对应的装配质量指数，从而区分不同类簇所对应的装配质量。当有新产品装配完成时，通过它本身的样本数据判断其所属类别，即可完成对其的装配质量品级决策。

5.3.1 基于随机森林的特征指标选择

阵列天线作为一种复杂机电产品，其涉及的零部件众多，装配工序繁多，这就使得样本数据维度数目十分庞大，加大了装配质量品级决策的难度。对此，需要筛选出合适的特征指标，过滤掉不重要的或是价值较低的特征指标，将高维样本数据嵌入相对低维的样本空间中，这个过程被称为特征选择。由于阵列天线装配为小批量生产模式，因此在进行特征选择时，需要考虑小样本问题。

在文献《关于高维小样本数据的特征选择》中，对特征选择方法进行了总结，总共分为四种类别：筛选法（Filter）、封装法（Wrapper）、嵌入法（Embedded）以及集成法（Ensemble），这四种特征选择方法的优缺点比较如表 5.6 所示。

表 5.6 四种特征选择方法的优缺点比较

算法种类	收敛速度			伸缩性			稳定性			特征分辨能力			拟合能力		
	差	中	快	差	中	强	差	中	强	差	中	强	欠	佳	过
筛选法			√		√			√			√		√		
封装法	√				√				√			√			√

续表

算法种类	收敛速度			伸缩性			稳定性			特征分辨能力			拟合能力		
	差	中	快	差	中	强	差	中	强	差	中	强	欠	佳	过
嵌入法		√			√			√				√		√	
集成法		√			√				√			√		√	

目前，筛选法与封装法已经很少被使用，主要是因为它们对于机器学习预测算法的影响较大，容易出现欠拟合或过拟合的情况。集成法由于引入了集成学习思想，算法的泛化性能更好，相比于嵌入法，集成法具有更高的稳定性，因而能够应对更加广泛的交叉领域问题。

随机森林（Random Forest，RF）算法是一种常见的集成学习方法，常用于分类回归问题。此外，它也是一种特征选择方法，具有区分复杂特征及相互作用特征的能力。因此，下面使用随机森林算法对阵线天线装配过程的特征指标进行选择。

5.3.1.1 随机森林算法原理

随机森林算法是一种典型的集成学习方法，具有简单、容易实现、计算开销小的特点，在很多领域展现出强大的性能，其预测流程如图 5.29 所示。它基于 Bagging 策略，从原始训练数据中有放回地抽样，组成若干训练数据子集，在每个子集上使用决策树进行训练学习，其推断结果即各决策树预测结果的众数（对于回归问题，则为平均值）。这种方法在提高算法准确率的同时，降低了测试集上的方差，能够取得较好的泛化性能。

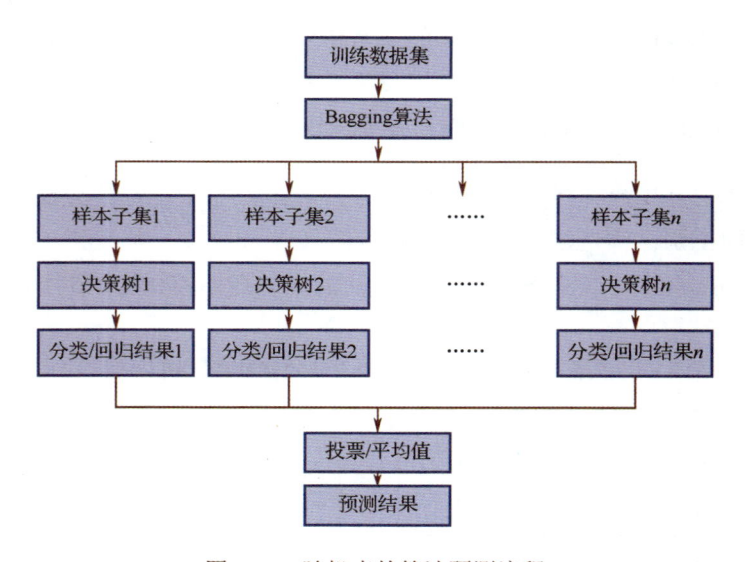

图 5.29 随机森林算法预测流程

在装配活动的检测工序中，最终的特征指标多以连续值的形式出现，因此在本次随机森林模型中选用决策回归树。假设 X 与 Y 分别表示输入变量和输出变量，并且 Y 是连续变量，给定训练数据集 $D=\{(\boldsymbol{x}^{(i)},y^{(i)})\}^N$，将输入空间划分为 M 个单元 $R_1,R_2,\cdots,R_m,\cdots,R_M$，在每个单元上都有一个固定输出 c_m，则决策回归树模型的输入与输出可以描述为

$$f(\boldsymbol{x}) = \sum_{m=1}^{M} c_m I(\boldsymbol{x} \in R_m) \tag{5.48}$$

式中，$I(\boldsymbol{x} \in R_m)$ 为指示函数，当满足 $\boldsymbol{x} \in R_m$ 时，返回 1，否则，返回 0。

在机器学习中，对于回归问题，常用的损失函数有 MSE 以及 MAE 等。这里选用 MSE，根据最小二乘法，可以得到最优值如式（5.49）所示。

$$\hat{c}_m = \bar{y} \mid \boldsymbol{x}^{(i)} \in R_m \tag{5.49}$$

式中，$\bar{y}$ 为样本 x 在样本空间 R_m 的平均值；$\hat{c}_m$ 为在样本 x 在样本空间 R_m 下计算得出的最优值；$\boldsymbol{x}^{(i)}$ 为第 i 个样本的输入。

输入空间的划分涉及两个子问题：选择哪个输入特征维度进行划分，以及如何对这个输入维度进行划分。为了简化输入空间划分，这里只考虑将输入空间划分为两个部分。首先确定一个值 s 作为切分量，定义两个空间 $R_1(j,s)=\{\boldsymbol{x}\mid x_j \leqslant s\}$ 和 $R_2(j,s)=\{\boldsymbol{x}\mid x_j > s\}$，这里 x_j 表示样本的第 j 个特征的取值。至此，决策树某一节点特征空间的划分转变为一个最优化问题，如式（5.50）所示。

$$\min_{j,s}\left[\min_{c_1}\sum_{\boldsymbol{x}^{(i)} \in R_1(j,s)}(y^{(i)}-c_1)^2 + \min_{c_2}\sum_{\boldsymbol{x}^{(i)} \in R_2(j,s)}(y^{(i)}-c_2)^2\right] \tag{5.50}$$

式中，c_1 和 c_2 分别为 R_1 和 R_2 空间下根据式（5.49）计算得到的值；$\boldsymbol{x}^{(i)}$ 为第 i 个样本的输入；$y^{(i)}$ 为第 i 个样本的输出。

遍历所有输入变量，找到最优的切分变量 j，构成 (j,s)。对每个剩下的维度重复上述划分过程，直到满足停止条件为止，由此诞生出一棵决策回归树。决策回归树的最终预测结果即为最后叶子节点中样本标签值的平均值。

上述过程为一般决策回归树的训练学习过程，而在随机森林算法中又作了些许改进。对于决策树的每个节点，先从该节点的特征集合中随机选择一个包含 d 个特征的子集，然后再从这个子集中选择一个最优特征进行划分。一般情况下 $d=\log_2 F$，F 为总特征数目。

5.3.1.2 特征选择方法

传统的随机森林算法的特征选择是通过计算不纯度来实现的，即计算决策回归树以某一特征作为分裂节点会带来多少信息增益，信息增益越大，则表示该特征越重要。这种方法容易理解且操作简单，但是当存在相关特征时，一个特征被选择后，与其相关的其他特征的重要度会变得很低。

为了避免该问题，本节提出了基于随机森林算法精确率降低的特征选择方法。该方法尝试计算每种特征对模型预测精确率的影响，其基本思想是重新排列（shuffle）某一列特征值的顺序，观察重排该特征导致算法降低了多少精确率，如图 5.30 所示。降低幅度越大，意味着该特征指标的重要度评分越高，越应该被保留。

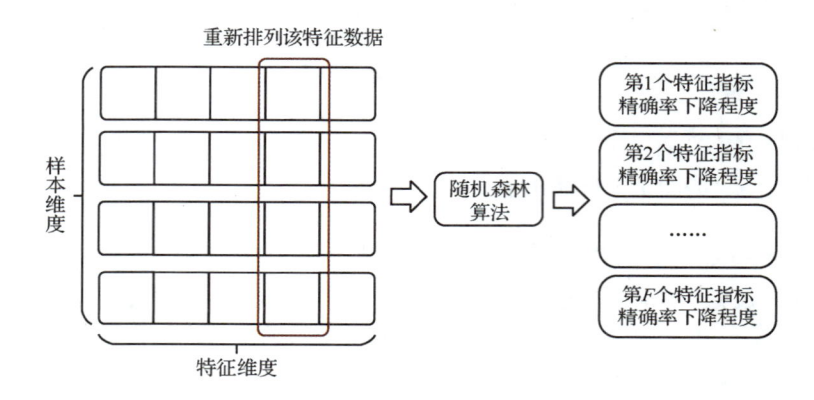

图 5.30 基于随机森林算法精确率降低的特征选择方法基本思想

考虑到阵列天线装配过程样本数据量的不足，为进一步精准计算精准率降低的程度，可以进行多次重排，并求其精确率下降幅度均值。为此，需要引入交叉验证，其工作原理如图 5.31 所示。交叉验证是将原始数据集划分为 K 个子数据集，每个模型的每次预测都选择一个子集作为测试集，其余子集用作训练。在 K 个交叉验证集上重复图 5.30 所示的过程，得到 K 组特征指标所对应的下降幅度，对这多个下降幅度取平均值，即可得到每个特征指标对应的重要度评分。

阵列天线终检指标多为具体数值，因此对于精确率的计算可选择如式（5.51）、式（5.52）所示的均方差（Mean Square Error，MSE）和决定系数 R^2。在回归问题中，经常使用决定系数 R^2 衡量回归效果。然而，对于此次基于随机森林算法精确率降低的特征选择方法，倘若使用决定系数 R^2 表示随机森林算法精确率，会因为其[0, 1]的取值范围使得特征之间的区别表现得不那么明显。因此，本节在对随机森林算法的拟合性能进行评价时，采用的是 MSE。

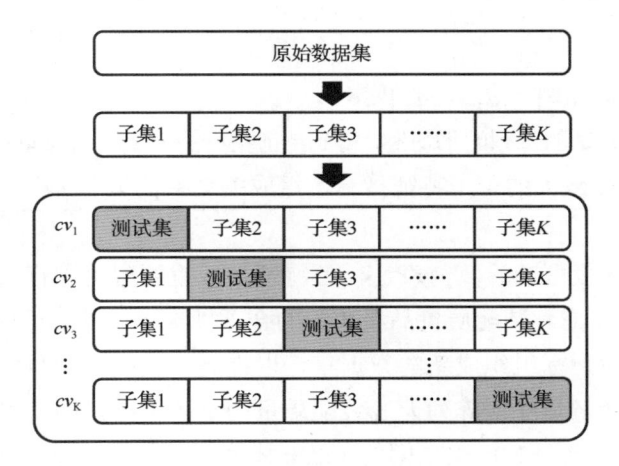

图 5.31 交叉验证工作原理

$$\mathrm{MSE} = \frac{1}{N}\sum_{i=1}^{N}(y^{(i)} - \hat{y}^{(i)})^2 \tag{5.51}$$

$$R^2 = 1 - \frac{\sum_{i=1}^{N}(y^{(i)} - \hat{y}^{(i)})^2}{\sum_{i=1}^{N}(y^{(i)} - \overline{y})^2} \tag{5.52}$$

式中，N 为样本数量，$y^{(i)}$ 为真实值，$\hat{y}^{(i)}$ 为预测值。

至此，可以得到阵列天线装配过程质量特征指标重要度的整体计算流程，其伪代码如下所示。

算法：特征指标重要度计算

输入：数据集 D 对应的交叉验证数据集 $CV = \{cv_1, cv_2, \cdots, cv_K\}$；

输出：关键特征集合 f^*；

1. **For** $k = 1, 2, \cdots, K$
2.   在 cv_k 的训练集上训练 RF_k；
3.   使用 RF_k 在 cv_k 的测试集上进行预测，计算其对应的精确率 s_k（用 MSE 表示）；
4.   **For** $f = 1, 2, \cdots, F$
5.   重排第 f 个特征数据；
6.   使用 RF_k 对 cv_k 对应的重排后的测试集进行预测，得到精确率 s_{kf}；
7.   记录 s_{kf} 相对于 s_k 的下降幅度 d_{kf}；
8.   **End**；
9.   得到向量 $\boldsymbol{d}_k = [d_{k1}, d_{k2}, \cdots, d_{kF}]^\mathrm{T}$；

10. End；
11. 得到矩阵 $d=[d_1,d_2,\cdots,d_K]^\mathrm{T}$；
12. 计算矩阵 d 的每列的平均值，得到特征指标的重要度向量 $w=[w_1,w_2,\cdots,w_F]^\mathrm{T}$；
13. 取重要度较大的若干特征指标，组成关键特征集合 f^*。

为了方便后续模型的计算与表达，各特征指标重要度可进行归一化处理，即放缩至 0～1 之间。考虑到装配质量品级决策的合理性与全面性，过程特征指标经过筛选后，需要与终检指标组织成新的数据集，以提高决策模型的科学性与准确性。由于终检指标是否合格是保证阵列天线装配质量的重要标准，因此终检指标重要度不必如过程特征指标一样取 0～1 之间的小数，本章取终检指标重要度为 1。

5.3.2 基于高斯混合模型的装配质量品级决策

面向装配过程的装配质量品级决策，需要搭建关于装配过程的数学模型。对于阵列天线装配过程，其特征指标之间并不是完全相互独立的，而是可能存在条件依赖关系。对此，可以将整个装配过程看成一个多元变量概率分布，装配过程中的特征指标数值从该概率分布中随机采样得到。由于装配活动的复杂性，数据的分布可能具有多个模态，很难使用某种常见的单一分布对其进行拟合，因而需要借助混合概率分布模型。

混合概率分布模型是将若干个单一分布组合在一起，能够表征更加复杂的概率分布的模型。常见的单一分布模型组合方式就是使用线性加权，其中最具代表性的就是高斯混合模型（Gaussian Mixture Model，GMM），它已被广泛地应用于语音识别及图像处理等领域。GMM 最大的特点在于无需受限于特定的概率密度函数形式，如果有足够多的高斯分量，可以通过调整每个高斯分量的期望值、协方差矩阵以及线性组合的权重系数来准确表达任意连续随机变量的概率密度分布。

特征指标经过选择后，与终检指标组织成新的数据集。在确定 GMM 分量模型的基础上，在新数据集上进行聚类分析，一个分量模型对应一个类簇。对于装配质量品级划分而言，一个类簇就对应一个装配质量品级。至此，可以得到阵列天线装配质量品级决策的整体流程，如图 5.32 所示。

5.3.2.1 GMM 原理机器参数求解

由 K 个子高斯模型组成的 GMM 概率密度表达式如式（5.53）所示，式中，$\phi(y|\theta_k)$ 为第 k 个子高斯模型的概率分布，具体形式如式（5.54）所示。

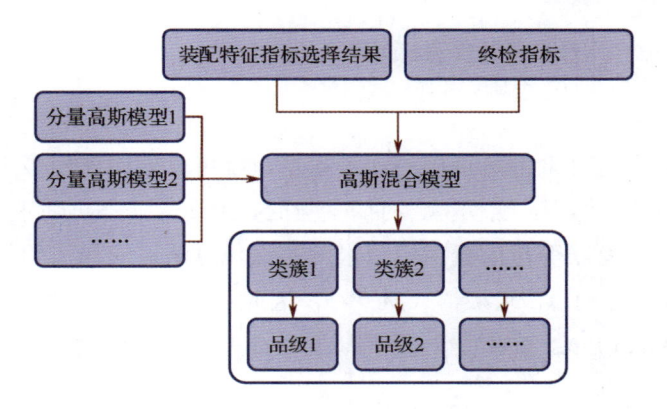

图 5.32 阵列天线装配质量品级决策整体流程

$$P(y|\theta) = \sum_{k=1}^{K} \alpha_k \phi(y|\theta_k), \ \sum_{k=1}^{K} \alpha_k = 1 \tag{5.53}$$

$$\phi(y|\theta_k) = \frac{1}{\sqrt{2\pi}\sigma_k} \exp\left(-\frac{(y-\mu_k)^2}{2\sigma_k^2}\right) \tag{5.54}$$

式中，α_k 为系数，$\alpha_k \geq 0$；μ_k 为期望；σ_k 为标准差。

图 5.33 表示的是一个简单的一维高斯混合模型，这里的 GMM 由三个子高斯模型 G1、G2 和 G3 线性叠加而来。从该图可以明显看出，整体的混合分布（mixed）更加复杂，曲线更加灵活，更能适应不确定条件下的装配过程。

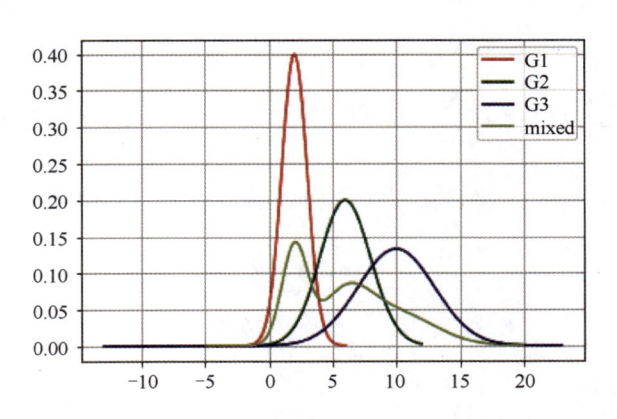

图 5.33 一维高斯混合模型示例

在已知观测数据及模型空间假设的前提下，需要求解模型内部参数，即式（5.53）和式（5.54）中的各参数，包括 μ_k、σ_k、α_k。假设现有观测数据 $Y = \{y_j\}_{j=1}^{N}$，其中 y_j 是一个观测变量。对于某一观测数据 y_j，可以把它看作先以概率 α_k 选取第 k 个高斯分布 $\phi(y|\theta_k)$，然后再在该高斯分布下进行抽样而得到的观测数据。因此，观测数据 y_j 可以对应一个隐变量 γ_{jk}，按照式（5.55），隐变量 γ_{jk} 可描述为

$$\gamma_{jk} = \begin{cases} 1, & y_j \text{来自第}k\text{个模型} \\ 0, & \text{否则} \end{cases} \quad j=1,2,\cdots,N; k=1,2,\cdots,K \qquad (5.55)$$

如果概率模型的变量都是直接的观测数据，就可以直接使用极大似然估计或贝叶斯公式求参数值。然而，当模型含有隐变量时，上述方法不再适用。对此，Kuroda等人提出了用于含有隐变量的概率模型求解的迭代算法，该算法的每次迭代都由两步组成：求期望（E步）、求极值（M步），因此被称为期望极大算法（Expectation Maximization Algorithm，EM）。对于高斯混合模型，其完全数据的对数似然函数如式（5.56）所示。

$$\begin{aligned}
\log P(y,\gamma|\theta) &= \log \prod_{j=1}^{N} P(y_j,\gamma_{j1},\gamma_{j2},\cdots,\gamma_{jK}|\theta) \\
&= \sum_{k=1}^{K}\left\{ n_k \log \alpha_k + \sum_{j=1}^{N}\gamma_{jk}\left[\log\left(\frac{1}{\sqrt{2\pi}}\right) - \log\sigma_k - \frac{1}{2\sigma_k^2}(y_j-\mu_k)^2\right]\right\}
\end{aligned} \qquad (5.56)$$

式中，$n_k = \sum_{j=1}^{N}\gamma_{jk}$，$\sum_{k=1}^{K}n_k = 1$，$\theta = \{\alpha_1,\alpha_2,\cdots,\alpha_K,\theta_1,\theta_2,\cdots,\theta_K\}$。对上述完全数据似然函数，采用EM算法求解高斯混合模型参数θ。

对于第i次迭代：

（1）E步：确定Q函数。

$$\begin{aligned}
Q(\theta,\theta^{(i)}) &= E[\log P(y,\gamma|\theta)|y,\theta^{(i)}] \\
&= \sum_{k=1}^{K}\left\{ n_k \log \alpha_k + \sum_{j=1}^{N}\hat{\gamma}_{jk}\left[\log\left(\frac{1}{\sqrt{2\pi}}\right) - \log\sigma_k - \frac{1}{2\sigma_k^2}(y_j-\mu_k)^2\right]\right\}
\end{aligned} \qquad (5.57)$$

式中，$\hat{\gamma}_{jk}$代表每个数据y_j来自第k个子模型的可能性，其值如下所示：

$$\hat{\gamma}_{jk} = \frac{\alpha_k \phi(y_j|\theta_k)}{\sum_{k=1}^{K}\alpha_k \phi(y_j|\theta_k)} \qquad (5.58)$$

（2）M步：极大化Q函数。

M步是在当前确定参数$\theta^{(i)}$条件下，改变参数θ求Q函数极大值，即$\theta^{(i+1)} = \arg\max_{\theta} Q(\theta,\theta^{(i)})$。针对极大值问题，可以直接求偏导并令偏导数等于0，最终得到如式（5.59）～式（5.61）的求解结果。

$$\hat{\mu}_k = \frac{\sum_{j=1}^{N} \hat{\gamma}_{jk} y_j}{\sum_{j=1}^{N} \hat{\gamma}_{jk}} \tag{5.59}$$

$$\hat{\sigma}_k^2 = \frac{\sum_{j=1}^{N} \hat{\gamma}_{jk}(y_j - \mu_k)^2}{\sum_{j=1}^{N} \hat{\gamma}_{jk}} \tag{5.60}$$

$$\hat{\alpha}_k = \frac{n_k}{N} = \frac{\sum_{j=1}^{N} \hat{\gamma}_{jk}}{N} \tag{5.61}$$

式中，$\hat{\mu}_k$ 为 Q 函数偏导为 0 时均值的取值，$\hat{\sigma}_k^2$ 为 Q 函数偏导为 0 时方差的取值，$\hat{\alpha}_k$ 为迭代得到的最优系数。

重复上述计算过程，直至参数估计收敛。

5.3.2.2　GMM 聚类原理

当 GMM 的各个参数确定完毕后，可用该模型对样本数据进行聚类分析。不同于以 K-mean 聚类和层次聚类为代表的度量学习聚类方法，GMM 聚类方法采用概率为类别的判别标准，即通过计算样本数据属于某一类的概率大小来判断其最终的归属类别，在进行推断时，避免了对整体样本数据的遍历。

对于服从 GMM 的样本数据，其生成过程可以看作先选择一个子高斯模型，然后从该子模型中抽样而来，那么来源于同一个子模型的观测数据就可以认为是属于同一个类别。在高斯混合模型中，第 k 个子模型被选中的概率为 α_k，因此某条观测数据来源于第 k 个子模型的概率即 α_k，最大概率所对应的类别即该观测数据属于的类别，如图 5.34 所示。

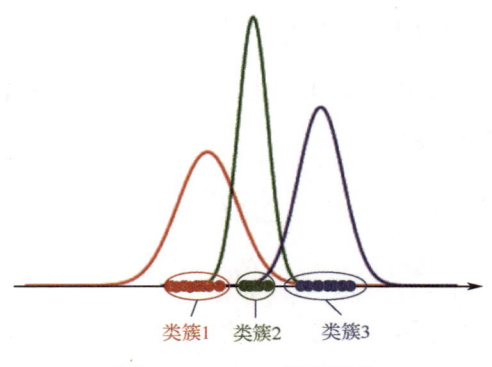

图 5.34　GMM 类别区分

GMM 聚类方法不仅能够适应 K-mean 聚类擅长的圆形分布数据，也能够适应狭长的椭圆形分布数据，如图 5.35 与图 5.36 所示。阵列天线的装配质量特征指标复杂多样，在样本空间中往往呈现非圆形的复杂分布，因此 GMM 聚类方法更加能够适应这种状况。

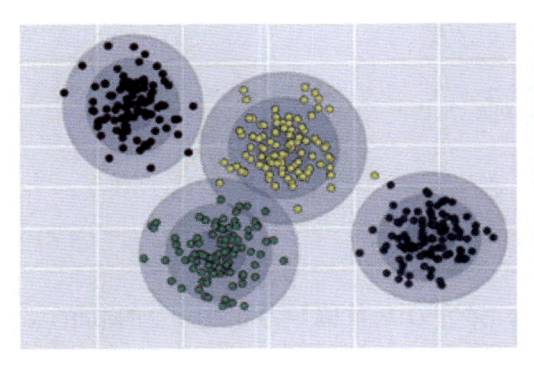

图 5.35　K-mean 聚类示例　　　　图 5.36　GMM 聚类示例

5.3.2.3　装配质量品级划分方法

在 GMM 聚类的基础上，结合随机森林算法的特征选择结果，对阵列天线合格产品进行装配品级的划分。设矩阵 $X \in \mathbf{R}^{N \times M}$ 为筛选后的特征指标与终检指标组成的数据矩阵，对于该矩阵的每一列，需要挑选出负相关特征指标。所谓负相关，是指该特征指标与装配质量呈负相关关系，即该特征指标越小，装配质量越高，反之亦然。对于负相关特征，在其所有的值上添加负号，使其与装配质量呈正相关。

对于各过程特征指标重要度向量 $\boldsymbol{w} = [w_1, w_2, \cdots, w_F]$，按照式（5.62）将重要度放缩至 [0,1] 范围内，得到关键特征的重要度 $\tilde{w}_i$：

$$\tilde{w}_i = \frac{w_i}{\sum_i w_i} \tag{5.62}$$

式中，w_i 为第 i 个特征对应的特征指标重要度。

设 M 个特征的重要度向量为 $\tilde{\boldsymbol{w}} = [\tilde{w}_1, \tilde{w}_2, \cdots, \tilde{w}_M]$，则对于第 k 个类别，根据式（5.63）可以得到其装配质量指数，即

$$E_k = \frac{\sum_{x \in C_k} \boldsymbol{x} \tilde{\boldsymbol{w}}^{\mathrm{T}}}{N_k} \tag{5.63}$$

式中，$\boldsymbol{x}$ 为某个样本，C_k 为第 k 个类，N_k 为第 k 个类的样本数量。

由于所有的特征都已被修正为与装配质量正相关，因此装配质量指数越大，装配质量越高，装配品级也越高。

5.3.3 实例分析

5.3.3.1 特征指标数据预处理

根据前文中确定的特征指标体系，对阵列天线的总装过程中相应的数据进行采集，共搜集到40条样本。一件装配成品需要经过多道工序，每道工序都会由不同的装配工人完成，所以就会有不同的体力负荷、脑力负荷和装配姿势等数据。针对这种情况，需要对各工序的各特征指标进行综合处理。以体力负荷为例，对各样本中的体力负荷数据取平均值，如表5.7所示。

表5.7 体力负荷数据取平均值

工序类别	体力负荷数据					
	样本1	样本2	样本3	样本4	…	样本40
工序1	7	8	8	10	…	6
工序2	12	11	10	11	…	11
工序3	6	10	9	6	…	7
工序4	8	7	8	12	…	8
…	…	…	…	…	…	…
工序14	10	10	8	11	…	9
工序15	9	8	7	12	…	10
平均	8.80	8.93	9.47	8.87		8.93

其他多工序特征指标数据也按照同样的方法取平均值，接着再根据其特点，选取数据预处理方法。常用数据预处理方法包括归一化、标准化等。其中，归一化适用于输入数据稳定的场景，而此处样本数据存在部分噪声，更适合采用标准化方法。其标准化结果如表5.8所示。

表5.8 装配质量特征指标数据标准化

样本类别	标准化后的特征指标数据						
	M11	M12	M13	M21	M22	…	E11	E12
样本1	0.0483	0.5117	−1.2772	−0.5165	−0.2745	…	1.4970	3.0382
样本2	0.5016	−0.1691	−1.5598	1.8255	−0.7000	…	2.3684	−0.1527

续表

样本类别	标准化后的特征指标数据							
	M11	M12	M13	M21	M22	...	E11	E12
样本3	0.9723	0.8372	−2.8361	1.9772	0.9043	...	−0.8805	0.8950
样本4	−0.8175	−0.1688	1.5218	0.0895	−1.5286	...	−0.4202	0.6188
...	...	...	...	...	...	...	...	...
样本39	−0.2563	1.4180	1.2286	−1.6444	0.0168	...	0.2409	−0.0155
样本40	−0.5995	−0.7964	0.3463	−0.1373	−0.3096	...	−0.3240	0.7758

注：M11, M12, ⋯, E11, E12 为特征指标编号。

阵列天线装配过程质量特征指标列于表 5.9 中。

表 5.9　阵列天线装配过程质量特征指标

生产要素类型	指标名称	量化方法	别名
人（Man）	技术经验	职称评级	M11
	脑力负荷	SWAT量表法	M12
	体力负荷	RPE量表法	M13
机（Machine）	装配设备故障率	设备停机时间/运行时间	M21
	装配设备使用率	实际开机时间/应开机时间	M22
	装配设备健康状态	设备位移、振动情况	M23
料（Material）	电气元件合格率	合格数量/总数量	M31
	物料加工质量	加工精度测量	M32
	物料交付率	交付花费时间/允许的最大花费时间	M33
	物料成本	制造成本、报废成本、物流成本	M34
法（Method）	装配作业姿势	RULA量表法	M41
	装配作业协作人数	作业工序参与的人数	M42
	装配作业时间	秒表测量	M43
	装配工具布局	取放零件姿势及移动距离	M44
测（Measurement）	天线口面平面度	专业检测设备测量	M51
	焊点失效个数	专业检测设备测量	M52
	KK连接器平面度	专业检测设备测量	M53
环（Environment）	装配车间照明	照度	E11
	装配车间噪声	分贝	E12

5.3.3.2　终检指标选取

阵列天线的验收主要从 3 个方面开展：设计结构、电磁性能以及环境适应性，

第 5 章 阵列天线装配性能高精准预测

3 个方面涉及的具体验收指标如表 5.10 所示。

表 5.10 阵列天线装配验收指标（部分）

验收项目	各项指标	描述
设计结构	尺寸	应在保证设计性要求情况下，力求小体积
	牢固性	天线结构的强度和刚度应满足相应工作场景
	涂层	涂层应符合射频性能和热控制要求
	质量	天线的质量不得超过载具总质量的 2%
电磁性能	驻波比	对于窄频段或电频天线，一般不超过 1.5；对于宽频带天线，不超过 2.0
	增益	增益检验应满足产品设计要求，中增益为 10~20dB，高增益大于 20dB
	方向图	各方向的波束宽度应符合要求；前向旁瓣电平应不大于-18dB；后向旁瓣电平应不大于-15dB
	隔离度	对于收发分开的天线，隔离度不小于 25dB
环境适应性	温度	测试设备在高低温环境下的工作状态
	湿热	测试设备在湿热环境下的工作状态
	霉菌	在有利于霉菌生长条件下，设备是否受到霉菌损害
	盐雾	模拟盐雾环境测试金属材料的耐腐蚀性

阵列天线是一种电气机电产品，不同于减速器之类的机械式结构产品，不仅需要测试与检验产品的机械性能，还需要更加关注产品的各项电气指标。在装配活动开展之前，天线尺寸、强度以及重量等机械性能都已在产品设计阶段确定，在装配过程中波动较小，而天线装配工艺所涉及的电磁性能更加充满不确定性与不稳定性，使得天线电磁性能往往达不到设计要求，因此在实际装配过程中，应十分重视电磁性能的检测。至于环境适应性的测试，一般是由订购方和承制方协商检验，不需要制造企业进行测试。

在电磁性能检测中，常见的且重要的终检指标为驻波比、增益，两者为天线的必检指标。驻波比用来表示天线和电波发射台的匹配程度，理论上驻波比越小越好，与装配质量呈负相关；增益是指将能量有效集中向某特定方向辐射或接受电磁波的能力，与天线的方向图息息相关，通常是越大越好，与装配质量呈正相关。除此以外，实际装配中也会对天线的方向图等其他电气指标进行检测，但是受限于历史数据，本节仅选取驻波比与增益作为本次实验的终检指标，将其作为随机森林模型的预测目标。由于合格产品之间的终检指标差距不大，不适合标准化预处理方法，所以选用归一化方法。另外，随机森林模型仅能做单目标预测，针对影响这两个终检指标的过程特征指标选择问题，需要训练两个随机森林模型，并基于两组特征指标重要度进行求和与排序，得到最终的特征指标选择结果。

5.3.3.3 装配质量特征指标选择

1. 小样本下的数据集划分

阵列天线的生产属于典型的小批量生产，它并不会像大批量流水线产品那样，有着十分充足的训练数据。在小样本下，机器学习模型的训练效果有可能受到较大影响，容易导致预测偏差较大或过拟合问题。在人工智能领域，小样本学习（Few-Shot Learning）是一个难以攻克的问题，目前新兴的解决思路有孪生网络（Siamese Network）、迁移学习（Transfer Learning）等。其中，孪生网络需要构建异同数据集，要求一条样本包含两个数据输入，样本的标签就是判断这两个数据输入是否属于同一种类型；迁移学习则是将其他领域上已经训练好的模型在小样本数据上进行训练，因此十分依赖目标域与源域之间的关系。若目标域与源域相差较大，则迁移学习的结果也不会很理想。

对于阵列天线而言，提供的检测数据并没有给出相应的具体装配质量品级，只是给出了连续的终检指标值，无法构建异同数据集供孪生网络使用。此外，关于阵列天线装配质量品级决策的研究较少，目前没有该领域的源域训练模型可以直接使用。因此，此次实验选择较为传统的数据增强方法。通过固定随机森林模型超参数[①]，在每个交叉验证集的训练集上训练并在测试集上测试，对测试性能求平均值，最后根据平均值的大小来进行模型选择。

2. 超参数设置与网格化搜索

本次随机森林模型的训练基于 Python 语言的 Sklearn 机器学习框架。在进行机器学习之前，需要确定模型的假设空间。模型在该空间的位置不仅取决于模型的训练参数，而且取决于模型的特征参数（超参数）。模型训练的过程就是在既定超参数的前提下，不断迭代训练参数的过程。

模型的超参数设置影响着模型的预测性能，同时这也是一项十分考验调参经验与技巧的工作。Sklearn 机器学习框架提供了很多工具来解决调参问题，其中最常用的方法是网格化搜索（Grid Search），也就是对所有可能的超参数取值进行组合并逐一尝试，根据预测性能确定最佳超参数组合。以 VSWR（驻波比）的预测为例，随机森林模型超参数取值如表 5.11 所示。

---

① 超参数：模型的特征参数。

表 5.11　随机森林模型超参数取值

超参数名称	说　明	取　值
n_estimators	随机森林的决策树数量	20，50，80
max_features	Bagging 的最大特征数量	0.5，0.8，1.0
max_samples	Bagging 的最大样本数量	0.5，0.8，1.0
max_depth	决策树的最大深度	None[①]，5，10
min_samples_split	拆分内部节点所需的最小样本数	2，5，10
ccp_alpha	Cost-Complexity Pruning 系数的最小值	0，0.1，1

3. 随机森林模型训练结果

经过随机森林模型中各决策树的合理生长，并结合交叉验证方法，得到随机森林模型的最优超参数组合，如表 5.12 所示。

表 5.12　随机森林模型的最优超参数组合

超参数名称	取　值
n_estimators	20
max_features	0.8
max_samples	None[①]
max_depth	5
min_samples_split	4
ccp_alpha	0.0

在该超参数组合下，每个交叉验证集对应的训练集和测试集平均 MSE（均方误差）如表 5.13 所示，各测试集上的预测结果与真实结果对比如图 5.37 所示。

表 5.13　训练集和测试集平均 MSE

编　号	训　练　集	测　试　集
1	0.0584	0.0804
2	0.0633	0.0658
3	0.0545	0.0920
4	0.0542	0.0931
平均 MSE	0.0576	0.0828

---

① None 表示无限制。

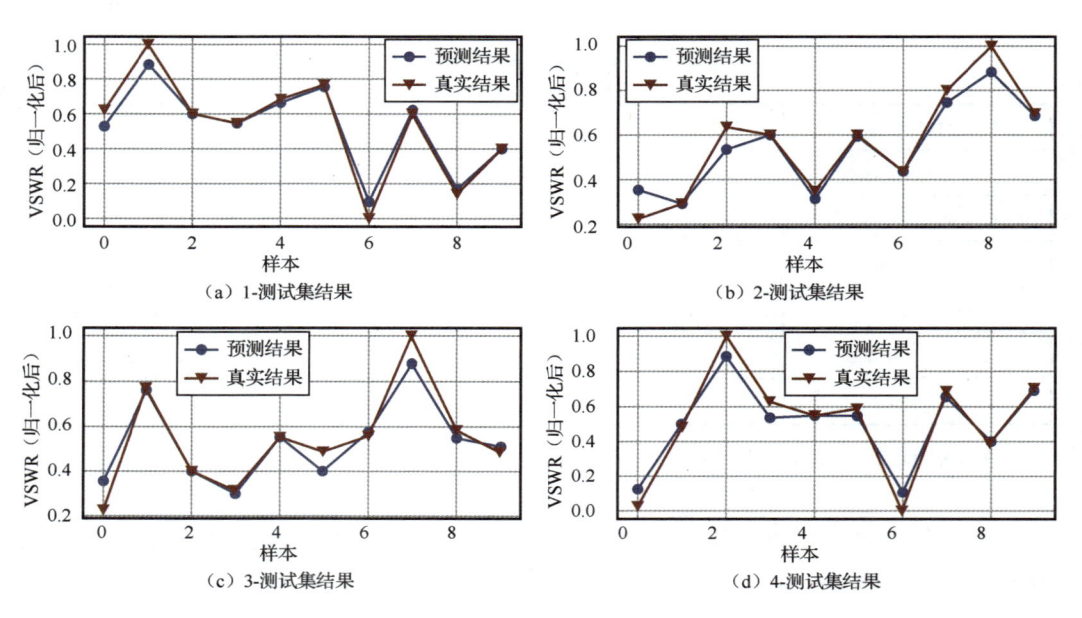

图 5.37 各测试集上的预测结果与真实结果对比

4. 特征指标选择结果

原始数据共有 19 个特征指标，按照特征重要度计算方法，得到两个终检指标对应的各过程特征指标重要度评分，将这两组特征指标重要度相加、归一化并排序，得到如图 5.38 所示的最终结果。其中，黄色曲线为特征指标评分的累加值，特征指标 E12 因数值过小而取 0。由该图可以看出，M51、M52、M53、M22 等特征指标的评分明显高于其他特征指标，从累积评分来看，从 M51 到 M42 累积分数超过 0.9，因此，将使用 M51 到 M42 的特征指标与终检指标（增益、驻波比）组织成新的数据集，如表 5.14 所示。

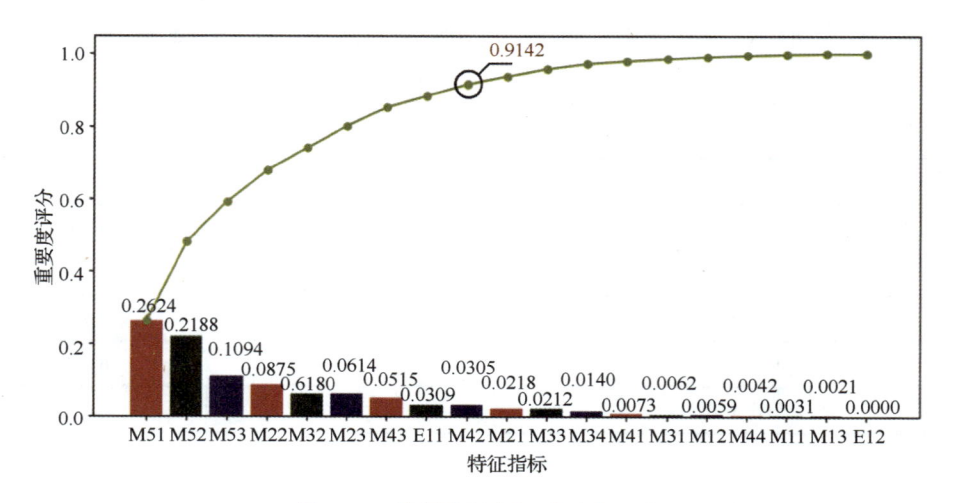

图 5.38 过程特征指标重要度评分

表 5.14 筛选后的特征指标与终检指标组成的新数据集

特征指标	样本 1	样本 2	样本 3	……	样本 39	样本 40
M51	-0.8868	-0.0878	0.9256	……	-0.3248	1.3318
M52	0.7441	-0.9741	0.4563	……	0.3959	-1.6344
M53	-0.1793	0.9509	-0.2767	……	-0.6668	0.9359
……	……	……	……	……	……	……
M42	3.0382	-0.1527	0.8950	……	-0.0155	0.7758
增益（归一化后）	0.8168	0.4246	0.7710	……	0.5471	0.7388
驻波比（归一化后）	-0.4851	-0.4333	-0.6788	……	-0.3900	-0.5951

表 5.14 中，特征指标 M51, M52, …, M42 因篇幅所限而只显示部分。

5.3.3.4 GMM（高斯混合模型）的选择

1. 多元 GMM 及协方差矩阵的类型

为了增加 GMM 的拟合能力，此次实验选择多元变量的分量模型，如式（5.64）所示。

$$P(x_1,x_2,\cdots,x_d)=\frac{1}{(2\pi)^{\frac{d}{2}}|\pmb{\Sigma}|^{\frac{1}{2}}}\exp\left\{-\frac{(x-\mu)^{\mathrm{T}}\pmb{\Sigma}^{-1}(x-\mu)}{2}\right\} \quad (5.64)①$$

式中，P 为概率密度函数；$\pmb{\Sigma}$ 为协方差矩阵，表示多元变量之间的相关性；d 为数据维度；μ 为数据均值；x 为输入数据。

$\pmb{\Sigma}=[c_{ij}]_{d\times d}$ 中的 c_{ij} 描述了第 i 个特征与第 j 个特征的协方差，具体计算方式如式（5.65）所示，其中，$E[\ ]$ 为期望。

$$c_{ij}=\mathrm{cov}(x_i,x_j)=E[(x_i-E[x_i])(x_j-E[x_j])] \quad (5.65)$$

上述计算是基于总体的计算，在有限样本下，需要对式（5.66）进行近似处理，如式（5.66）所示，其中，$x_i^{(l)}$ 为第 l 个样本的第 i 个特征指标。

---

① 式（5.64）中，exp 为以 e 为底的指数，下同。

$$c_{ij} = \frac{1}{N-1}\sum_{l=1}^{N}(x_i^{(l)} - \overline{x}_i)(x_j^{(l)} - \overline{x}_j) \qquad (5.66)$$

式中，N 为样本数量。

根据 EM（期望最大化）算法，逐步迭代至各参数收敛，得到 GMM 每个分模型的均值 $\mu_k \in \mathbf{R}^d$ [①]及方差 $\sigma_k^2 \in \mathbf{R}^d$，用 μ_k 代替式（5.66）中的 $\overline{x}_i$ 和 $\overline{x}_j$，可以得到第 k 个分模型的协方差矩阵 $\boldsymbol{\Sigma}_k$，如式（5.67）所示，其中 $\sigma_{k,ii}$ 为第 k 个分模型的第 i 个特征指标的标准差，$c_{k,ij}$ 为第 k 个分模型的第 i 个特征指标与第 j 个特征指标的协方差。

$$\boldsymbol{\Sigma}_k = \begin{bmatrix} \sigma_{k,11} & c_{k,12} & \cdots & c_{k,1d} \\ c_{k,21} & \sigma_{k,22} & \cdots & c_{k,2d} \\ \cdots & \cdots & \cdots & \cdots \\ c_{k,d1} & c_{k,d2} & \cdots & \sigma_{k,dd} \end{bmatrix}_{d \times d} \qquad (5.67)$$

Sklearn 机器学习框架提供了 4 种协方差矩阵类型，如表 5.15 所示。协方差矩阵类型的选取对于 GMM 的拟合有一定影响，使用不同类型的协方差矩阵在同一数据集上会产生不同的聚类效果。在复杂的装配环境中，各个装配工序或测量工序之间的关系很难确定，无法判断样本各特征之间是否独立，因此，本次实验选用 full 类协方差矩阵。

表 5.15　协方差矩阵类型

协方差矩阵类型	说　　明
full	每个分量模型都有自己的协方差矩阵
tied	所有分量模型的协方差矩阵相同
diag	每个分量模型都是对角协方差矩阵
spherical	每个分量模型的各个特征都拥有相同的协方差

2. GMM 分量模型数量的确定

对于 GMM 的分量模型数量 k 的选择，可以采用赤池信息量准则（Akaike Information Criterion，AIC）或是贝叶斯信息准则（Bayesian Information Criterion，BIC）进行确定。

赤池信息量准则是用于评估统计模型的复杂度和衡量统计模型拟合效果的一种

[①] $\mathbf{R}^d$ 为 d 维实数空间。

标准，如式（5.68）所示。

$$AIC = 2H - 2\ln L \tag{5.68}$$

式中，H 为模型的未知参数数量，L 为似然函数。

式（5.68）的第一项 $2H$ 体现了模型的复杂度，H 越大，表示模型越复杂；第二项 $2\ln L$ 体现了模型的性能，L 越大，表示模型在训练集上的拟合效果越好。显然，当第一项越小且第二项越大时，AIC 值也就越小，根据奥卡姆剃刀原理，模型的泛化性能也就越强。

贝叶斯信息准则又称施瓦兹信息准则，由施瓦兹于 1978 年提出，用于求解指数族数据分布下的最优结果，其计算公式如式（5.69）所示，式中 N 表示样本数量。

$$BIC = H\ln N - 2\ln L \tag{5.69}$$

式（5.68）与式（5.69）都引入了惩罚项，即第一项，但是 BIC 的惩罚项能够在特征数过多且训练样本相对较少时，有效避免出现维度灾难问题。

为了确定合适的分量模型数量，取 k 从 1 到 10 进行试验，得到如图 5.39 所示的 AIC 与 BIC 变化曲线。观察图 5.39 可知，两条曲线均在 $k=3$ 时取得最小值，由此确定聚类数量为 3。

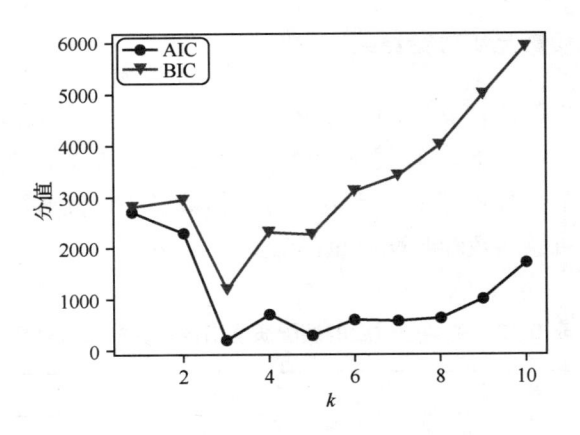

图 5.39　AIC 与 BIC 随 k 变化的曲线

5.3.3.5　聚类结果可视化

在 $k=3$ 与 full 类协方差矩阵下，得到相应的聚类结果。为了查看 GMM 的聚类效果，可对聚类结果进行可视化。然而，由于特征指标数大于 3，无法直接通过坐标轴进行可视化展示，所以需要对样本数据作进一步降维处理。

在高维空间中，数据样本可能会呈现流行分布的特点，即数据沿着某个低维流行呈现特定的结构，一般可通过流行学习进行降维。流行学习（Manifold Learning）是一类借鉴了拓扑流行概念的降维方法，保留了样本点间局部的欧式空间性。其中，T-SNE 是目前最好的降维可视化算法，由 SNE 算法衍生而来，能够将高维数据映射到低维空间的同时，尽量保证相互之间的分布概率不变。使用 T-SNE 算法对 GMM 聚类的效果进行可视化展示，其结果如图 5.40 所示（图中 c1、c2、c3 表示 3 种聚类簇）。可以明显地看出，不同的类簇之间有较好的区分距离，证明了 GMM 聚类的有效性。

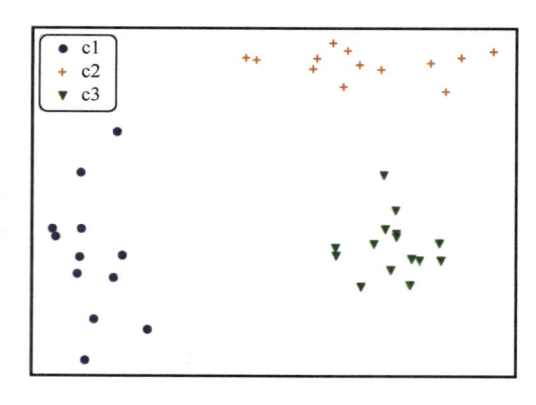

图 5.40　GMM 聚类结果可视化

5.3.3.6　装配质量品级决策结果

GMM 的聚类数量为 3，对应 3 个装配质量品级（c1、c2、c3），从高到低分别记为 A、B、C。按照式（5.63）计算每个类别的装配质量指数，并根据装配质量指数的大小，赋予相应的装配质量品级。装配质量指数越大，其装配质量品级就越高。各类别对应的装配质量指数和装配质量品级如表 5.16 所示。

表 5.16　各类别对应的装配质量指数和装配质量品级

装配质量品级	类别 1（c1）	类别 2（c2）	类别 3（c3）
装配质量指数	3.30	7.27	6.56
装配质量品级	C	A	B

上述每个类别对应高斯混合模型的分量高斯模型，每个分量高斯模型都具有自身独有的在每个特征指标维度上的均值，如表 5.17 所示。从表 5.16 可以看出，作为最高装配品级 A，其对应的装配特征指标处于较优秀的数值，如增益与驻波比明显优于另外两个装配质量品级，验证了基于 GMM 聚类进行装配品级决策方法在一定

程度上能够区分产品的装配质量。

表 5.17　3 个分量高斯模型对应的均值

特 征 指 标	类别 2（A）	类别 3（B）	类别 1（C）
M51	−0.4763	−0.7321	−1.0929
M52	−0.3070	−0.7525	−0.8645
M53	−0.3119	−0.2425	−0.0597
……	……	……	……
增益	0.8620	0.8032	0.7490
驻波比	−0.1864	−0.3567	−0.6316

观察阵列天线装配质量的整体决策过程可以发现，尽管决策模型的学习训练过程较为烦琐，但是当决策模型确定后，其推断过程并不复杂。当新的阵列天线装配完成时，可通过采集筛选后的特征指标数据，作为其装配质量决策的依据，将这一系列数据输入 GMM 中，即可得到其所属类别，而所属类别对应的装配质量品级即为其装配质量决策结果。

本章小结

本章主要对阵列天线装配性能高精准预测进行了详细研究，具体性能指标体现在阵列天线装配机械性能、阵列天线装配电磁性能和阵列天线装配综合性能。通过引入相关机器学习、深度学习算法，本章构建了相应性能指标的预测模型，实现了各性能指标的装配过程在线实时预测。

在机械性能预测方面，本章研究了基于云-边协同技术和机器学习技术的阵列天线装配机械性能预测，基于第五章阵列天线有限元工艺仿真及可靠性仿真技术，对阵列天线装配机械性能进行仿真并获取了样本；同时，建立了基于机器学习算法的云-边协同预测模型，实现了天线装配机械性能的在线预测，预测结果符合预期；此外，研究了阵列天线装配过程及装配零部件性能可视化技术，包括数字孪生在线监控平台中阵列天线零部件的网格重构实现、云图渲染效果着色器的实现。通过云图渲染的手段，可以对装配性能指标预测值在装配零部件上的分布情况进行直观描述。

在电磁性能预测方面，本章研究了基于高斯过程回归模型的阵列天线装配电磁性能预测方法，基于第五章电磁仿真技术进行了阵列天线装配过程的电磁性能仿真，获取了对应的仿真数据样本；同时，对仿真数据样本进行训练，求解了模型超参数，并利用所求超参数预测装配过程中 KK 连接器的电磁传输性能和子阵辐射性能，以及预测值与实际值之间的方差，判断预测值的精度；此外，基于阵列天线方向图基本理论，实现了阵列天线子阵辐射性能方向图的构建及与数字孪生平台的集成。

在综合性能预测方面，本章使用基于随机森林的特征选择方法，筛选了对阵列天线终检特征指标有较大影响的过程特征指标，并与终检指标组成新的装配样本数据集；引入高斯混合模型，对新样本数据进行聚类分析，结合特征指标的重要度，给出了对应的装配质量品级，从而完成对装配质量决策的指导。

参考文献

[1] Jing T, Tian X, Hu H, et al. Deep learning-based cloud-edge collaboration framework for remaining useful life prediction of machinery[J]. IEEE Transactions on Industrial Informatics, 2022,18(10):7208-7218.

[2] Lou P, Liu S, Hu J, et al. Intelligent machine tool based on edge-cloud collaboration[J]. IEEE Access, 2020,8:139953-139965.

[3] Zhang J M, Harman M, Ma L, et al. Machine learning testing: survey, landscapes and horizons[J]. IEEE Transactions on Software Engineering, 2022,48(1):1-36.

[4] Zhang Y, Chen B, Pan G, et al. A novel hybrid model based on VMD-WT and PCA-BP-RBF neural network for short-term wind speed forecasting[J]. Energy Conversion and Management, 2019,195:180-197.

[5] 魏士松. 基于脑-机接口的飞行器虚拟现实模拟驾驶系统研究[D]. 南京：南京航空航天大学，2021.

[6] 孟冠军, 张磊, 马存徽. 基于孪生数据的产品装配过程质量预测模型[J]. 组合机床与自动化加工技术, 2022(3):126-129.

[7] 樊孟杰. 面向性能评估的地铁列车数字孪生系统研究[D]. 成都：西南交通大学，2021.

[8] 胡兴, 刘检华, 庄存波, 等. 基于数字孪生的复杂产品装配过程管控方法与应用[J]. 计算机集成制造系统, 2021, 27(2): 642-653.

[9] Liu K, Li Y, Hu X, et al. Gaussian process regression with automatic relevance determination kernel for calendar aging prediction of lithium-ion batteries[J]. IEEE

Transactions on Industrial Informatics, 2020, 16(6): 3767-3777.

[10] 郑彧. 基于子阵的阵列方向图综合方法研究[D]. 成都：电子科技大学，2022.

[11] 钟时顺. 天线理论与技术[M]. 北京：电子工业出版社，2011.

[12] 陈天禄，郭燕红. 阵列天线方向图的 MATLAB 实现[J]. 西藏大学学报（自然科学版），2010, 25(1): 103-107.

[13] 王翔，胡学钢. 高维小样本分类问题中特征选择研究综述[J]. 计算机应用，2017, 37(9): 2433-2438, 2448.

[14] 李蒙蒙，刘艺，李庚松，等. 不平衡多分类算法综述[J]. 计算机应用，2022, 42(11): 3307-3321.

[15] Genuer R, Poggi J, Tuleau-Malot C. Variable selection using random forests[J]. Pattern Recognition Letters, 2010, 31(14): 2225-2236.

[16] 乔立升，赵永忠，吴韬，等. 基于 GMM 的算法在语音检出系统中的应用研究[J]. 现代电子技术，2015, 38(13):59-62.

[17] Kuroda M, Sakakihara M. Accelerating the convergence of the EM algorithm using the vector epsilon algorithm[J]. Computational Statistics & Data Analysis, 2006, 51(3): 1549-1561.

[18] Dasgupta S, Long P M. Performance guarantees for hierarchical clustering[J]. Journal of Computer and System Sciences, 2005, 70(4): 555-569.

[19] Chopra S, Hadsell R, LeCun Y. Learning a similarity metric discriminatively, with application to face verification[C].SanDiego, USA: IEEE Computer Society Conference on Computer Vision and Pattern Recognition, 2005.

[20] Pan S J, Yang Q. A Survey on Transfer Learning[J]. IEEE Transactions on Knowledge and Data Engineering, 2010,22(10):1345-1359.

[21] 杨福芹，冯海宽，李振海，等. 基于赤池信息量准则的冬小麦叶面积指数高光谱估测[J]. 农业工程学报，2016, 32(3): 163-168.

[22] 储岳中. 一类基于贝叶斯信息准则的 k 均值聚类算法[J]. 安徽工业大学学报（自然科学版），2010, 27(4): 409-412.

第 6 章

阵列天线装配过程的精准控制与执行

6.1 装配过程路径规划技术

路径规划是指按照一定的评价标准，找到一条连接末端执行机构始末位置的最佳路径。为减小拧紧过程中产生的装配应力与结构形变，使组件达到全局最优的装配精度与电磁性能，提高最终装配质量，本节将基于人工势场法、粒子群算法和多目标优化的方法，对装配路径进行合理规划。

6.1.1 零件上料路径规划

装配系统规划 3 条上料输送线，3 种零件（冷却板、印制电路板、天线板）分别由 3 条输送线实现自动上料，由 SCARA[①]拍照识别流水线上的 3 种零件，随后将零件搬运至三维扫描平台。在此过程中，通过路径规划以最短路径完成动作，保证高效率。

Dijkstra 算法于 20 世纪 50 年代提出，是典型的最短路径搜索算法，通过广度优先的搜索方式，从某起始点向外辐射，最终找到终点。其算法思想可以理解为在一个带权有向图 $G=(V,E)$ [②]中，先将所有顶点的集合 V 划分为两个不同的集合，一个是已求出最短路径的顶点集合 S，另一个为其他顶点集合 U。初始化的集合 S 只有一个顶点，即寻路中的起点，按照递增的方式将相邻的顶点加入集合 S，同时保证从原点到达集合 S 中每一个顶点的最短路径长度小于或等于其到集合 U 中的任意顶点的最短路径长度，当终点顶点加入集合 S 中，此时搜索过程结束，得到最短路径长度。Dijkstra 算法流程如下：

（1）集合初始化，集合 S 中存在起始点 v，集合 $U=V-S$，即除起始点外的所有顶

[①] SCARA（Selective Compliance Assembly Robot Arm），即为选择顺应性装配机器手臂，是一种圆柱坐标型的特殊类型的工业机器人。

[②] $G=(V,E)$，其中，V 是所有顶点的集合，E 是所有边的集合。

点，并将集合 U 中所有点的值设为无穷大。

（2）从集合 U 中选取与起始点 v 距离最小的顶点 k，将其加入集合 S 中，此时距离即为从 v 到 k 的最小距离。

（3）以点 k 作为新的基准点，对集合 U 中顶点的值进行修改，如果以 k 作为新基准点的距离比与原基准点的距离更短，则将集合 U 中顶点的值更新为到新基准点的距离，并将集合 U 中值最小的顶点从集合 U 中加入到集合 S 中。

（4）重复步骤（2）和（3），直到完成对终点的搜索或包含所有顶点。

Dijkstra 算法仿真实验结果如图 6.1 所示，其中，蓝色点表示起始点，绿色点表示终点，黑色线条表示障碍物，灰色点表示搜索范围，红色线条表示最优路径。实验表明，Dijkstra 算法搜索范围广，路径最优。

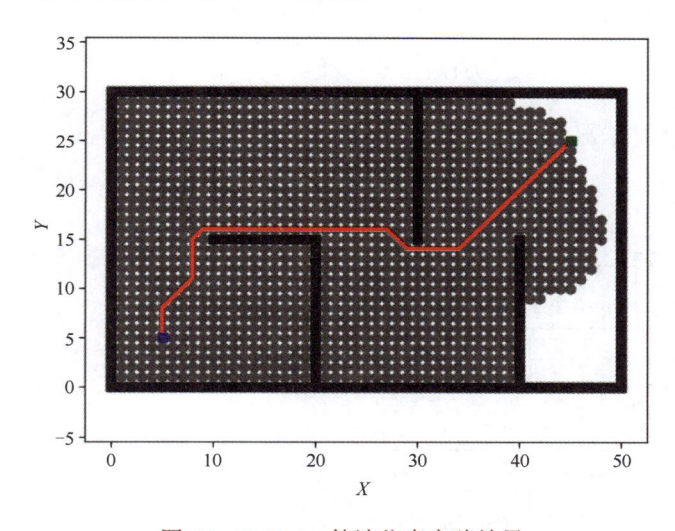

图 6.1 Dijkstra 算法仿真实验结果

Dijkstra 算法实际上可以描述为一个排序过程，即将从起始点到其他任意顶点的距离进行排序，距离越小越容易被搜索到；反之，距离越大越不易被搜索到。Dijkstra 算法的优势在于能够保证在所有可能的路径中找到最短的移动路径，但同时也存在一个不可避免的问题，就是广度优先的搜索方式带来了更多的搜索资源消耗，搜索时间长，搜索效率低下，降低了 Dijkstra 算法的实时性。

为解决 Dijkstra 算法搜索效率低下的问题，学者 Hart 等人在此基础上，通过结合 Dijkstra 算法和启发式搜索算法，提出了 A*算法。A*算法在保留 Dijkstra 算法思想的基础上，引入了启发式搜索算法来提高搜索速度。A*算法通过设定合适的启发函数，对中间节点同时考虑已有代价及从当前节点到终止节点之间的代价，从而起到对搜索方向的启发作用，其整体的代价函数可以表示为式（6.1）。

$$F(n) = G(n) + H(n) \tag{6.1}$$

式中，F 为当前节点的代价总和；G 为实际的代价，即起始节点到当前节点之间的代价；H 为启发函数，对当前节点到终止节点进行估计。

该代价函数可以有不同的方式进行计算，不同的估计方式会带来不同的算法搜索方式与效率。以下是几种估计方式：

（1）$H(n)=0$，此时 A*算法退化为 Dijkstra 算法。

（2）$H(n)$ 为欧几里得距离，数学表达如式（6.2）。

$$H(n) = \sqrt{(x_1 - x)^2 + (y_1 - y)^2} \tag{6.2}$$

（3）$H(n)$ 为曼哈顿距离，即只有水平和垂直方向距离，其数学表达式如式（6.3）所示。

$$H(n) = |x_1 - x| + |y_1 - y| \tag{6.3}$$

图 6.2 为 A*算法流程，可以分为以下 4 个步骤。

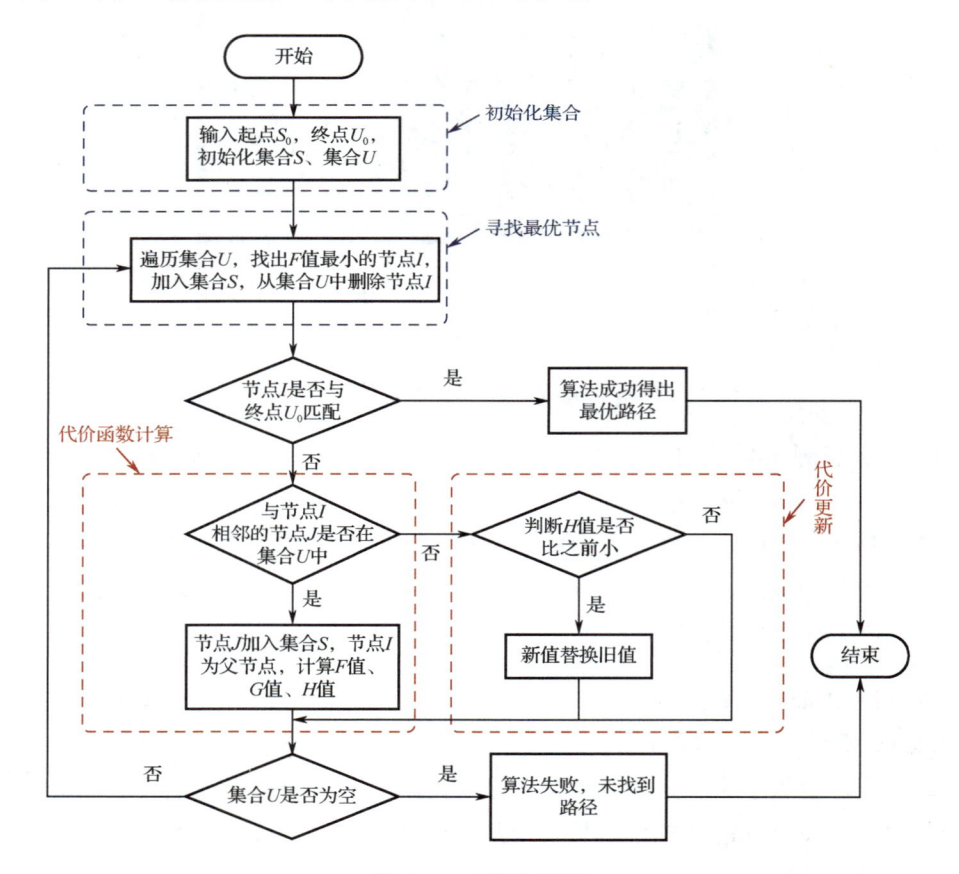

图 6.2 A*算法流程

■第6章 阵列天线装配过程的精准控制与执行■

(1) 初始化集合(即列表),分别记录待检测节点的集合 U 和记录父节点的集合 S,并将起始节点添加到集合 U 中。

(2) 判断集合 U 是否为空。如果集合 U 为空,则结束整个搜索过程;如果集合 U 中存在节点,则将集合 U 中 F 值最小的节点作为当前节点,将当前节点放入集合 S 中。

(3) 对当前节点相邻的 8 个节点的每一个节点进行处理。如果该节点是不可通过的或者已经存在于集合 S 中时,不处理;如果该节点未加入集合 U,则添加该节点,并将当前节点作为该节点的父节点,同时对 F 值、G 值、H 值进行计算并记录;如果该节点已经存在于集合 U 中,则通过 G 值作为比较计算两种路径的更优选择。

(4) 当终止节点加入到集合 S 中,停止搜索,通过回溯的方式获取路径。

A*算法仿真实验结果如图 6.3 所示,其中,蓝色点表示起始点,绿色点表示终点,黑色线条表示障碍物,灰色点表示搜索范围,红色线条表示最优路径。实验表明,A*算法搜索范围小,效率高,搜寻路径较优。

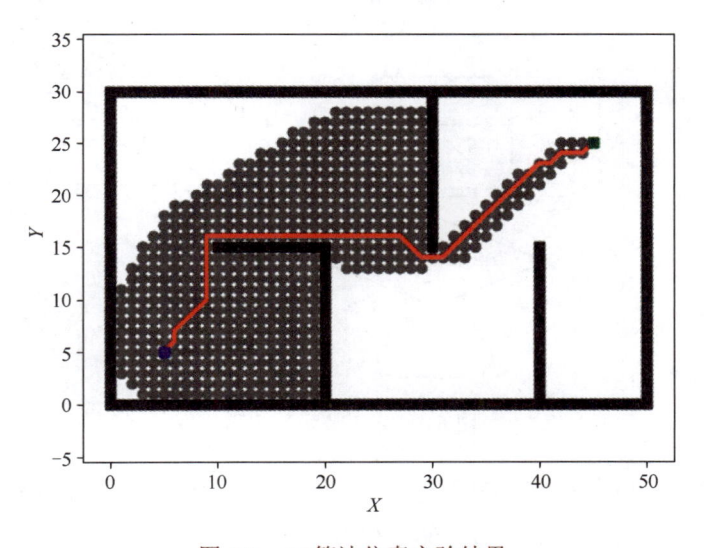

图 6.3 A*算法仿真实验结果

A*算法的优势在于其具有较高的鲁棒性,能够对当前环境信息做出较快的反应,从而朝一个更加快捷的方向寻找路径,扩展节点少,能够在消耗较低搜索资源的情况下找到较优路径。

对比 Dijkstra 算法和 A*算法可以发现,A*算法既能够保证足够的搜索效率,又能够得到较优路径。

人工势场法是一种基于虚拟力场的方法,其思想在于通过对力场中引力与斥力的模仿，控制移动机器人的运动。人工势场法引入引力场的概念，终点与移动机器人之间的相互作用表现为引力，表示终点对移动机器人的吸引力，当距离越远时，其引力越强，促使移动机器人迅速向终点靠近。同时，人工势场法引入斥力场的概念，障碍物与移动机器人之间的相互作用表现为斥力，表示障碍物对移动机器人的排斥力，当距离越近时，其斥力越强，避免移动机器人与障碍物之间的碰撞。可以认为，势场中的移动机器人同时受引力与斥力的作用，通过叠加的方法来判断和调节其运动路径。人工势场法流程如图 6.4 所示。

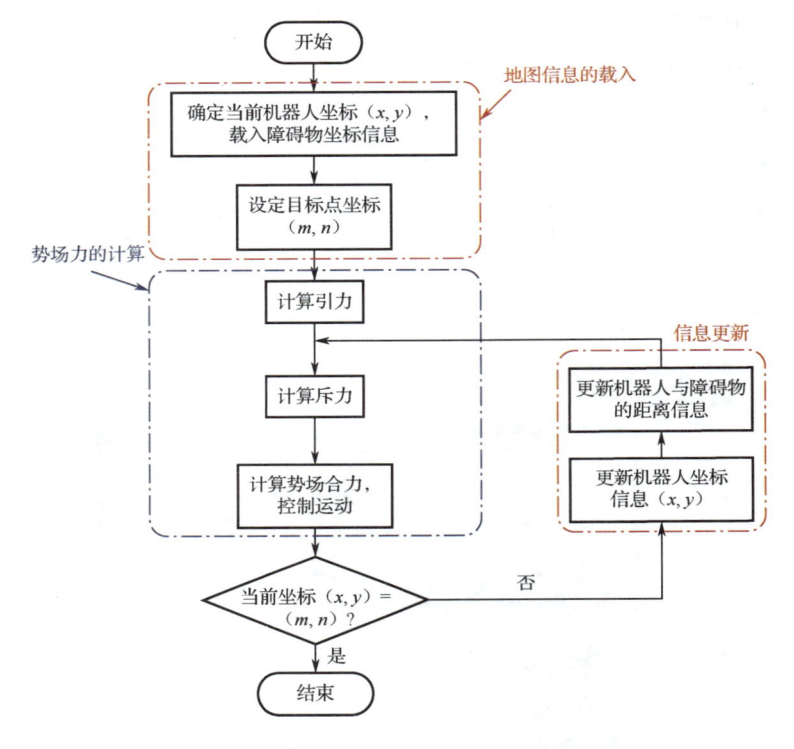

图 6.4　人工势场法流程

人工势场法仿真实验结果如图 6.5 所示。其中，黑色面积表示障碍物，蓝色线条表示路径。实验表明，人工势场法能够很好地实现避障。

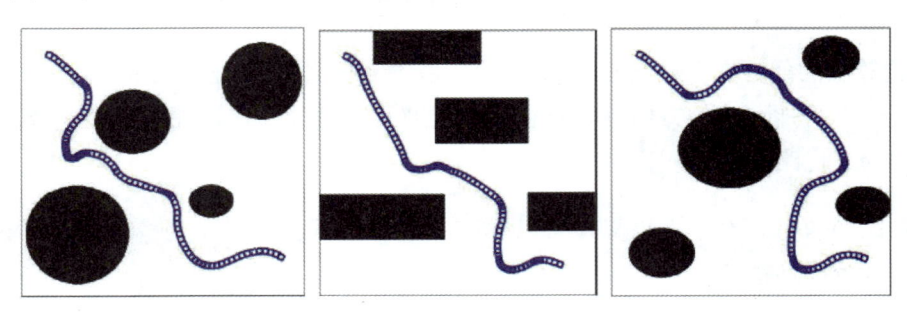

图 6.5　人工势场法仿真实验结果

6.1.2 三轴滑台运动轨迹控制

通过三维扫描系统识别可以得到印制电路板（PCB）底面平面度情况，需要在 PCB 板相应的螺柱上添加不同厚度的垫片，并对添加垫片后的导柱进行高度识别，查看各导柱高度是否符合规定，从而实现对 PCB 板的调平。填装垫片机构由执行机构及垫片抓取末端组成，可以实现对 0.1、0.2、0.3mm 等不同厚度垫片的抓取和填装。

在不同厚度的垫片装配过程中，须对三轴滑台的运动路径进行规划，以保证 PCB 板的平面度并且提高装配效率。三轴滑台运动轨迹控制分为环境建模、初始路径搜索、路径优化 3 个主要环节。

1. 环境建模

环境建模是三轴滑台运动轨迹控制的基础环节，利用 C 空间法、栅格法、三角形法等环境建模方法，将导入数字孪生平台的装配系统仿真模型进行划分，建立一个便于计算机进行路径规划所使用的环境模型，将实际物理空间中的装配系统抽象成算法能够处理的抽象空间，实现相互间的映射，如图 6.6 所示。

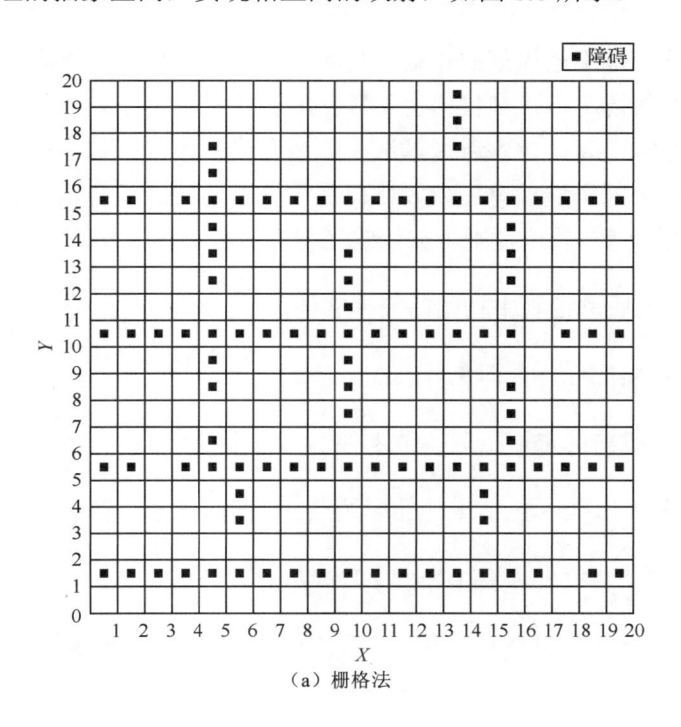

(a) 栅格法

图 6.6 环境建模方法

(b)三角形法

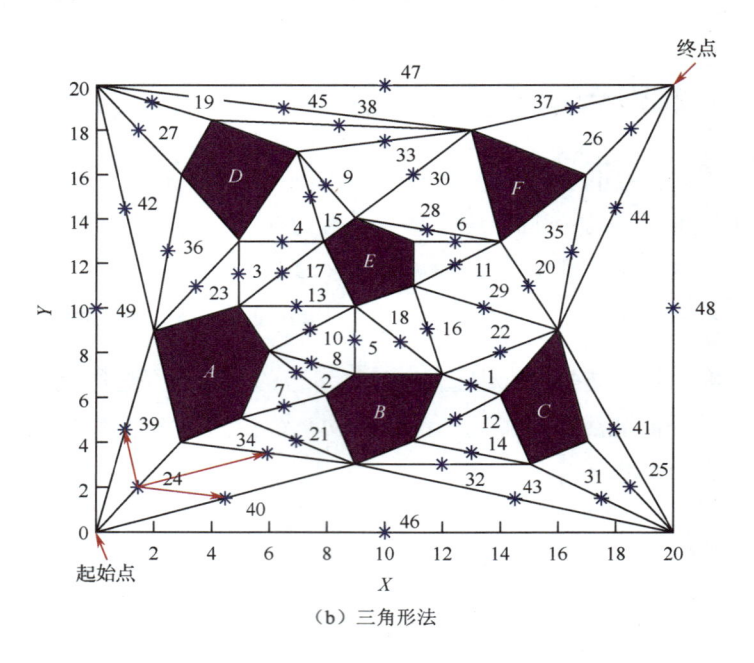

图 6.6　环境建模方法（续）

2. 初始路径搜索

初始路径搜索是路径优化的基础，初始路径搜索的质量严重影响遗传算法路径搜索的结果。一般情况下，多目标优化算法的初始种群是随机产生的，但是由于产生的个体质量通常不高，导致遗传算法收敛速度慢，最终影响路径规划的效率。因此，提高初始路径的质量，对提高多目标优化算法的性能具有重大意义。利用人工势场法，三轴滑台运动轨迹控制中初始路径搜索流程如图 6.7 所示。

三轴滑台运动轨迹控制中初始路径搜索的具体步骤如下。

① 系统规划装配任务，即垫片装配顺序。

② 填装垫片机构的末端拾取待装零件。

③ 初始化相关参数，包括零件的起始点 s、目标点 g、最大规模 M 等。

④ 寻找零件下一步可选点（集合 V），即寻找与零件相邻的点。

⑤ 计算零件下一步可选点（集合 V）中所有点可选的概率 p_{ij}，其计算公式如式（6.4）所示。

$$p_{ij} = \frac{\exp(F_{jg})}{\sum_{jV} \exp(F_{jg})} \tag{6.4}$$

式中，i 为末端当前点的序号，j 为下一步可选点的序号，g 为目标点序号，F_{jg} 为目标点 g 对下一步可选点 j 点的引力。

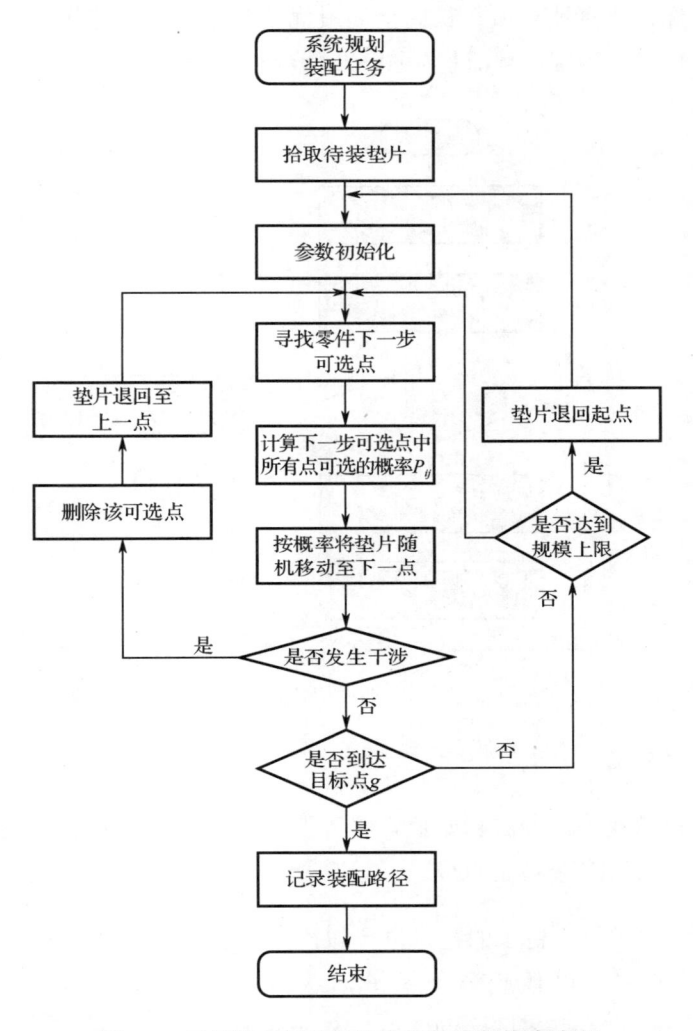

图 6.7　三轴滑台运动轨迹中初始路径搜索流程

⑥ 按概率将垫片随机移动至下一点，检查是否发生干涉。若发生干涉，则删除该可选点，垫片退回至上一点，回到步骤④。若不发生干涉，则进行下一步骤。

⑦ 判断垫片是否到达目标点 g。若垫片到达目标点 g，则记录零件移动路径。若垫片未到达目标点 g，则判断装配路径是否已达到规模上限。若装配路径达到规模上限，则垫片退回起点并回到步骤③；若装配路径未达到规模上限，则回到步骤④。

将所记录的末端移动路径进行删除冗余等初步优化处理后，即可得到初始全局最优装配路径。

3. 路径优化

利用多目标优化算法对所得初始全局最优装配路径进行迭代优化。以使用粒子群算法进行路径优化为例，其流程如图 6.8 所示。

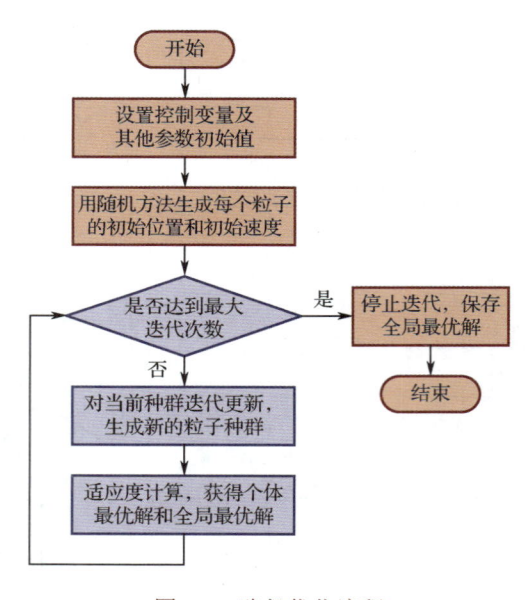

图 6.8 路径优化流程

（1）种群初始化

设置控制变量及其他参数初始值，将种群初始化，每个种群由在三维路径决策空间中随机初始化的 N 个粒子组成。

用随机方法生成每个粒子的初始位置与初始速度。在三维空间内随机生成 m 个散点作为路径节点，以代表一个粒子，这 m 个散点的坐标为 (xr_1,yr_1,zr_1)，…，(xr_m,yr_m,zr_m)，路径起始点和目标点分别为 $S(x_0,y_0,z_0)$ 和 $T(x_{n+1},y_{n+1},z_{n+1})$。

（2）适应度计算

粒子群算法在搜索中以适应度函数为搜索依据。以路径最短和路径最平稳两个指标设定适应度函数对种群个体进行评价，进而将路径优劣以数值的方式表现出来，进行量化评价，获得个体最优解和全局最优解。

（3）粒子群更新

将每个粒子 i 用 j 方向上的位置向量 x_{ij} 及速度向量 v_{ij} 表示，每个粒子 i 通过自身历史最佳位置 $pbest_i$ 和全局最佳位置 $gbest$ 来更新速度和位置。粒子速度向量 v_{ij} 与位

置向量 x_{ij} 的更新公式分别如式（6.5）和式（6.6）所示。

$$v_{ij}^{t+1} = \omega v_{ij}^t + c_1 r_1(\text{pbest}_{ij}^t - x_{ij}^t) + c_2 r_2(\text{gbest}_j^t - x_{ij}^t) \tag{6.5}$$

$$x_{ij}^{t+1} = x_{ij}^t + v_{ij}^{t+1} \tag{6.6}$$

式中，x_{ij}^{t+1} 和 v_{ij}^{t+1} 分别为第 i 个粒子在 j 方向上第 t 次迭代的速度向量和位置向量；pbest_{ij} 为第 i 个粒子在 j 方向上第 t 次迭代所搜寻到的最佳位置，gbest_j^t 为整个种群在 j 方向上第 t 次迭代所搜寻到的最佳位置；t 和 $t+1$ 分别为当前和下一次迭代；ω 为惯性权重，表示对当前速度方向的信任程度；c_1 和 c_2 分别为粒子的自身历史最佳位置与全局最佳位置权重的加速度系数，其作用是调节学习最大步长；r_1 和 r_2 分别为两个范围在[0,1]的随机数，其作用是增加搜索的随机性。

每个粒子的自身历史最佳位置和全局最佳位置在每次迭代中分别使用公式（6.7）和（6.8）进行更新。

$$\text{pbest}_{ij}^{t+1} = \begin{cases} x_{ij}^{t+1}, f(x_{ij}^{t+1}) \leq f(\text{pbest}_{ij}^t) \\ \text{pbest}_{ij}^t, f(x_{ij}^{t+1}) > f(\text{pbest}_{ij}^t) \end{cases} \tag{6.7}$$

$$\text{gbest}_j^{t+1} = \begin{cases} \text{gbest}_j^t, f(\text{gbest}_j^t) \leq \min[f(\text{pbest}_{ij}^{t+1})] \\ \text{pbest}_{ij}^t, f(\text{gbest}_j^t) > \min[f(\text{pbest}_{ij}^{t+1})] \end{cases} \tag{6.8}$$

式中，f 为适应度函数。

因此，粒子速度的更新公式

$$x_{ij}^{t+1} = x_{ij}^t + v_{ij}^{t+1} \tag{6.9}$$

式（6.9）可以看成由 3 个部分组成：第一部分是惯性分量，表示粒子保持先前速度的惯性；第二部分是个体认知分量，表示对粒子本身的认识；第三部分是族群认知向量，表示种群中粒子之间的信息交流与合作。

（4）终止准则

在达到了设定的最大迭代次数后，终止对装配路径的搜索。

6.1.3 螺钉拧紧顺序规划

螺钉之间的相互作用会影响螺钉的最终预紧力，因此，需要通过制定合适的拧紧策略来保证 PCB 板的最终平面度。螺钉拧紧策略的研究问题之一是螺钉拧紧顺序的问题。在螺钉拧紧过程中，拧紧轴的运动轨迹是以每个螺钉作为节点进行运动的周游路线。每增加一个螺钉，其带来的对于其他螺钉的影响都会改变 PCB 板的最终平面度。遗传算法作为一种非确定性的拟自然算法，可以为复杂系统的优化提供一种新的思路。因此，本节以多螺钉的相互作用关系为约束条件，以 PCB 板的平面度为优化目标，结合 GA（遗传）算法对螺钉拧紧顺序进行优化，通过适应度函数计算得到最优解。

GA 算法的基本过程：以随机产生的待解决问题的一种排列为一条染色体，初始种群由随机构造的若干条染色体构成，计算每个个体的适应度值，根据适应度值的高低进行选择，两个双亲产生一个子代为一次繁殖；通过交叉算子进行交叉操作、变异算子进行变异操作，以设定的迭代次数或某个条件作为算法终止的条件。

利用 GA 算法进行优化的步骤如下：

（1）对螺钉紧固路径优化参数集进行编码。编码方式采用整数编码（采用"一个基因一个参数"来编码，将原问题的解空间映射到整数串空间，然后在整数串空间上进行遗传操作，结果再通过解码过程还原成其表现型以进行适应度评估），从而提高解的精度和运算速度。例如，对 12 个螺钉的优化问题{1,2,3,4,5,6,7,8,9,10,11,12}，则1|2|8|7|5|3|6|4|10|11|12|9 就是一个合法的染色体。

（2）种群初始化。初始种群是起始解。

（3）求解适应度函数。

（4）选择操作。基于轮盘赌法从旧群体中以一定概率选择个体到新群体中，根据步骤（3）计算出来的适应度进行选择。个体适应度值越大，则被选中的概率越大。

（5）交叉。交叉概率 $p_c = 0.9$。采用部分映射交叉，确定交叉操作的父代，将父代样本两两分组，每组重复以下过程（假定有 12 个螺钉）：

① 产生两个[1,12]区间内的随机整数 r_1 和 r_2，确定每组中两个父代样本的位置，，对这两个位置的中间数据进行交叉。

② 交叉后，同一个个体中有重复的螺钉编号（重复的数字），将不重复的数字保留，重复的数字采用部分映射的方法消除冲突，即利用中间段的随影关系进行映射。

（6）变异。设定变异概率 $p_m = 0.05$。变异策略为随机选择两个点，将其对换位置。产生两个[1,12]范围内的随机整数 r_1 和 r_2，确定两个位置，然后将其对换位置。

用 GA 算法解决螺钉连接拧紧顺序流程如图 6.9 所示。

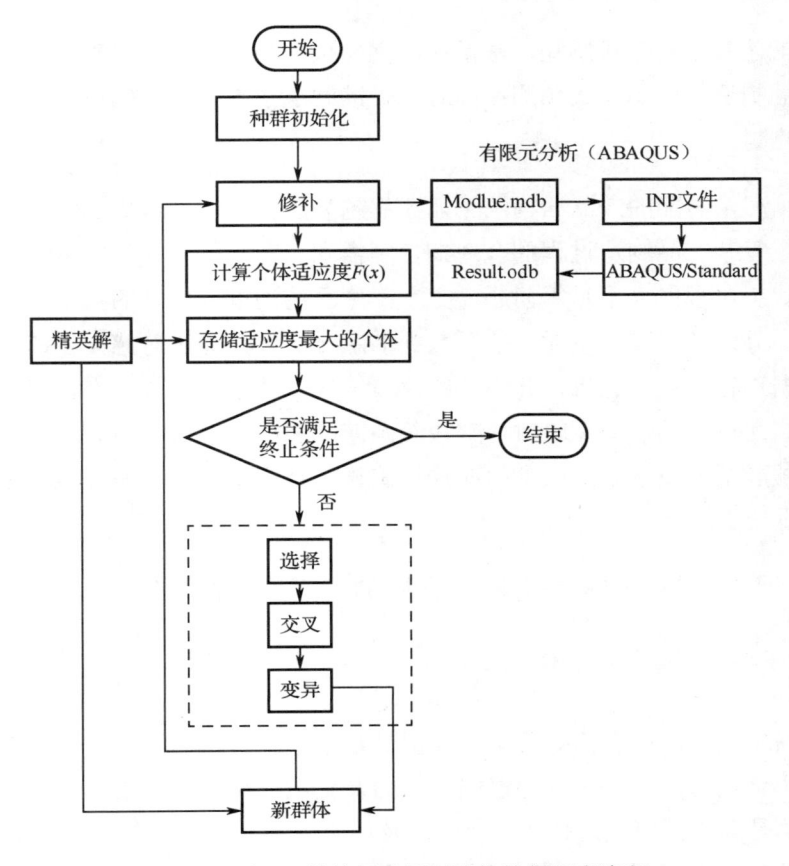

图 6.9　用 GA 算法解决螺钉连接拧紧顺序流程

6.2　装配过程精准控制理论及方法

6.2.1　基于数字孪生模型的在线精准控制

在线控制又称联机控制，自动控制装置（控制计算机、控制器等）通过检测仪器和执行机构与生产过程设备直接相连，进行实时控制和操作，而不必通过其他中间记录来间接对过程进行输入、输出及决策。而离线控制完全不再依赖于计算机，而是依赖于一些嵌入式系统，但其中的高级指令往往是由计算机编写生成的，再输入嵌入式设备。离线控制技术较为成熟且成本较低，已经广泛应用于自动化生产及装配领域，对于传统工业生产及产品装配应用场景，离线控制基本可以满足要求。但随着产品复杂化、离散化程度增加，离线控制已经难以满足产品对于精度和装配质量的高要求。相较于离线控制，在线控制能够根据复杂产品生产及装配过程中的不确定因素进行动态调整，实时修改工艺控制策略。在线控制技术通过在线测量实

■基于数字孪生的复杂产品智能装配车间质量预测、控制理论与方法■

现对制造工艺参数的在线感知，基于在线感知数据与抽象出的物理实体控制模型，实现对产品制造状态的在线预测；同时，借助智能控制技术，实现对产品制造或装配的在线控制。

随着生产及装配的产品结构及工艺流程越来越复杂，抽象出的物理实体控制模型难以满足复杂产品制造过程的全周期控制需求，存在信息模型缺失、设备诊断困难、装配状态监视能力不足等问题。数字孪生系统通过高保真的数字孪生模型，实现对物理世界装备的实时映射与信息数据的融合交互，通过对感知系统获取的历史和实时数据进行挖掘、分析，开展智能决策、优化装备的运行状态，进而实现复杂产品实际装配过程的全周期映射，解决复杂产品装配状态监视与装配质量评估困难的问题。发展基于数字孪生模型的在线控制技术是实现复杂产品制造工艺实时控制和优化的重要手段。

实现基于孪生模型的精准控制，主要有以下3条技术途径。

1. 数字孪生模型精度补偿技术

建立高精度、高保真的数字孪生模型是数字孪生模型与物理空间状态准确映射的基础。由于制造、装配、零件磨损、重力及负载、温度等因素，物理实体与理论模型相比总是存在几何误差、非几何误差及动态误差，造成数字孪生模型精度损失。因此，在数字孪生模型建模过程中需要对各种误差进行补偿。以数字孪生系统中常见的工业机器人为例，对于几何误差，通常采用基于运动学模型的参数标定法，提高数字孪生模型的建模精度。Dennis、Judd、Renders 等人提出了基于几何误差识别最大似然法的机器人标定方法，补偿机器人的几何误差。在非运动学参数标定方法方面，Zeng 等人建立了基于误差相似度的精度补偿方法；王东署等人采用前馈神经网络建立了机器人实际位姿和相应的关节角误差间的关系，提升了机器人的建模精度。对于非几何误差（如传动误差），许多学者使用激光跟踪仪对工业机器人系统进行实时位姿控制，该方法可为数字孪生模型提供高精度的映射，但需要增加激光跟踪仪等外部辅助设备。

数字孪生模型精度补偿技术主要包含以下几个方面。

（1）数字孪生模型初始化

在不考虑建模准确度的情况下，建立与物理实体结构、功能相近似的数字化模型。首先，利用 OpenGL、GTK、SDL 等图形库，建立物理实体的数字孪生可视化环境。其次，导入物理实体的三维模型，基于机构运动约束，调整各部件模型的位置和装配方式，建立各部件模型之间的从属关系。最后，利用传感器读取物理实体各部件

▌第 6 章　阵列天线装配过程的精准控制与执行▐

的相对运动量并驱动三维模型运动,建立物理实体与数字孪生模型的初步映射。

(2) 数字孪生模型建模精度评估

初始化后的数字孪生模型的结构参数与理论参数一致,不能真实反映物理实体的结构参数,将数字孪生模型与物理实体的运动映射误差定义为数字孪生模型建模误差,数字孪生模型对物理空间映射的精准度定义为建模精度。图 6.10 描述了数字孪生模型的位置建模精度,O 为物理空间中工业机器人末端测点到达的位置点;G 为数字孪生模型计算到达的位置点;O 点与 G 点之间误差为该测点的建模误差 AP,表达为

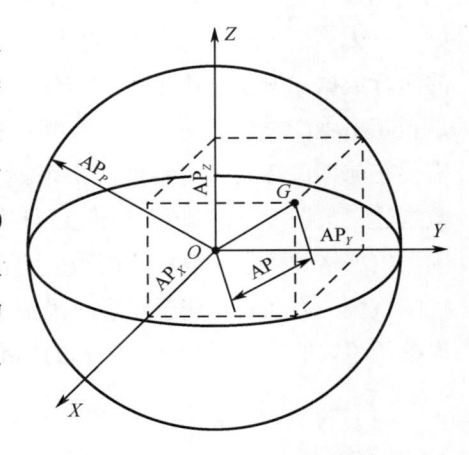

$$AP = \sqrt{(x_j - x_i)^2 + (y_j - y_i)^2 + (z_j - z_i)^2} \quad (6.10)$$

图 6.10　数字孪生位置建模精度定义图

式中,x_j、y_j、z_j 为末端测点到达位置的空间笛卡尔坐标,x_i、y_i、z_i 为数字孪生模型中计算位置点的空间笛卡尔坐标。

单一测点难以表征整个数字孪生模型的建模精度,通过在物理空间中取 N 个测点,求出 N 个测点的建模误差平均值 $\overline{AP}$,将 $\overline{AP}$ 作为数字孪生模型的建模精度。

(3) 数字孪生测量系统构建

数字孪生模型通常可通过伺服电机的编码器获得物理实体的实际位置,驱动数字孪生模型运动,但是由于伺服电机、减速器内部传动的齿轮存在间隙,以及非理想刚体带来的构件柔性变形,使得通过编码器计算得到的部件位置与实际位置间存在偏差。因此,在物理实体上通过安装高精度光栅尺传感器作为数字孪生实时测量反馈系统,即通过光栅尺直接测量各部件的实际位置,将获取的光栅数据导入数字孪生模型,进而获得物理实体的位置和轨迹信息,并通过实时映射来驱动数字孪生模型。

(4) 数字孪生模型误差辨识

物理实体的结构参数误差是数字孪生建模过程中末端执行器位姿与数字孪生模型期望位姿之间误差的来源。在数字孪生建模过程中,采用理论参数建模可获得模型的理论位姿,但由于物理实体存在结构误差并未到达理论位置,因此,采用建模误差参数辨识方法等误差辨识方法,对模型结构参数误差进行辨识,从而修正模型结构参数以提升建模精度。

2. 数字孪生模型高精度实时驱动技术

通过传感器或数控系统实时采集各物理实体（车间内各设备及装置）的运行状态，如 AGV、数控机床、工业机器人、装配末端执行器等，传感器可采集上述设备或装置的运行数据，识别设备的运行状态，并与理想运行状态进行动态对比，辨识其运行过程是否超出生产装配的精度、力/力矩、位移等的要求。为了能够提高生产装配效率及精度，需要在前期进行大量的实验，采集最优生产装配状态下的各项工艺数据，并基于该工艺数据建立数据库，得到生产装配过程中的最优工艺参数，并对于各个工艺参数的变化范围做出严格的限定，可在一定程度上保证产品的生产装配质量。在实际生产装配过程中，控制系统一方面利用传感器实时采集工艺数据，对过程进行在线监控，另一方面控制各设备及装置的精准运行。其控制的精准程度一般取决于以下两个方面。

（1）传感器所能识别的工艺参数的精度

为了能够采集设备及装置运行过程中的大量实时工艺数据，需要传感器对生产装配过程进行实时监测，并将数据实时传输至控制系统。若传感器的精度较低，不能识别生产装配过程中的微小动态变化，就无法对数字孪生模型中的装配状态进行实时更新和调整。故在选用传感器时，其响应精度应足够高，以满足生产装配需求。在生产装配过程中所用到的传感器主要包括转角传感器、位移传感器、温度传感器、力/力矩传感器等。此外，有些数据无法通过传感器直接采集获得，如数控机床的主轴转速、工业机器人各轴的转角和 AGV 的实时位置等，而是需要从设备自身的控制器中读取，故在选用设备时需考虑相关工艺数据是否容易获取、获取的工艺数据精度是否满足需要及其设备能否在总控制系统中集成等问题。

随着技术水平的不断提高，传感器的精度已达到较高的水平，同时也较为经济。国产的各类型传感器已基本可以满足生产装配过程中的数据采集精度需求，但对于精度要求更高、对传感器性能要求更高的生产装配环节，国外厂商生产的传感器更具优势。在实际生产装配过程中，为了进一步提高设备和装置的运行精度，需要在原有设备的基础上加装传感器。例如，六轴工业机器人的整体精度较低，加装外部传感器（如角度传感器、光栅尺等），可以实现对六轴工业机器人的闭环精准控制。

（2）设备及执行装置所能达到的最小装配精度及响应速度

在传感器采集到相应的工艺数据后，控制系统根据传感数据反映的实时生产装配状态，对装配过程做出相应的调整。一般来说，设备及执行装置上的执行元件主要为驱动电机，可输出转角、位移、温度力/力矩等物理量。在一些对装配精度要求较高的领域，如发动机装配、电子产品装配等领域，装配精度往往要达到 0.1mm 甚至更高。例如，某型号阵列天线装配对装配设备的定位精度提出要求：绝对定位精度达到 0.1mm，重复定位精度达到 0.01mm，这就需要采用高精度机床、机器人等设备才能达到要求。

3. 基于数字孪生的装配性能仿真预测技术

该技术通过传感器将采集到的设备信息及实时数据输入数字孪生系统，以仿真的形式再将其转换成产品的实时生产及装配状态，并通过其他监测手段同当前装配状态进行对比及校正。对于绝大多数装配过程，通过传感器实时采集设备及装置的工艺参数，可以保证产品的装配质量。但对于部分机电耦合类型的产品，只是保证机械装配质量在一定程度上是不能满足要求的，需要以各类型工艺数据来对其电磁性能等进行关联映射。

在数字孪生模型高精度实时驱动技术在线控制的基础上，基于数字孪生的装配性能仿真预测技术需要在传感器数据采集完成之后在数字孪生系统内进行电磁仿真，以机械装配工艺参数来仿真电磁性能等其他工艺参数，以实现对产品装配过程的精准控制。

6.2.2 复杂产品装配领域的精准控制方法

在复杂产品装配领域，如汽车发动机装配、电子产品装配等，传统装配方式以人工装配为主，对工人的操作技术提出了较高的要求，装配质量难以保证。近年来，随着机器学习、大数据、云计算等技术的快速发展，基于数字孪生的装配技术由以数字化模型仿真为主的虚拟装配向虚实深度融合的智能化装配方向发展，实现了装配虚实空间的深度融合，同时实现了对装配过程的精准控制，是推动数字孪生技术落地的关键。

装配过程实现在线精准控制包括识别对象动态特性、在识别对象基础上采取决策、根据决策指令更改系统动作。这些都依赖于上位机与装备之间建立的实时通信，通过控制器读取各个机器人参数变量及其他传感器的 I/O 值，同时将指令下发到各个执行器，形成一个基于多源传感数据的控制系统，就可以实现根据控制对象的输出反馈来进行精准控制。

6.3 装配过程自适应控制系统

传统阵列天线装配时存在装配状态不可知、装配性能不可信、装配过程不易控制的问题，难以实现力-位移-电磁性能的协调控制，使得阵列天线装配后的机械性能和电磁性能波动大。本节以阵列天线等复杂产品为研究对象，研究基于数字孪生的阵列天线自适应装配系统，通过装配过程中工艺参数的在线感知与反馈，实现数字-物理环境间工艺数据的监测与控制，基于虚实数据融合对阵列天线装配误差进行在线补偿，构建融合力、位移、电、速度伺服控制环的系统控制架构，通过装配过程中的力-位移自适应调整，实现阵列天线装配的在线补偿与精准控制。

装配车间是一套典型的复杂集成系统，融合了工艺方案制定、机电产品设计、控制理论分析、功能软件开发、硬件控制等任务。本节按"自适应装配控制技术方案制定-自适应装配系统集成设计-自适应装配系统集成控制-自适应装配系统制造及调试"的技术路线展开，如图6.11所示。

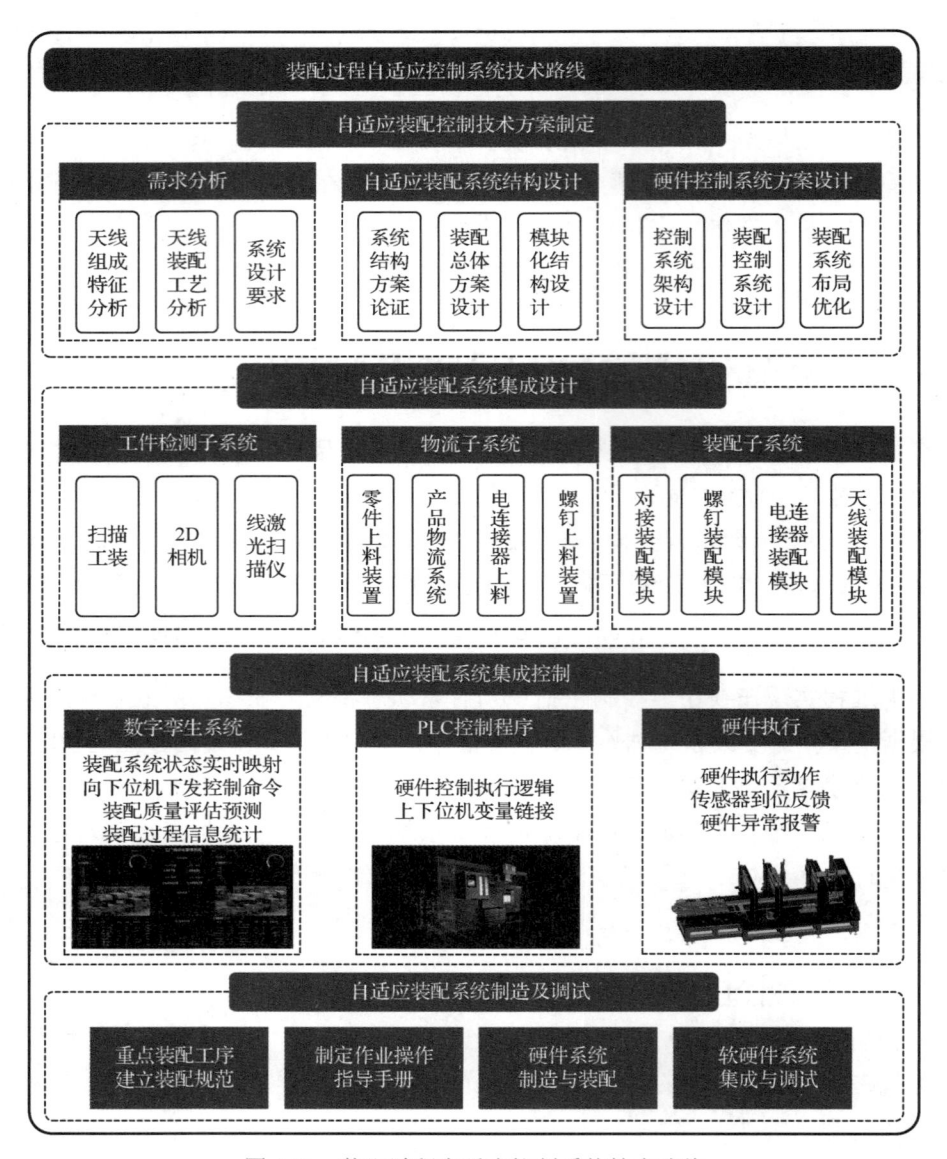

图6.11 装配过程自适应控制系统技术路线

6.3.1 自适应装配控制技术方案制定

本装配系统面向的复杂产品尺寸跨度大，尺寸范围为 60mm×60mm～500mm×500mm，须在保证装配效率的前提下满足不同尺寸产品的自适应装配。本节通过分析传统人工装配工艺流程，提出了一套针对复杂产品的自适应装配控制技术方案。该方案通过选用多种传感器对产品装配全流程进行状态感知，获取装配过程中的关键工艺参数，并结合 AI 算法进行自适应决策评估，实现复杂产品的高精度、高效率自适应装配。

1. 需求分析

对于宽带或数字波束行程雷达系统，其通常需要有源相控阵天线采用子阵级布局，以便大幅降低有源相控阵天线的生产加工成本。高精密一体化阵列天线采用同样的布局方式，其由成千上万块阵列天线大阵组成（如图 6.12 所示），每个阵列天线子阵底板上安装有 4 个子阵。子阵采用片式结构，每个子阵由散热板、功能母板、天线板 3 层垂直叠放形成。散热板由高精度数控铣床对整块铝合金立方体进行加工而成，其上的圆孔及螺柱等特征具有很高的相对位置精度。功能母板由 PCB、芯片及 SMPM 等元器件组成，其中，PCB 的生产需要经过显影、刻蚀、层压、钻孔等复杂工序，形状精度难以得到保障，同时，PCB 元器件焊接的装配方式导致元器件的位置精度难以保证。天线板的主体同样是由整块的铝板铣削加工而成的，天线板上元器件的位置准确性相对较好。

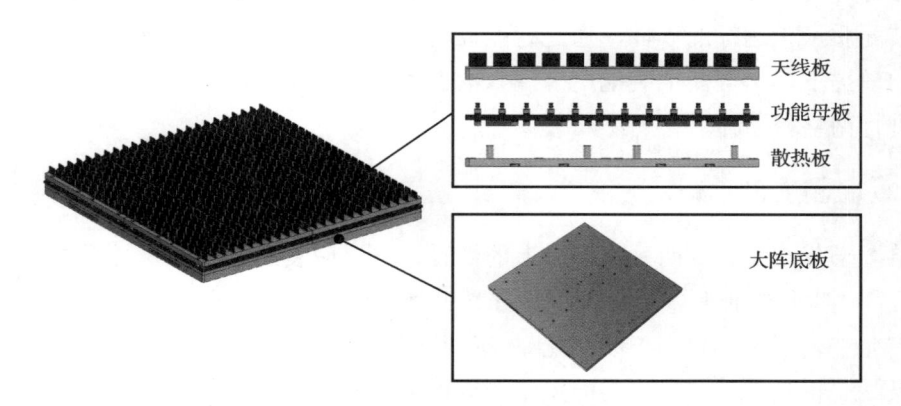

图 6.12 阵列天线大阵示意

阵列天线装配参数涉及装配前检测的工艺参数与装配过程工艺参数。其中，装配前检测的工艺参数包括子板形变、器件位置精度、子阵尺寸精度、阵列天线框架精度，装配过程工艺参数包括拧紧力矩、拧紧顺序、插装压力、插装速度、插装位移。阵列天线自适应装配系统负责对系列化天线子阵进行装配，并对大阵阵面进行平面度检测。对于阵列天线自适应装配系统的设计需求分析，需要考虑阵列天线子阵的外形尺寸参数，以保障系统的兼容性；需要考虑对各装配环节装配工艺参数的感知与存储，通过视觉、力觉等传感器的测量、补偿来保障系统的运行稳定性及质量可追溯性；此外，还需要考虑阵列天线自适应装配系统装配流程的合理性，通过分析阵列天线结构组成，对装配流程进行规划，保证阵列天线自适应装配系统准确、高效地完成装配任务。

阵列天线型号众多、尺寸跨度大、装配精度要求高。自适应装配系统是一种利用传感器、控制器和数据分析等技术手段，对装配过程进行实时监测和控制，以适应装配环境和装配对象的变化，提高装配效率和质量的一种智能化装配系统。自适应装配系统能够实现对装配过程的自主控制和调节，提高装配的灵活性和适应性，同时也能够提高装配的效率和质量。本节的装配对象为系列化阵列天线，结合产品组成特征及工艺流程，阵列天线自适应装配系统需要满足以下设计要求。

（1）灵活性和适应性

系列化阵列天线产品子阵尺寸跨度范围大、元器件分布无规律、电连接器型号多样，阵列天线自适应装配系统需要对待装配的 PCB 等核心零件进行特征识别与特征匹配，确保零件在合理的容差范围内。阵列天线自适应装配系统在装配过程中可以根据 PCB 的尺寸及形变，以及电连接器与螺钉孔的位置布局等特征对装配流程做出合理规划，阵列天线自适应装配系统同样需要做到自装配、自检测，即通过末端执行器对电连接器、天线板、螺钉等进行装配，并对装配结果进行检测评估，针对其中装配质量未达标的零件，通过智能控制算法寻求对应的解决措施。即在不更改设计的前提下，尽可能地装配更多型号的天线，并能够针对装配环境和装配对象的变化进行调整和控制。

（2）高精度和可靠性

单个子阵装配涉及两种规格以上的螺钉，自适应装配系统需要对不同型号的螺钉进行高精度扭矩控制，以保证螺钉拧紧可靠，以及由螺钉拧紧引起的 PCB 板形变在容差允许范围内。阵列天线装配系统的故障会直接导致阵列天线装配停机，造成阵列天线交付延期。自适应装配系统的设计，需要保证电连接器及螺钉自动供料顺畅、末端执行器抓取及装配稳定、子阵位置精度检测准确、电连接器及天线插装力-位控制精准，如果装配过程发生中断，系统可以反馈当前错误信息至上位机，由上位机或操作人员判断下一步操作，保证阵列天线装配质量。

（3）实时监测和控制

在阵列天线装配过程中，影响阵列天线最终装配质量的因素众多，为保证最终

■第6章　阵列天线装配过程的精准控制与执行■

产品的装配质量，自适应装配系统一是要能够监测装配过程中的实时位置、速度、压力、扭矩等装配系统的状态信息，二是要能够监测装配过程中的形变、质量、可靠性等产品状态信息。此外，自适应装配系统能够根据所获取的实时信息，采用最优的方法对产品装配过程进行相应的控制和调整。

（4）人机交互性

自适应装配系统需要具有简洁易懂、可实时展示产品装配过程及产品装配关键工艺参数的人机交互界面，使操作人员能够方便地进行装配操作和监控，并能够及时获得装配过程中的信息和反馈。

2. 自适应装配系统结构设计

阵列天线的装配为层级化的零件装配，电连接器及天线板装配步骤容差在 ±0.02mm 之内，国内外现有的六轴机器人难以满足精度要求。且阵列天线装配需要经过多种工序，可采用模块化的设计思想，将各装配步骤分别以功能模块的形式设计出来；同时，采用门架作为各模块的运动载体，在保证运动精度的同时也具有一定的拓展性。因此，后续将会围绕系统的设计需求，在以门架为载体的模块化设计方案基础上展开详细的设计。

阵列天线自适应装配系统总体结构如图 6.13 所示。其硬件主要包括防护围栏、电控柜、子阵装配子系统、大阵扫描装置、大阵人工装配装置。其中，子阵装配子系统是阵列天线自适应装配系统自动化装配的核心模块。为满足自适应装配系统的设计需求，子阵装配子系统以模块化的方式设计了包括三维扫描模块、对接装配模块、螺钉装配模块、电连接器装配模块、天线装配模块与零件输送模块在内的多个功能模块。

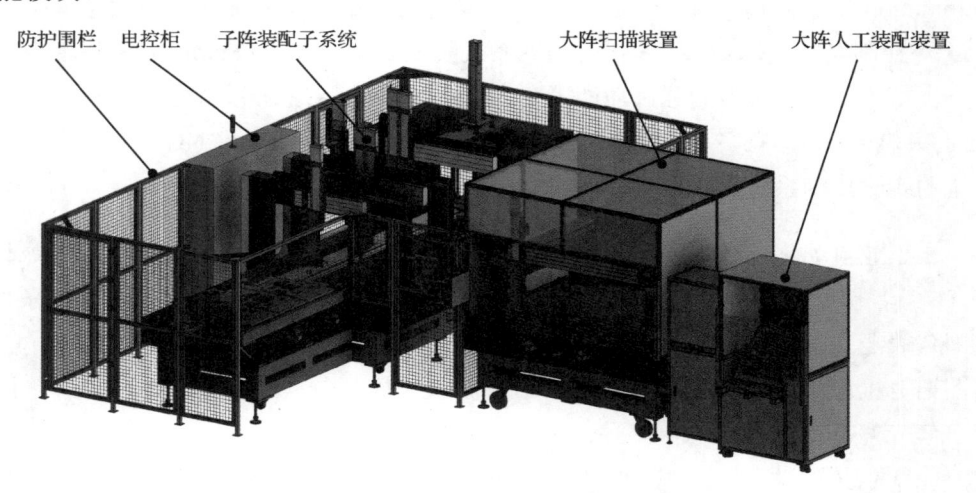

图 6.13　阵列天线自适应装配系统总体结构

高精度电机组成的滑台、机床等设备具有很高的定位精度，常用于芯片表面贴装等电子装备的精密装配工作。精密直线电机与产品工装组成的零件输送模块，通过直线光栅尺对电机位置进行闭环控制，可实现待装配产品在不同模块之间的精确定位。三维扫描模块通过融合输送模块直线电机的位移，以及零件上、下两侧的线扫描激光的扫描结果，实现零件表面的精准测量。电连接器装配模块用于从自动供料装置中拾取电连接器，并通过视觉识别装配位置顺利完成装配。由工业相机、真空吸盘等组成的对接装配模块，采用目标检测算法，可对阵列天线关键特征进行精准识别定位与匹配，从而实现阵列天线功能母板与散热板、天线板与功能母板的精准对接。螺钉装配模块通过标准的螺钉机完成螺孔定位、螺钉拾取与扭矩控制，使用自动送钉机实现指定型号螺钉的稳定输送。天线装配模块负责系列化阵列天线中天线板与功能母板的最终装配，融合了激光位移传感器与力传感器，以实现装配过程力-位的精准监测，可预防装配力或位移过大而导致的装配件失效等问题。

3. 硬件控制系统方案设计

阵列天线自适应装配装备系统采用数字孪生平台作为上位机、硬件控制系统作为下位机的控制方法，其中，数字孪生平台通过通信协议与硬件控制系统进行数据交互。在此采用工业自动化中常用的硬件控制方法，使用 EtherCAT[①]现场总线模块与装配装备中的电机驱动器、接近开关、位移传感器、力传感器、阀岛等硬件进行通信，使用以太网作为相机、线激光扫描仪与数字孪生平台的通信方式，使用工业自动化软件作为硬件核心控制系统，工业自动化软件通过读取当前端子模块信号以获取硬件状态，并通过写入控制字、控制变量等方式对硬件状态进行控制。

在此采用 Beckhoff 公司的工业自动化软件 TwinCAT 3（The Windows Control and Automation Technology 3），作为阵列天线自适应装配系统硬件的可编程逻辑控制器（PLC）控制系统。TwinCAT 3 作为拓展系统集成到微软 Visio Studio 开发环境中，为用户提供了一个可拓展的强大功能平台。此外，TwinCAT3 可以将任何基于个人计算机的系统转变为具有多个 PLC、数控（NC）、数控加工中心（CNC）和机器人运行系统的实时控制系统。

在工业自动化领域，常用的 PLC 编程方式有梯形图语言（LD）与结构化文本语言（ST）。梯形图语言由触点、线圈和指令框构成，其中，触点代表逻辑输入条件，线圈代表逻辑运算结果，指令框代表定时器、计数器或数学运算等附加指令。在梯形图语言程序中，左边是主信号流，信号流总是从左向右流动的，梯形图语言具有

---

① EtherCAT（以太网控制自动化技术）是以以太网为基础的现场总线系统，其名称的 CAT 为控制自动化技术（Control Automation Technology）的英文首字母。

直观性、形象性及实用性等特点，很容易被熟悉继电器控制的电气人员掌握，但不适用于编写大型控制程序。结构化文本语言编程是一种类似于高级编程语言的 PLC 编程方式，其编程思路非常接近于 C 语言，可以实现较为复杂的运动控制，适用于具有一定的计算机高级语言知识和编程技巧的操作人员。阵列天线自适应装配系统包含多个模块、多种电机的运动控制，装配过程中的运动控制较为复杂，经过综合比较后选用结构化文本语言作为 TwinCAT 3 软件的编程方式。通过分析阵列天线自适应装配系统工作流程，确定了硬件控制系统整体运行架构（如图 6.14 所示）。

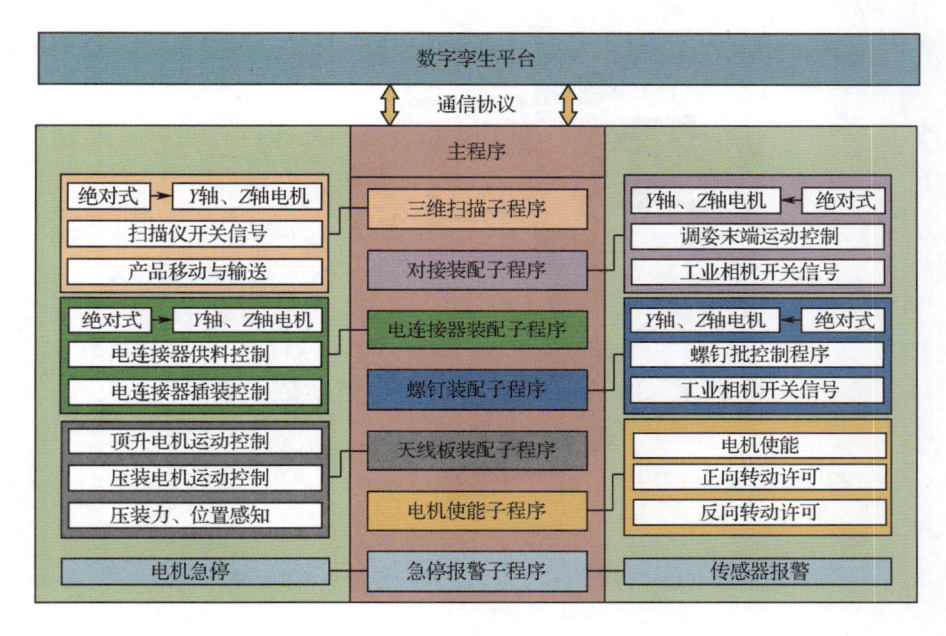

图 6.14　硬件控制系统整体运行架构

在图 6.14 中，硬件控制系统各模块运动控制子程序与报警程序等运行在 PLC 的主程序中，并以一定的时间周期不断刷新，数字孪生平台在阵列天线装配过程中向硬件控制系统发送某个子程序运行信号，PLC 捕获该信号并跳转执行相应的功能子程序，完成阵列天线相应环节的装配工作。

6.3.2　自适应装配系统集成设计

为了便于系统管理与设计，现将自适应装配系统划分成工件检测子系统、物流子系统、装配子系统。

1. 工件检测子系统

系列化阵列天线尺寸范围跨度大，需要进行扫描的区域多为板面结构且存在一

— 189 —

定反光现象，根据以上产品特性，在此采用抗干扰能力较强的线激光扫描仪作为采集阵列天线产品表面点云的主要设备。图 6.15 为自适应装配系统三维扫描模块结构示意，三维扫描模块主要由大理石门架、纵向移动直线电缸模组、线激光扫描仪、横向移动/纵向移动直线电机模组、光源、相机及其他结构连接件组成。大理石门架与承载系统的大理石平台连接，保证了自适应装配系统在高速运行时的稳定性。

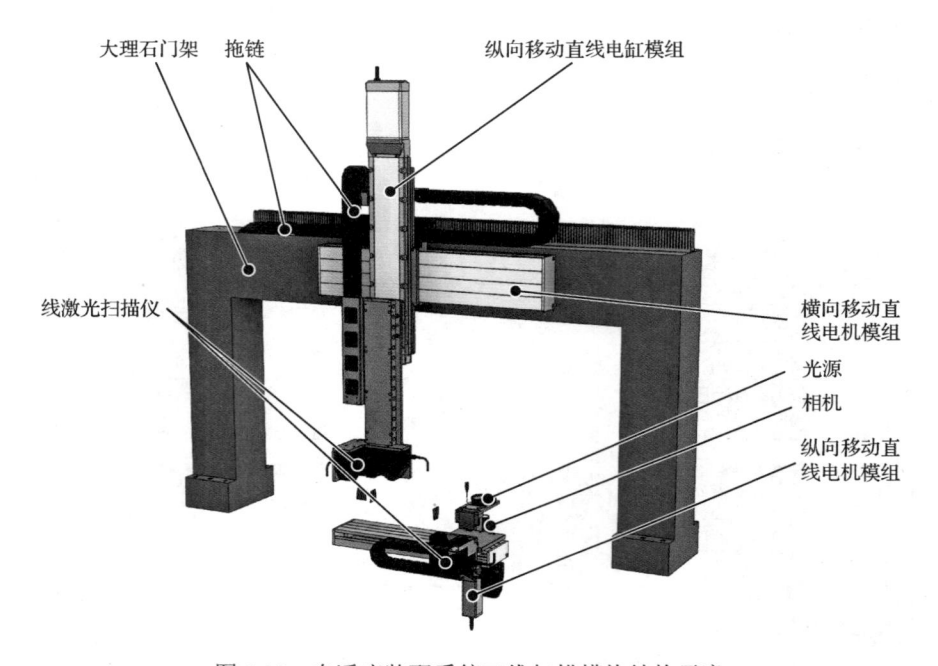

图 6.15　自适应装配系统三维扫描模块结构示意

2. 物流子系统

物流子系统负责对待装配的复杂产品各个零件进行上料与输送，以某型阵列天线为例，需要上料的零部件由散热板、PCB 板、天线、螺钉、KK 连接器组成。其中，散热板、PCB 板、天线采用输送线方式自动上料；螺钉为标准件，采用标准振动盘吹钉方式上料；KK 连接器同样采用自动盘上料方式上料。物流子系统还包含一条输送装配产品的输送流水线，此流水线包含一块工装板，用于放置经检测后的待装配的零部件，工装板可随流水线移动至各个工位，完成复杂产品的装配。

3. 装配子系统

装配子系统负责对待装配的复杂产品进行装配，装配子系统包含对接装配模块、螺钉装配模块、电连接器装配模块与天线装配模块。

第6章 阵列天线装配过程的精准控制与执行

（1）对接装配模块

对接装配模块负责散热板与功能母板多轴孔的同时装配、功能母板与天线板多电连接器的预装配，故须在保证足够运动精度的同时，末端能够提供一定的预装配压力。图 6.16 展示了对接装配模块的结构，对接装配模块主要由大理石龙门架、横向移动直线电机模组、纵向移动直线电缸模组、伺服电机、真空吸盘快换夹具及其他结构连接件组成。

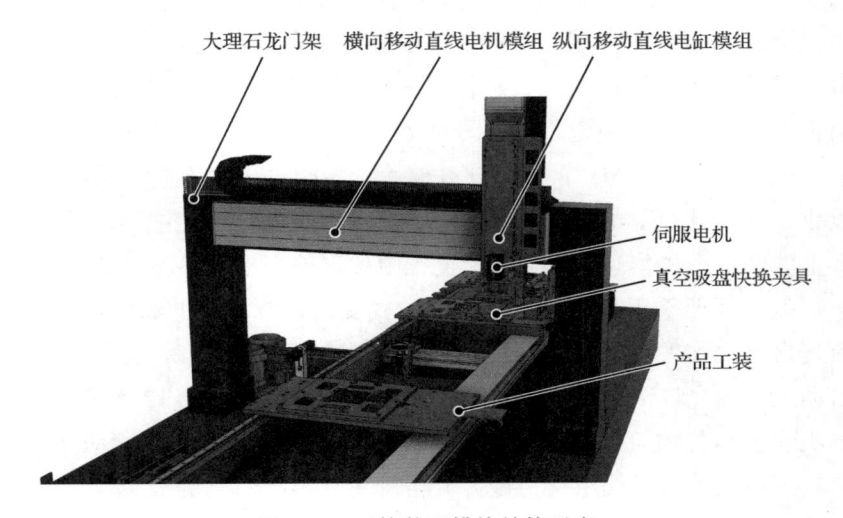

图 6.16 对接装配模块结构示意

根据阵列天线装配质量要求，对接装配模块需要保证功能母板装配与天线板预装配的位置精度达到 ±0.01mm 之内，直线电机搭配光栅尺位移传感器形成全闭环控制的方案，可以满足当前装配精度需求。阵列天线子阵的装配方式为层级垂直装配，上层零件的拾取需要由专门的机构执行，可以通过设计专用的机械手爪进行夹取，也可以用真空吸盘进行吸附。传统机械手爪承载能力强、不易变形，但结构较为复杂且通常与指定零件配套使用，不具备通用性。此外，由电动或气动驱动的机械手爪难以对抓取力进行精准控制，容易使功能母板等柔性材料产生过量变形，进而可能导致板面元器件脱焊，影响阵列天线雷达装配后的在轨运行稳定性。近年来，有学者研究了柔性仿生夹爪，利用夹爪本体材料的柔性和气体的可压缩性来获得整体抓取的柔性，适用于抓取形状不规则和柔软的物体，但该柔性仿生夹爪负载较小，难以适配系列化阵列天线产品。真空吸盘在工业自动化领域应用广泛，通过分析系列零件的共性结构特征，可以设计出通用的柔性工具。印制母板及天线板板面平整，对接装配末端可采用真空吸盘吸附的方式完成两种零件的抓取，考虑到真空吸盘在吸附目标物体时真空吸力的作用可能会导致目标偏离原位置，为保证待装配零件的成功对接，特别设计了一个可以拍摄零件下表面的单目相机，通过识别功能母板或天线板下表面的关键特征并与位于工装板上的待装配零件进行相对位置对比，需要位置调整时，通过对接末端伺服电机与滑台电机完成已抓取零件的位置调整，使进行装配的两个零件可以精准对接。

（2）螺钉装配模块

系列化阵列天线产品采用螺钉搭配弹平垫的方式分别实现功能母板与散热板、天线板与功能母板的连接。某系列阵列天线样件共含有 3 种螺钉，在单次子阵装配过程中可能会同时出现两种螺钉，这就要求螺钉装配模块能够通过快换螺钉批头或者末端同时装载多种螺钉批的方式进行子阵的螺钉锁紧。目前较为通用螺钉孔的定位方式有人工示教定位、视觉定位等，阵列天线子阵型号众多且单个子阵装配螺钉孔数量多，采用人工示教定位的方式工作量大、定位准确度不高且系统适应性较差；采用视觉定位的方式引导螺钉批进行螺接，若使用由三维扫描模块采集的功能母板与天线板上的螺钉孔位信息，由于装配过程中的误差积累并不能保证孔位的准确度。针对上述问题，需要采用相机二次定位的方式实现螺钉孔位的识别。为了实现螺钉装配全流程自动化，采用组合螺钉替代原螺钉以实现自动送钉，且 3 种螺钉的长径比均在自动上料的允许范围内，螺钉装配模块结构示意如图 6.17 所示，3 种螺钉所对应的气吸快换组件均可放置在该快换架内，自动螺钉批末端可响应系统需求，自动将当前在用披头放置在模组空白处，并自动更换装配所需的披头。

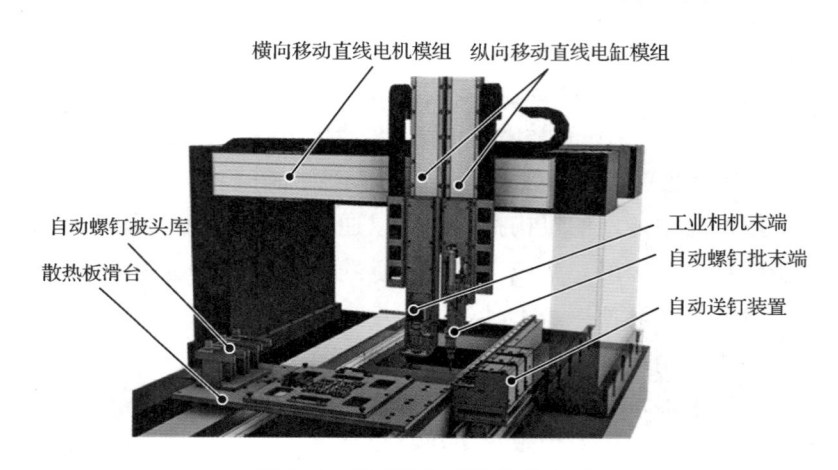

图 6.17　螺钉装配模块结构示意

（3）电连接器装配模块

电连接器装配是阵列天线装配的核心环节之一，其装配质量的好坏直接影响阵列天线的电性能及后续天线板能否顺利装配。图 6.18 展示了电连接器装配模块结构，该模块主要包括横向移动龙门架、横向移动直线电机模组、纵向移动直线电缸模组、工业相机末端、电连接器装配末端及电连接器自动供料装置。

■第6章 阵列天线装配过程的精准控制与执行■

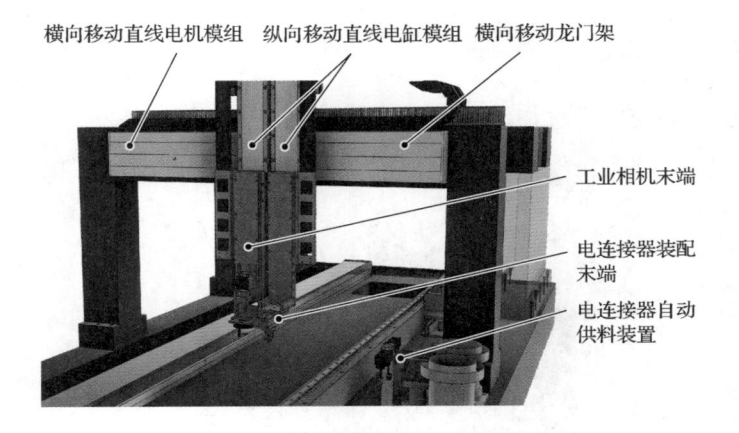

图 6.18 电连接器装配模块结构示意

电连接器为瓣状中心对称结构，传统的外形束缚式装配工具难以对电连接器进行有效的定位，可靠性较低，不具有应用于自动化装配的条件。电连接器柱体中心部位为实体结构，可以使用刚性夹爪对该部位进行夹持，同时将夹爪除夹持部位外的其他部分设计为与电连接器相配合的结构，使电连接器具有固定的插装姿态。为了能抓取两种自动供料装置中的电连接器，通过在装配末端安装直线换位气缸实现夹爪在两个不同抓取工位之间的转换。在电连接器装配的不同阶段，其插装力-位移曲线会发生明显变化，所以可以通过在夹具上方安装力传感器并配合电缸模组位移，实现电连接器插装过程中的力-位监测。电连接器装配末端及自动供料装置设计方案如图 6.19 所示。

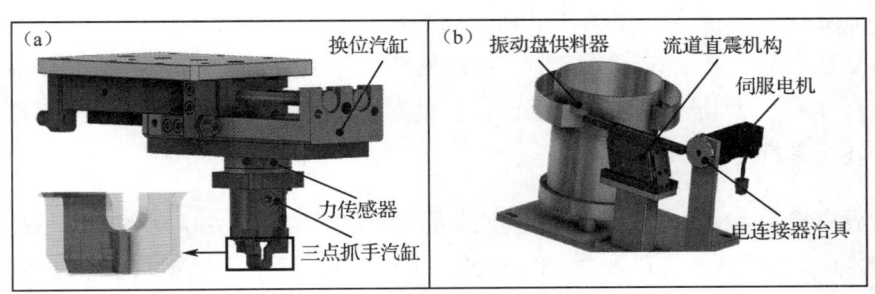

(a) 电连接器装配末端结构　　(b) 自动供料装置结构

图 6.19 电连接器装配末端及自动供料装置设计方案

同时为提升电连接器插装效率，电连接器装配模块配备了自动供料装置，自动供料装置包含振动盘供料器、流道直震机构、伺服电机及电连接器治具。自动供料装置运行时，电连接器通过振动盘上料，由管道传输至电连接器治具中，驱动伺服电机每次旋转 30° 将电连接器移动到指定位置，等待装配末端夹爪的夹取。

(4) 天线装配模块

天线装配模块结构示意如图 6.20 所示。

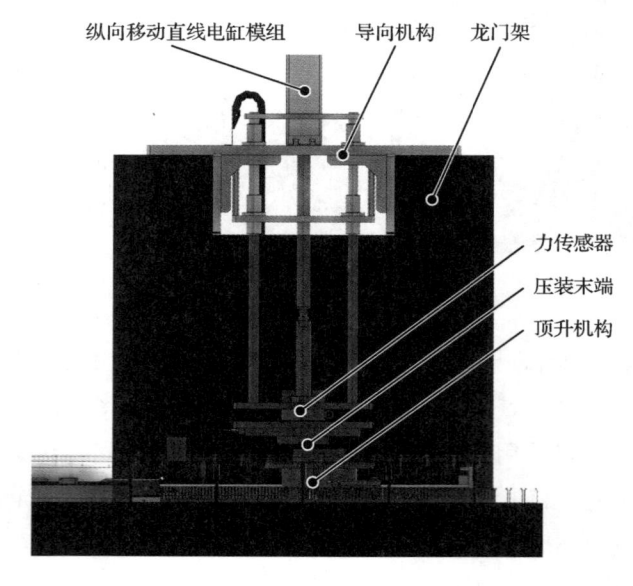

图 6.20　天线装配模块结构示意

6.3.3　自适应装配系统集成控制

自适应装配系统集成控制在复杂产品装配过程中发挥核心作用。以阵列天线为代表的复杂产品生产线设计了多个子系统的软/硬件组成，被控设备种类数量多样，装配件尺寸跨度大且一致性难以保证，因此，须制定一套高效、灵活、统筹全局的自适应装配系统方案。

自适应装配系统处于整个装配生产线系统的中枢地位，完成对各个子系统的实时调度。数字孪生控制系统通过 Profibus-DP、以太网等现场总线实现与整个现场的通信，完成对各个 I/O 接口的数据采集与设备控制任务。采用现场总线、以太网等网络控制方案，大大提高现场设备的数据传递速率和准确性，自适应装配系统的可拓展性、可重构性得到了较大提升。此外，自适应装配系统集成控制可以对现场硬件设备进行故障诊断，为现场设备的调试带来极大的方便，同时为系统正常运行提供安全保障。

针对某型阵列天线装配过程中螺钉拧紧、电连接器插装、天线插装等关键装配步骤，数字孪生系统开发有相应的自适应装配策略及 AI 算法。当螺钉被拧紧时，通过分析板面实时形变与拧紧扭矩自适应判断是否可以继续进行拧紧操作，在电连接器靠近插装终点时，自适应装配系统控制电机减缓插装速度，保证不会在插装过程中引起振动而损坏 PCB 板。在天线插装过程中，同样需要自适应装配系统控制插装力与插装速度，在未开始插装时可以快速移动天线板至插座上方，在开始插装时则降低插装速度，通过建立正常插装时力-位移曲线的数据库，并在实际装配时进行对比，若发现力-位移曲线超出数据库内正常的力-位曲线范围，则停止装配。

6.3.4　自适应装配系统制造及调试

（1）建立重点装配工序装配规范

针对螺钉拧紧、电连接器插装、天线插装等重点装配工序，需要通过大量试验建立成熟的装配控制方法与自动化装配规范。

（2）制定作业操作指导手册

根据自适应控制系统的运行流程，制定作业操作指导手册及应急处理办法，便于操作人员操控自适应装配系统。

（3）硬件系统制造与装配

对自适应装配系统内所有硬件进行采购、制造与集成装配。

（4）软件系统集成与调试

开发适配当前自适应操作系统的集成控制软件及相应的控制算法，通过调试获得软件及控制算法运行的合适参数，实现复杂产品验证件的全流程自适应控制装配。

参考文献

[1] Wang H J, Yuan Y, Yuan Q. Application of Dijkstra algorithm in robot path-planning[C]. International Conference on Mechanic Automation & Control Engineering. IEEE, 2011.

[2] Duchon F, Babinec A, Kajan M, et al. Path planning with modified A star algorithm for a mobile robot[C] [J]. Procedia Engineering. 2014, 96:59-69.

[3] 刘福琳，李庆鑫. 多移动机器人混合避障算法的编队策略[J/OL]. 系统仿真学报：1-10[2023-04-21].DOI:10.16182/j.issn1004731x.joss.22-1249.

[4] Dennis J E Jr, Schnabel R B. Numerical methods for unconstrained

optimizationand nonlinear equations[M]. PrenticeHall: Society for Industrial and Applied Mathematics, 1996.

[5] Judd R P, Knasinski A B. A technique to calibrate industrial robots with experimental verification[J]. IEEE Transactions on Robotics and Automation, 1990, 6(1): 20-30.

[6] Renders J M, Rossignol E, Becquet M, et al. Kinematic calibration and geometrical parameter identification for robots[J]. IEEE Transactions on Robotics and Automation, 1991, 7(6): 721-732

[7] Zeng Y F, Tian W, Li D W, et al. An error-similarity-based robot positional accuracy improvement method for a robotic drilling and riveting system[J]. The International Journal of Advanced Manufacturing Technology, 2017, 88: 2745- 2755.

[8] Zeng Y F, Tian W, Liao W H. Positional error similarity analysis for error compensation of industrial robots[J]. Robotics and Computer-Integrated Manufacturing, 2016, 42: 113-120.

[9] 王东署，付志强. 机器人逆标定方法研究[J]. 计算机应用，2007, 27(1): 71-73, 76.

第 7 章

应用案例

本章以阵列天线智能装配车间为应用对象，针对传统数字孪生单体架构更新/维护困难、系统资源浪费严重、开发效率低、系统可靠性差等问题，开展阵列天线智能装配工艺流程、阵列天线智能装配车间数字孪生系统软件集成架构、数字孪生平台及阵列天线智能装配车间全局可视化监控模块、阵列天线智能装配车间运行预测与决策模块研究。在此基础上，采用 Microsoft.NET Framework 3.5/AJAX 技术，利用 Microsoft Visual Studio 2008 软件，结合 Unity3D 软件，开发阵列天线智能装配车间数字孪生平台，对所研究的理论与方法进行应用验证。

7.1 阵列天线智能装配工艺流程

1. 准备散热板

散热板（即冷却板）由机床加工而成。散热板上有高、低两种支柱，分别托举天线板和子板。对于阵列天线装配而言，散热板是现成的。在开始装配前，须对其进行精确、快速的三维轮廓扫描，并根据所获得的模型分析其形状精度（如平面度、子板的各支柱是否高度一致、天线板的各支柱是否高度一致）。

2. 准备子板

子板又称射频母板、PCB 板、电路板。对于阵列天线装配而言，子板是现成的。在开始装配前，须对其进行精确、快速的三维轮廓扫描，并根据所获得的模型分析其形状精度（子板上 SMP[①]/SMPM 元器件的精准定位和子板的平面度）。

3. 选定调整垫片（用于子阵）

子阵的结构分为 3 层，从上往下分别为天线板、子板、散热板，如图 7.1 所示。

---

① SMP：超小型推入式连接器。

天线板下表面和子板上表面的间距 l 需足够精确,以确保 KK 连接器的插入深度公差被限定在一定的范围内。由于子板的制造精度有限,致使其厚度有较大误差,影响了间距 l 的精度。该问题的解决方法:在装配每个子阵时,根据所测得的子板厚度,选配相应厚度的垫片,以保证间距 l 的精度。对于阵列天线装配而言,须手动测量子板厚度,选择合适厚度的垫片,并手动安装垫片。

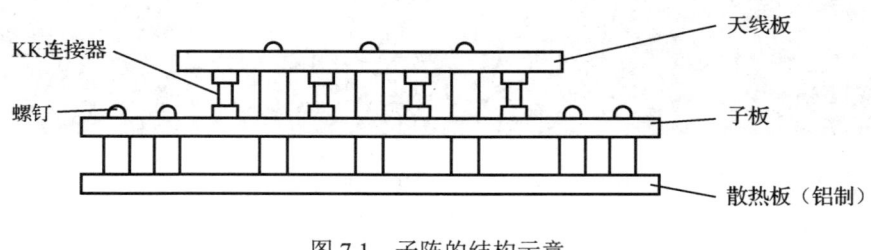

图 7.1 子阵的结构示意

4. 在散热板上安装导热绝缘垫

经过上一流程后,可精确地确定子板下表面与散热板上表面之间的距离,之后可在散热板上安装导热绝缘垫。安装导热绝缘垫时,应严格测量散热器件与散热面之间的距离,按照导热绝缘垫推荐的压缩量进行控制。散热器件要求与接触面紧密贴合,与接触面间涂抹导热脂。对于阵列天线装配而言,须手动测量散热器件与散热面之间的距离,选择合适厚度的导热绝缘垫,并手动安装导热绝缘垫。

5. 安装子板

将子板放置在散热板上,然后紧固螺钉。通过引导式定位销对散热板上方的子板进行定位。用于抓取的末端执行器抓住子板,保证子板上的定位销孔对准散热板上的销钉,放下后施加一定的压力,保证初步安装到位,之后用螺钉紧固。在拧紧螺钉时,必须监控子板的局部变形情况。

6. 逐个插装 KK 连接器

将 KK 连接器逐个安装到子板上,并测试 KK 连接器的歪斜角度和安装后的高度。通过自动化插装的方式可实现每个 KK 连接器的精准插装。

7. 工装调整 KK 连接器

所有的 KK 连接器插装完毕后,采用工装调整 KK 连接器的姿态。该步骤的目标是解决 KK 连接器装配误差的问题。经工装调整后,全部 KK 连接器均处于正确的姿态，即垂直插装且插入深度符合要求。

8. 对整体插装前的天线板进行对齐检测

在装配天线板之前，须检测各个 KK 连接器和 SMPM 配对的对齐情况，应及时发现未对齐的配对并显示报警信息，做到防患于未然。

须注意：天线板与子板间上下的 SMP/SMPM 对不齐的问题[①]、天线板上的 SMP/SMPM 定位误差、子板上的 SMP/SMPM 定位误差。尤其是子板上的 SMP/SMPM 是表贴焊接上去的，较难保障定位精度。天线板与子板间上下的 SMP/SMPM 对不齐示意如图 7.2 所示，黑色的点为 SMP/SMPM 的理想安装位置，蓝色的圈为天线板上 SMP/SMPM 的实际位置，绿色的圈为子板上 SMP/SMPM 的实际位置。

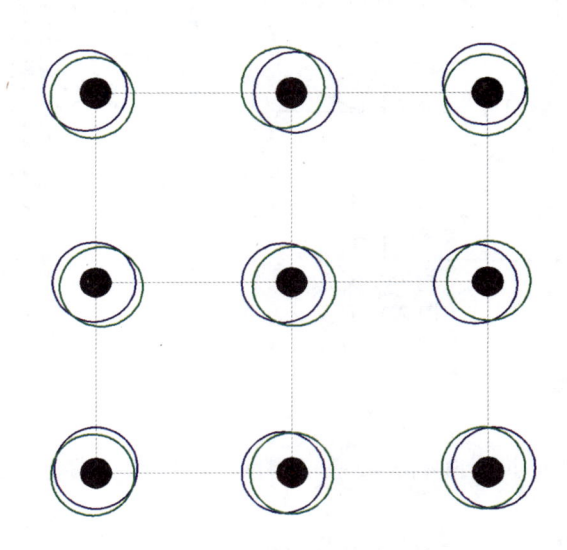

图 7.2　天线板与子板间上下的 SMP/SMPM 对不齐示意

9. 整体插装天线板

在 KK 连接器逐个插装完毕，且可以确保所有 KK 连接器和 SMPM 配对均已对齐后，须执行整体插装天线板，然后紧固螺钉，通过 KK 连接器实现天线板与子板的互联。

10. 总体装配阵列天线

本案列所用的阵列天线样件由 4 个子阵组成，子阵呈 2×2 排列，如图 7.3 所示。

---

① 天线板与子板间上下的 SMP/SMPM 对不齐会增加 KK 连接器的装配难度和装配误差。

每个子阵的长、宽尺寸分别为 15cm、15cm；阵列天线样件的长、宽尺寸分别为 30cm、30cm。每个子阵包含 144 个阵元，阵元呈 12×12 排列。每 1 个阵元对应 1 个 KK 连接器。

通过定位销实现子阵在大阵底板上的定位。用于抓取的末端执行器抓住子阵，保证子板上的定位销孔对准散热板上的销钉，放下后施加一定的压力，保证初步安装到位，之后用螺钉紧固。为确保大阵的平面度，在装配大阵时考虑加装垫片。每个子阵的 4 个角都有可能加装垫片。除了采用垫片调整的方案，还可以采用螺柱调整的方案，即用螺柱顶着子阵冷却板，旋转螺柱以调节其姿态。

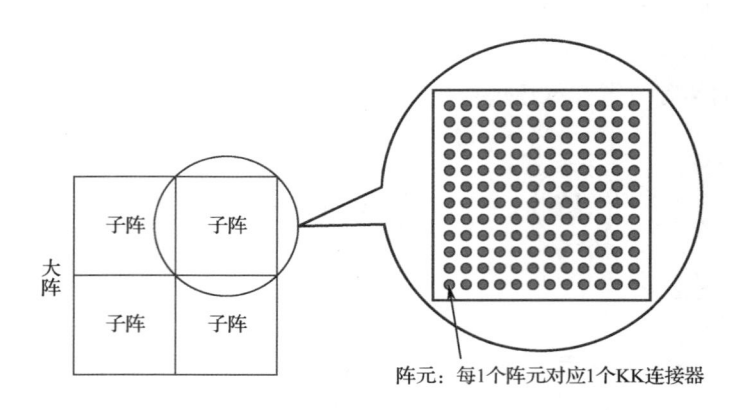

图 7.3　阵列天线结构示意图

11. 测试阵列天线

在装配完成后，必须对阵列天线进行测试，以确保其满足产品性能指标。

7.2　阵列天线智能装配车间数字孪生系统软件集成架构

阵列天线智能装配车间数字孪生系统（以下简称"系统"）总体集成方案如图 7.4 所示。系统框架分为前台应用层、API（应用程序接口）接入层、业务应用层、服务中心层和基础资源层，每层结构都有其自身的功能和特别的设计。前台应用层可支持应用客户端、网页的接入，如 Windows App、Web 页面及移动 App 等。API 接入层可以使用 Spring Cloud Zuul 或 Gateway 网关，起到承上启下的作用，并且具备鉴权、路由和流量控制等功能。业务应用层是微服务的基本应用，其本身也是一个微服务，这里主要体现数字孪生平台的一些后台管理功能。服务中心层包括使用微服务设计的各种 API 服务和基础服务中间件。其中，使用微服务设计的各种 API 服务一般使用基于 REST[①]风格的设计,对外提供轻量 API 服务;基础服务中间件提供服务治理、监控告警、消息队列、配置管理等服务。基础资源层是已组建的私有云,为微服务搭建容器平台,提供数据存储、DevOps 和镜像仓库等服务。在该方案中,水平方向上还包括 Nginx 负载均衡、日志记录、链路跟踪及运营平台等服务。

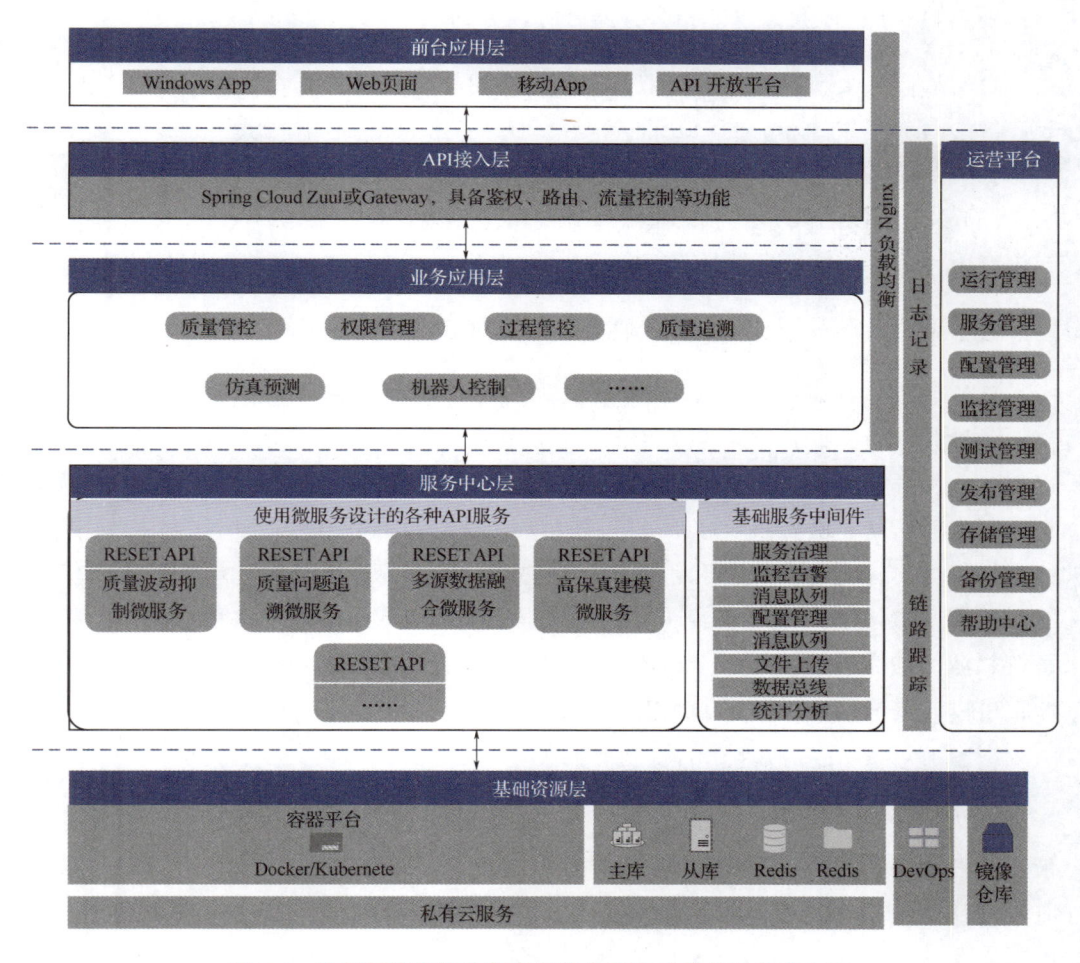

图 7.4　阵列天线智能装配车间数字孪生系统总体集成方案

7.2.1　阵列天线智能装配车间数字孪生系统微服务划分技术

微服务架构使系统更具拓展性且更富有弹性。在把单体系统变成靠谱的微服务架构之前,单体系统的各个模块应该是合理且清晰的。在逻辑上,单体系统和微服务架构没有区别;在某种理想情况下,微服务架构只是把单体系统的各个模块分开

---

① REST:Representational State Transfer,即表述性状态传递。

部署了而已。混沌的微服务架构比解耦良好的单体系统会带来更多的麻烦。

本节采用 DDD（领域驱动设计）建模方法论，立足于面向对象思想，从业务出发，通过领域模型的方式反映抽象的系统，从而得到合理的服务划分。

采用 DDD 进行业务建模和服务拆分时，分为以下几个阶段：

（1）从业务中获取抽象的模型，根据模型的关系划分限界上下文。

（2）检验模型是否得到合适的抽象，并能正确反映系统设计和响应业务变化。

（3）从 DDD 的限界上下文往微服务转化，并得到系统架构、API 列表、集成方式等产出。

根据系统各部分的具体功能，将其划分为核心域、支撑子域、通用子域。

系统的本质是对实时输入的数据进行采集，经过一系列仿真运算后，生成执行机构的控制指令，实现对装配过程的质量控制与追踪追溯。因此，人机界面、装配过程预测、装配质量控制、质量追踪追溯构成了系统的核心域。力学仿真、电磁仿真、可靠性仿真、故障报警/诊断、工艺参数优化、可靠性及寿命估计等构成了系统的支撑子域，这些功能大都利用特定算法进行分析后，向核心域功能模块提供优化的参数和决策控制指令，以实现对装配过程的干预。通用子域包含可以服务于整个系统领域的通用功能，如一个日志系统可以供所有功能模块使用，通用子域的功能通常可以通过采购现成方案或采用开源解决方案来实现。

将系统功能领域划分为一系列较细粒度的子领域后，并不能直接将这些子领域映射为一个个微服务，因此，采用划分限界上下文的方式确定哪些子领域可以被单独映射为微服务，哪些子领域需要组合在一起成为一个微服务。例如，以实时性需求作为边界，可以划分出硬实时上下文、软实时上下文和非实时上下文。在此将系统核心域划分为如下 3 个微服务，它们是构成一个数字孪生系统所必需的微服务构件。

（1）DTK 微服务。即数字孪生核心（Digital Twin Kernel，DTK）微服务，包括力学仿真微服务、电磁仿真微服务、可靠性仿真微服务、机器人轨迹规划微服务、机器人反馈控制微服务等。

（2）RTE 微服务。即实时以太网（Real Time Ethernet，RTE）微服务，在此将实时以太网主站封装为一个单独的微服务。因为在数字孪生系统中，多个数字孪生场景有可能共用一套实时以太网，而且需要允许通过替换微服务实现不同实时以太网协议的支持。

（3）HMI 微服务。即人机界面（Human Machine Interface，HMI）微服务，以网站服务的方式提供远程人机界面的访问。

7.2.2 基于 Spring Cloud 的阵列天线智能装配车间数字孪生系统集成

本节基于 Spring Cloud 构建阵列天线智能装配车间数字孪生系统。基于 Spring Cloud 的阵列天线智能装配车间数字孪生微服务集成方法如图 7.5 所示。

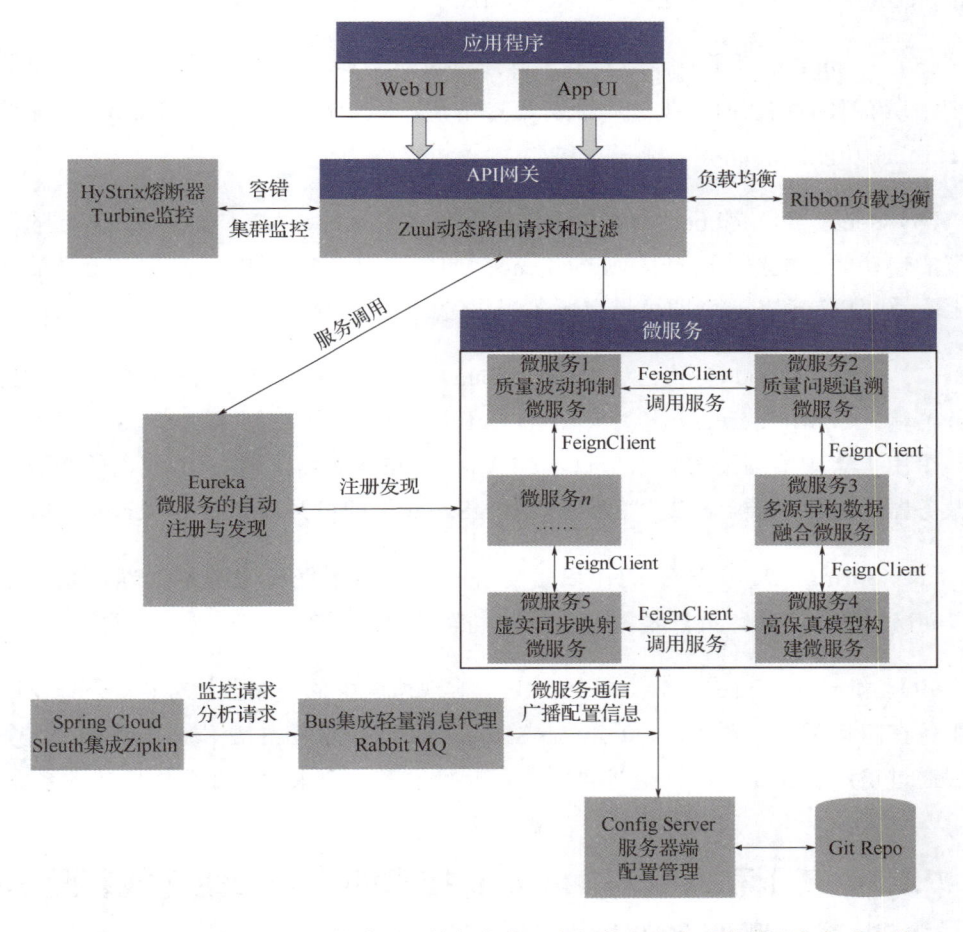

图 7.5 基于 Spring Cloud 的阵列天线智能装配车间数字孪生系统微服务集成方法

（1）Eureka 在 Spring Cloud 框架中实现微服务的自动注册与发现。定义服务注册中心是在启动类配置"EnableEurekaServer"；定义服务提供者是在其启动类配置"EnableEurekaClient"，该注解声明服务是在 Eureka 客户端进行的，具备服务注册和发现能力。

（2）Zuul 的作用是动态路由和请求过滤，便于监控和认证。在服务启动类上配置"EnableZuulProxy"即可开启 Zuul 的动态路由功能，而在服务器端的启动类内部配置继承了 ZuulFilter 类的过滤器即可开启 Zuul 的请求和过滤功能。

（3）Ribbon 是基于超文本传输协议（HTTP）和传输控制协议（TCP）的客户端负载均衡器，从 Eureka 注册中心获取服务列表，采用轮询访问的方式实现负载均衡的作用。在客户端的服务方法上配置"LoadBalanced"即可开启客户端负载均衡。

（4）HyStrix 是能够提升系统容错能力的熔断器。在服务器端的启动类上配置"EnableCircuitBreaker"或者"EnableHystrix"即可开启熔断器支持。

（5）Turbine 是为了监控微服务集群而引入的工具，Turbine 结合 HyStrix 可监控系统中所有服务的实时数据。在服务器端的启动类上配置"EnableTurbine"即可开启 Turbine 功能。

（6）Feign 整合 Ribbon 向客户端提供声明式的 HTTP API，在基于 Feign 的服务器端的启动类上配置"EnableFeignClients"即可开启 Feign 功能，在服务器端的接口类上配置"FeignClient"即可绑定服务提供者的服务名和实现方法。

（7）Spring Cloud Config 为 Spring Cloud 框架系统提供统一的配置管理，并提供服务器端（Config Server）和客户端（Config Client）的支持。Config Server 本质上是一个用于集中管理配置、获取远程配置仓库的配置信息供客户端使用的微服务。在服务器端的启动类上配置"EnableConfigServer"即可开启 Config Server 功能。

（8）Spring Cloud Bus 的作用是将各服务节点用轻量的消息代理，系统采用 Rabbit MQ 进行连接，并广播配置文件的动态信息和服务之间的通信信息。

（9）Spring Cloud Sleuth 集成 ZipKin，实现微服务的链路监控分析。基于 Zipkin 的服务在启动类上配置"EnableZipkinServer"即可开启 Zipkin Server 功能，服务开启后通过访问 Zipkin Server 监控页面，可监控服务的请求细节和分析依赖关系。

7.2.3　基于私有云与 Docker 技术的阵列天线智能装配车间数字孪生系统微服务部署方法

1. 安全可靠的私有云服务构建技术

本节针对私有云服务构建技术现状及项目需求，整理并制定私有云平台需求模型、技术研究、云平台搭建实施的技术流程，选择传统成熟的 J2EE、应用集成和商

第7章 应用案例

业智能（BI）信息技术，以及新一代的云计算、大数据、移动应用信息技术相结合的技术路线，开展私有云平台总体架构设计研究、云制造资源虚拟化应用研究、云制造服务组件与标准接口应用研究，搭建阵列天线智能装配车间的数字孪生验证平台，完成基于微服务架构的数字孪生软件在云端的部署与应用。

本节采用已组建服务器建立私有云，搭建运行环境和基础设施。图 7.6 所示为私有云服务网络拓扑图。从图 7.6 可以看出，任何外部对服务器的访问，包括运维管理人员的访问，都必须经过云盾和防火墙。在此基础上，我们可以构建各种集群体系，包括微服务、网关、注册中心、Nginx，以及各种基础资源和基础设施等。

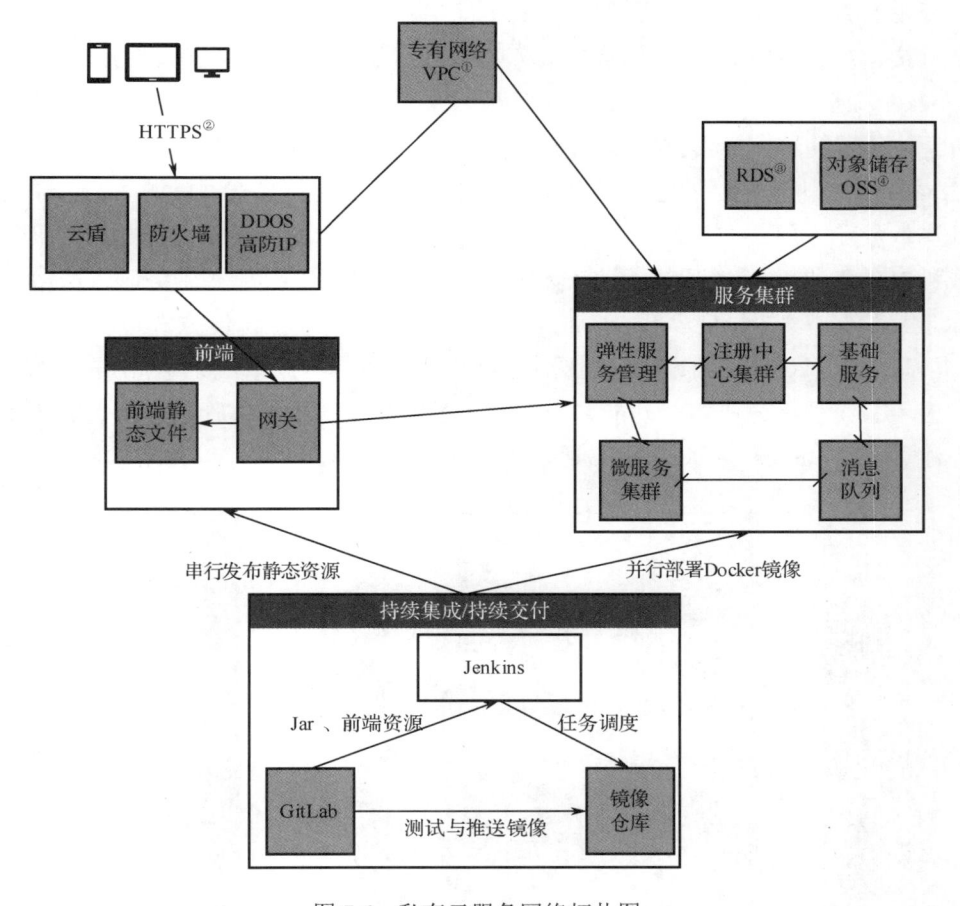

图 7.6　私有云服务网络拓扑图

----

① VPC：虚拟私有云。
② HTTPS：以安全为目标的 HTTP 通道。
③ RDS：关系型数据服务。
④ OSS：操作支持系统。

2. 基于 Docker 技术的阵列天线智能装配车间数字孪生系统微服务部署

微服务虽是先进的架构，但在系统的复杂性、服务的持续集成方面却有着无法回避的弊端，因此，本节引入 Docker 技术。Docker 是一个优秀的容器引擎，可以为应用系统创建一个可移植的容器。容器运行于宿主系统上，其功能相当于一个虚拟主机。但是与虚拟主机相比，Docker 的性能更好。Docker 占用资源少，构建非常灵活、方便，且可以非常快速地启动和关闭。正因如此，对于整个系统的微服务应用来说，都可以使用 Docker 进行部署和发布。

开发的微服务中已经包含了 Tomcat 中间件和打包后的 JAR 文件，可以使用 Java 命令直接运行。使用 Docker 部署微服务是非常方便的，只需使用简单的命令就可以在 Docker 中运行 JAR 文件。此外，使用 Docker 部署微服务还可以利用更多的服务器资源，设置简单、操作方便，且服务的更新和运行更加快速和高效。Docker 是遵从 Apache 2.0 协议开源的容器引擎，利用轻量级虚拟化技术实现资源隔离，并将各种环境依赖和应用统一打包，以达到方便应用移植和部署的目的。我们将微服务打包成独立的 Docker 镜像，之后推送到私有镜像库中。每次部署服务时，从私有镜像库下载的镜像按照"Docker Compose"编排好的微服务调度方式运行镜像。图 7.7 是基于 Docker 技术的阵列天线智能装配车间数字孪生系统微服务部署示意。复杂的应用系统被拆分成多个功能单一、业务逻辑简单的服务进行独立部署。每个微服务注册在"Eureka Server"中，通过声明式的 RESTful API 相互调用。

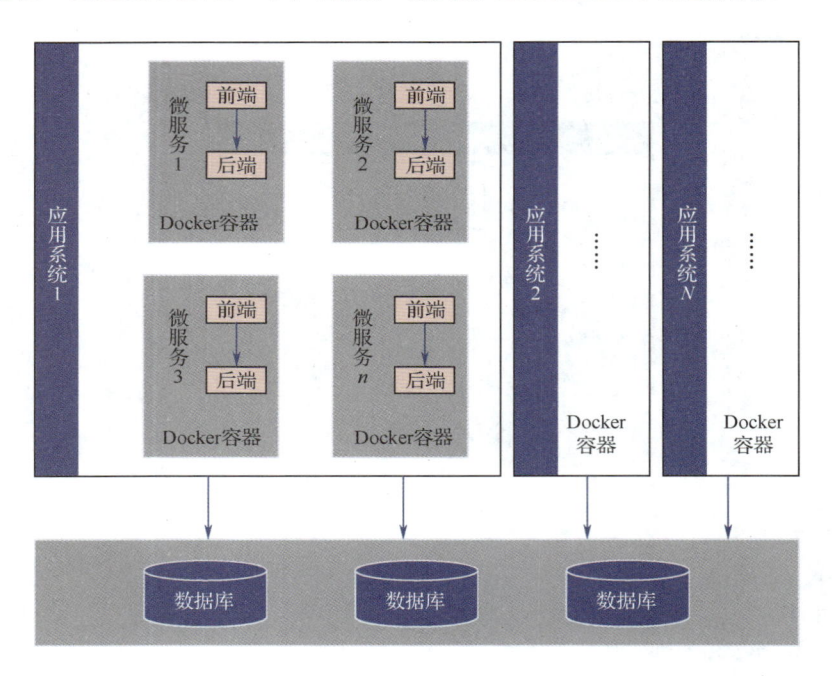

图 7.7 基于 Docker 技术的阵列天线智能装配车间数字孪生系统微服务部署示意

7.3 数字孪生平台及阵列天线智装配车间全局可视化监控模块

对该装配车间进行线下测绘，并使用 Auto CAD 对阵列天线智能装配车间（以下简称"车间"）厂房布局进行绘制。从设备厂家索取或购买设备模型，使用 Creo、SolidWorks、UG 和 SketchUp 进行模型解析和初步轻量化，使用 3DS MAX 进行格式转化与进一步轻量化，使用 Rhino 对车间非产品、非设备物体进行建模，使用 Mixamo Fuse 对人物进行建模。此外，将实时三维渲染引擎 Unity 3D 作为布局与渲染工具。Unity 3D 作为游戏开发引擎，很好地满足了车间数字孪生体构建的可视化需求。

数字孪生平台架构分为车间层、制造单元/工位层、操作执行层、产品层、关键数据状态看板。

（1）车间层。通过车间总体可视化模型，监控整体布局和整体运行状况，还可以通过饼状图监控每个工位已完工的产品的数量及所占比例。

（2）制造单元/工位层。通过工位的可视化模型，监控工位的名称、状态、所属部门、正在处理的装配任务、日作业计划信息及当前工位的质量数据。

（3）操作执行层。通过生产要素模型监控对应生产要素的运行状态，如通过设备模型监控设备的运行状态、运行关键参数时序图等。

（4）产品层。按照工艺流程查看具体信息，即可通过产品的可视化模型关联到该产品的装配工艺流程、完成情况、所属状态、配套清单及固定配套关系等具体信息。

（5）关键数据状态看板。通过装配过程关键数据状态看板，分别对车间级、工位级关键数据进行实时监控。

通过上述运行模式，采集到的实时数据用于驱动可视化模型同步运行，从而实时映射物理车间的运行状态，并展示车间各个要素的实时状态信息，实现对车间运行的全局、多层次可视化监控，具体功能详述如下。

7.3.1 下发控制指令

通过数字孪生平台可控制系统的运行、暂停、停止。控制指令按键界面如图 7.8 所示。

图 7.8　控制指令按键界面

7.3.2　环境数据监控

通过数字孪生平台还可以实现车间运行环境温度、湿度等参数的监控。环境数据监控界面如图 7.9 所示。

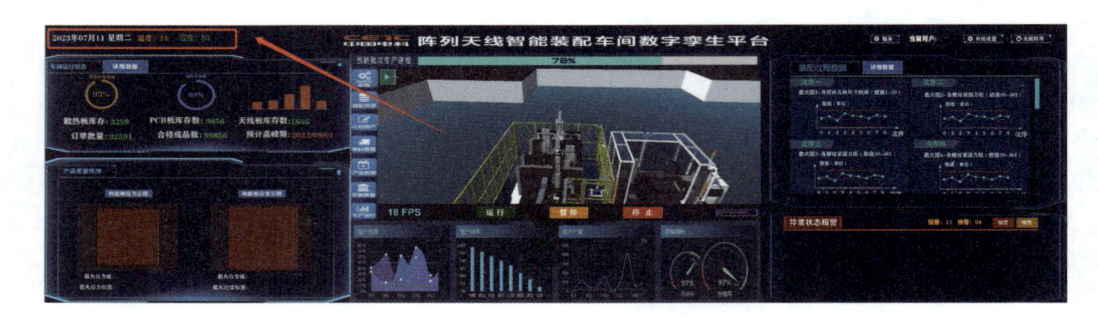

图 7.9　环境数据监控界面

7.3.3　运行状况及库存监控

系统可对车间设备的运行参数、设备综合效率（OEE）、设备净效率（NEE）等进行统计监控，同时可对当前批次产品的生产进度进行监控，还可对原材料库存状况进行可视化监控。运行状况及库存监控界面如图 7.10 所示。

图 7.10　运行状况及库存监控界面

7.3.4 装配过程性能预测参数可视化监控

系统可对产品装配过程中机械性能预测参数、电磁性能预测参数、可靠性预测参数进行实时可视化监控。装配过程性能预测参数可视化界面如图 7.11 所示。

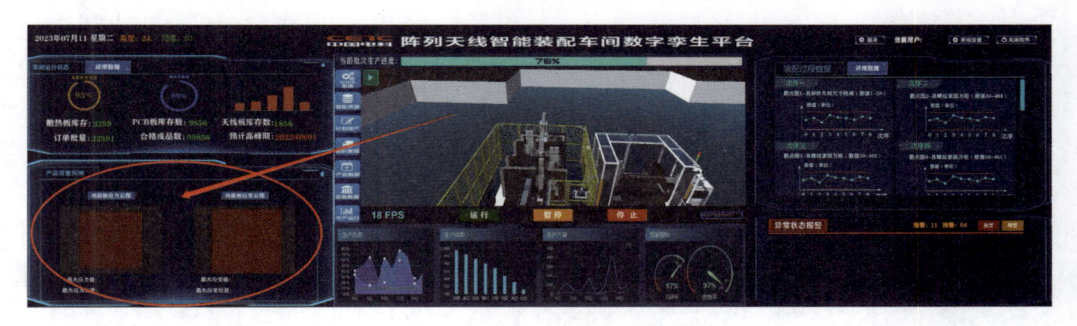

图 7.11 装配过程性能预测参数可视化界面

7.4 阵列天线智能装配车间运行预测与决策模块

7.4.1 装配性能预测

1. 模型训练

（1）编辑模型信息

启动系统，单击"机械性能"按钮，进入编辑模型信息界面，在"模型新增"窗口，编辑模型的相关信息，包括设计人员、装配过程、模型类型、模型名称等信息，如图 7.12 所示。

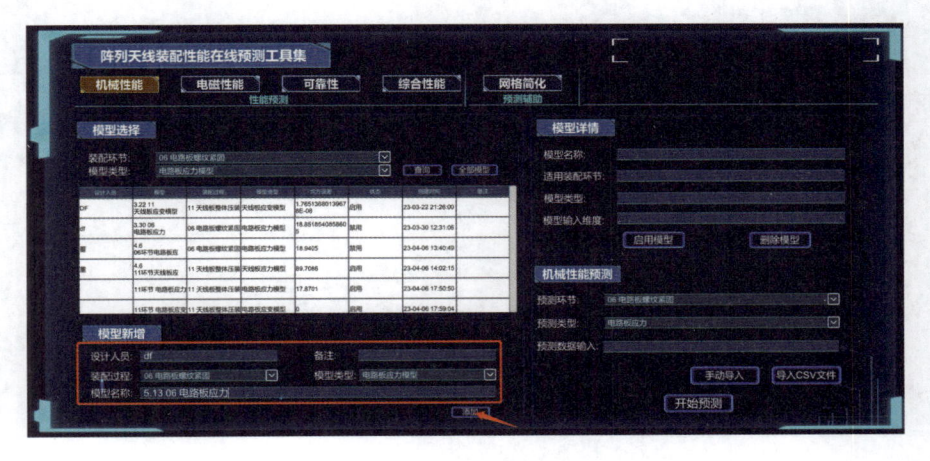

图 7.12 编辑模型信息界面

（2）输入训练文件

单击"添加"按钮，跳转至模型训练界面，如图 7.13 所示。单击"浏览"按钮，选择训练文件，系统将自动识别样本的维度。

注意：文件格式为 CSV，输入样本为仿真工艺参数，每一行为一条数据；输出样本为对应输入样本的仿真结果，每一列为一条数据。

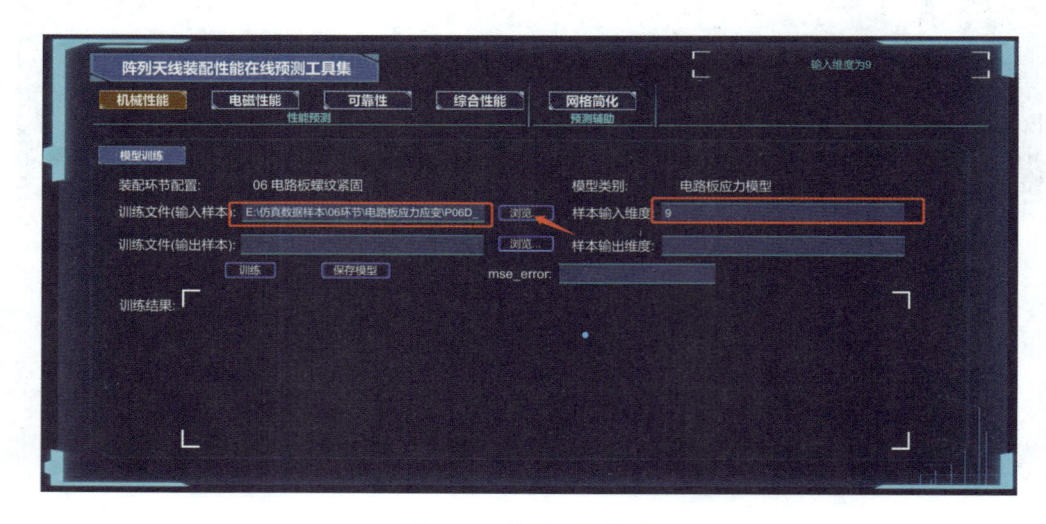

图 7.13　模型训练界面

（3）模型训练

选择训练文件之后，单击"训练"按钮，开始模型训练。模型训练过程界面如图 7.14 所示。

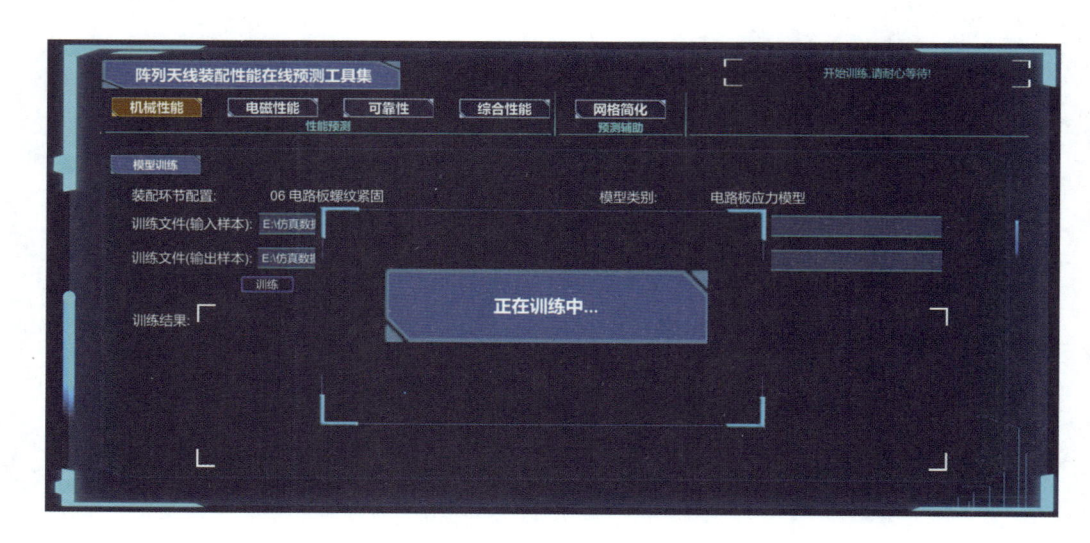

图 7.14　模型训练过程界面

第 7 章 应用案例

（4）保存模型

模型训练完成后，模型训练结果界面如图 7.15 所示。模型训练结果包括模型训练的均方误差，以及训练过程验证集中预测值和真实值的对比图，可根据训练结果选择是否保存。

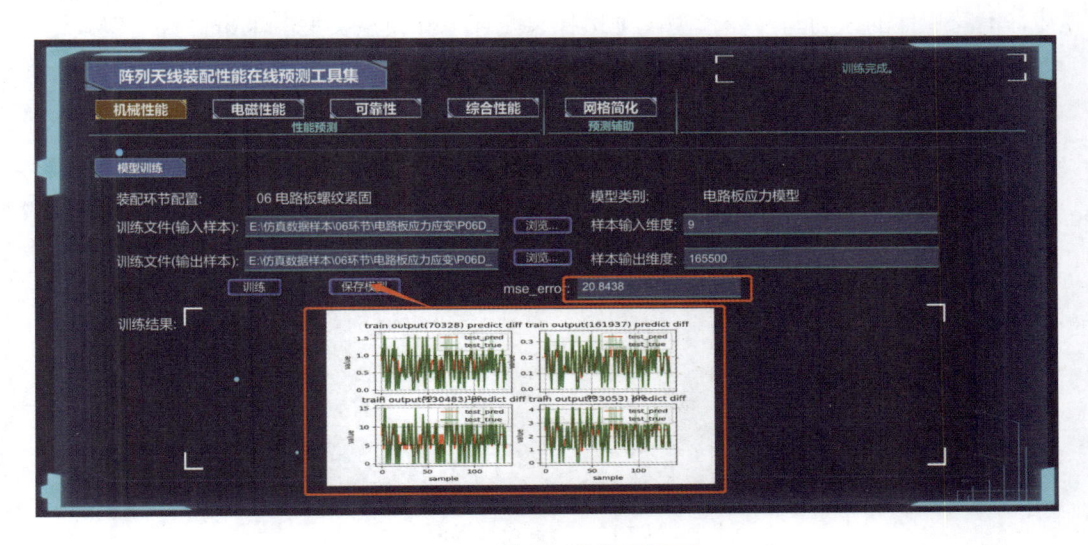

图 7.15 模型训练结果界面

保存模型时，单击"保存模型"按钮，跳转至机械性能预测界面，如图 7.16 所示。模型列表中新增了一个模型。

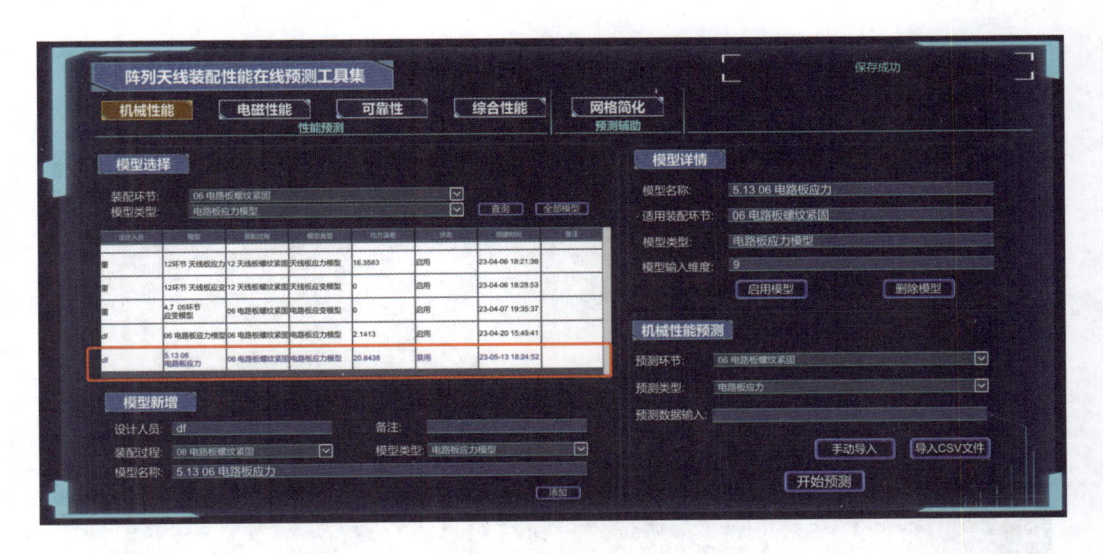

图 7.16 机械性能预测界面

— 211 —

2. 模型管理

（1）查询模型

查询模型界面如图7.17所示。机械性能预测涉及多个装配环节，每个装配环节又有不同零件的应力与应变模型，须选择装配环节和模型类型。单击"查询"按钮，可查找合适的模型；单击"全部模型"按钮，可展示已训练完成的全部模型。

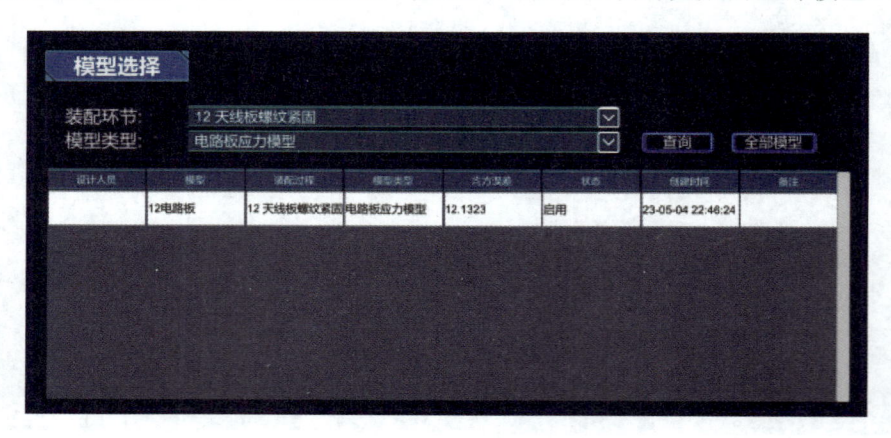

图 7.17 查询模型界面

（2）启用模型

单击左侧模型列表中某一行，该行会变蓝以示选中，在右侧"模型详情"中会显示选中模型的信息，包括模型名称、适用装配环节、模型类型及模型输入维度，如图7.18所示。在右侧"模型详情"中单击"启用模型"按钮，选中的模型即启用，后续该装配过程便会运用该模型进行预测。

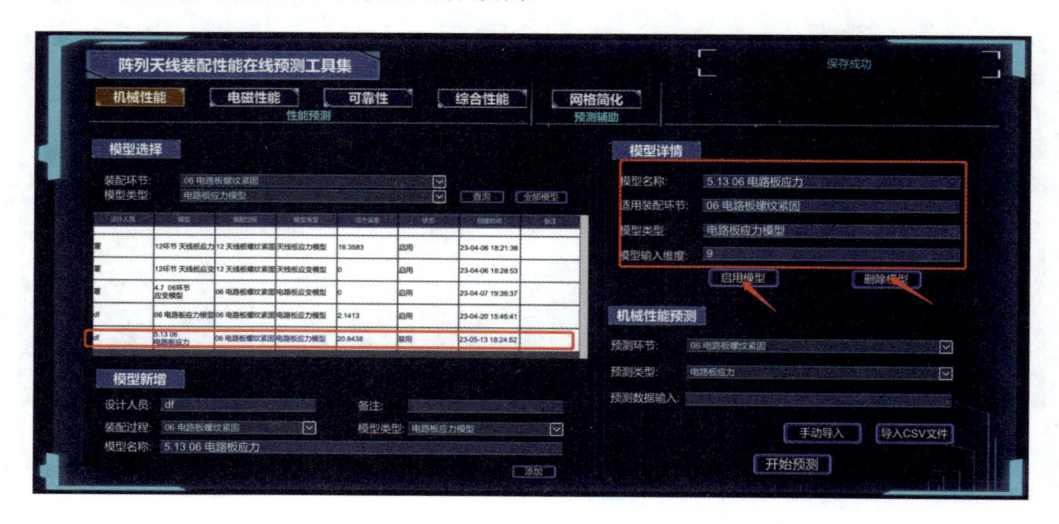

图 7.18 启用模型和删除模型界面

（3）删除模型

单击左侧模型列表某一行，选中模型，如图7.18所示。在右侧"模型详情"中，单击"删除模型"按钮，即可删除该模型。

3. 机械装配可靠性预测

机械装配可靠性预测主要包括选择预测环节及预测类型、导入预测数据及开始预测。

（1）选择预测环节及预测类型

选择预测环节及预测类型界面如图7.19所示。通过下拉框对预测环节和预测类型进行选择。

（2）导入预测数据

导入预测数据支持"手动导入"及"导入CSV文件"两种方式。

手动导入预测数据界面如图7.20所示。单击"手动导入"按钮，弹出输入界面，不同的环节和类型将会弹出不同的界面以符合模型的输入维度，输入预测数据后，单击"确定"按钮，将返回预测数据界面，"预测数据输入"框中将显示输入的预测数据。

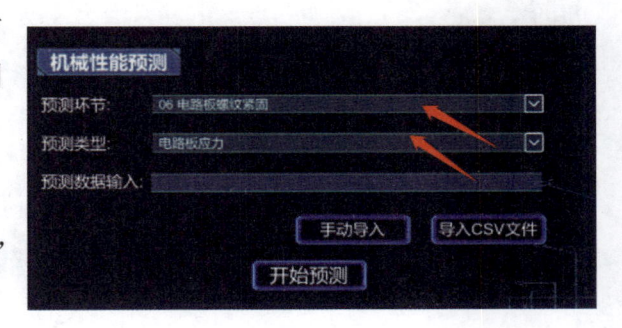

图7.19　选择预测环节及预测类型界面

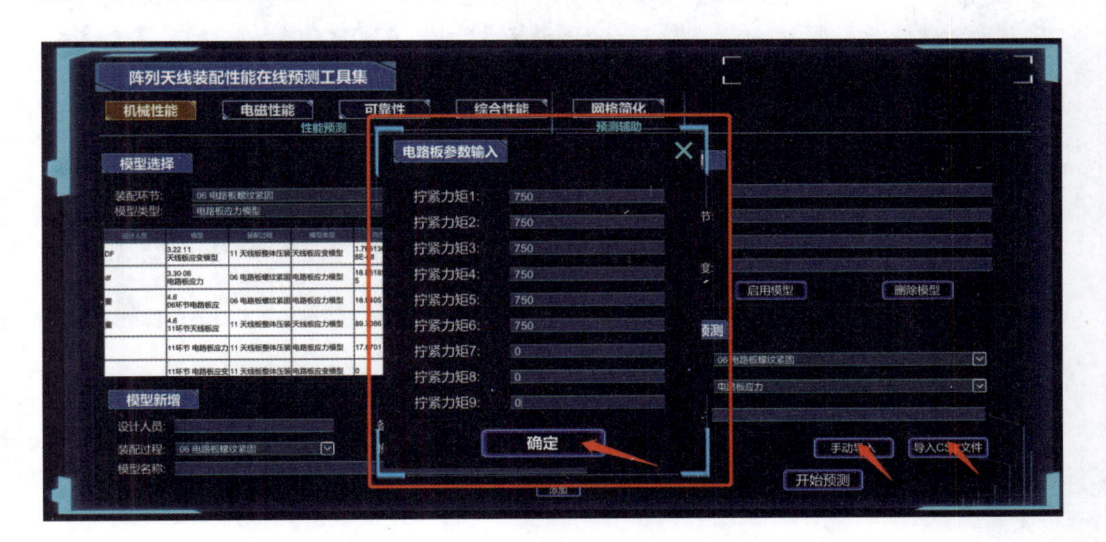

图7.20　手动导入预测数据界面

导入 CSV 文件界面如图 7.21 所示。单击"导入 CSV 文件"按钮，弹出文件选择框，可进行预测数据文件的导入。选择完成之后，单击"Open"按钮，返回预测界面，文件名将显示在"预测数据输入"框中。导入预测数据错误提示界面如图 7.22 所示。若输入文件与所选预测环节及类型输入维度不符，则右上角提示框提示错误信息。

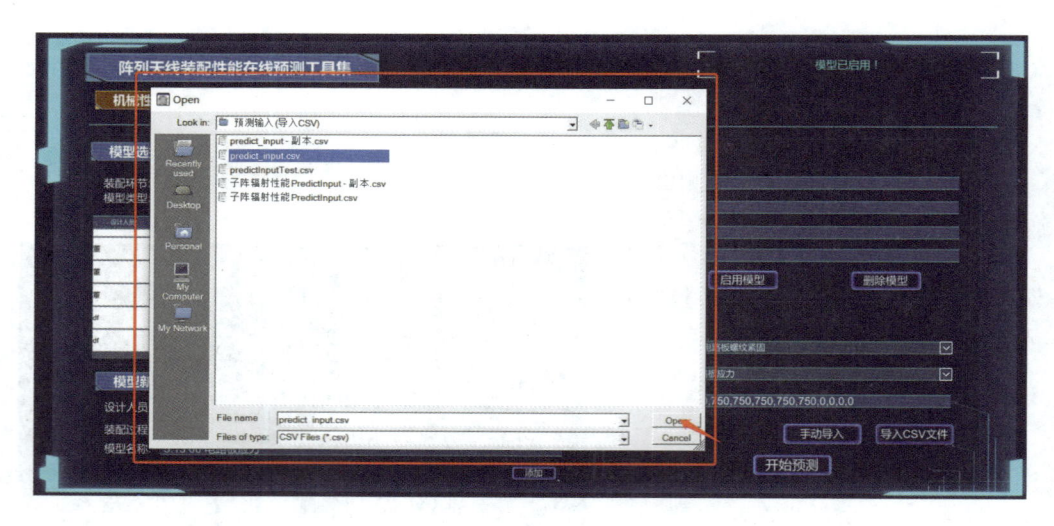

图 7.21　导入 CSV 文件界面

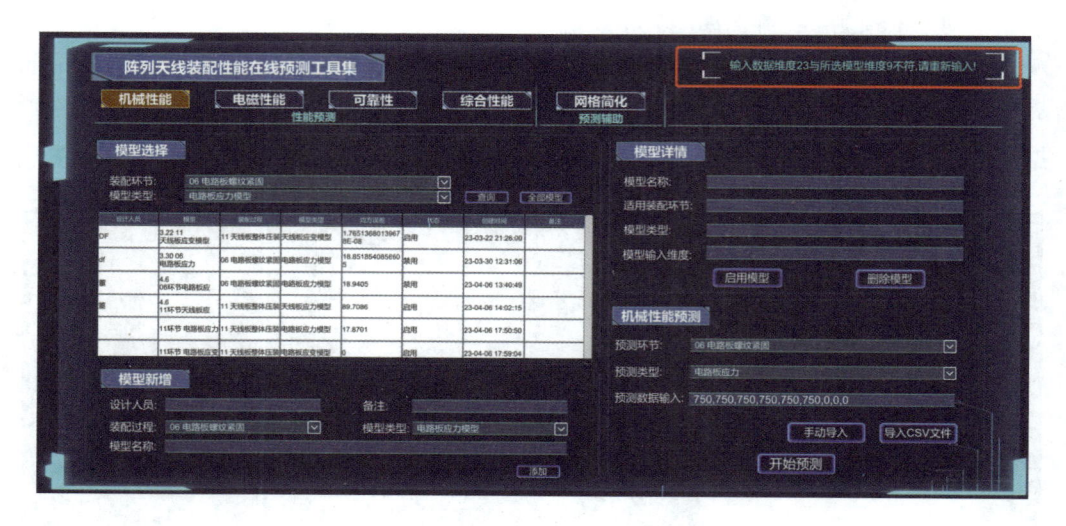

图 7.22　导入预测数据错误提示界面

（3）开始预测

在预测环节、类型选择完成及导入预测数据之后，单击"开始预测"按钮，弹出"机械装配可靠性预测结果"界面，如图 7.23 所示。不同的预测环节及类型会弹出不同的界面。

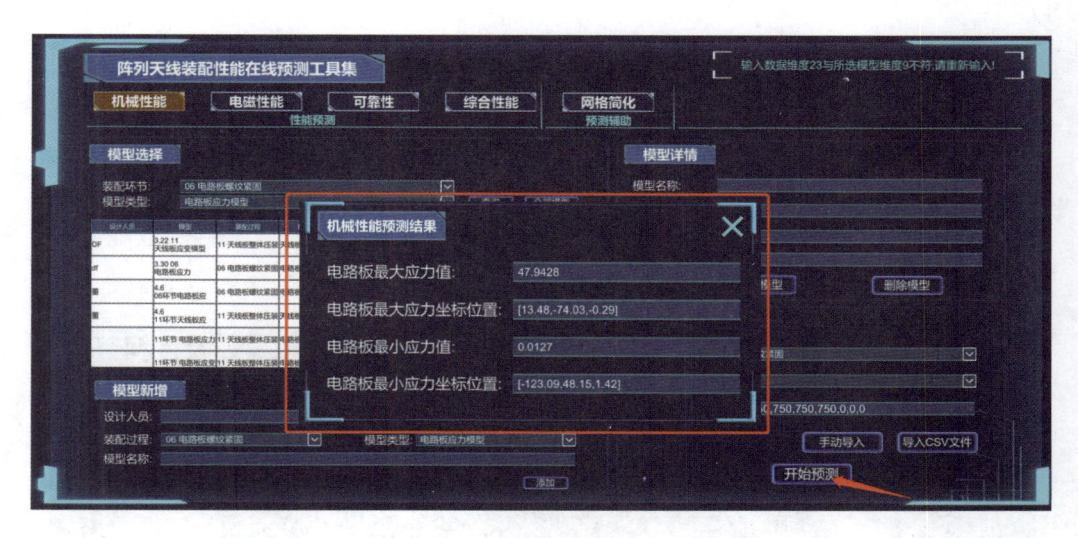

图 7.23 电路板螺钉紧固环节电路板应力预测结果界面

7.4.2 电磁性能预测

1. 模型训练

（1）编辑模型信息

单击"电磁性能"按钮，进入电磁性能预测界面，如图 7.24 所示。在"模型新增"窗口，编辑模型的相关信息，包括设计人员、模型类型及模型名称等信息。

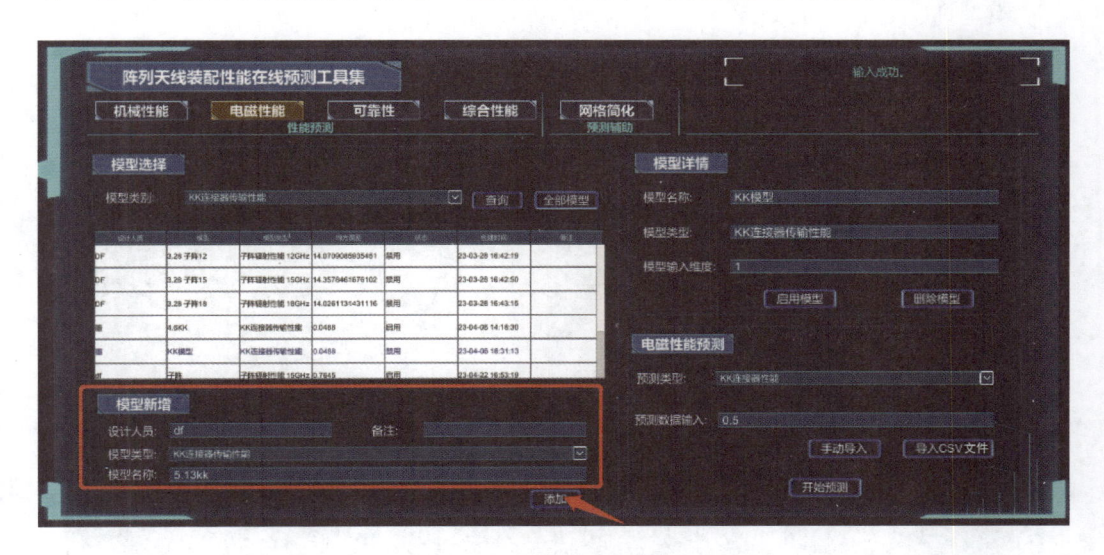

图 7.24 电磁性能预测界面

（2）输入训练文件

在电磁性能预测界面单击"添加"按钮，跳转至模型训练界面，如图 7.25 所示。单击"浏览"按钮，选择训练数据文件，系统将自动识别样本的维度。

注意：文件格式为 CSV，输入样本为仿真工艺参数，每一行为一条数据；输出样本为对应输入样本的仿真结果，每一列为一条数据。

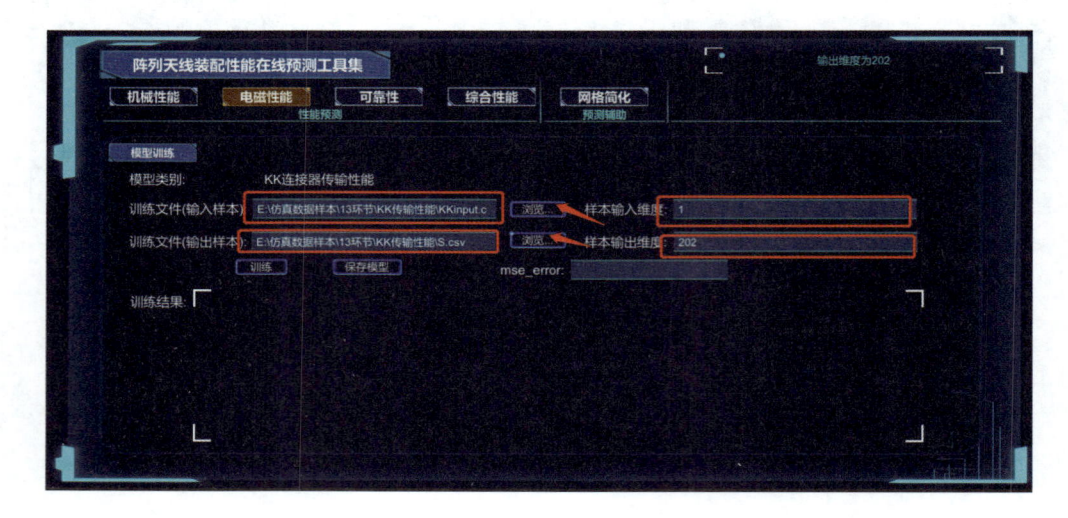

图 7.25　模型训练界面

（3）模型训练

模型训练过程界面如图 7.26 所示。输入训练文件之后，单击"训练"按钮，开始训练。

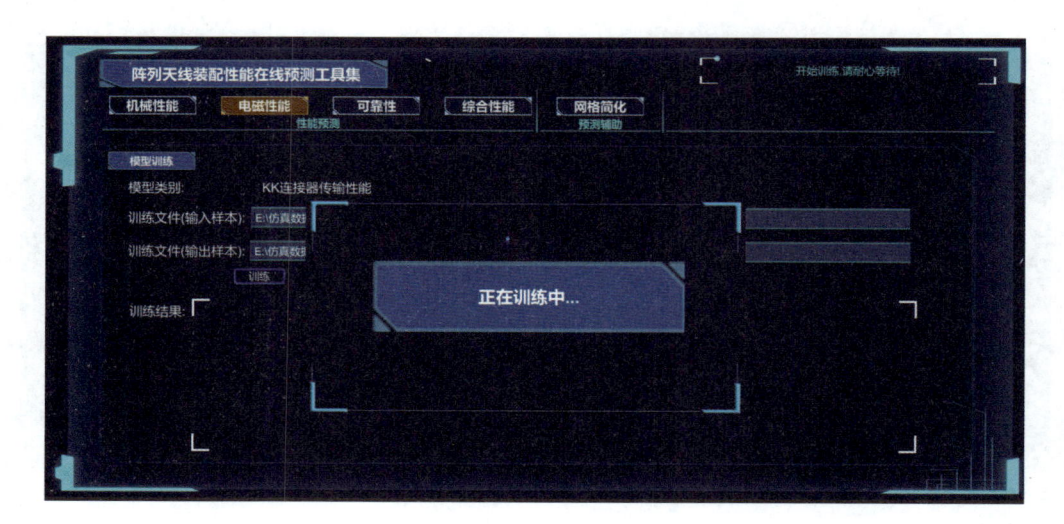

图 7.26　模型训练过程界面

(4) 保存模型

模型训练完成之后，弹出的模型训练结果界面如图 7.27 所示。训练结果包括模型训练的均方误差，以及训练过程验证集中预测值和真实值的对比图，可根据训练结果选择是否保存。

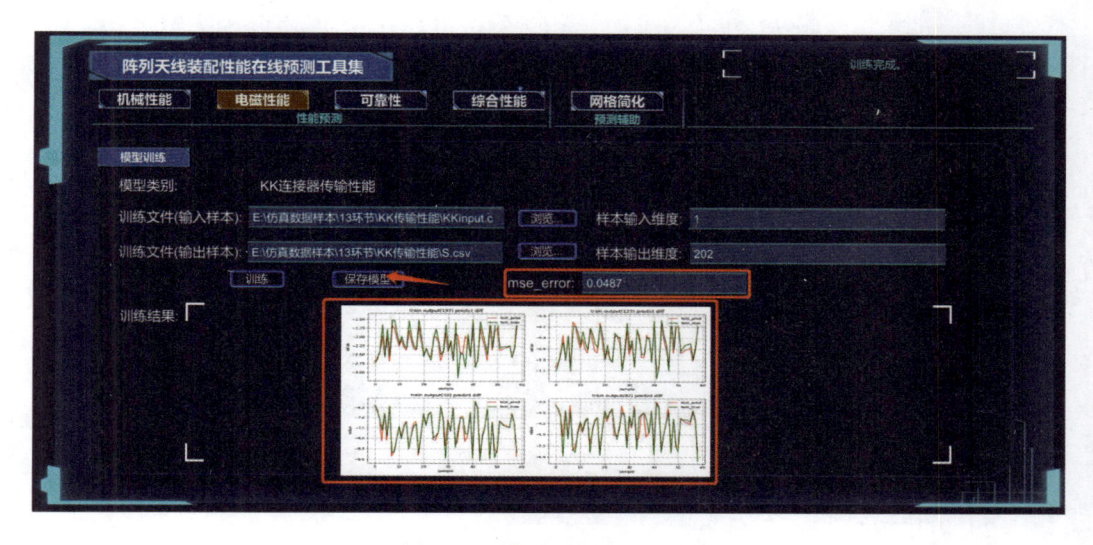

图 7.27 模型训练结果界面

单击"保存模型"按钮，跳转至电磁性能预测界面，如图 7.28 所示。由图 7.28 可知，模型列表中新增了一个模型。

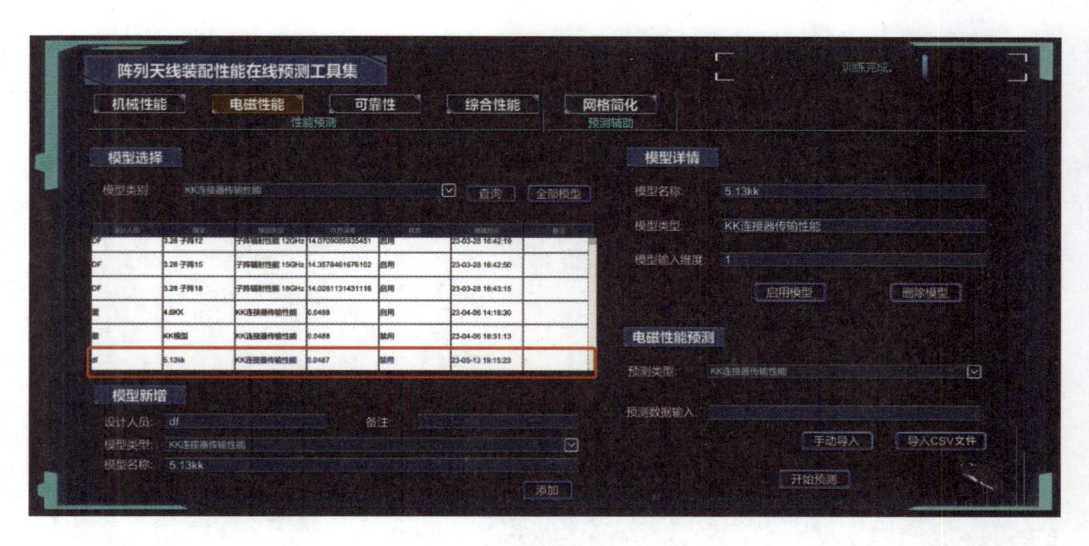

图 7.28 电磁性能预测界面

— 217 —

2. 模型管理

（1）查询模型

查询模型界面如图 7.29 所示。电磁性能预测包括 KK 连接器传输性能、KK 连接器相位一致性和子阵辐射性能预测。通过选择"模型类型"选项，单击"查询"按钮，查找合适的预测模型；此外，单击"全部模型"按钮，可展示已训练完成的全部模型。

图 7.29　查询模型界面

（2）启用模型

启用/删除模型界面如图 7.30 所示。单击模型列表中某一行，该行会变蓝以示选中。在右侧"模型详情"列表中，会显示选中的模型的信息，包括模型名称、模型类型及模型输入维度。单击"启用模型"按钮，选中的模型即启用，后续 KK 连接器性能预测便会用该模型进行预测。

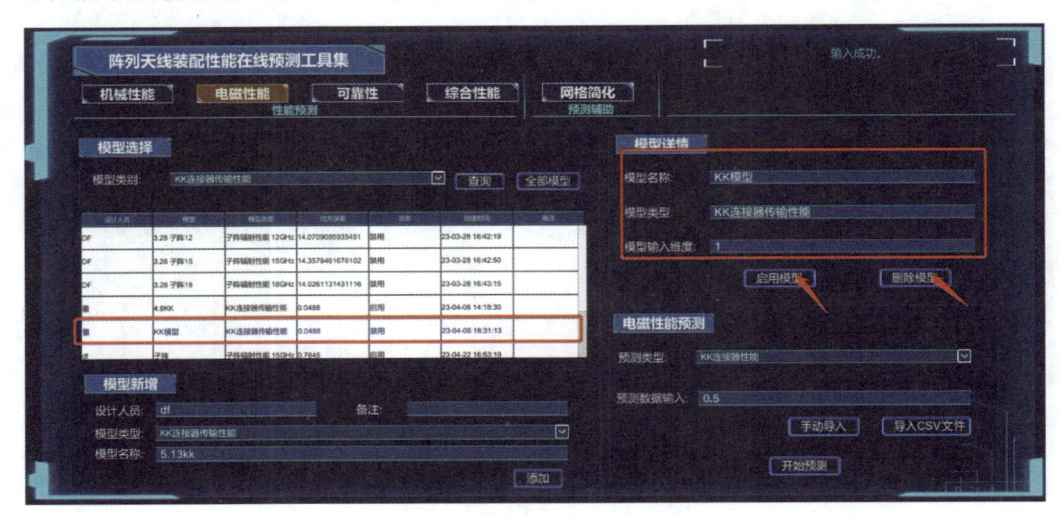

图 7.30　启用/删除模型界面

■第7章 应用案例■

（3）删除模型

在启用/删除模型界面，单击模型列表某一行，选中模型。在右侧"模型详情"列表中，单击"删除模型"按钮，即可将模型删除。

3. 电磁性能预测

（1）预测环节及预测类型的选择

电磁性能预测包括 KK 连接器传输性能预测和子阵辐射性能预测，预测类型选择界面如图 7.31 所示。通过下拉框对"预测类型"进行选择。

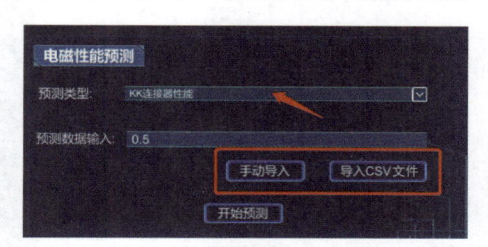

图 7.31 预测类型选择界面

（2）导入预测数据

导入预测数据支持"手动导入"及"导入 CSV 文件"两种方式（由于子阵辐射性能输入参数较多，对于子阵辐射性能仅提供"导入 CSV 文件"一种方式）。

手动导入预测数据界面如图 7.32 所示。单击"手动导入"按钮，弹出输入界面，不同的预测类型将会弹出不同的输入界面，以符合模型的输入维度。输入预测数据后，单击"确定"按钮，将返回预测界面，"预测数据导入"框中将显示输入的预测数据。

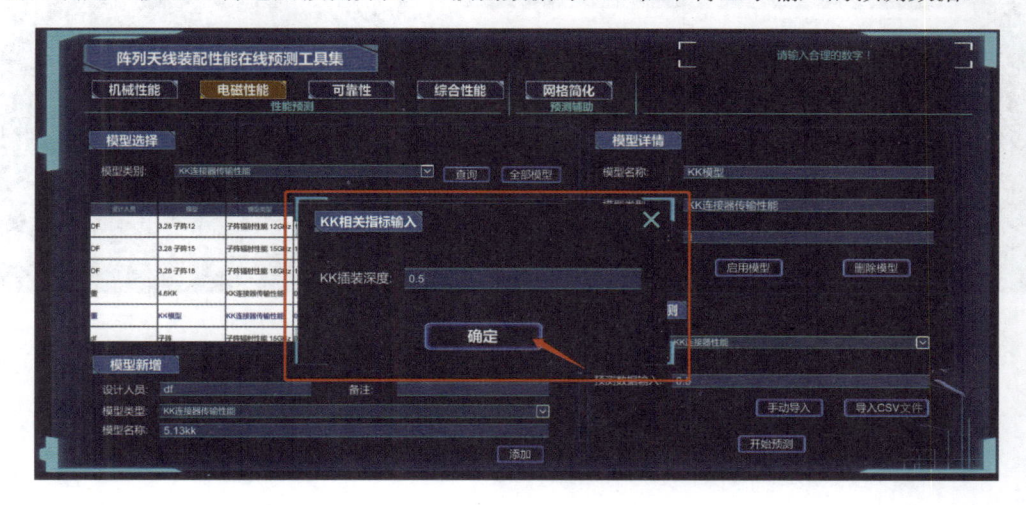

图 7.32 手动导入预测数据界面

导入 CSV 文件界面如图 7.33 所示。单击"导入 CSV 文件"按钮，弹出文件选择框，可进行预测数据文件的导入，选择完成之后，单击"Open"按钮，返回预测界面，文件名将显示在"预测数据导入"框中。导入预测数据错误提示界面如图 7.34 所示。若输入文件与所选预测类型模型输入维度不符，则右上角提示框会提示错误信息。

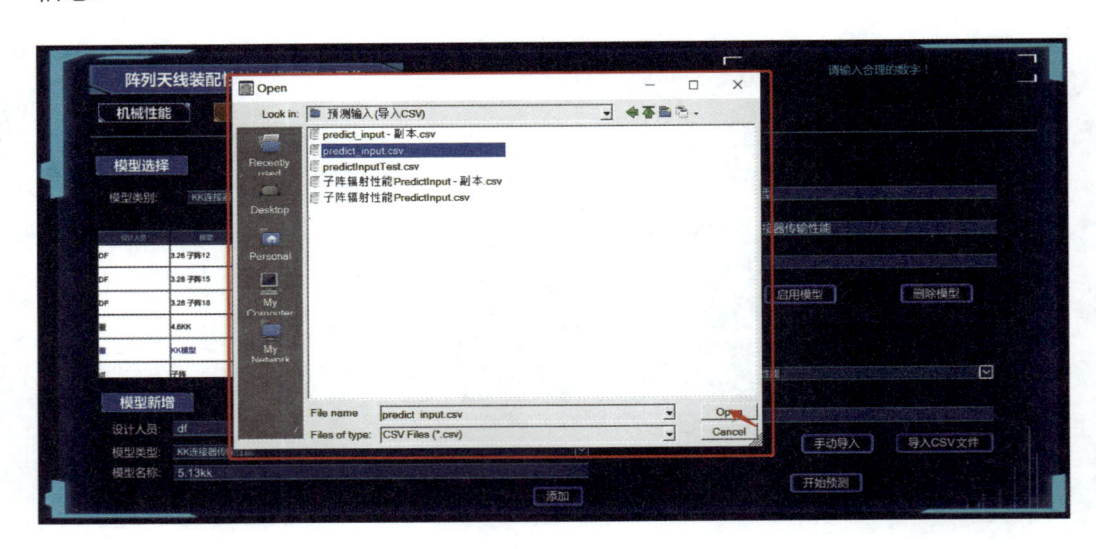

图 7.33 导入 CSV 文件界面

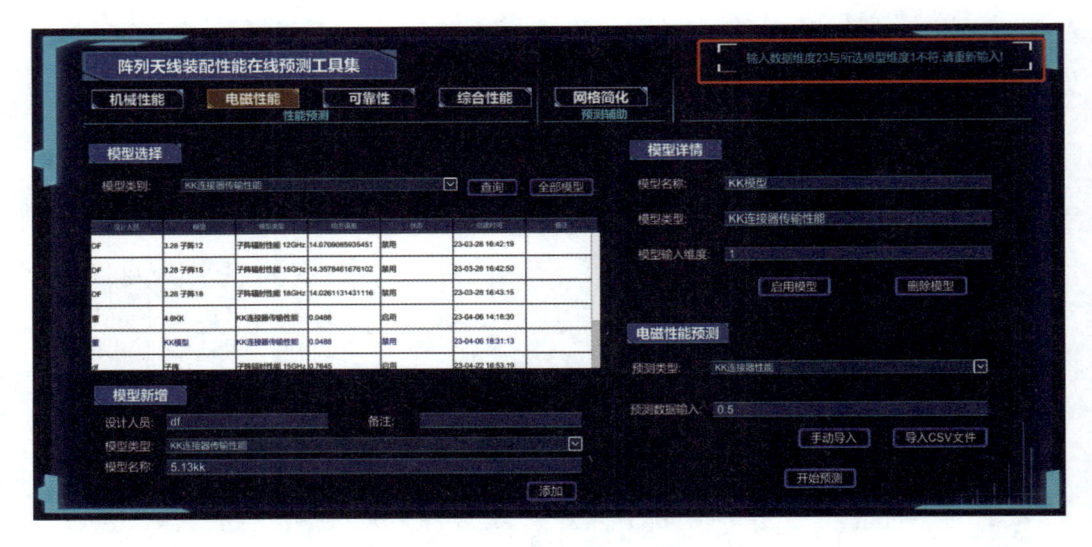

图 7.34 导入预测数据错误提示界面

（3）开始预测

在预测类型选择完成及预测数据输入完毕之后，单击"开始预测"按钮。图 7.35 为 KK 连接器电磁性能结果，分别为"传输性能参数""相位参数"。

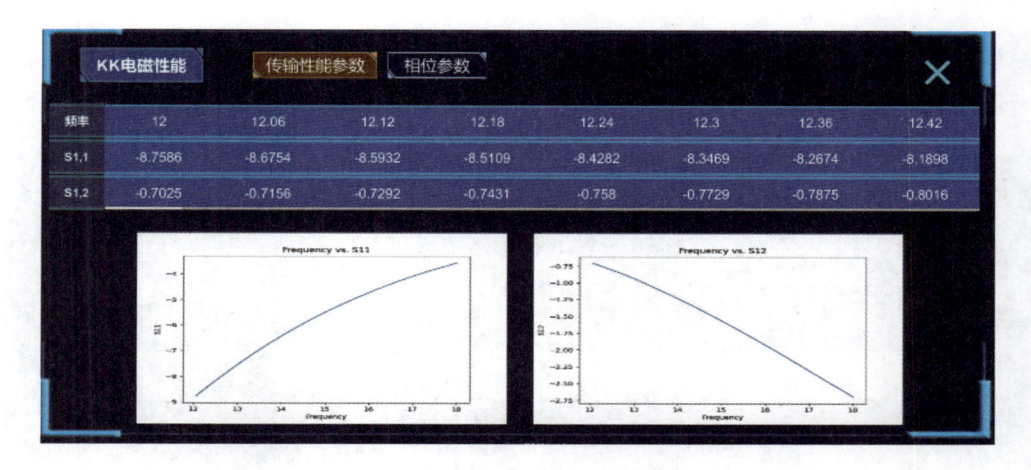

图 7.35 KK 连接器电磁性能预测结果

图 7.36 所示为子阵辐射性能预测结果。预测结果包括 12GHz、15GHz 和 18GHz 3 组数据，可单击左上方按钮进行切换。此外，单击"展示全部数据"按钮，可扩充表中数据，显示全部预测结果。

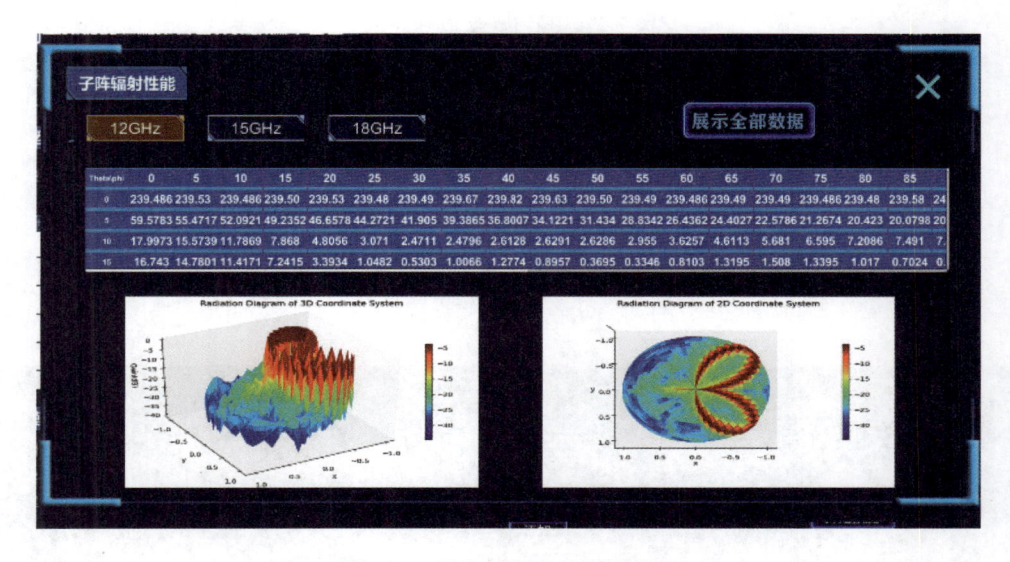

图 7.36 子阵辐射性能预测结果

7.4.3 焊点可靠性预测

1. 模型训练

（1）编辑模型信息

单击"可靠性"按钮，进入焊点可靠性预测界面，在"模型新增"窗口，编辑

— 221 —

模型的相关信息，包括设计人员、模型类型及模型名称。编辑模型信息界面如图 7.37 所示。

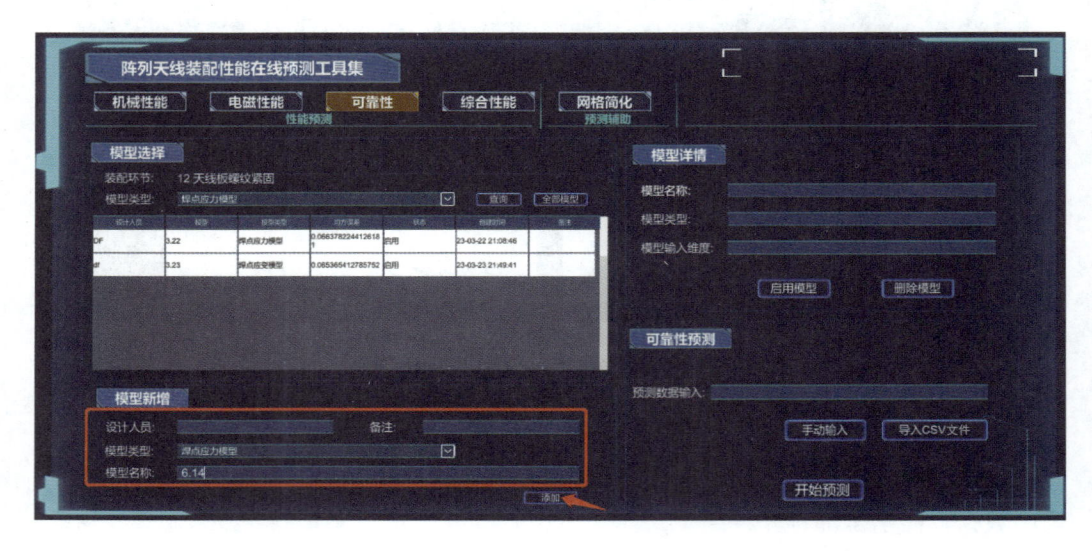

图 7.37　编辑模型信息界面

（2）输入训练文件

在编辑模型信息界面单击"添加"按钮，跳转至模型训练界面，如图 7.38 所示。单击"浏览"按钮，选择训练数据文件，系统将自动识别样本的维度。

注意：文件格式为 CSV，输入样本为仿真工艺参数，每一行为一条数据；输出样本为对应输入样本的仿真结果，每一列为一条数据。

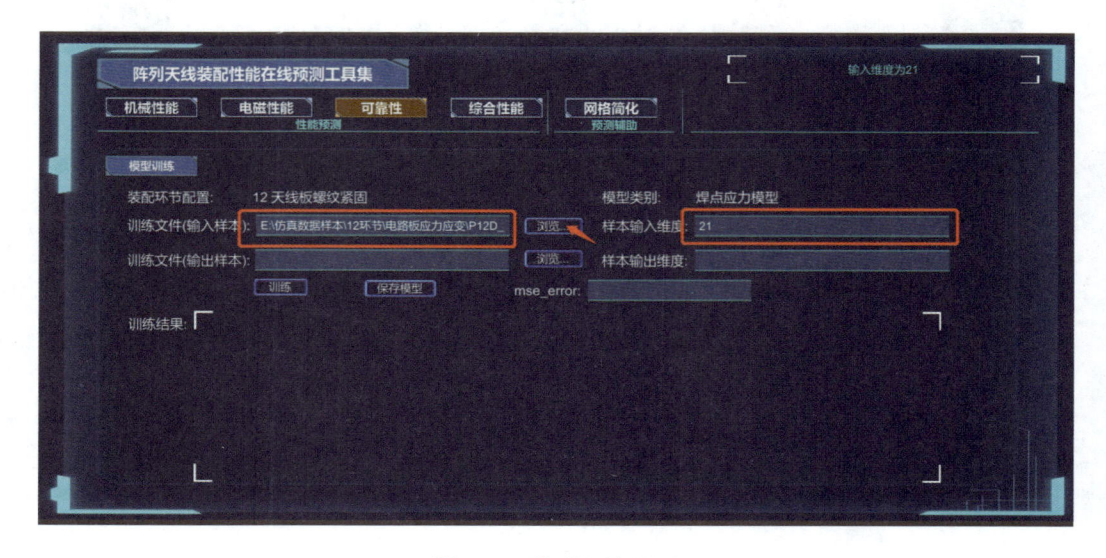

图 7.38　模型训练界面

（3）模型训练

输入训练文件之后，单击"训练"按钮，开始训练。模型训练过程界面如图 7.39 所示。

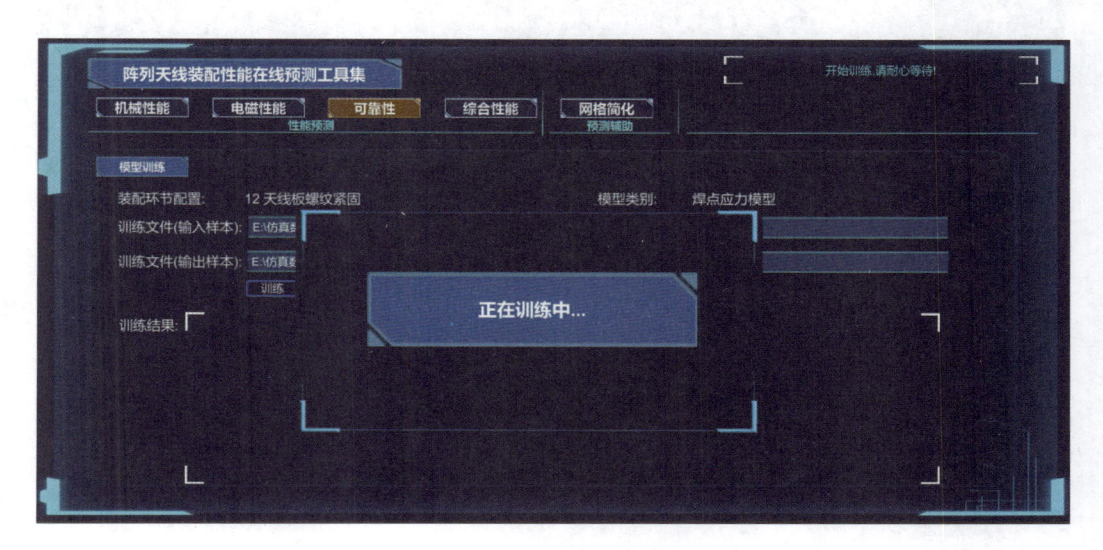

图 7.39　模型训练过程界面

（4）保存模型

训练完成之后，模型训练结果界面如图 7.40 所示。训练结果包括模型训练的均方误差，以及训练过程验证集中预测值和真实值的对比图，可根据训练结果选择是否保存。

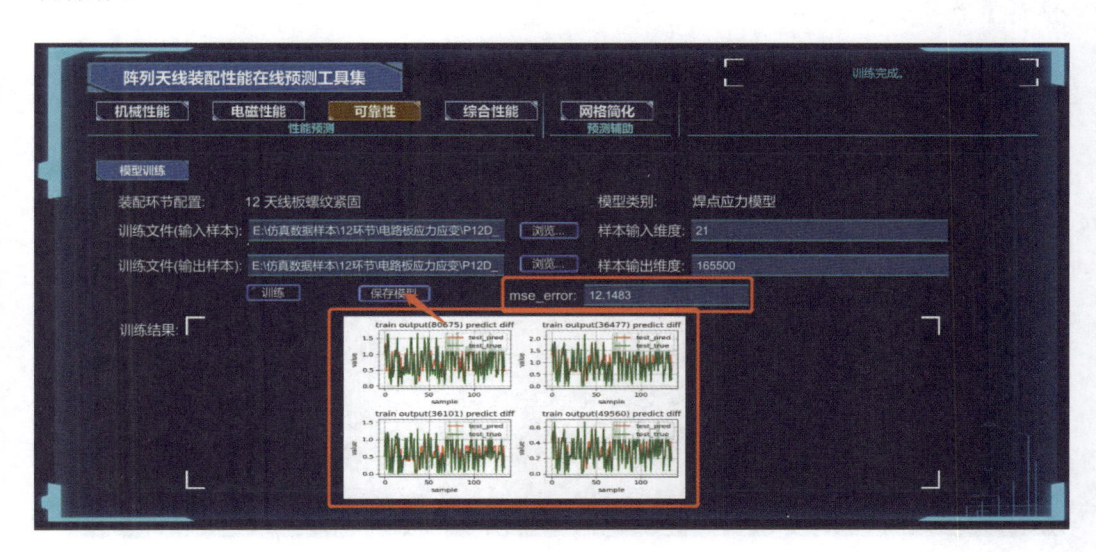

图 7.40　模型训练结果界面

— 223 —

单击"保存模型"按钮，可跳转至焊点可靠性预测界面，如图 7.41 所示。由图 7.41 可知，模型列表中新增了一个模型。

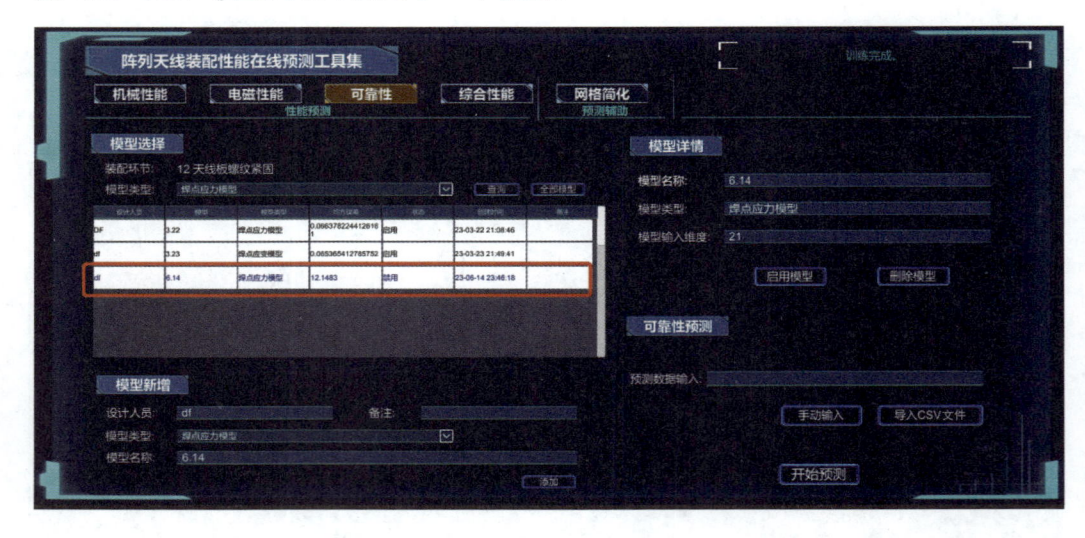

图 7.41 焊点可靠性预测界面

2. 模型管理

（1）启用模型

启动/删除模型界面如图 7.42 所示。单击模型列表中某一行，该行变蓝色以示选中，右侧"模型详情"中将会显示选中的模型的信息，包括模型名称、模型类型及模型输入维度。单击"启用模型"按钮，选中的模型即启用，后续 KK 连接器性能预测便会用该模型进行预测。

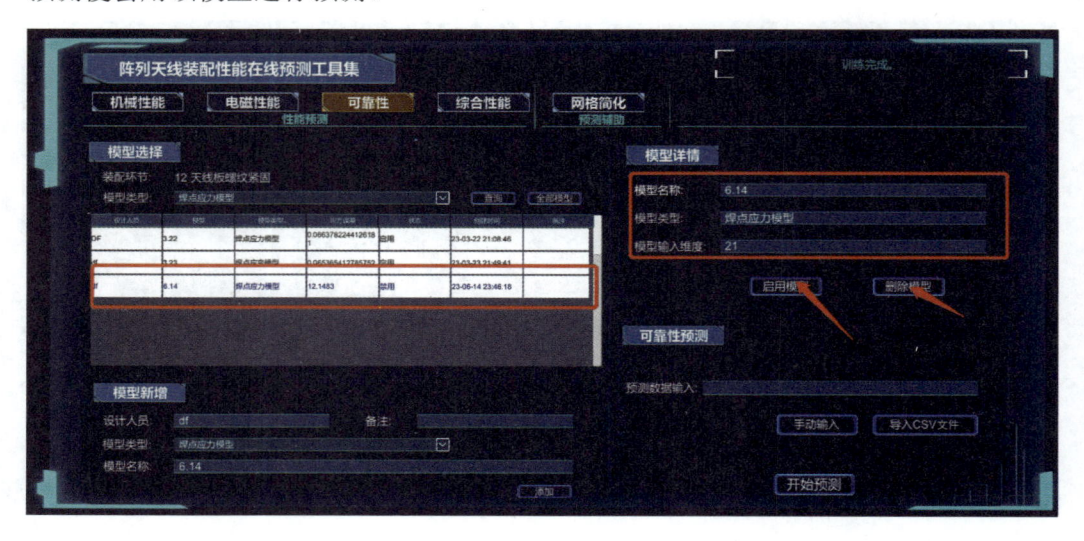

图 7.42 启用/删除模型界面

(2) 删除模型

在启用/删除模型界面,单击模型列表中某一行,选中模型。在右侧"模型详情"列表中,单击"删除模型"按钮,即可将模型删除。

3. 焊点可靠性预测

(1) 输入预测数据

输入预测数据支持"手动输入"及"导入 CSV 文件"两种方式。

手动导入预测数据界面如图 7.43 所示。单击"手动输入"按钮,弹出输入界面,不同的预测类型将会弹出不同的界面以符合模型的输入维度。输入预测数据后,单击"确定"按钮,将返回预测界面,预测数据输入框中会显示输入的预测数据。

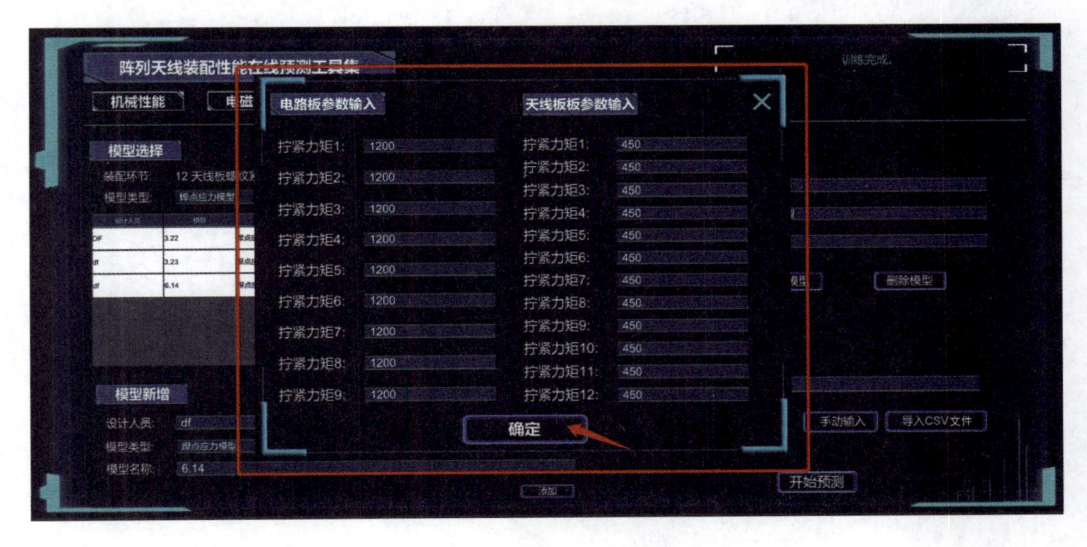

图 7.43　手动导入预测数据界面

导入 CSV 文件界面如图 7.44 所示。单击"导入 CSV 文件"按钮,弹出文件选择框,可进行预测数据文件的导入选择。选择完成之后,单击"Open"按钮,返回预测界面,文件名将显示在"预测数据输入"框中。导入预测数据错误提示界面如图 7.45 所示。若输入文件与所选预测类型模型输入维度不符,则右上角提示框提示错误信息。

(2) 开始预测

预测数据输入完毕,单击"开始预测"按钮,即可开始进行预测。焊点可靠性预测结果如图 7.46 所示。

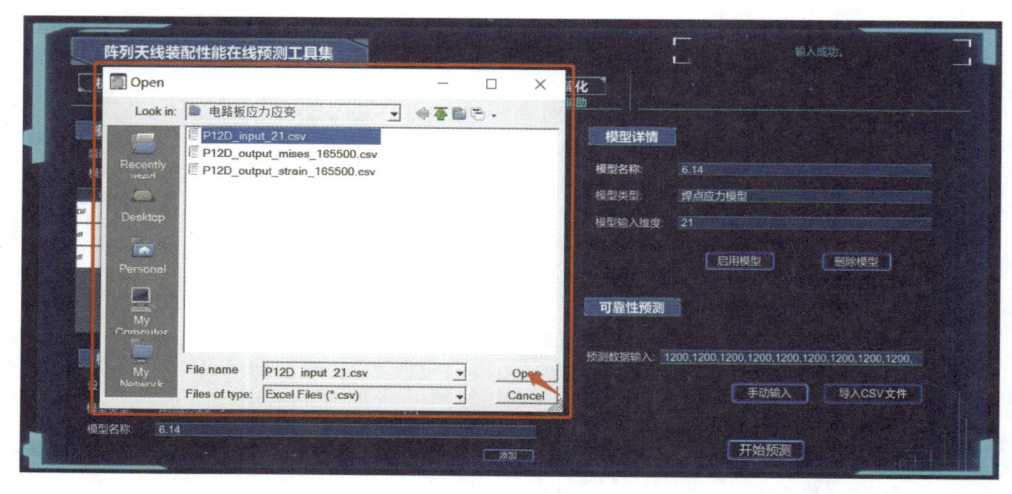

图 7.44　导入 CSV 文件界面

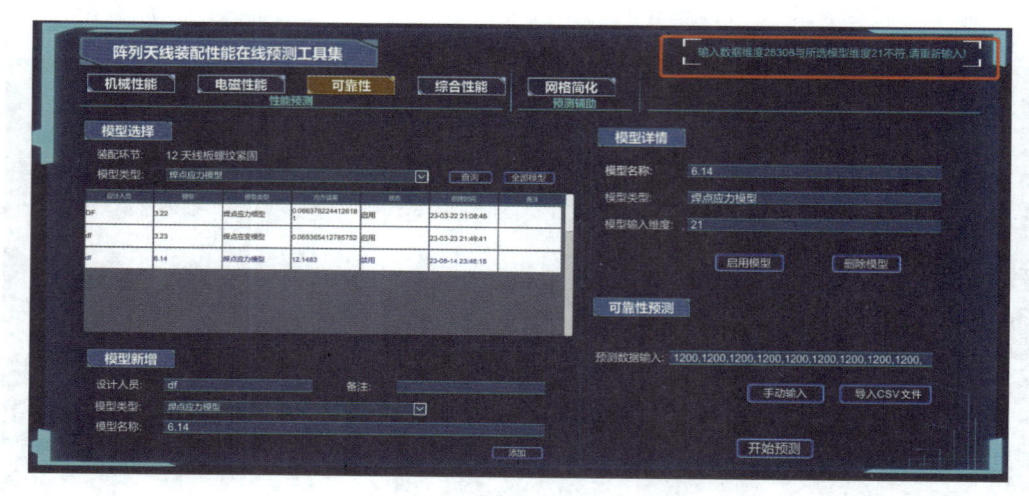

图 7.45　导入预测数据错误提示界面

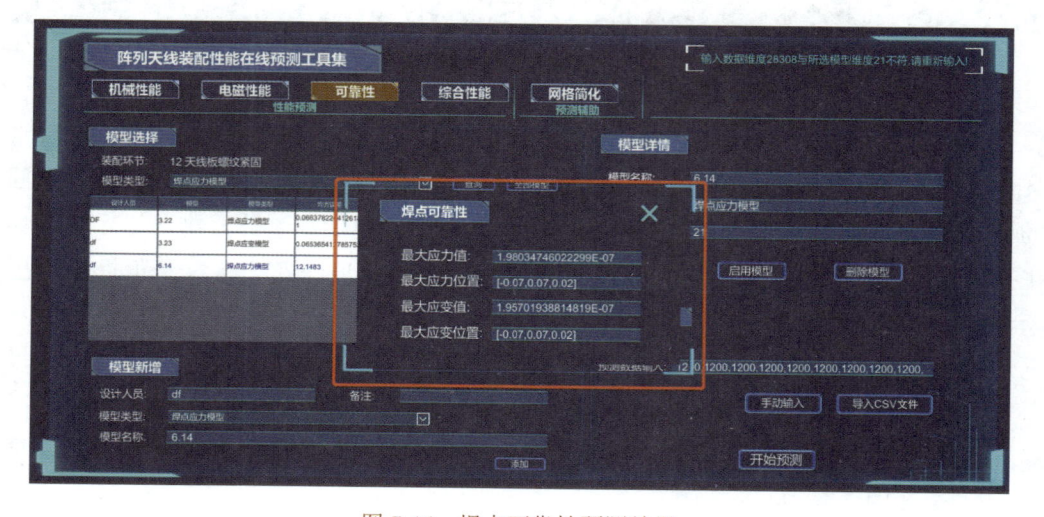

图 7.46　焊点可靠性预测结果

7.4.4 综合性能预测

1. 模型训练

新增模型界面如图 7.47 所示。单击"综合性能"按钮，进入综合性能界面；单击"新增模型"按钮，进入模型训练界面。

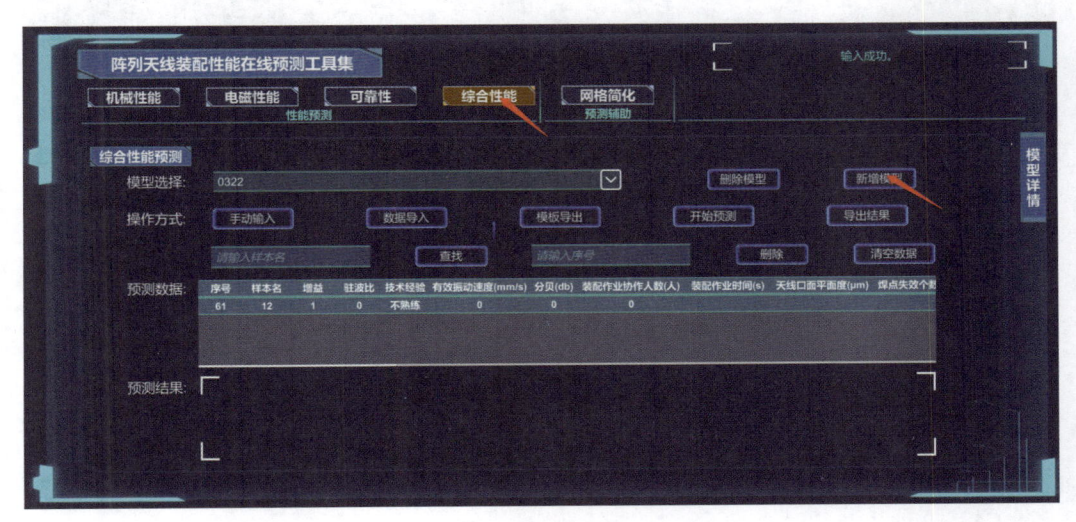

图 7.47 新增模型界面

（1）新增模型名称

新增模型名称界面如图 7.48 所示。输入新增的模型名称，作为当前训练的模型名称。

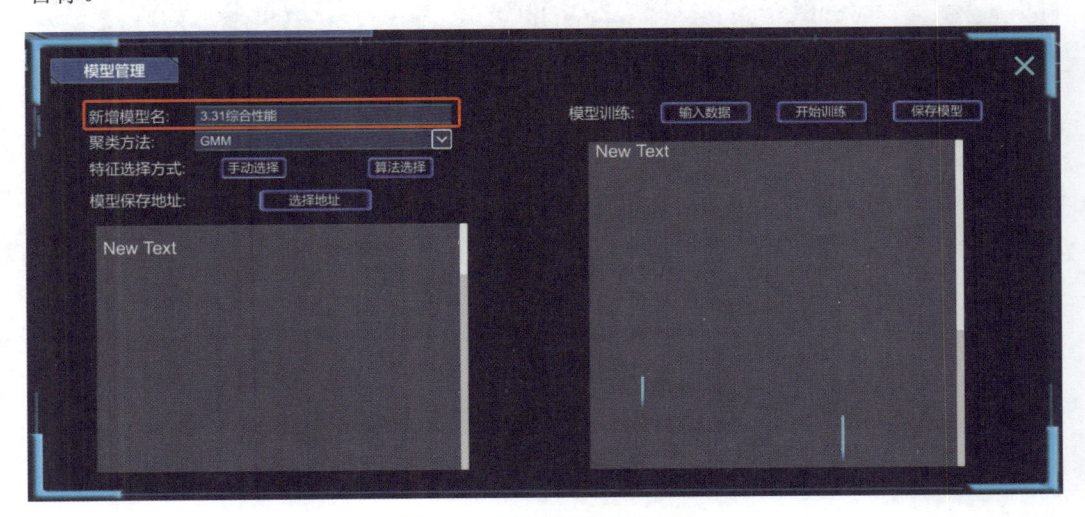

图 7.48 新增模型名称界面

（2）聚类方法

聚类方法界面如图 7.49 所示。单击"聚类方法"下拉框，选择某种聚类方法作为当前训练的模型聚类方法，默认使用的聚类方法为 GMM。

图 7.49　聚类方法界面

（3）特征选择方式

特征选择方式界面如图 7.50 所示。该界面提供两种选择方式，分别为"手动选择""算法选择"。

图 7.50　特征选择方式界面

① 手动选择

单击"手动选择"按钮，弹出手动选择指标界面，如图 7.51 所示。单击"重新选择指标"按钮，可一键清空用户勾选的单选框，并重置数据库中的指标内容和特征选择结果部分展示的内容。单击"锁定指标"按钮，允许用户通过勾选特征指标的方式记录用户选中的模型特征，并更改图 7.50 中的特征重要度。

② 算法选择

单击"算法选择"按钮，弹出算法选择指标界面，如图 7.52 所示。数据输入主要

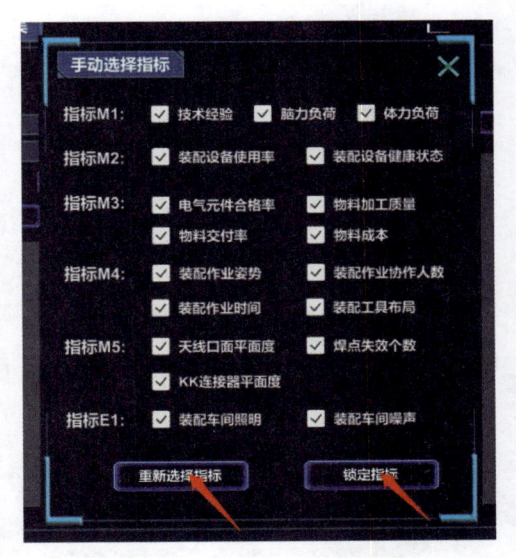

图 7.51　手动选择指标界面

支持手动输入和导入数据两种方式，当用户输入的数据量较少时，可以采用手动输入方式。单击"确认新增数据"按钮，新增一条当前输入框的数据。

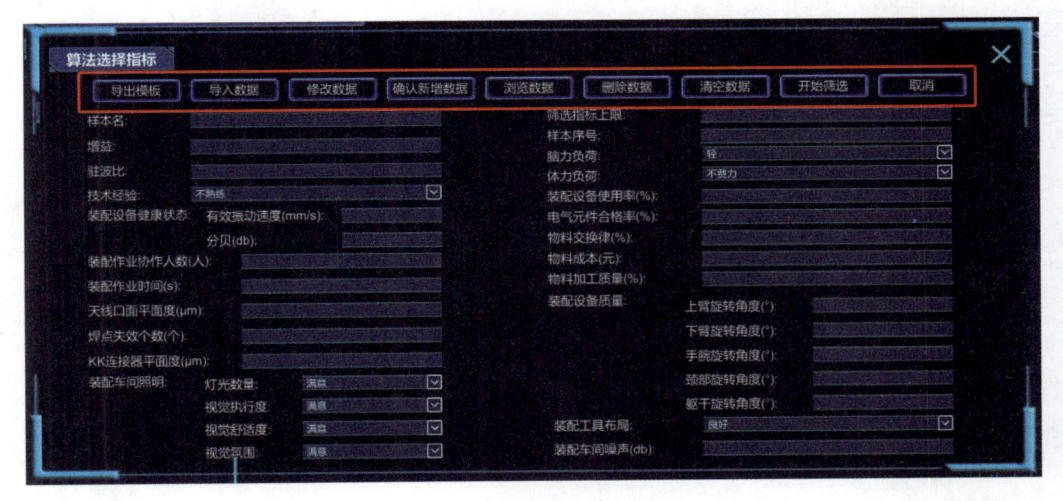

图 7.52　算法选择指标界面

单击"导出模板"按钮，弹出导出模板界面，如图 7.53 所示。输出 CSV 文件，方便用户使用正确格式的 CSV 文件，主文件名默认为当前日期，用户可修改文件名和需要保存的文件路径。单击"导入数据"按钮，弹出选择导入文件界面（如图 7.54 所示），允许用户导入符合格式要求的 CSV 文件，当用户需要输入的数据量较大时，可以采用该方式，用户可选择需要保存的文件路径。

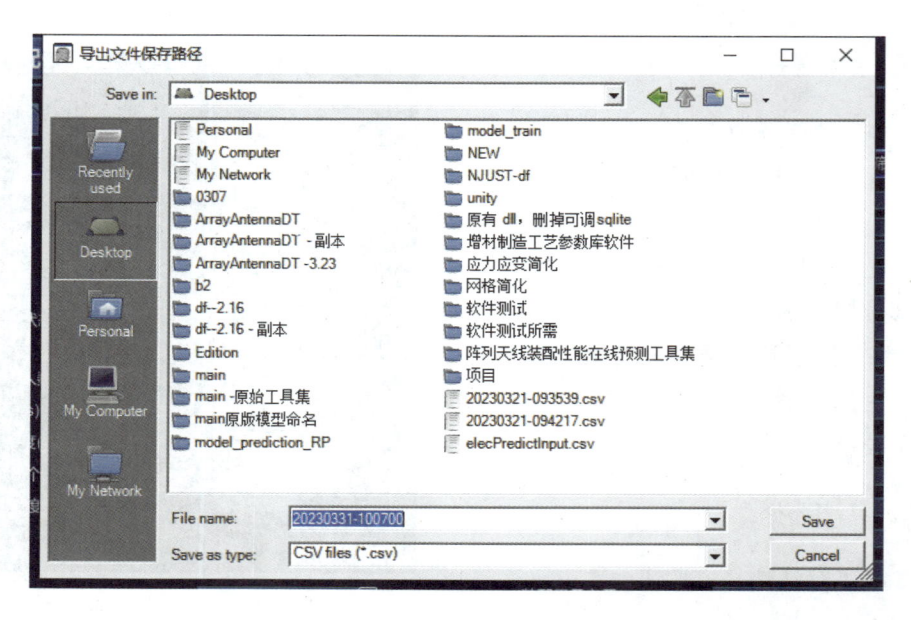

图 7.53　导出模板界面

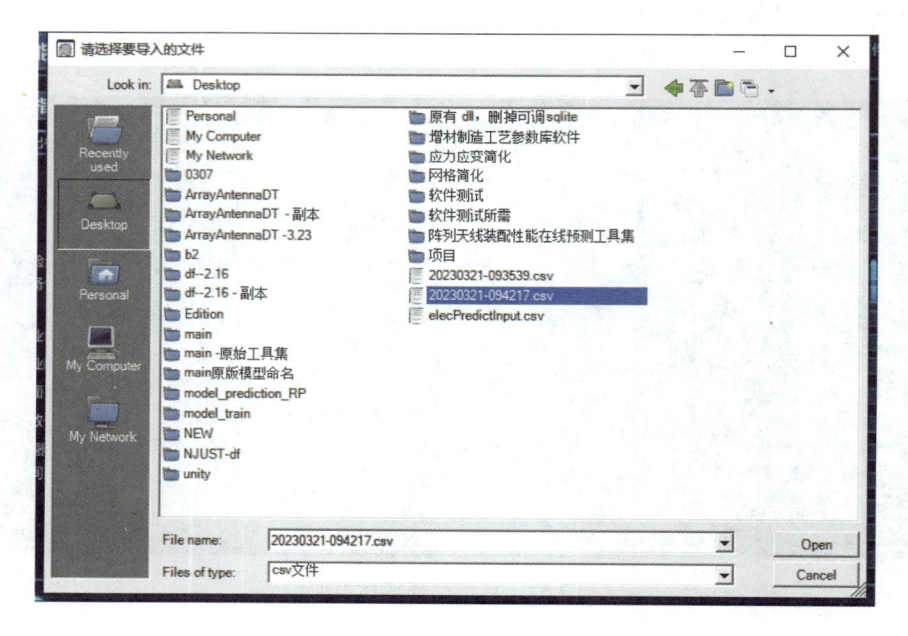

图 7.54　选择导入文件界面

单击"浏览数据"按钮，可出现一个插入页面，页面中表格为目前的样本数据。浏览筛选数据界面如图 7.55 所示。数据以表格形式展现了用户当前输入的数据。

在算法选择指标界面，单击"清空数据"按钮，允许用户一键清空当前所有样本数据；单击"删除数据"按钮，允许用户根据当前输入的样本序号删除一条数据；单击"修改数据"按钮，允许用户根据当前输入的样本序号和输入框内容修改一条数据，该功能允许用户仅输入部分需要修改的数据和选择需要的下拉框，对于用户未输入的数据仍保留样本原始数据；单击"开始筛选"按钮，允许用户进行特征筛选操作，对数据进行二次检验，检验数据格式是否符合标准格式，如分贝特征的数据需为数字等，检验合格后调用算法，并将筛选结果展示在模型管理界面中特征选择结果部分；单击"取消"按钮，关闭算法选择指标弹窗，返回模型管理界面。

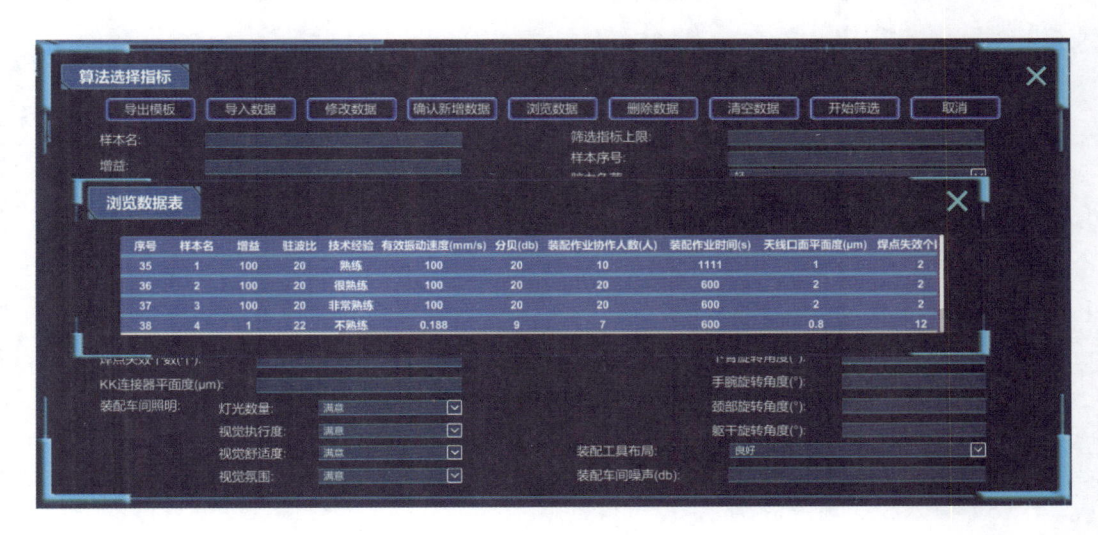

图 7.55　浏览筛选数据界面

（4）模型保存地址

在模型保存地址界面（如图 7.56 所示）中，单击"选择地址"按钮，弹出选择模型保存地址界面（如图 7.57 所示），用户可在该界面中选择模型需要保存的地址。

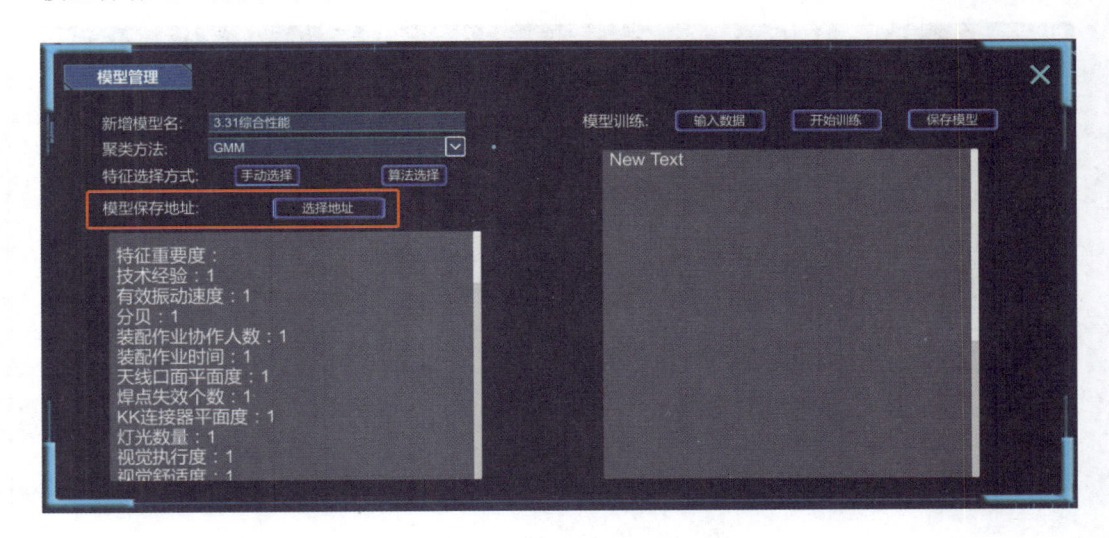

图 7.56　模型保存地址界面

— 231 —

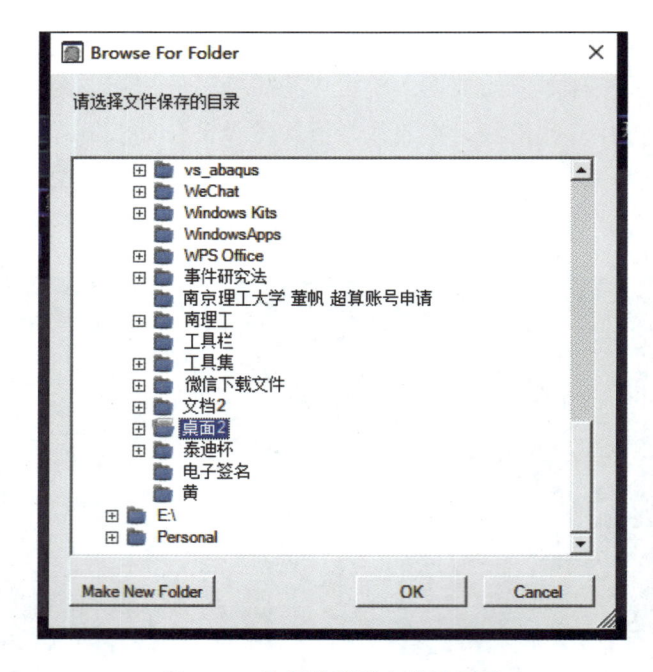

图 7.57　选择模型保存地址界面

（5）输入模型训练数据

输入模型训练数据界面如图 7.58 所示。单击"输入数据"按钮，弹出界面如图 7.59 所示。数据输入主要支持手动输入和导入数据两种方式，当用户输入的数据量较少时，可以采用手动输入方式。单击"确认新增数据"按钮，新增一条当前输入框的数据。

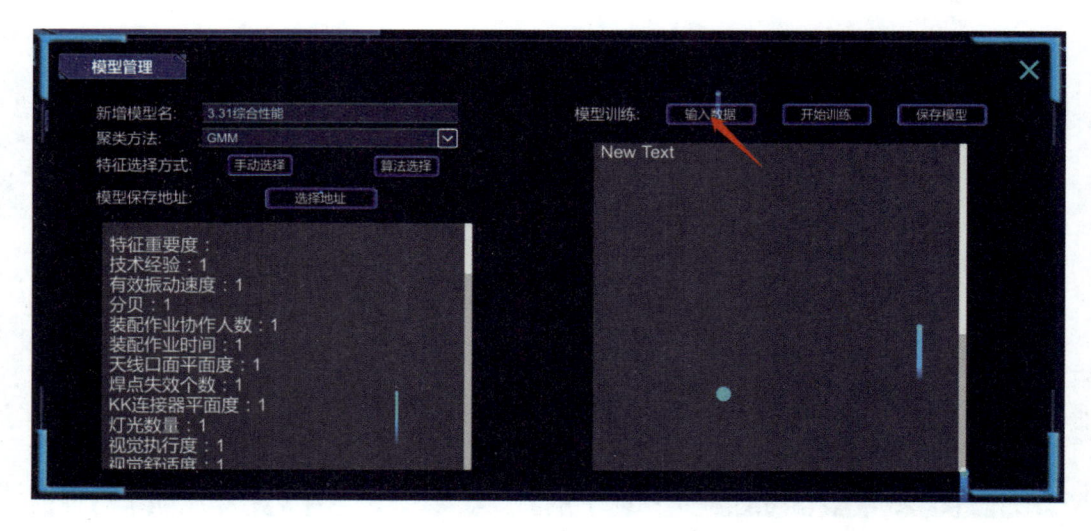

图 7.58　输入模型训练数据界面

■第7章 应用案例■

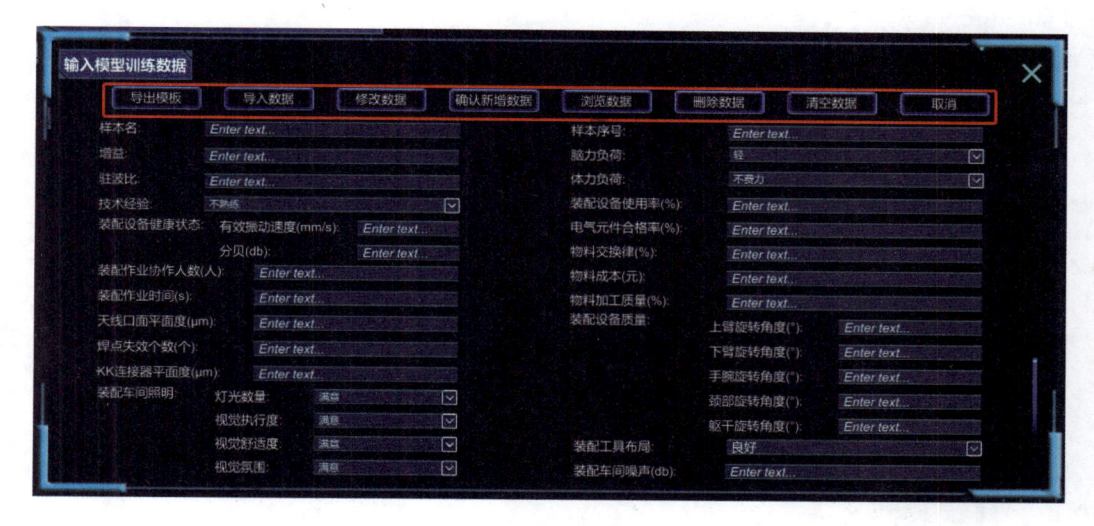

图7.59 输入模型训练数据弹出界面

单击"导出模板"按钮，弹出导出模板界面，如图7.60所示。输出CSV文件，方便用户使用正确格式的CSV文件，主文件名默认为当前日期，用户可修改文件名和需要保存的文件路径；单击"导入数据"按钮，弹出导入数据界面，如图7.61所示。允许用户导入符合格式要求的CSV文件，当用户需要输入的数据量较大时可以采用该方式，用户可选择需要保存的文件路径。

图7.60 导出模板界面

— 233 —

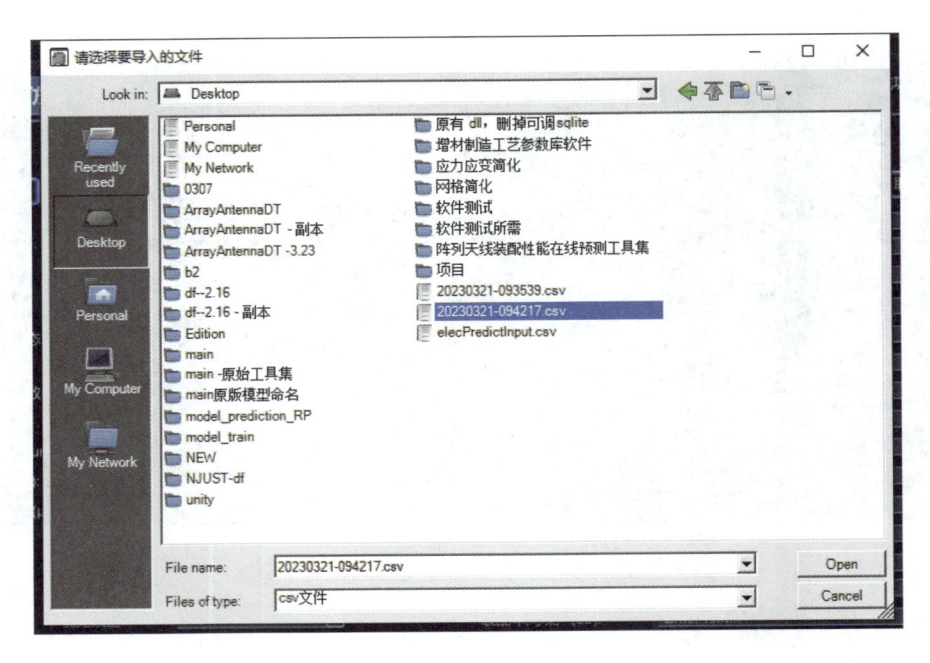

图 7.61 导入数据界面

单击"浏览数据"按钮，弹出一个插入页面，页面中表格为目前的样本数据。浏览训练数据界面如图 7.62 所示，以表格形式展现了用户当前输入的数据。

图 7.62 浏览训练数据界面

单击"修改数据"按钮，允许用户根据当前输入的样本序号和输入框内容修改一条数据，该功能允许用户仅输入部分需要修改的数据和选择需要的下拉框，对于用户未输入的数据仍保留样本原始数据；单击"删除数据"按钮，允许用户根据当前输入的样本序号删除一条数据；单击"清空数据"按钮，允许用户一键清空当前所有

■第 7 章　应用案例■

样本数据；单击"取消"按钮，关闭输入模型训练数据弹窗，返回模型管理界面。

（6）开始训练

开始训练界面如图 7.63 所示。单击"开始训练"按钮，允许用户进行模型训练操作，对模型名、模型保存地址等数据进行一次检验，检验用户是否已输入模型名、选择模型保存地址，接着对数据进行二次检验，检验数据格式是否符合标准格式，如分贝特征的数据需为数字等。检验合格后调用算法，并将结果输出至模型训练结果部分。

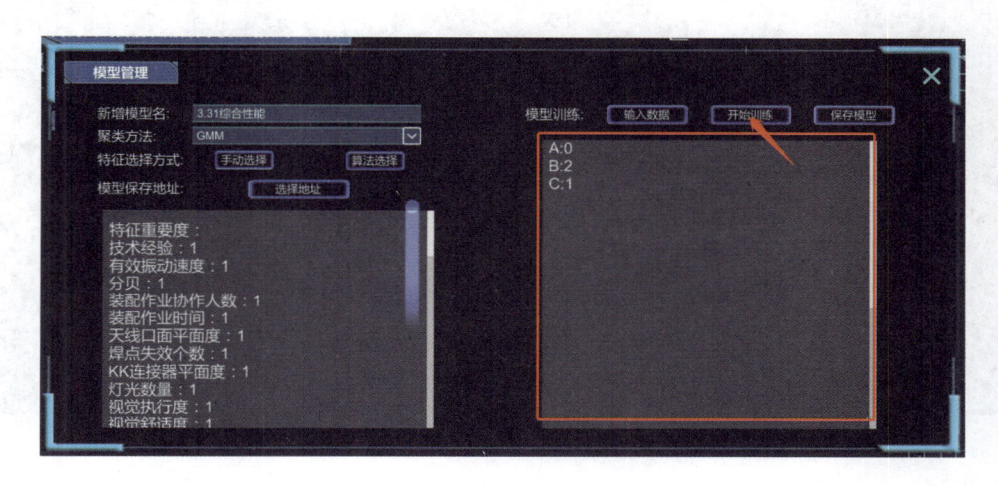

图 7.63　开始训练界面

（7）保存模型

保存模型界面如图 7.64 所示。如果用户对本次训练的模型结果表示满意，单击"保存模型"按钮，可以将模型保存至数据库中，方便后续预测时使用该模型。

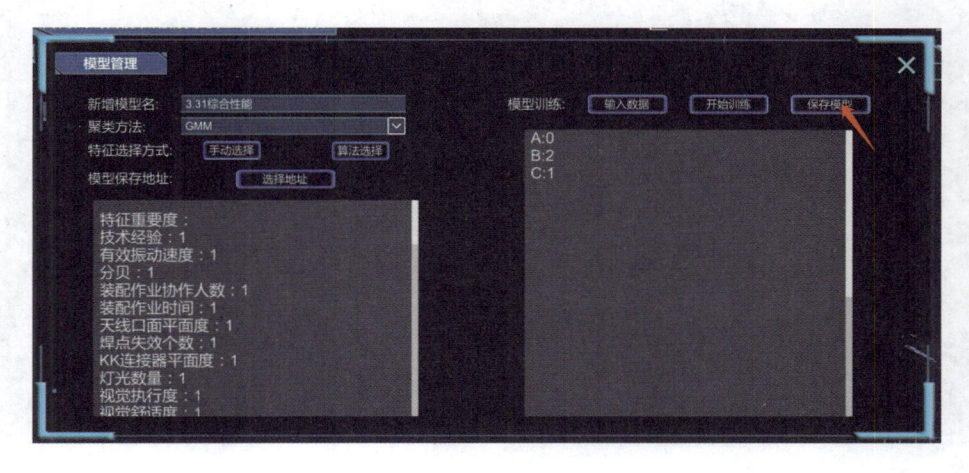

图 7.64　保存模型界面

— 235 —

2. 综合性能预测

(1) 模型选择部分

① 选择模型

选择模型界面如图 7.65 所示。可以通过下拉框进行模型的选择。

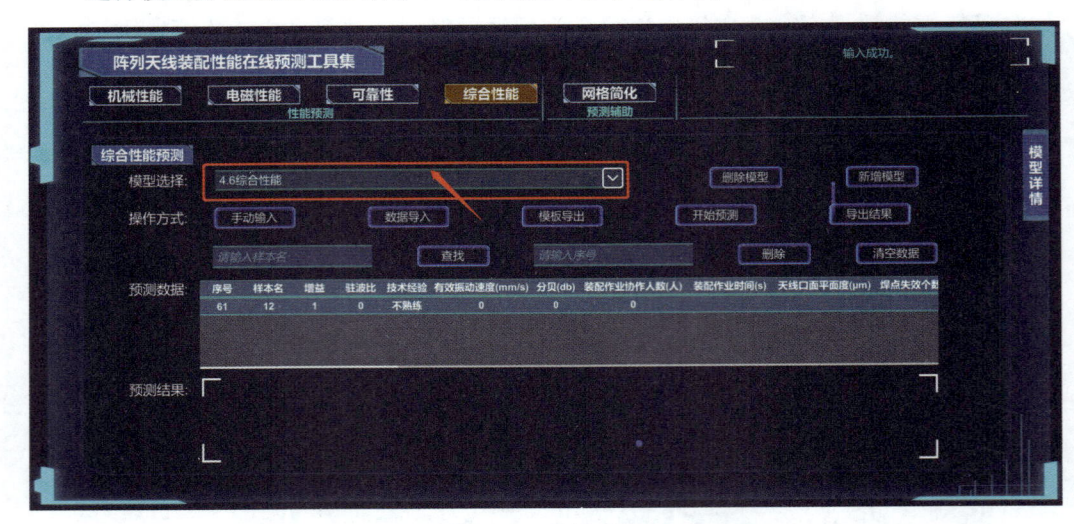

图 7.65 选择模型界面

② 删除模型

删除模型界面如图 7.66 所示。单击"删除模型"按钮，可以删除当前下拉框显示的模型。

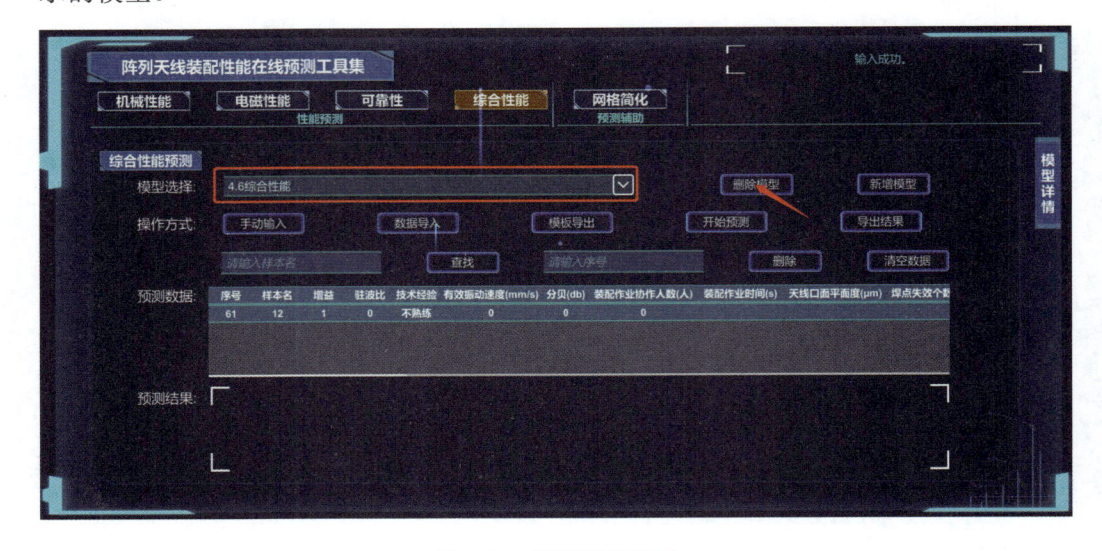

图 7.66 删除模型界面

③ 新增模型

新增模型界面如图 7.67 所示。单击"新增模型"按钮，可以进入模型管理界面。

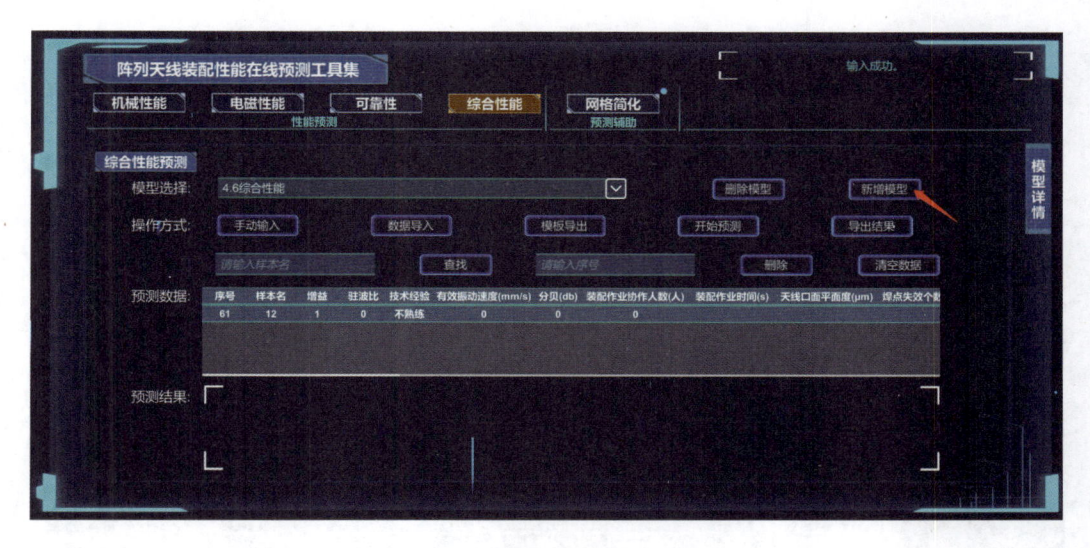

图 7.67　新增模型界面

④ 浏览模型详情

浏览模型详情界面如图 7.68 所示。单击右侧"模型详情"按钮，弹出一个插入页面，页面中包含模型的名称、保存路径、使用的聚类方法、使用的特征及特征对应的重要度等。再次单击"模型详情"按钮，可隐藏插入页面。

图 7.68　浏览模型详情界面

■基于数字孪生的复杂产品智能装配车间质量预测、控制理论与方法■

（2）操作方式

① 手动输入

手动输入界面如图 7.69 所示。该界面提供了预测数据的手动输入方式，当用户输入的数据量较少时可以采用该方式。单击"手动输入"按钮，弹出输入预测数据界面（如图 7.70 所示）。

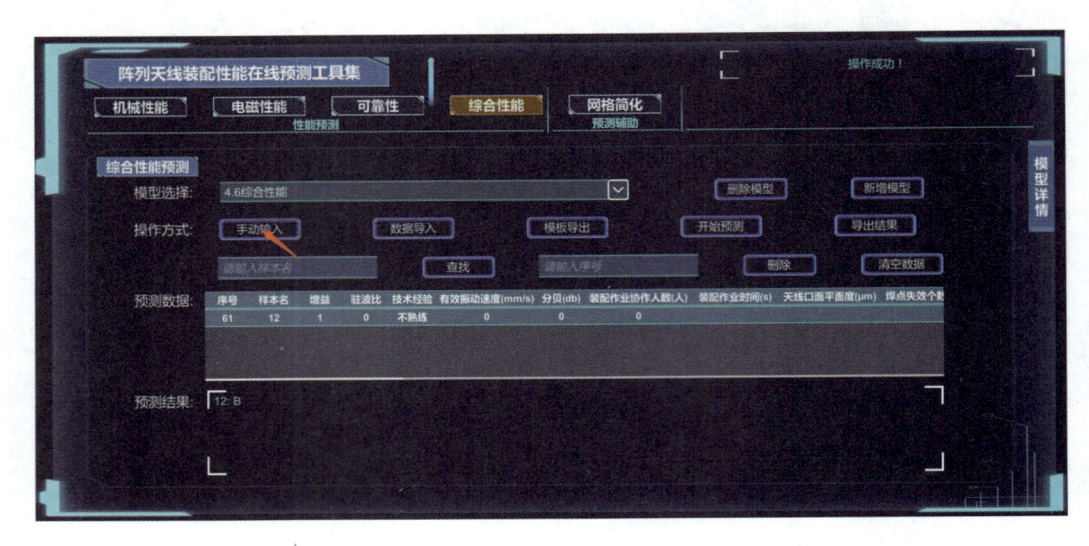

图 7.69　手动输入界面

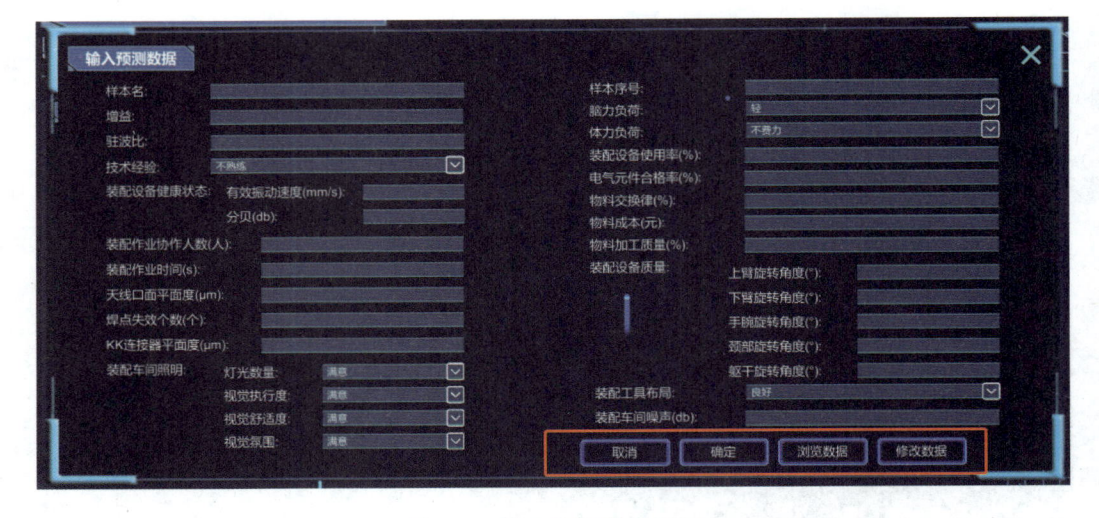

图 7.70　输入预测数据界面

在输入预测数据界面中，单击"取消"按钮，可关闭该弹窗，返回综合性能界面；单击"确定"按钮，可将当前数据录入数据库；单击"浏览数据"按钮，弹出一个插入页面。浏览预测数据界面如图 7.71 所示。插入页面为当前数据库中所有的预测数据；单击"修改数据"按钮，允许用户根据当前输入的样本序号和输入框内容修改一条数据，该功能允许用户仅输入部分需要修改的数据和选择需要的下拉框，对于用户未输入的数据仍保留样本原始数据。

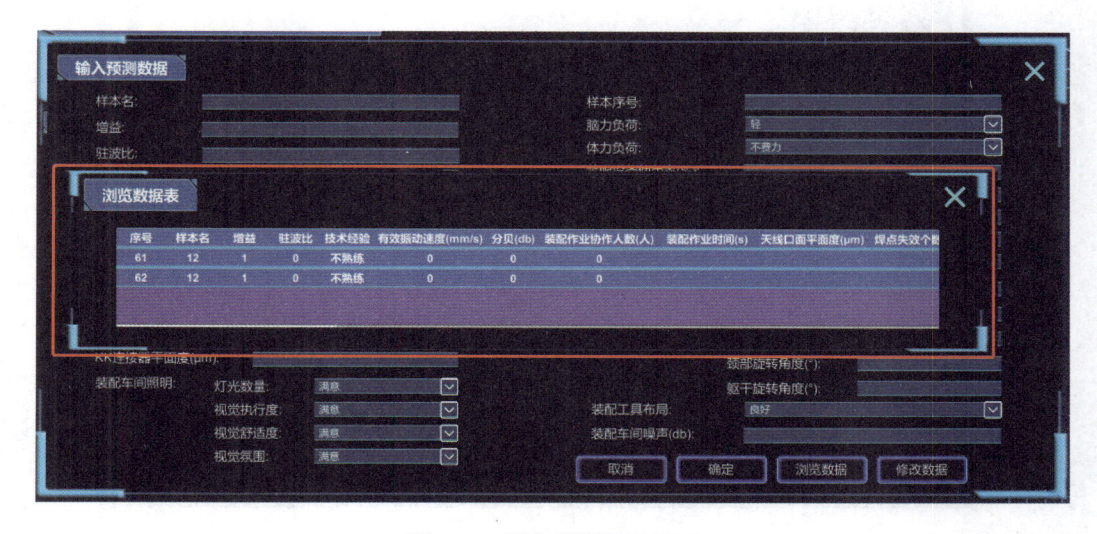

图 7.71　浏览预测数据界面

② 数据导入

数据导入界面如图 7.72 所示。该界面提供了预测数据的 CSV 文件导入方式，当用户需要输入的数据量较大时可以采用该方式。单击"数据导入"按钮，弹出导入 CSV 文件界面（如图 7.73 所示），用户可根据文件路径，选择需要导入的 CSV 文件。

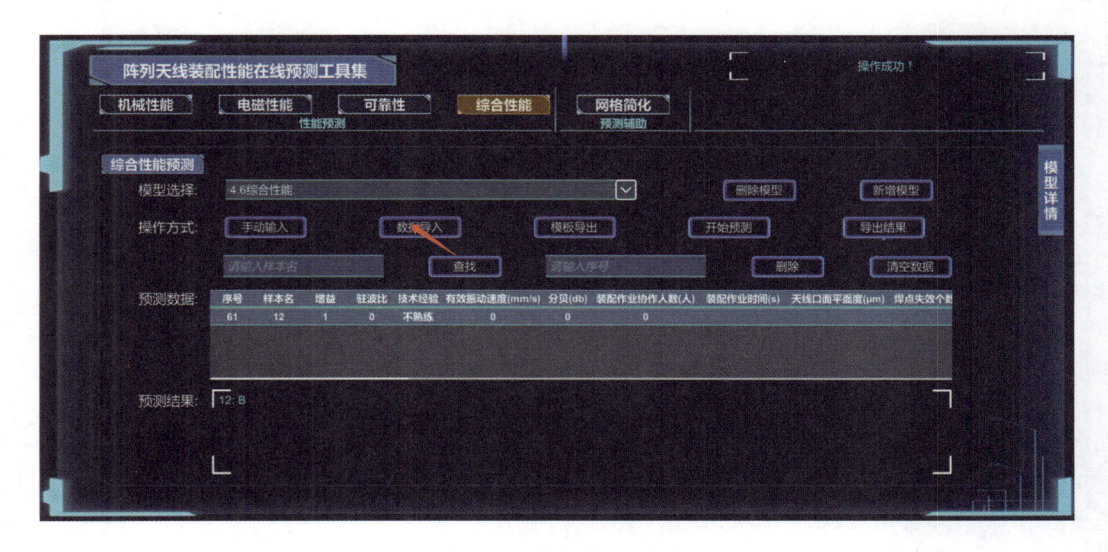

图 7.72　数据导入界面

图 7.73　导入 CSV 文件界面

③ 模板导出

模板导出界面如图 7.74 所示。该界面提供了 CSV 文件的模板导出功能，方便用户使用正确格式的 CSV 文件，单击"模板导出"按钮，弹出选择模板导出路径界面（如图 7.75 所示）。主文件名默认为当前日期，用户可选择需要保存的文件路径，并修改文件名。

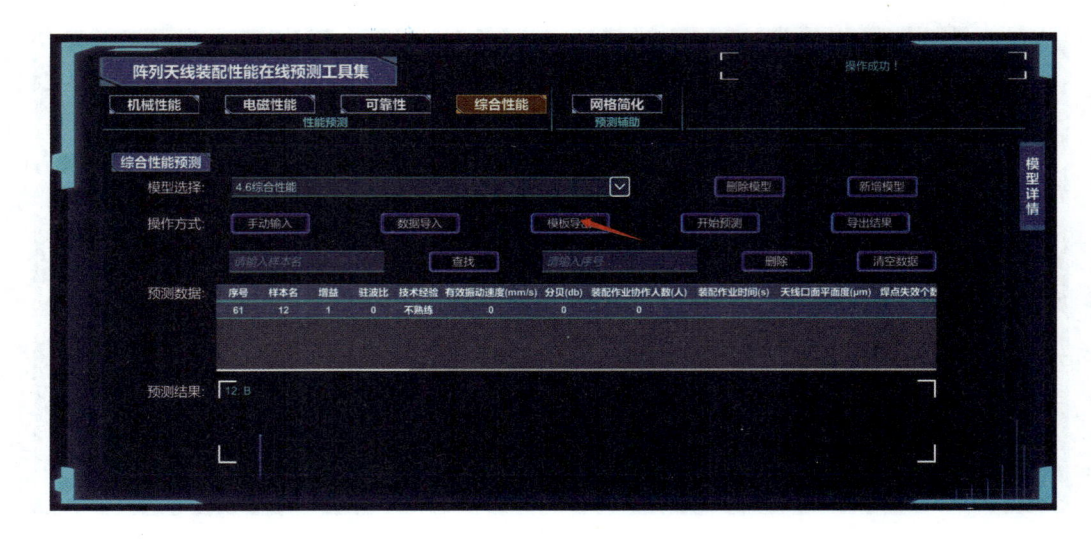

图 7.74　模板导出界面

■第 7 章 应用案例■

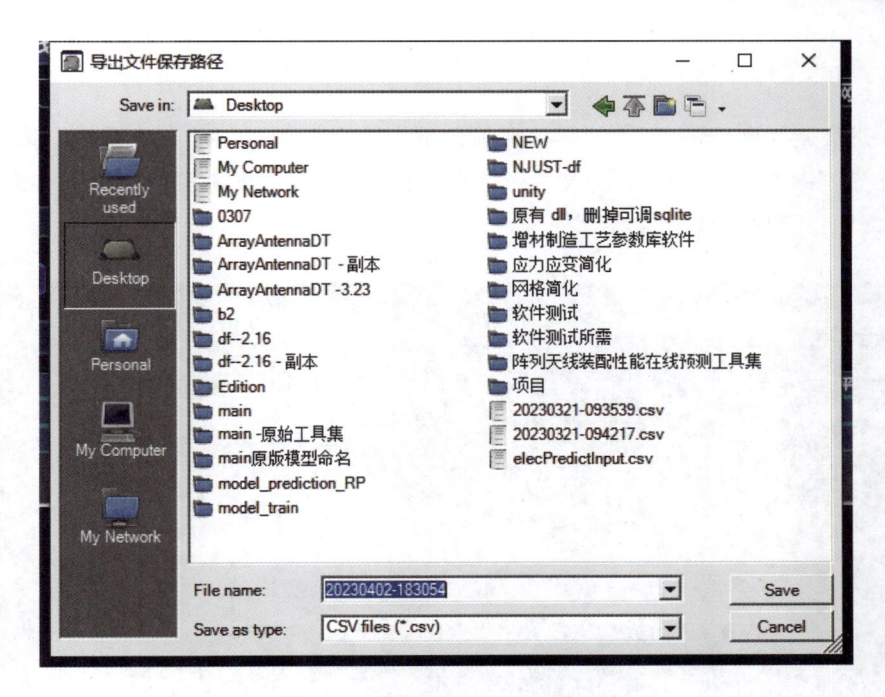

图 7.75 选择模板导出路径界面

④ 清空数据

为方便用户采用相同数据进行多次预测，系统对数据不进行自动清除。当用户需要清除数据时，单击"清空数据"按钮，允许用户一键清空当前所有样本数据。清空数据界面如图 7.76 所示。

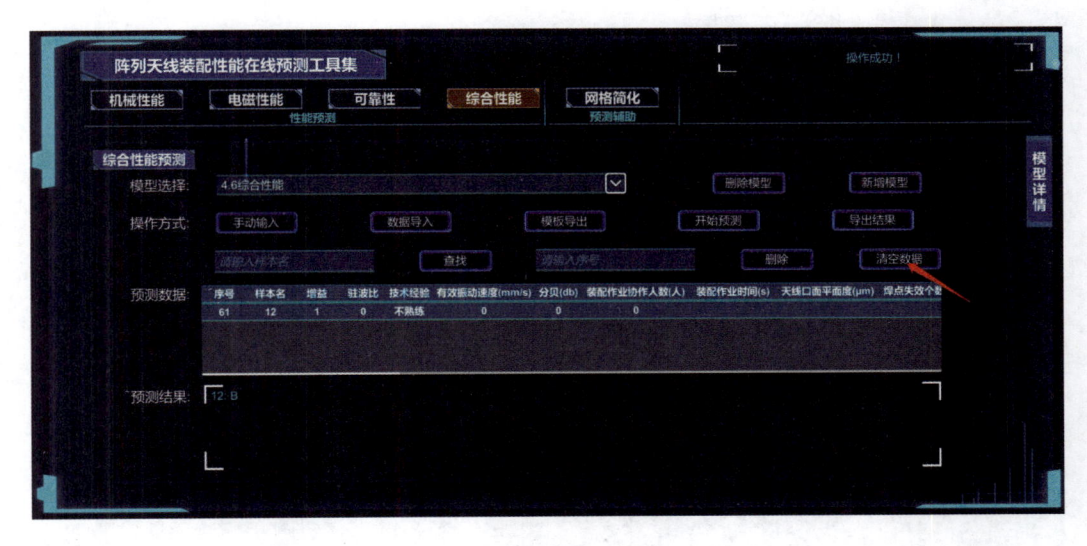

图 7.76 清空数据界面

— 241 —

⑤ 查找数据

查找数据界面如图 7.77 所示。在输入框中输入样本名，单击"查找"按钮，对数据进行模糊查询。例如，输入"1"进行查找，可查询出所有样本名中包含"1"的样本数据，包括"1""12""21"等。

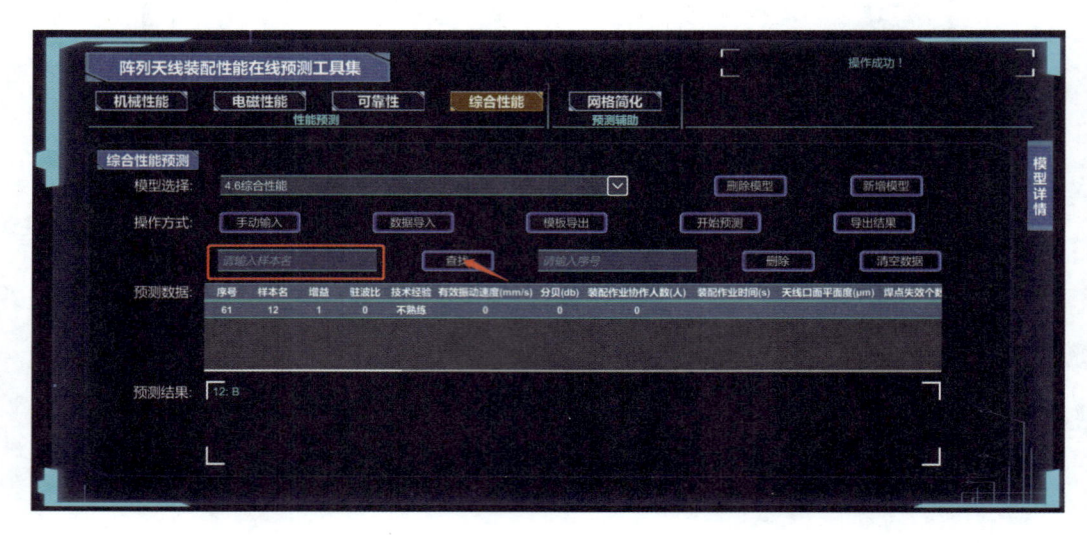

图 7.77　查找数据界面

⑥ 删除数据

删除数据界面如图 7.78 所示。输入样本序号，单击"删除"按钮，可根据当前输入的样本序号删除一条数据。

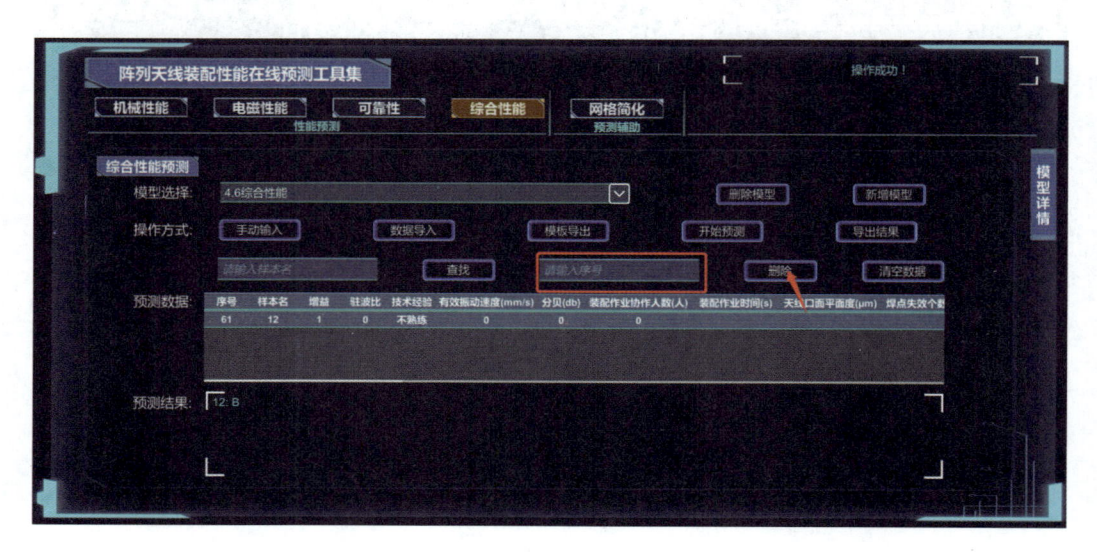

图 7.78　删除数据界面

⑦ 开始预测

开始预测界面如图 7.79 所示。在预测数据导入完成后，单击"开始预测"按钮，对数据进行二次检验，检验数据格式是否符合标准格式，如分贝特征的数据需为数字等。检验合格后调用算法，并将预测结果展示在预测结果部分。预测结果界面如图 7.80 所示。

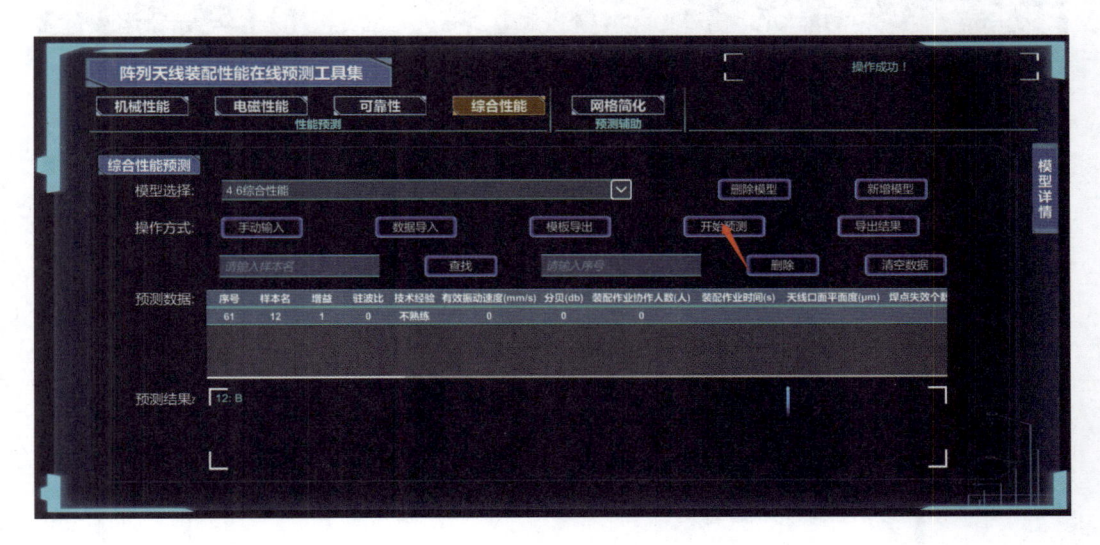

图 7.79 开始预测界面

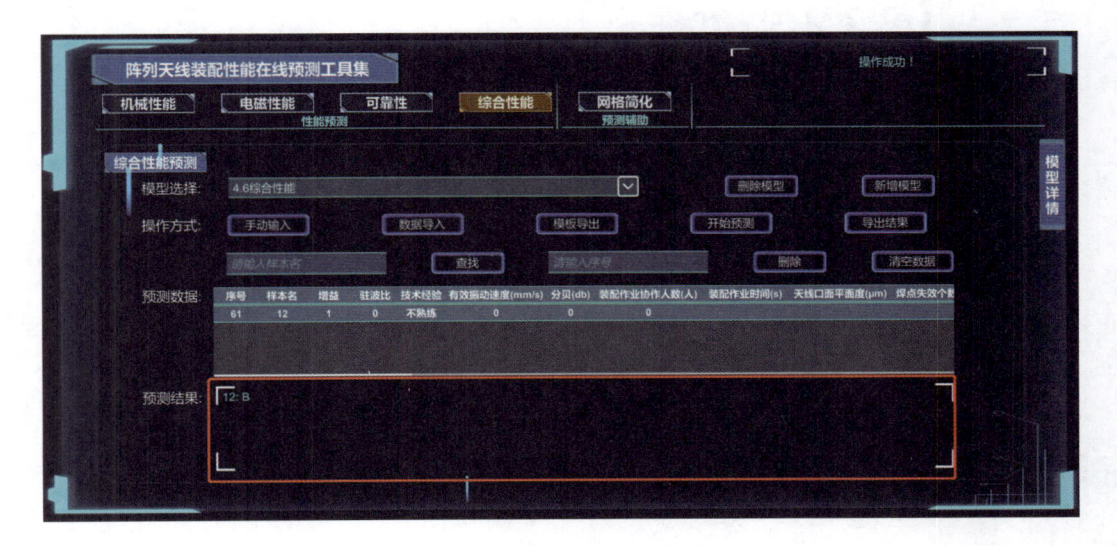

图 7.80 预测结果界面

⑧ 导出结果

导出结果界面如图 7.81 所示。该界面提供了预测结果的 CSV 文件导出功能。单击"导出结果"按钮,弹出选择结果文件,导出路径界面,如图7.82所示。主文件名默认为当前日期,用户可选择需要保存的文件路径,并修改文件名。

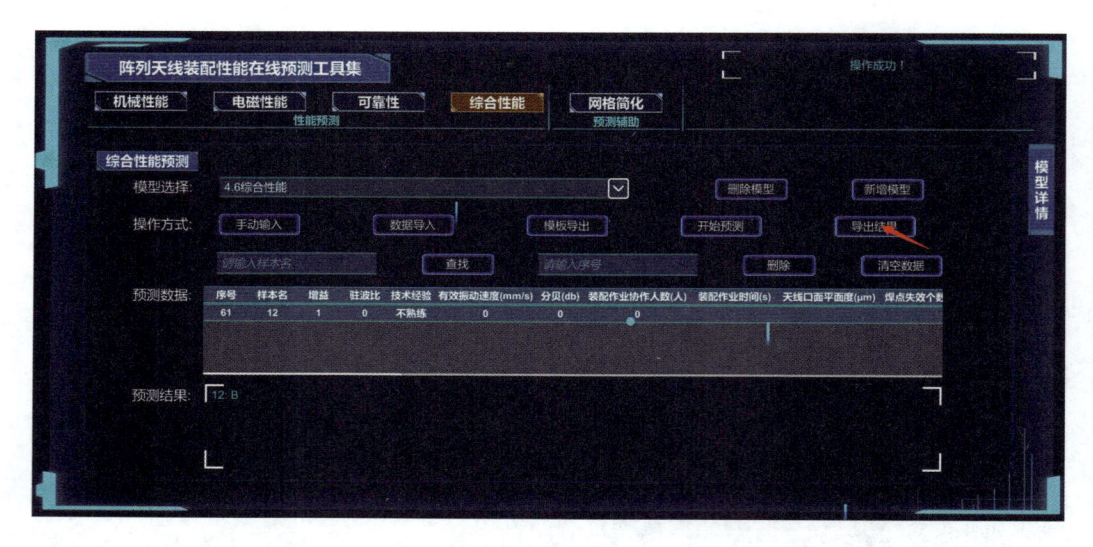

图7.81 导出结果界面

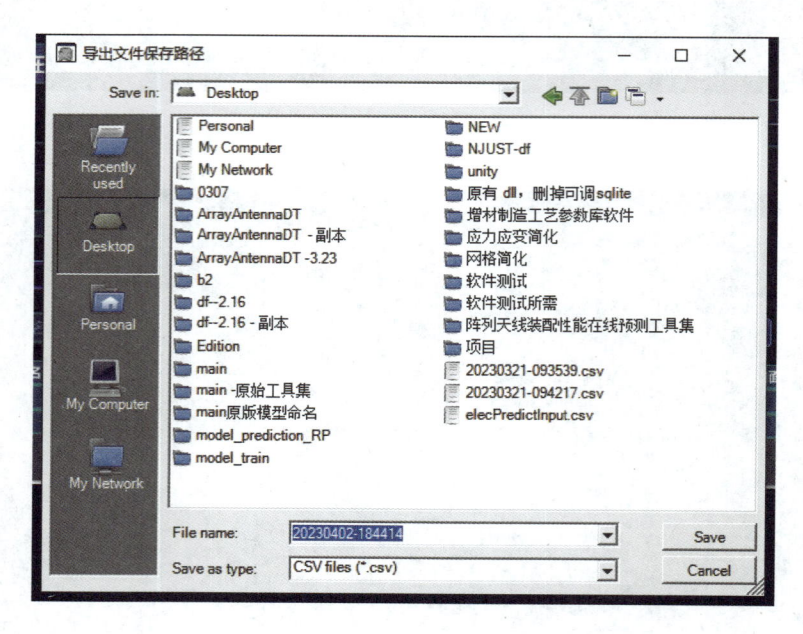

图7.82 选择结果文件导出路径界面

7.4.5 预测辅助

网格简化界面如图7.83所示。单击"网格简化"→"浏览"按钮,弹出文件(文件夹)选择框,分别选择有限元网格模型结点文件和单元文件、简化后模型信息和结点映射文件输出路径,并通过下拉框选择单元类型;单击"开始简化"按钮,对网格进行简化,简化后的信息将输出到选择的输出文件路径。此外,系统根据简化后的信息对模型进行重构,简化后的模型界面如图 7.84 所示。在简化后的模型界面中,将鼠标置于黑色背景内,按住鼠标左键,可对模型进行旋转;按住鼠标中键,可对模型进行移动;滚动鼠标滑轮,可对模型进行缩放操作。

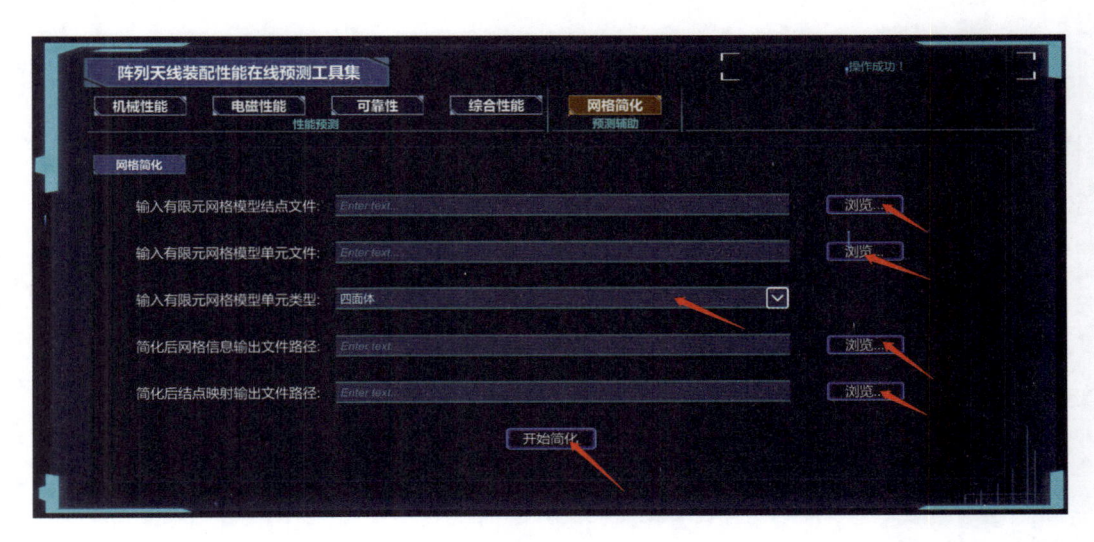

图 7.83 网格简化界面

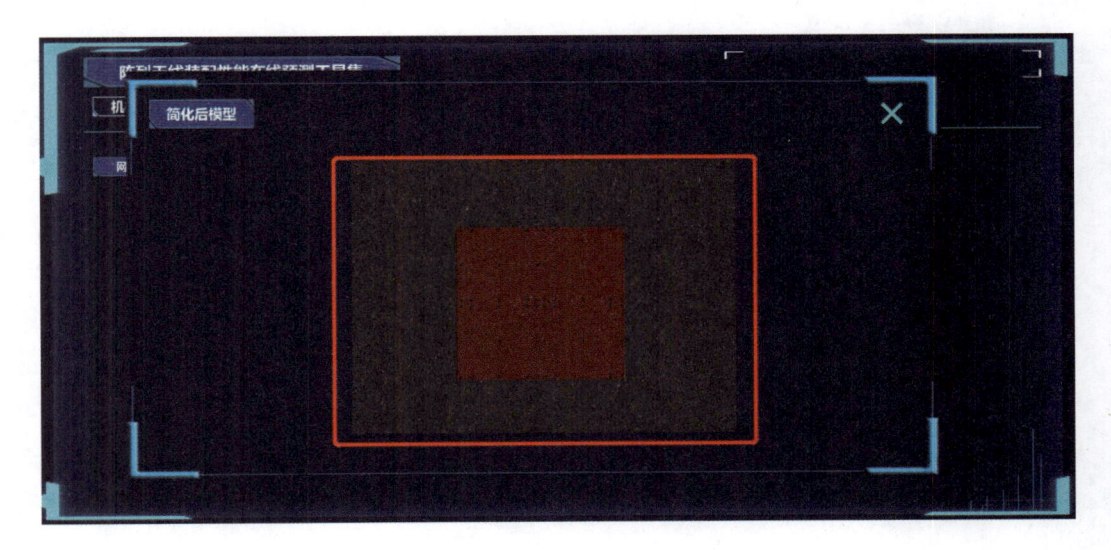

图 7.84 简化后的模型界面

反侵权盗版声明

电子工业出版社依法对本作品享有专有出版权。任何未经权利人书面许可，复制、销售或通过信息网络传播本作品的行为，歪曲、篡改、剽窃本作品的行为，均违反《中华人民共和国著作权法》，其行为人应承担相应的民事责任和行政责任，构成犯罪的，将被依法追究刑事责任。

为了维护市场秩序，保护权利人的合法权益，我社将依法查处和打击侵权盗版的单位和个人。欢迎社会各界人士积极举报侵权盗版行为，本社将奖励举报有功人员，并保证举报人的信息不被泄露。

举报电话：（010）88254396；（010）88258888
传　　真：（010）88254397
E-mail：　dbqq@phei.com.cn
通信地址：北京市海淀区万寿路173信箱
　　　　　电子工业出版社总编办公室
邮　　编：100036